Y0-GGG-828

FORTE BELVEDERE
In copertina
Titelbild
Cover

OSIRIDE, ROVERETO
Progetto grafico
Grafik-Design
Graphic design

SYBILLE HUMMLER
Traduzione in tedesco
Deutsche Übersetzung
German translation

LUISA FARINATI
Traduzione in inglese
Englische Übersetzung
English translation

© Edizioni Osiride 2015 [344]
Rovereto (TN) - Via Pasqui, 10
Tel. 0464 422372
Fax 0464 489854
osiride@osiride.it
www.osiride.it

ISBN: 978-88-7498-234-9

ARCHIVI FOTOGRAFICI
Fotografische Archive
Photo archives

Biblioteca Comunale di Folgaria - Fondo Winkelbauer (20)
Centro Documentazione Luserna Onlus (34, 46, 82, 94, 102, 132, 178)
Fondazione Belvedere Gschwent - Collezione Osele (70, 114)
Fondazione Museo Storico del Trentino, Trento (154, 170)
Gino Rossato Editore (164)
Luca Girotto (188)
Museo del Risorgimento e della Resistenza di Vicenza (122, 142)
Museo dell'Aeronautica Gianni Caproni - Fondo Costantino Cattoi (64)
Ugo Leitempergher (58)

FONTI BIBLIOGRAFICHE
Bibliografische Quellen
Bibliography

Archivio di Guerra di Vienna (a cura di), *L'Ultima Guerra Dell'Austria-Ungheria 1914-1918 - Vol. 4°*, Istituto Poligrafico dello Stato, Roma, 1936 (125)
Augusto Tommasini, *Ricordi del Tribunale di guerra a Trento 1914-1918*, Trento, 1923 (86)
Fritz Weber, *Guerra sulle Alpi*, Ugo Mursia Editore, Milano, 1995 (110)
Fritz Weber, *Tappe della disfatta*, Ugo Mursia Editore, Milano, 2004 (39, 76, 105, 110, 184)
Giuseppe De Mori, *Vicenza nella guerra 1915-1918*, Edizioni G. Rumor, Vicenza, 1931 (150, 156)
Luis Trenker, *Kameraden der Berge*, Rowohlt, Berlin, 1932 (28)
Mario Puecher, *Forte Belvedere Gschwent*, Curcu & Genovese, Trento - Fondazione Belvedere Gschwent, Lavarone, 2006 (78)
Otto König, *Heimat in Not*, K.k. Österr. Militär-Witwen-und Waisen-Fond, Innsbruck, 1918 (52, 54)
Robert Musil, *Diari (1899-1941)*, Einaudi, Torino, 1980 (23)
Robert Musil, *La guerra parallela*, Nicolodi, Rovereto, 2003 (196)

Senza autorizzazione è vietata la riproduzione, anche parziale, in qualsiasi forma e con qualsiasi mezzo del materiale presente in questo libro.
Tutte le fotografie, eccetto quelle indicate in Archivi fotografici, sono © Andrea Contrini 2015.

Die Vervielfältigung des Inhalts dieses Buches, in jeglicher Form oder mit jeglichem Mittel, auch nur teilweise, ist verboten.
Alle Fotos sind © Andrea Contrini 2015, mit Ausnahme derer aus den Fotografische Archive.

Unauthorized reproduction of the material in this book or even part of it, is strictly forbidden under any form and by any means.
All photographs, except those listed in Photo archives, are © Andrea Contrini 2015.

Andrea Contrini

I GUARDIANI DEL SILENZIO

Prefazione di **Antonio Gibelli**
Testi storici di **Fernando Larcher**

edizioni**osiride**

Prefazione

ANTONIO GIBELLI

A un secolo di distanza dal suo scoppio, la guerra che ha tenuto a battesimo il secolo XX lascia ancora affiorare le sue tracce aspre e profonde nel mondo esterno e in quello interiore, nella memoria e nel paesaggio. Sono le tracce di un evento sconvolgente, che ha seminato la violenza e il dolore nei combattenti e nella popolazione civile, che ha portato al tramonto una civiltà e ha cambiato il volto del mondo. Gli uomini, in particolare gli europei, ne uscirono diversi da come vi erano entrati, perché non avevano mai visto niente di simile.

Malgrado i cento anni passati, dai campi delle Fiandre alle pianure dell'Est europeo i segni della guerra sono ancora forti. Come ha ricordato lo storico Paul Fussell, in certe regioni della Francia capita che i contadini, dissodando la terra, portino allo scoperto tracce di bossoli e resti di ossa umane lasciati dai tremendi scontri che allora vi si svolsero: non vere e proprie battaglie, ma catene di montaggio della distruzione, come a Verdun, dove per mesi e mesi si avvicendarono milioni di uomini dei fronti opposti e insieme furono macinati come da un tritacarne nel numero di circa settecentomila. Guardando in controluce al tramonto i campi coltivati, vi si scorgono ancora gli avvallamenti profondi scavati dagli obici, dove in quegli anni di ferro e di fuoco fantasmi di esseri umani si aggiravano in mezzo a grandi pozze di fango e moncherini d'alberi falciati dalle artiglierie.

Qualcosa del genere si può dire dell'altipiano carsico e delle montagne trentine, teatro degli scontri tra italiani e austro-tedeschi. Chi visiti oggi quei territori vedrà il terreno solcato da camminamenti, sovrastato da resti di fortificazioni, trasformato nella sua morfologia dalle esplosioni. Dentro i boschi, sotto i fili d'erba, troverà i prodotti indelebili di un lavorio immane di ferro e di pietra, di picche e badili, di carrucole e teleferiche, di ingegneria militare e di fatica animale per contendere il terreno al nemico. In basso, tra le trincee della guerra di massa fatta di lunghe attese sottoterra e di assalti improvvisi, in alto, tra le montagne e le valanghe, le sfide alla natura e la vita scavata nel ghiaccio. Sono i luoghi tante volte raccontati da Mario Rigoni Stern, come in questo ricordo risalente agli anni settanta del secolo scorso:

> *Anche il bosco non si era ancora ripreso dai danni della Grande Guerra. Tra gli alberi antichi si era nascosta una batteria austriaca di sei obici da dieci, ma poi, nell'estate del 1918, un fuoco di controbatteria di centinaia di cannoni aveva distrutto obici alberi e uomini. Si raccontava che avevano sparato anche a gas e che per questo il bosco non si riprendeva, e gli alberi giunti a una certa altezza si seccavano e morivano. Qui, poco lontano, cento metri, ci sono ancora i ruderi dei ripari, dei camminamenti, e i segni di infinite esplosioni di bombe d'ogni calibro. Dovetti lavorare molto per spianare il terreno, levare ceppi, reticolati, cespugli. Dalla terra appena smossa uscivano pezzi di granate, palle di piombo, cartucce. Anche ossa.*

In questi scenari si è aggirato con la sua macchina fotografica Andrea Contrini, puntando lo sguardo soprattutto sulle fortificazioni: manufatti pensati e realizzati a ridosso dell'immane conflitto, destinati a contenere l'urto nemico e a sostenere il proprio attacco, a proteggere gli uomini e a occultare gli strumenti di distruzione contro altri strumenti di distruzione piazzati sulle pendici o sulle cime opposte. Nelle sue immagini, la maestosità delle montagne e l'immensità dei cieli fanno dunque da sfondo e cornice alle costruzioni di difesa e di offesa, venendone nel contempo snaturate e violate.

Contrini esplora siti ormai silenti, dove l'erba e i boschi hanno riconquistato a fatica e mai del tutto i loro spazi. Percorre cunicoli e anfratti, segue percorsi sotterranei, si apre a visioni catacombali, a sculture di pietra che immortalano le fenditure profonde introdotte nel territorio dalle dinamiche della distruzione. Sono spesso costruzioni spettrali, che celebrano inerti, ingombranti, la potenza dell'odio scatenata dalla guerra nell'Europa delle nazioni. L'occhio del fotografo non vede, ma lascia intendere, l'abisso d'angoscia che sconvolse i combattenti, schiacciati dalla potenza delle macchine e dei materiali. Lascia indovinare i cedimenti che non di rado travolsero il loro equilibrio mentale esposto alla violenza degli assalti visivi e sonori, autentici cataclismi che superavano quelli naturali dei grandi terremoti sgretolando le montagne e aprendo squarci immani nella terra, seppellendo i vivi e i morti sotto cumuli di detriti.

Per capire meglio tutto questo, ci soccorrono altre fonti: le memorie dei soldati, dalle quali emerge spesso il dominio del caos, le loro lettere, che invocano la fine del flagello, le cartelle cliniche degli ospedali psichiatrici, dove venivano ricoverati per disturbi nervosi, contratture, sordità e mutismi, segni di una volontà di chiusura nei confronti di un mondo divenuto ostile e terrificante, fissazione di un'esperienza traumatica mai dimenticata. Cominciata in nome di grandi emozioni e di grandi ideali, come la difesa delle patrie minacciate, la libertà dei popoli, la lotta contro l'oppressione, l'autoritarismo e il militarismo dei vecchi imperi, vagheggiata da taluni come guerra santa e come ultima delle guerre, la guerra grande per antonomasia fu invece la prima guerra totale, l'inizio di una serie spaventosa di conflitti sempre più distruttivi che travolsero l'Europa e il mondo. Fu l'incubazione dei fantasmi del XX secolo che queste cattedrali della guerra di artiglierie sembrano a modo loro incarnare. Come scrisse Thomas Mann nel suo più celebre romanzo, *La montagna magica*: "Il tempo in realtà non ha suddivisioni, non ci sono tempeste, non v'è rumoreggiare di tuoni all'inizio del nuovo mese o del nuovo anno, e anche a quello del nuovo secolo: siamo soltanto noi uomini che spariamo e tuoniamo". E questi custodi, oggi muti, del silenzio sembrano evocare per contrasto i micidiali scoppi che diedero inizio al secolo e tornarono più volte a dilaniarlo.

Vorwort

ANTONIO GIBELLI

Ein Jahrhundert nach seinem Ausbruch, hinterlässt der Krieg, der Pate des 20. Jahrhunderts war, immer noch seine rauen und tiefen Spuren, in der Erinnerung, sowie in der Landschaft. Es sind die Spuren eines erschütternden Ereignisses, das Gewalt und Schmerz hinterlassen hat, bei den Kämpfern und in der Zivilbevölkerung, und welches eine Gesellschaft untergehen ließ und das Gesicht der Welt verändert hat. Die Menschen, besonders die Europäer sind verändert aus dem Krieg herausgekommen wie sie hineingegangen sind, da sie niemals zuvor etwas ähnliches gesehen hatten.

Trotz der hundert Jahre die vergangen sind, sind die Zeichen des Krieges noch stark sichtbar. In bestimmten Regionen Frankreichs, wie der Historiker Paul Fussell erinnert, passiert es, dass die Bauern beim Pflügen der Erde auf Patronenhülsen und menschliche Knochen stoßen, die von grausamen Gefechten erzählen: Fließbänder der Zerstörung, wie in Verdun, wo Monat für Monat Millionen von Soldaten an den gegenüberliegenden Fronten wechselten und zusammen etwa 700.000 zerfleischt wurden. In das Gegenlicht des Sonnenuntergangs blickend, sieht man auf den Feldern noch die tiefen Löcher der Haubitzeneinschläge, wo in jenen Jahren, des Eisens und des Feuers, sich menschliche Geister zwischen Schlamm und Baumstümpfe wälzten, die von der Artillerie übrig gelassen wurden. Etwas ähnliches kann man von den karstigen Hochebenen und der Trentiner Berge sagen, Schauplatz der Kämpfe zwischen den Italienern und den Österreichdeutschen. Wer heute diese Gegend besucht wird ein Gebiet vorfinden, das durchkreuzt ist von Laufgräben und mit Überresten von Festungen, die durch Explosionen kaputt gemacht worden sind. In den Wäldern und unter dem Gras findet man die unvergänglichen Produkte einer entsetzlichen Arbeit aus Eisen und Stein, entstanden mit Pickeln und Schaufeln, Flaschenzügen und Seilwinden einer militärischen Technik und einer animalischen Kraft, um dem Feind das Gebiet streitig zu machen. Unten lebte man zwischen den Schützengräben des Massenkrieges, oben, zwischen den Bergen und den Lawinen, den Herausforderungen der Natur gestellt. Das sind die Plätze, von denen oftmals Mario Rigoni Stern erzählte, die in dieser Erinnerungen der siebziger Jahre des letzten Jahrhunderts wieder hochkommen:

> *Auch der Wald hatte sich noch nicht von den Schäden des großen Krieges erholt. Zwischen den alten Bäumen hatte sich eine österreichische Batterie mit sechs zehner Haubitzen versteckt. Aber dann, im Sommer des Jahres 1918, zerstörte und vernichtete ein Feuer der Gegenartillerie Haubitzen, Bäume und Männer. Man erzählte, dass auch mit Gas geschossen wurde und sich deswegen der Wald nicht mehr erholte. Die Bäume, die eine bestimmte Höhe erreicht hatten vertrockneten und starben. Unweit von hier, 100 m weit etwa, gibt es noch die Ruinen der Unterschlüpfe und der Laufgräben und die Zeichen unendlich vieler Explosionen von Bomben jeden Kalibers. Ich musste viel arbeiten, um Erde abzutragen, Baumstümpfe zu heben und Drahtgeflechte und Sträucher aufzuräumen. Aus der umgegrabenen Erde kamen Teile von Granaten, Bleikugeln, Patronen und selbst Knochen kamen zum Vorschein.*

In diesem Szenarium war Andrea Contrini mit seiner Kamera unterwegs, den Blick hauptsächlich auf die Festungen gerichtet: Artefakte, ausgedacht und realisiert als Schutzwall für den entsetzlichen Kampf, dem feindlichen Schlag standzuhalten, um den eigenen Angriff zu stützen, um die eigenen Männer zu schützen, und um zerstörerische Waffen zu verbergen, die gegen andere zerstörerische Waffen eingesetzt wurden, die auf gegenüberliegenden Hängen oder Gipfeln platziert waren. In seinen Aufnahmen stellen die majestätischen Berge und die Weite des Himmels den Hintergrund und den Rahmen der Verteidigungs und Angriffsbauwerke, die damit gleichzeitig verzerrt und entartet werden.

Contrini sucht Plätze auf die schweigen, wo der Wald und das Gras mit Mühe ihren Platz zurück erobert haben. Er arbeitet sich durch Stollen und Tunnel und es kommen Katakomben und Steinskulpturen zum Vorschein und tiefe Risse, die die Zerstörung mit sich gebracht hat. Oft sind es geisterhafte Konstruktionen, leblos und platzraubend, die die Macht des puren Hasses des Krieges in Europa zeigen. Das Auge des Fotografen lässt den Abgrund der Angst verstehen, der die Kämpfer erschüttert, zerdrückt von der Kraft der Maschinen und der Kriegsgeräte. Es lässt den Verfall erahnen, welcher ihr psychisches Gleichgewicht durcheinander brachte, Ausdruck der Gewalt der seh- und hörbaren Angriffe, wirkliche Katastrophen, die schlimmer waren als die großen Erdbeben.

Um das alles besser zu verstehen helfen noch andere Quellen: die Erinnerungen der Soldaten, die oft wirr sind, ihre Briefe, die das Ende der Hölle herbeisehnen, die Krankenakten der Psychiatrien, wo sie wegen nervösen Störungen, Verkrampfungen, Taubheit und Stummheit aufgenommen wurden. Zeichen, dass sie abschließen wollten mit einer Welt, die feindselig und angsteinflößend geworden ist. Zwangsvorstellungen, hervorgerufen durch nie verarbeitete traumatische Erfahrung. Das alles begann im Namen großer Gefühle und großer Ideale, wie die Verteidigung des bedrohten Vaterlandes, die Befreiung des Volkes, der Kampf gegen die Unterdrückung, den Autoritätsanspruch und gegen den Militarismus der alten Herrschaft. Er wurde als heiliger Krieg umworben und als der letzte aller Kriege. Der Große Krieg wurde schlechthin zum ersten totalen Krieg und der Anfang einer erschreckenden Serie von destruktiven Konflikten, die Europa und die Welt überrollten. Die Kathedralen des Artilleriekrieges symbolisieren in ihrer Art die Geister des 20. Jahrhunderts. Wie Thomas Mann in seinem berühmten Roman *Der Zauberberg* schrieb: "Die Zeit hat in Wirklichkeit keine Einschnitte, es gibt kein Gewitter, kein Trompetengetön beim Beginn eines neuen Monats oder Jahres, und selbst bei dem eines neuen Säkulums sind nur wir Menschen, die schießen und läuten". Und diese, heute stummen Wächter der Stille, scheinen als Kontrast die tödlichen Explosionen heraufzubeschwören, die den Anfang des Jahrhunderts einleiteten und immer wieder zurückkommen, um es zu zerfleischen.

Preface

ANTONIO GIBELLI

A century after its outbreak, the war that marked the beginning of the twentieth century, shows its sharp and deep traces still, both in the outer and in the inner world, into our memory and in the landscape. They are traces caused by an upsetting event, which scattered violence and pain among the fighters and in the civilian population, which has brought a civilization at sunset and transformed the face of the world. Men, especially the Europeans, came out other than they had entered, because they had never seen anything like that.

Despite the past one hundred years, from the fields of Flanders to the plains of Eastern Europe, the signs of war are still clear and evident. As noted by the historian Paul Fussell, in certain regions of France, it still occurs that farmers, while tilling a field for sowing, uncover traces of cases and remains of human bones left by the tremendous fights that took place there: no real battles, but assembly lines leading to destruction, as in Verdun, where month after month, millions of men of opposite battlefronts alternated and about seven hundred thousand crushed together as it happens with a meat grinder. Looking at the farmland at sunset against the light, you can still see the deep hollows dug by howitzers, wherein those years of iron and fire, ghosts of human beings roamed amid large pools of mud and stumps of trees cut down by artillery. Something similar can be said of the karst plateau and Trentino mountains, scene of the bloody clashes between Italian and Austro-Germans. Who visits those territories today, can still see the land crossed by walkways, dominated by the remains of fortifications, transformed in its morphology by the explosions. In the woods, under the blades of grass, the visitor can find indelible products of a huge intense activity performed by iron and stone, spades and shovels, pulleys and cable cars, military engineering and animal fatigue done to contest the ground with the enemy. Below, in the trenches of mass war, made of long underground waits and sudden attacks, at the top, between mountains and avalanches, the challenges of nature and life carved into ice. Those are the places so often told by Mario Rigoni Stern, as in the following quotation dating back to the seventies of the last century:

> *Even the forest had not yet recovered from the ravages of the Great War. Among the old trees a battery of six Austrian 10 cm howitzers had been hidden, but then, in the summer of 1918, a counter-battery fire had destroyed hundreds of guns and howitzers, trees and men. It was said that they had also fired gas and that was the reason why the forest could not grow easily again, and the trees, after reaching a certain height, dried up and died. Here, not far away, a hundred metres, there are still the remains of shelters, walkways, and the signs of endless explosions of bombs of different calibre. I had to work hard to flatten the ground, remove stumps, fences and bushes. Loose pieces of grenades, lead bullets and cartridges came out while turning over the land. Even bones.*

Andrea Contrini wandered in these scenarios with his camera focusing his eyes mostly on the fortifications: structures designed and implemented close to the immense conflict, thought to contain the impact of the enemy and support one's own attacks, to protect men and to conceal the tools of destruction against other deadly devices placed on the slopes or on the opposite peaks. In his pictures, the majesty of the mountains and the immensity of the heavens are therefore the background and frame of the constructions of defence and offence that are at the same time distorted and violated.

Contrini explored sites nowadays silent, where the grass and woods have regained their spaces with difficulty and, anyway, never entirely. He walked through tunnels and caves, he followed underground routes, captured visions recalling catacombs, stone sculptures and the deep cracks inserted into the territory thanks to the dynamics of destruction. They are often spectral, inert and bulky buildings celebrating the power of hate unleashed by the war in the Europe of nations. The photographer's eye does not see, but suggests, the abyss of anguish that shook the fighters, crushed by the power of the machines and materials. Through his eyes we become aware of the failures that often overwhelmed their mental equilibrium exposed to the violence of visual and sonorous assaults, authentic cataclysms that exceeded those natural events of major earthquakes that crumble mountains, open huge lacerations in the earth and bury the living and the dead under piles of debris.

To better understand all this, we are supported by other sources: the memoirs of soldiers, from which the domain of chaos often betray, their letters, claiming the end of the scourge, the medical records of psychiatric hospitals, where they were hospitalized for nervous disorders, contractures, deafness and silences, signs of a desire for closure against a world that has become hostile and terrifying, fixation of a never forgotten traumatic experience. The Great War started in the name of great emotions and great ideals, such as the defence of the endangered nations, the freedom of peoples, the struggle against oppression, the authoritarianism and militarism of the old empires, courted by some as a holy war, and as the last of the wars. It was, instead by definition, the first total war, the beginning of a frightening series of increasingly destructive conflicts that overwhelmed Europe and the world. These cathedrals of war artillery seem to embody in their own way the incubation of the ghosts of the twentieth century. As Thomas Mann wrote in his most famous novel, *The Magic Mountain*: "Time does not really have subdivisions, there are not storms, there is no rumble of thunders at the beginning of the new month or of the new year, and also of the new century: it is just us men who shoot and thunder". And these guardians of silence, now dumb, seem to evoke, by contrast, the deadly blasts which introduced the beginning of the century and returned to tear it into pieces over and over again.

La linea fortificata degli Altipiani tra Trentino e Veneto

FERNANDO LARCHER

8

Non solo la conformazione geologica e l'orografia accomunano i Sette Comuni Vicentini ai limitrofi Altipiani di Folgaria, Lavarone e Luserna, fino a qualche tempo fa turisticamente noti come i Grandi Altipiani Trentini. Non solo la disposizione ad altopiano, l'ambiente prealpino, la fauna e la flora: li accomuna anche un importante benché poco noto capitolo di storia, quello della colonizzazione tedesco-cimbra.
Pur essendo sempre appartenuti (tranne qualche parentesi storica) a stati nazionali diversi, queste montagne, questi ampi pianori fatti di pascoli e rigogliosi boschi di abeti hanno condiviso la lingua e la cultura degli antenati, di quei contadini, boscaioli e carbonai che tra l'XI e il XIII secolo giunsero dalla Baviera per cercare a Sud nuovi terreni da dissodare, una nuova vita, un nuovo futuro. Di quella lontana storia, che generò la regione virtuale della *Cymbria*, estesa dall'Alto Vicentino al Veronese, passando per un buon tratto di Trentino, sono rimasti segni e tracce importanti ad Asiago, Rotzo e a Roana e così a Luserna (Lusérn), in area trentina, dove ancora oggi il cimbro è la lingua parlata dai suoi abitanti.
Stessa cultura dunque, ma patrie diverse. La divisione si fece ineluttabile dopo il 1866, dopo la Terza guerra di indipendenza e il passaggio del Veneto al Regno d'Italia. Fu allora che soprattutto da parte austro-ungarica si iniziò a realizzare forti e sbarramenti a controllo delle principali vallate di accesso alla regione e a difesa della città di Trento, l'ex capitale del Principato vescovile. E fu soprattutto a partire dal 1908 che si iniziò a fortificare i confini, da entrambe le parti, in previsione di un conflitto che – nonostante il trattato di Triplice Alleanza siglato con la Germania nel 1882 – si sapeva sarebbe presto deflagrato.

Per Trento non si passa!

Dal 1906 Capo di stato maggiore dell'esercito imperiale, abile stratega, grande innovatore quanto acerrimo nemico dell'Italia, il Gen. Conrad Von Hötzendorf è considerato l'autorevole "padre" della linea fortificata degli Altipiani.
Progettando il sistema di difesa Von Hötzendorf aveva ben chiari due obiettivi: impedire un'avanzata italiana in Trentino e fare degli Altipiani una piazzaforte militare da cui lanciare una potente offensiva verso la pianura veneto-vicentina, tesa a cogliere alle spalle l'esercito italiano schierato sulla linea dell'Isonzo e a tagliarne i rifornimenti. Non andò tutto come sperato: sotto il martellare dei grossi calibri italiani la linea fortificata resistette a stento e non fu spezzata solo perché negli alti comandi non c'era la convinzione di puntare decisamente su Trento. Per quanto riguarda poi l'Offensiva di primavera del maggio 1916, meglio nota come *Strafexpedition*, dopo un dirompente successo iniziale si arenò sulle alture dell'Altopiano di Asiago, cogliendo la pianura veneta solo con lo sguardo.

Forti austro-ungarici

Rispetto ai presidi fortificati tardo-ottocenteschi, le fortificazioni austro-ungariche del primo Novecento rappresentarono un'autentica innovazione. L'avvento dei grossi calibri, l'uso di esplosivi ad alto potenziale e l'avvento della mitragliatrice furono solo alcuni degli elementi che segnarono il passaggio di un'epoca e che modificarono profondamente il concetto di difesa fortificata.
Non più terrapieni, cannoniere a cielo aperto e tagliate stradali, ma edifici fortificati di nuova concezione nei quali la pietra, pur presente, lasciò decisamente il posto al cemento, all'acciaio e alla roccia viva. Le innovazioni non riguardarono solamente la tecnica costruttiva o gli armamenti, contemplarono anche il nuovo concetto di linea fortificata, contrapposto all'idea superata di presidi fortificati, tipici del sistema di difesa ottocentesco.
Non più dunque forti isolati, ma un'articolata linea di sbarramento fatta di campi trincerati, distese di reticolati, capisaldi (Stützpunkte) e ridotte, una linea nella quale ogni singolo forte fungesse da elemento di forza e di raccordo. Tale è stato il fronte degli Altipiani, realizzato a partire dal 1908: sette fortezze disposte su un'area di circa trenta chilometri, da Cima Vezzena al Dosso delle Somme, sul bordo meridionale dell'Altopiano di Folgaria, passando per gli Altipiani di Luserna e di Lavarone.
Nei progetti originali il sistema fortificato concepito dal Gen. Conrad Von Hötzendorf doveva essere – se lo scoppio del conflitto con l'Italia non l'avesse impedito – ben più esteso, tale da spingersi oltre il Forte Pozzacchio di Vallarsa, rimasto incompiuto ma comunque presidiato, fino a interessare il Monte Zugna e il Monte Altissimo di Nago.

Forti italiani

Le fortificazioni italiane, sorte contestualmente a quelle austro-ungariche, erano altrettanto moderne e innovative. Esempio illuminante, giunto a noi completo nei suoi apparati tecnici (montacarichi, sistema di aerazione, cupole, cannoni), è Forte Montecchio di Colico, affacciato sul lago di Como. Al pari degli austro-ungarici gli alti comandi italiani diedero il via, nell'ambito del Piano di difesa nazionale del 1908, alla realizzazione di una serie di forti di nuova concezione.

Ma non si possono disconoscere gravi elementi di debolezza che di fatto vanificarono la loro presunta supremazia: l'uso del cannone da 149 mm, per quanto di calibro e gittata maggiori rispetto ai piccoli obici da fortezza austro-ungarici, da 10,5 cm, mal si prestava alla guerra di montagna, nella quale ha miglior gioco il tiro curvo, proprio dell'obice e del mortaio; le cupole corazzate lenticolari, concepite a difesa del tiro teso, si rivelarono del tutto inefficaci sotto i tiri curvi nemici e così le coperture in cemento, che pure superavano i due metri di spessore, prive di rinforzi d'acciaio ben poco valevano contro i proiettili di grosso calibro che le colpivano con incidenza verticale.

Nello schieramento italiano, soprattutto in quello volto a contrastare la linea fortificata degli Altipiani di Luserna-Vezzena, Lavarone e Luserna, si puntò a sovrastare i presidi austro-ungarici collocando i forti in posizione elevata, sfruttando al meglio i rilievi di confine. Ciò diede loro una supremazia psicologica, ma gli elementi di debolezza poc'anzi evidenziati si rivelarono letali. Ne fu drammatica dimostrazione il colpo da 30,5 cm che il 12 giugno 1915 colpì il Forte Verena, penetrò dentro la fortezza e fece 42 vittime (successivamente diventate 49), compreso il comandante Carlo Umberto Trucchetti.

La "guerra dei forti"

Lo scontro tra forti austro-ungarici e forti italiani durò sostanzialmente un anno, dal maggio 1915 al maggio 1916, fino all'Offensiva di primavera (*Strafexpedition*).

Fin dal primo giorno di guerra l'attività più significativa si ebbe sul fronte degli Altipiani trentini, un'attività che vide da una parte impegnati tutti e sette i forti austro-ungarici di Vezzena, Luserna, Lavarone e Folgaria e dall'altra, data la collocazione a ridosso della linea austro-ungarica, i forti italiani di Monte Verena, di Campolongo e di Campomolon.

Secondo le cronache, il primo colpo che diede avvio alle ostilità tra i due schieramenti fu sparato dal Forte Verena alle 3.30 di notte (c'è chi dice alle 3.55) del 24 maggio. Da quel momento e per vari giorni furono i forti italiani a condurre il gioco, non per l'efficacia dei loro cannoni, poco adatti, come abbiamo visto, a contrastare le coperture delle fortezze austro-ungariche, quanto piuttosto per l'intensa attività degli obici da costa, mobili, da 280 mm, che in precedenza erano stati prelevati dalle coste liguri, marchigiane e calabresi e portati in montagna, nelle aree circostanti i forti, in punti protetti e di difficile individuazione.

Fu il martellamento costante di questi grossi calibri, per quanto poco moderni e precisi, a ridurre a mal partito il forte osservatorio di Cima Vezzena, a mettere in crisi il Forte Busa Verle e a costringere alla resa (invero subito rientrata), il 28 maggio 1915, a pochi giorni dall'inizio della guerra, il Forte Campo di Luserna. Ma fu una supremazia di corto respiro. Resisi conto della situazione, gli austro-ungarici reagirono prontamente portando in linea il micidiale Mörser della Škoda, il mortaio da 30,5 cm che, assieme ad analogo obice da 42 cm, mise presto fuori combattimento i forti tricolori costringendoli al disarmo e riducendoli a pressoché inutili sentinelle silenziose.

Quel che non poté la guerra...

Le fortezze degli Altipiani uscirono dal conflitto provate dai bombardamenti ma sostanzialmente integre. Furono ridotte a ruderi negli anni Trenta, nell'ambito della campagna nazionale "Ferro alla Patria", tesa alla ricerca spasmodica di metallo in un momento in cui l'Italia, sottoposta a embargo internazionale dalla Società delle Nazioni per via dell'aggressione coloniale all'Etiopia, ne era di fatto priva. Tra il 1936 e il 1939 i forti furono dunque demoliti per prelevare le putrelle d'acciaio contenute nelle coperture.

Si salvò il Forte Belvedere. Si dice per merito del Re Vittorio Emanuele III, più verosimilmente per merito del podestà Quarto Stenghele, di Lavarone, che riuscì a salvare in gran parte il "suo" forte. Diversamente i forti italiani, del tutto privi di metallo, non subirono l'aggressione dei "recuperanti" ma furono lasciati nel più completo abbandono. Una recente legge nazionale ha permesso finalmente il loro recupero e la loro restituzione all'interesse storico e culturale.

Die Festungslinie auf den Hochebenen zwischen dem Trentino und dem Veneto

FERNANDO LARCHER

Nicht nur die Geografie und die Orographie vereinen die Sieben Vizentinischen Gemeinden mit den angrenzenden Hochebenen von Folgaria, Lavarone und Luserna. Bis vor einiger Zeit waren sie touristisch bekannt als die Großen Trentiner Hochebenen. Nicht nur ihre Lage als Hochebene mit dem voralpinen Klima, der Fauna und Flora: sie teilen sich auch ein wichtiges, wenn auch wenig bekanntes Kapitel der Geschichte, das der deutsch-zimbrischen Kolonialisierung.

Obwohl diese weitläufigen Ebenen, diese Berge mit ihren üppigen Weiden und Fichtenwäldern, immer zu verschiedenen Staaten gehörten (mit einigen geschichtlichen Ausnahmen), haben sie die Sprache und die Kultur der Vorfahren geteilt: jene Bauern, Holzfäller und Köhler, die zwischen dem 11. und 13. Jahrhundert aus Bayern kamen, um im Süden neue Länder urbar zu machen, um ein neues Leben und eine neue Zukunft aufzubauen. In dieser weit zurückliegenden Geschichte, in der sich die immaginäre Region *Cymbria*, vom hohen Vicentino bis nach Verona ausdehnte, und durch ein großes Gebiet des Trentino führte, bleiben Zeichen und prägnante Spuren in Asiago, Rotzo, Roana und auch in Luserna (Lusérn), wo noch heute zimbrisch von der Bevölkerung gesprochen wird.

Sie haben die selbe Kultur, jedoch verschiedene Abstammungen. Die Teilung ist nach 1866, nach dem dritten Unabhängigkeitskrieg und des Übergangs von Veneto in das italienische Reich, erfolgt. Zu dieser Zeit geschah es, dass überwiegend von der österreichisch-ungarischen Seite mit dem Bau von Festungen und Wehren begonnen wurde, um die Haupttäler, und damit den Zugang in die Region zu kontrollieren, sowie zur Verteidigung der Stadt Trient, die ehemalige Hauptstadt des bischöflichen Fürstentums. Ab 1908 wurde mit dem Bau von Festungen an den Grenzen auf beiden Seiten begonnen, in Aussicht auf einen Krieg, dessen baldiger Ausbruch schon klar war, trotz des Abkommens des Dreibund, das 1882 mit Deutschland besiegelt wurde.

Bis nach Trient kommt man nicht!

Ab 1906 ist General Conrad von Hötzendorf Führer des Generalstabs der kaiserlichen Armee, bekannt als geschickter Stratege und großer Reformer, ebenso als erbitterter Feind Italiens und als geschätzter und einflussreicher "Vater" der Wehrlinien der Hochebenen.

Als das Verteidigungssystem ausgearbeitet wurde, hatte Von Hötzendorf ganz klar zwei Ziele: Einen Vorstoß von Italien im Trentino zu vermeiden und die Hochebenen in eine starke militärische Festung umzubauen, von wo man eine gewaltige Offensive gegen die vizentinisch-venetische Ebene starten konnte, mit dem Ziel, die an der Isonzo-Linie aufgestellten italienischen Truppen hinterrücks anzugreifen, und ihnen die Lieferungen abzuschneiden. Es lief nicht alles wie erhofft: unter den Schlägen der schweren italienischen Kaliber konnte die Festungslinie kaum standhalten und wurde nur nicht gesprengt, weil das italienische Oberkommando die Waffen nicht explizit gegen Trient richtete. Die Frühlingsoffensive, besser bekannt als *Strafexpedition*, die im Mai 1916 begann, stockte, nach einem brisanten anfänglichen Erfolg, auf der Hochebene von Asiago: die venetische Ebene konnte nur mit Blicken aus der Ferne erhascht werden.

Die Österreichisch-Ungarische Festungen

Im Vergleich zu den besetzten Festungen des späten neunzehnten Jahrhunderts, stellten die österreichisch-ungarischen Festungen eine einzigartige Neuheit dar. Die Einführung schwerer Kaliber, der Gebrauch von hochgefährlichem Sprengstoff und Maschinengewehren waren nur einige der Elemente, die das vergehen einer Ära anzeigten und die grundsätzlich das Verteidigungskonzept von Festungen veränderte.

Es waren keine Erdwälle mehr, Kanoniere unter freiem Himmel und Straßensperren, sondern befestigte Gebäude mit einem neuen Konzept bei dem der Stein noch vorhanden war, jedoch verdrängt wurde von Beton, Stahl und purem Fels. Die Erfindungen berücksichtigten nicht nur die Konstruktionstechnik oder die Rüstung, sondern berücksichtigen auch das neue Konzept der Festungslinie, das im Gegensatz zur besetzten Festung steht, des typischen Verteidigungssystems des neunzehnten Jahrhunderts.

Nicht mehr einzelnstehende Festungen sondern eine umfassende Linie von Absperrungen aus befestigten Lagern, mit Strecken von Stacheldraht, Bollwerken und Schanzen. Eine Linie, auf der jede einzelne Festung als Gewalt und Verbindungselement fungiert. So etwas war die befestigte Linie der Hochebenen, verwirklicht ab 1908: sieben Festungen aufgebaut auf einer Linie von circa 30 Kilometer.

Vom Cima Vezzena zum Dosso delle Somme und bis zum südlichen Rand der Hochebene von Folgaria, vorbei an den Hochebenen von Luserna und Lavarone.
Der ursprünglichen Plan, ausgearbeitet von General Conrad Von Hötzendorf, sah vor, dass das Befestigungssystem weit umfangreicher hätte sein sollen: es sollte sich bis hinter das nicht fertiggestellte, aber trotzdem bemannte Fort Pozzacchio di Vallarsa, und bis zum Monte Zugna und Monte Altissimo di Nago reichen, wenn es der Kriegsausbruch mit Italien nicht verhindert hätte.

Die Italienische Festungen

Die italienischen Festungen kamen gleichzeitig mit den österreichisch-ungarischen und waren ebenso modern und innovativ. Ein leuchtendes Beispiel ist das Fort Montecchio di Colico, das auf den Comersee blickt und noch bis heute mit technischen Apparaten komplett ausgestattet ist (Güteraufzüge, Lüftungssystem, Kuppeln und Kanonen). Ebenso wie die Österreich-Ungarn, gaben auch die italienischen Hauptquartiere, im Rahmen des nationalen Verteidigungsplans von 1908, den Weg frei für die Realisierung einer Serie von Festungen der neuen Art.
Aber man kann fatale Schwächen nicht ignorieren, die ihre angebliche Vormacht in Wirklichkeit zunichte machten: die 149 mm Kanonen waren nicht für den Kampf im Gebirge geeignet, trotz der größeren Kaliber und einer weiteren Reichweite, im Vergleich mit den kleineren, österreichisch-ungarischen Festungshaubitzen von 10,5 cm, wo ein Steilschuss, wie der der Haubitzen und Mörser viel effektiver ist, da die linsenförmigen Panzerkuppeln, zur Abwehr des Flachschusses konzipiert, gegen denn kurvigen feindlichen Schuss unnütz waren. Ebenso die Betonabdeckungen, obwohl mehr als 2 m dick, jedoch ohne Stahlträger, waren unnütz gegen die großkalibrigen österreichisch-ungarischen Geschosse, die mit senkrechtem Einfall einschlugen.
In der italienischen Aufstellung, vor allem in jener, die gegen die befestigte Linie der Hochebenen von Luserna-Vezzena, Lavarone und Folgaria kämpfte, wollte man der österreichisch-ungarische Garnison überlegen sein, indem man die hoch gelegenen Forte verband und die erhöhte Grenze ausnutzte. Das gab ihnen eine psychologische Überlegenheit, aber die oben genannten schwachen Elemente, entpuppten sich als tödlich. So war der dramatische Beweis der 30,5 cm Einschlag, der am 12. Juni 1915 im Fort Verena einschlug, in die Festung eindrang und 42 Opfer forderte (nach und nach wurden es 49). Unter ihnen auch der Kommandeur Carlo Umberto Trucchetti.

Der "Krieg der Festungen"

Der Kampf zwischen den österreich-ungarischen Festungen und den italienischen dauerte ein Jahr, von Mai 1915 bis zum Mai 1916, und endete mit der Frühlingsoffensive (*Strafexpedition*).
Mit dem ersten Tag des Krieges ereignete sich die bedeutendste Aktion auf der Vorderseite der Trentiner Hochebenen. Ein Vorgang, der von der einen Seite alle sieben österreichisch-ungarischen Forts, von Vezzena, Luserna, Lavarone, und Folgaria, miteinbezog, und auf der anderen Seite die italienischen Forts von Monte Verena, Campolongo und von Campomolon, die dicht an der österreichisch-ungarischen Linie aufgestellt waren.
Nach Angaben der Chronik war es der erste Schuss, abgefeuert vom Fort Verena um 3:30 Uhr nachts (manche sagen um 3:55 Uhr) am 24. Mai, der die Feindseligkeiten zwischen den beiden Aufstellungen entfachte. Von diesem Moment und für mehrere Tage waren es die italienischen Festungen, die das Spiel führten. Nicht wegen der Stärke ihrer Kanonen, diese waren wenig tauglich und kamen nicht durch die Abdeckungen der österreichisch-ungarischen Festungen, sondern eher wegen der Stärke der mobilen Küstenhaubitzen von 280 mm, die im Vorfeld von den Küsten Liguriens, Kalabriens und den Marken in die Berge, in die umliegenden Gebiete der Forts, an geschützte und schwer auszumachende Plätze gebracht wurden.
Es war das konstante Trommelfeuer dieser großen Kaliber, die eigentlich wenig modern und genau waren, das das Bewachungsfort Cima Vezzena zerstört, und das Fort Busa Verle bedrängt und es am 28. Mai 1915 zur Kapitulation zwingt (diese wird jedoch kurz danach rückgängig gemacht). Ebenso das Fort Lusern wird wenige Tage nach Beginn des Krieges zur Kapitulation gezwungen. Aber es war eine Vormacht von kurzer Dauer. Als sie sich der Situation bewusst wurden reagieren die Österreich-Ungarn sofort und bringen den tödlichen Mörser von Škoda zum Einsatz, eine Haubitze mit 30,5 cm, die zusammen mit einer ähnlichen, mit 42 cm, die italienischen Forts aus der Schlacht schlägt, sie zur Waffenniederlegung zwingt und sie zu unnützen stillen Wachposten macht.

Was der Krieg nicht konnte...

Die Festungen der Hochebenen wurden im Krieg zwar bombardiert, kamen jedoch fast heil aus der Sache heraus. Sie wurden in den Dreißigerjahren, im Zuge der nationalen Kampagne "Eisen für das Vaterland" zertrümmert, auf der krampfhaften Suche nach Metall, das Italien kaum hatte und in dieser Zeit wegen dem Kolonialkrieg in Äthiopien, unter dem internationalen Embargo der Vereinigten Nationen stand. Zwischen 1936 und 1939 wurden die Festungen demontiert, um die Stahlträger in den Überdachungen herauszuholen.
Das Fort Belvedere blieb heil und man sagt, es war der Verdienst von König Vittorio Emanuele III, aber wahrscheinlich war es eher der Verdienst des Ortsvorstehers Quarto Stenghele aus Lavarone, der es schaffte, einen größten Teil "seiner" Festung zu retten. Anders geschah es mit den italienischen Festungen, da sie kein Metall enthielten: sie erlitten zwar keine Angriffe der Rückeroberer, aber wurden absolut sich selbst überlassen. Ein kürzlich erlassenes nationales Gesetz hat ihren Wiederaufbau und die Rückgabe im historischen und kulturellen Interesse erlaubt.

The fortified line of the Plateaus between Trentino and Veneto

FERNANDO LARCHER

Not only the geological conformation and orography unite the Seven Municipalities in the province of Vicenza to the neighbouring Folgaria, Lavarone and Luserna, until some time ago known from tourists as the Great Plateaus of Trentino. They both are plateaus, and have in common the pre-alpine environment, fauna and flora, but they also share an important though little-known chapter of history, that is to say the German-Cimbrian settlement.

Despite having always belonged (except for some historical parentheses) to different national states, these mountains, these wide plateaus made of pastures and lush pine forests, have shared the language and culture of their ancestors, of those farmers, loggers and charcoal burners that between the eleventh and thirteenth century moved from Bavaria to seek new southern lands to till, where to live a new life, a new future. Of that distant history, that generated the virtual region named *Cymbria*, extended from the Plateau of Vicenza to the low county in the province of Verona, passing through a meaningful stretch of Trentino, one can still find important signs and traces in Asiago, Roana, Rotzo and also in Luserna (Lusérn), in Trentino, where one can still hear the Cimbrian language spoken by its inhabitants.

The same culture then, but different homelands. The division became inevitable after 1866, after the Third War of Independence and the passage of Venice to the Kingdom of Italy. It was then that especially the Austro-Hungarians began to build forts and dams to control the main valleys of access to the region and to defend the city of Trento, the former capital of the Bishopric. It was mainly since 1908 that they began to fortify the borders, on both sides, in anticipation of a conflict that – despite the Treaty of the Triple Alliance, signed with Germany in 1882 – they knew it would soon explode.

Nobody will pass through Trento!

Since 1906, Chief to the Imperial Army, Gen. Conrad Von Hötzendorf was considered the authoritative "father" of the fortified line of the Plateaus. He was acknowledged as skilled strategist, innovator as well as bitter enemy of Italy.

By designing the system of defence Von Hötzendorf had two very clear objectives: to prevent an Italian advance in Trentino and make the Plateaus a military stronghold from which to launch a powerful offensive towards the plain of Venice and Vicenza, in order to seize the Italian army deployed on the line of Isonzo from behind and in so doing, cut off supplies. Not everything went as hoped: under the pounding of the big guns, the fortified Italian line barely resisted and it was not broken just because in the Italian high command there was not the belief of a clear commitment towards Trento. As to the Spring Offensive in May 1916, better known as *Strafexpedition*, after an initial disruptive success, it ran aground on the heights of the Asiago Plateau, seizing the Venetian plain with just a look.

Austro-Hungarian Fortresses

Compared to the fortified late-nineteenth century defences, the Austro-Hungarian fortifications of the early twentieth century represented a genuine innovation. The advent of the big guns, the use of high potential explosives and the advent of the machine gun were just some of the elements that marked the passing of an era and profoundly altered the concept of fortified defence.

No more embankments, gunboats, open pits and cut roads, but fortified buildings of new conception in which stone, although present, left room for cement, steel and rock. Innovations concerned not only the construction technique or armaments, they contemplated the new concept of fortified line, as opposed to the out of date idea of fortified garrisons, typical of the nineteenth-century defence system.

No longer, therefore, strong blocks, but a comprehensive line of barrier made of entrenched camps, stretches of barbed wires, strongholds (Stützpunkte) and redoubt, a line in which each stronghold could serve as an element of strength and connection. This was the fortified line of the Plateaus, built from 1908: seven fortresses arranged on a line of about thirty kilometres from Cima Vezzena to Dosso delle Somme, along the southern border of the Plateau of Folgaria, passing through the Plateaus of Luserna and Lavarone.

In the original plans, the fortified system designed by Gen. Conrad Von Hötzendorf had to be – if the outbreak of the conflict with Italy had not prevented it – by far more extensive, such as to go beyond the Fort Pozzacchio of Vallarsa, remained unfinished, but still garrisoned involving also Mount Zugna and Mount Altissimo above Nago.

Italian Fortresses

The Italian fortifications, built simultaneously with the Austro-Hungarian fortresses, were just as modern and innovative. Fort Montecchio of Colico, overlooking Lake Como, is an extraordinary enlightening example, preserved up to nowadays in its full technical equipment (lifts, ventilation system, domes, cannons). Like the Austro-Hungarians, the Italian high commands gave way, under the Plan of National Defence in 1908, to the creation of a series of fortifications of brand new concept.

But one cannot ignore the serious weaknesses that actually nullified their alleged supremacy: as a matter of fact, the use of the 149 mm cannon, even if its calibre and range was superior than the small 10.5 cm howitzers of the Austro-Hungarian fortress, could badly fit for a mountain warfare, in which the howitzer and mortar curved shot had a better deal; the lenticular fortified domes, designed to defend the trajectory, proved totally ineffective under the curved shots of the enemies and so, even the cement roofing, over two metres thick, but built without steel reinforcements, could protect very little against the large calibre bullets of the Austro-Hungarians that struck with vertical incidence.

In the Italian array, arranged to contrast the fortified line of the Plateaus of Luserna-Vezzena, Lavarone and Folgaria, it was opted to block out the Austro-Hungarians garrisons by placing the fortifications in a higher position, trying to make the most out of the border ridge. This gave them a psychological supremacy, but the elements of weakness earlier highlighted proved lethal. A dramatic demonstration came from the 30.5 cm shot that on June 12th, 1915 struck Fort Verena, penetrated into the fortress and made 42 victims (later 49), including the commander Carlo Umberto Trucchetti.

The "war of the fortresses"

The clash between Austro-Hungarian and Italian forts substantially lasted one year, from May 1915 to May 1916, until the Spring Offensive (*Strafexpedition*).

From the very first day of the war, the most significant activity occurred on the front of the Plateaus in Trentino, an activity that saw the commitment, on one side, of all the seven Austro-Hungarian forts, that is to say, Vezzena, Luserna, Lavarone and Folgaria and on the other, given the location near the Austro-Hungarian line, the Italian forts on the Mounts Verena, Campolongo and Campomolon.

According to the chronicles, the first shot which started the hostilities between the two sides was fired from Fort Verena at 3.30 a.m. (some say at 3.55) on 24th May. From that time on and for several days, the Italian fortifications led the game, not for the effectiveness of their guns, little suited, as explained above, to resist against the Austro-Hungarian fortresses, but rather for the intense activity of the coast, mobile 280 mm howitzers, which had previously been taken from the coasts of Liguria, Marche and Calabria and carried to the mountains, in the areas surrounding the fortifications, located in positions that were protected and difficult to detect.

It was the constant pounding of these big guns, however little modern and accurate, to reduce the observatory fortress of Cima Vezzena badly, to undermine Fort Busa Verle and force the surrender of Fort Campo di Luserna (even if immediately withdrawn), on May 28th, 1915, a few days after the starting of the war. But it was a short-lasted supremacy. In fact, the Austro-Hungarians realized the situation and promptly reacted bringing on line the deadly Škoda Mörser, the 30.5 cm mortar which, together with a similar 42 cm howitzer. They soon put out of action the tricolour fortification, forcing disarmament and reducing them to almost unnecessary silent sentinels.

What the war could not...

The fortresses of the Plateaus came out of the conflict weakened by bombing, but substantially intact. They were reduced to ruins in the thirties, as part of the national campaign "Iron to the Motherland", aimed at a frantic search of metal in a time when Italy was lacking in iron because subjected to an international embargo by the League of Nations on account of the colonial aggression to Ethiopia. Between 1936 and 1939 the forts were then demolished to remove the steel beams contained in the roofing.

Fort Belvedere was incredibly spared by the campaign. It is said, thanks to King Vittorio Emanuele III, most likely thanks to the mayor of Lavarone, Quarto Stenghele, who managed to save most of "his" fortress. On the contrary, the Italian forts, completely metal-free, did not suffer from the aggression of "metal searchers", but were left in complete abandonment. Finally, a recent national law has allowed and promoted their recovery and their return to historical and cultural heritage.

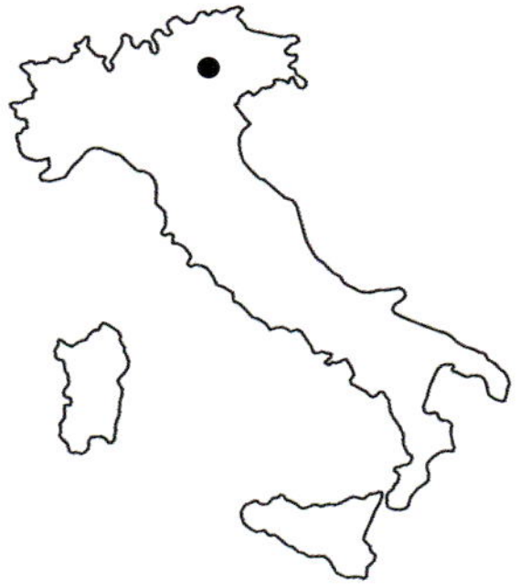

LINEA FORTIFICATA AUSTRO-UNGARICA
ÖSTERREICHISCH-UNGARISCHE FESTUNGSLINIE
AUSTRO-HUNGARIAN FORTIFIED LINE

1. FORTE DOSSO DELLE SOMME
2. FORTE SOMMO ALTO
3. FORTE CHERLE
4. COMANDO TATTICO DI SETTORE DI VIRTI
5. STAZIONE DI COLLEGAMENTO OTTICO DI MONTE RUST
6. FORTE BELVEDERE
7. FORTE CAMPO DI LUSERNA
8. AVAMPOSTO OBERWIESEN
9. FORTE BUSA VERLE
10. FORTE CIMA VEZZENA

LINEA FORTIFICATA ITALIANA
ITALIENISCHE FESTUNGSLINIE
ITALIAN FORTIFIED LINE

11. FORTE CAMPOMOLON
12. FORTE CASA RATTI
13. FORTE PUNTA CORBIN
14. FORTE LISSER
15. TAGLIATA VAL D'ASSA
16. FORTE INTERROTTO
17. FORTE VERENA
18. FORTE CAMPOLONGO

- - CONFINE DI STATO NEL 1915
STAATSGRENZE 1915
STATE BORDER IN 1915

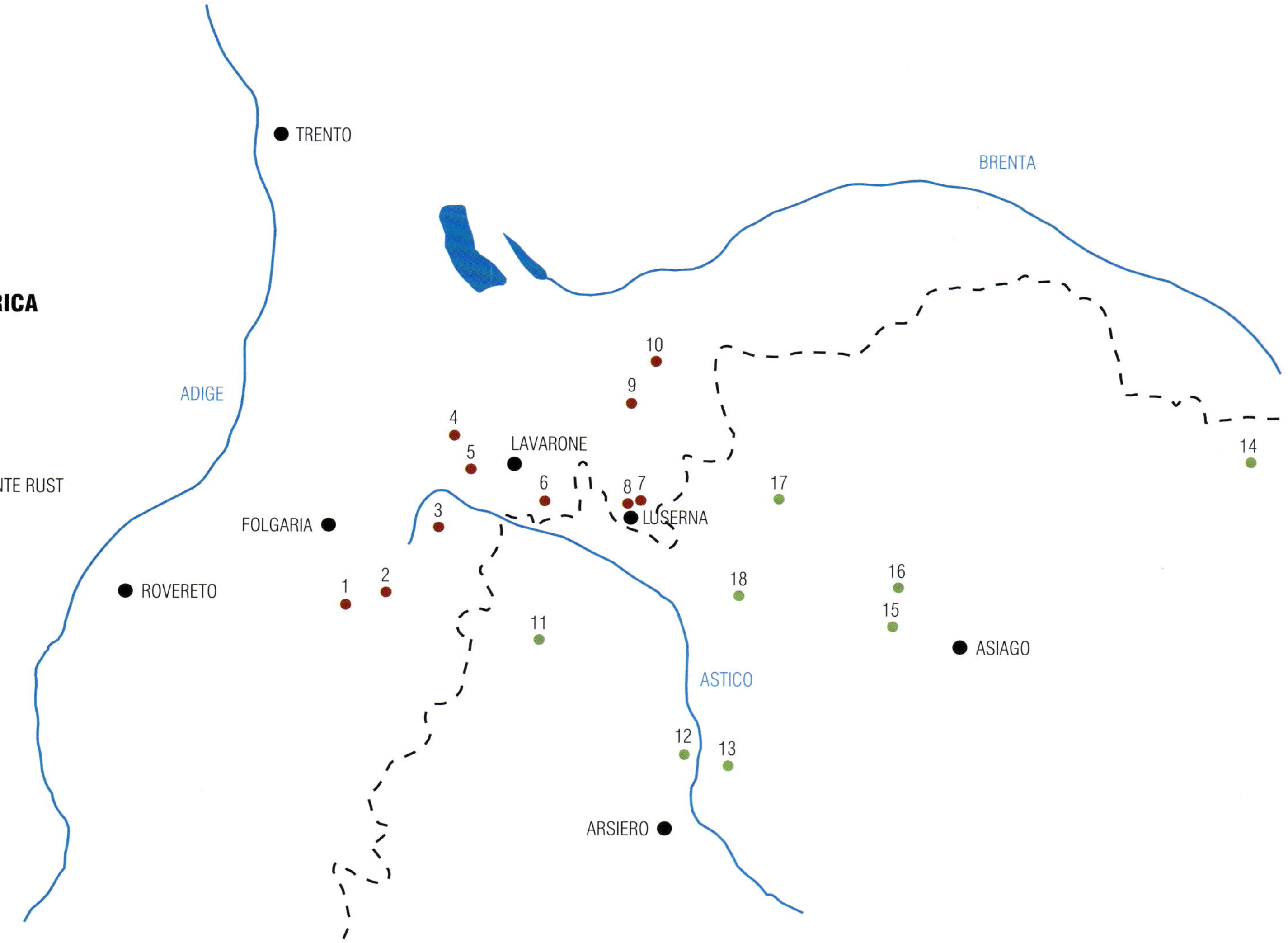

ANDREA CONTRINI

Nella quiete dei pascoli e delle cime il passato continua a riaffiorare, non con il crepitare delle mitragliatrici o col frastuono dell'artiglieria ma attraverso il silenzio che aleggia tra le mura sbrecciate e le casematte vuote.
I venti del nazionalismo hanno smesso di soffiare e l'irruente bellezza della natura avvolge le antiche ferite come a volerle curare. Lo scorrere del tempo ha trasformato i baluardi della guerra tra nazioni in luoghi di pace, custodi della memoria.

In der Stille der Wiesen und der Gipfel ist die Vergangenheit weiterhin anwesend, nicht mit dem Knattern der Maschinengewehre oder den Einschlägen der Bomben der Artillerie, sondern durch die Stille, die mit ihren Flügeln gegen die gebrochenen Wände und die leeren Kasematten schlägt.
Der Wind des Nationalismus hat aufgehört zu wehen und die ungestüme Schönheit der Natur umgibt die alten Wunden als wolle sie sie heilen. Der Lauf der Zeit hat die Bollwerke, des Krieges zwischen den Nationen, in Denkmäler des Friedens umgewandelt, bewacht von der Erinnerung.

In the stillness of pastures and peaks, the past reappears over and over again, not with the crackle of machine guns or with the roar of the artillery, but through the silence that hovers among the chipped walls and empty casemates.
The winds of nationalism have stopped blowing and the impetuous beauty of nature surrounds the antique wounds as to heal them. The passing of time has transformed the bulwarks of war among Nations in places of peace, keepers of memories.

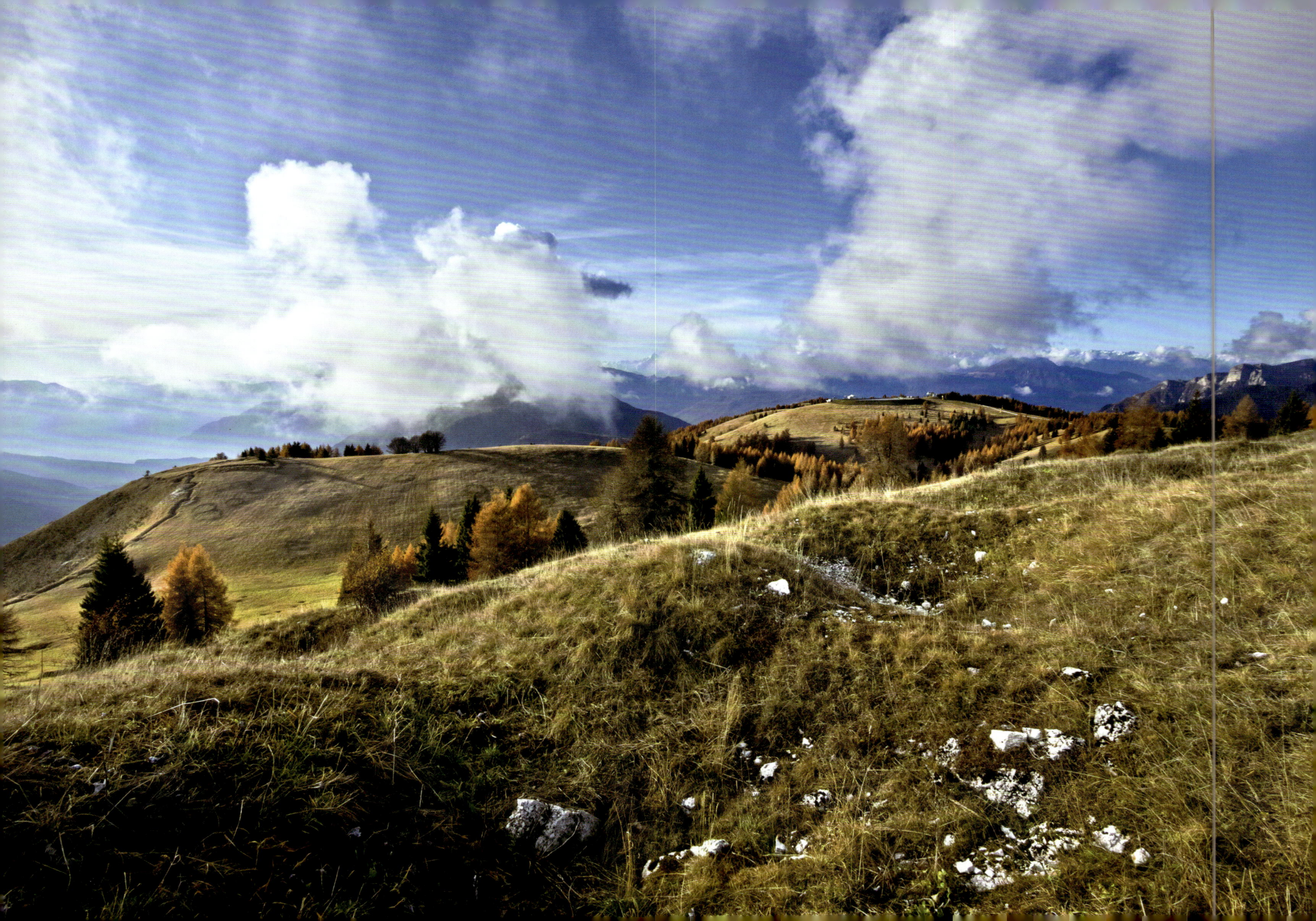

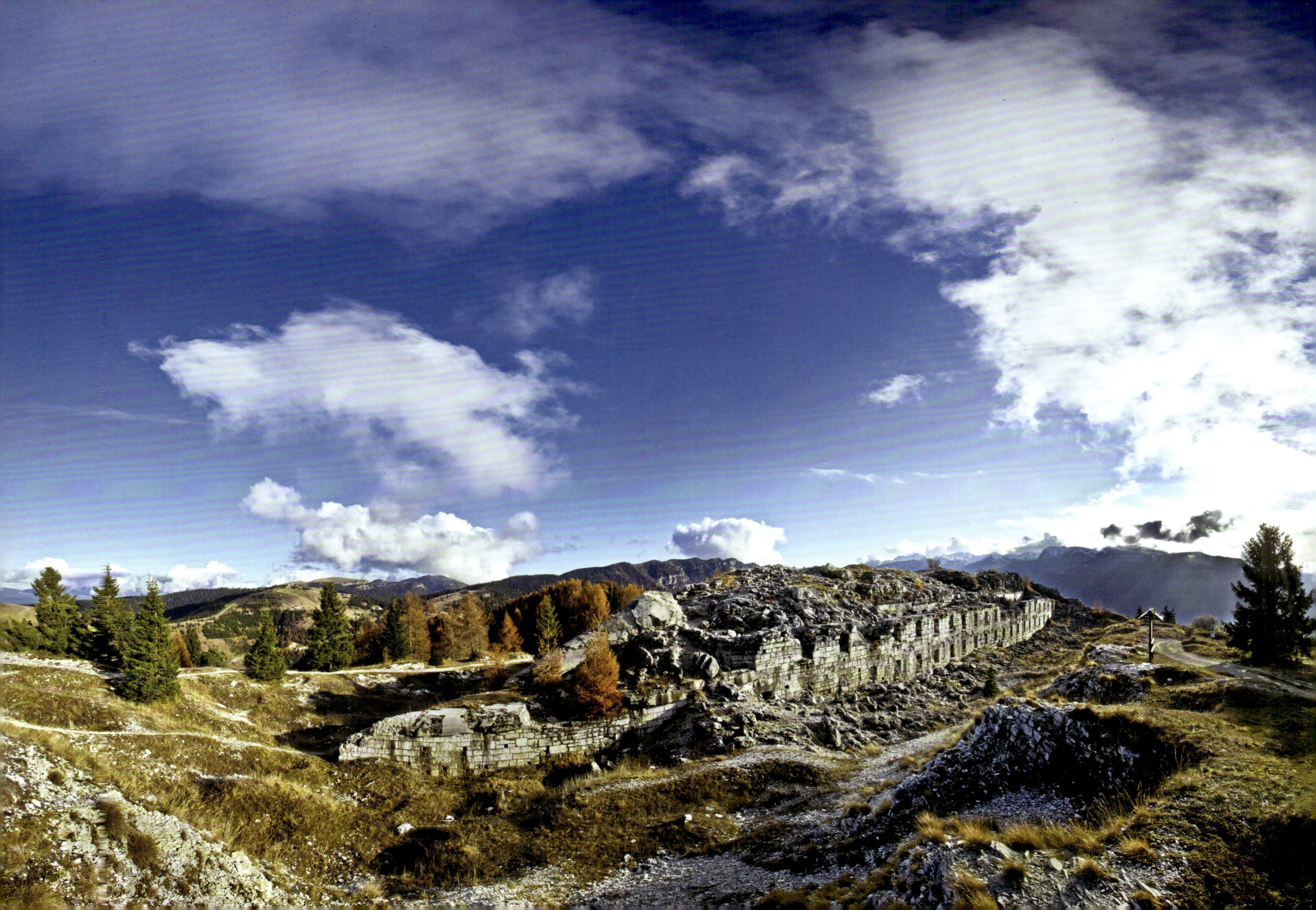

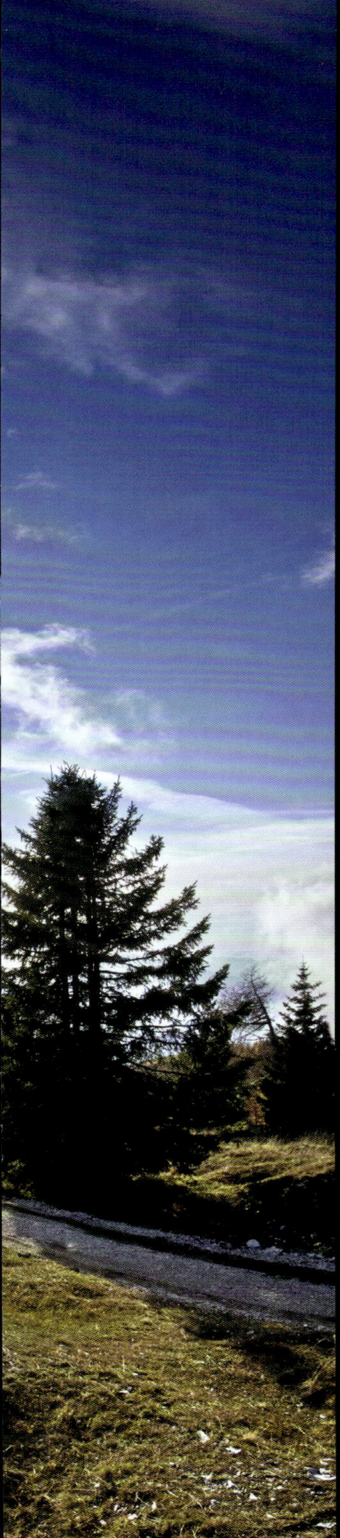

FORTE DOSSO DELLE SOMME

Werk Serrada

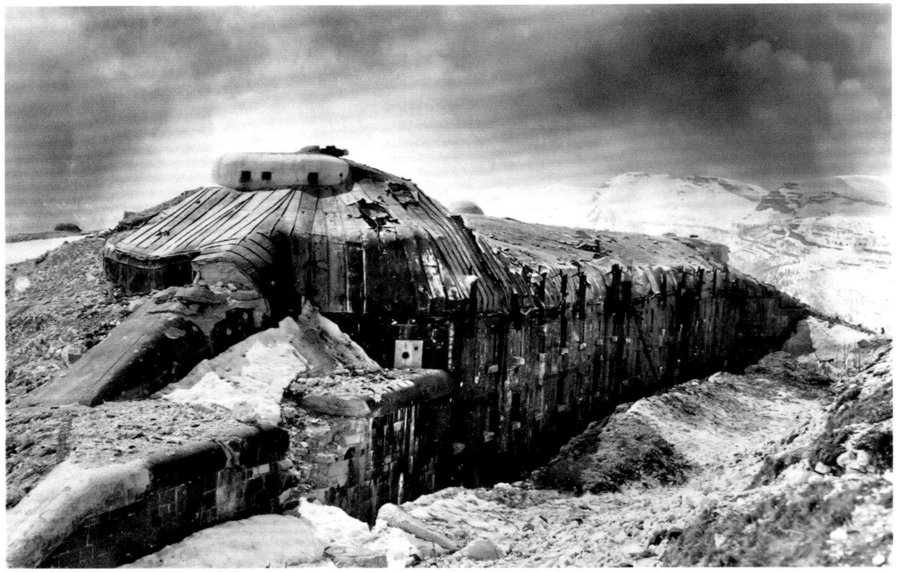

Costruito per ultimo, fu il forte più moderno dell'intera linea fortificata degli Altipiani, nel quale trovarono applicazione le soluzioni ingegneristiche sperimentate nella costruzione degli altri forti. Domina la profonda Val di Terragnolo. Profondi tunnel sotterranei conducono ai fortini avanzati e agli osservatori affacciati sulla vallata. La sua missione era quella di impedire l'accesso nemico dal passo della Borcola e, con il supporto del Forte Sommo Alto, di controllare l'accesso da Passo Coe. Subì pesantissimi bombardamenti, ancor oggi testimoniati dai crateri delle innumerevoli granate che lo colpirono e che incisero profondamente il territorio circostante. Si vuole che con i suoi obici appoggiasse gli attacchi dei Kaiserjäger sul contrapposto massiccio del Pasubio. Uscito intatto dal conflitto, nell'ambito della campagna "Ferro alla Patria", tra il 1936 e il 1938, fu privato della copertura, ridotta a un ammasso di macerie.

Es wurde als letztes errichtet und war das modernste der gesamten Wehrlinie auf den Hochebenen. In ihm fand man Anwendungen und Lösungen von Ingenieuren, die beim Bau früherer Festungen getestet wurden. Es steht über dem tiefen Terragnolo Tal und tiefe unterirdische Tunnel führen zu den vorgelagerten Festungen und zu den Wachanlagen, die über das Tal blicken. Seine Mission war es, den feindlichen Eintritt vom Borcola Pass zu verhindern und, mit der Unterstützung des Fort Sommo Alto, den Eingang vom Coe Pass zu kontrollieren. Das Fort Dosso delle Somme erlitt schwere Bombardements und noch heute zeugen Krater von den unzählbaren Granaten die einschlugen und das umliegende Gelände zerrissen. Mit seinen Haubitzen soll es die Angriffe der Kaiserjäger auf dem gegenüberliegenden Posten des Pasubio-Massivs decken. Es ging heil aus dem Krieg heraus und im Rahmen der Kampagne "Eisen für die Heimat", zwischen 1936 und 1938, wurde seine Bedeckung geraubt.

Last to be built, it was the most modern fortress of the entirely fortified line of the Plateaus, where the engineering solutions experimented in the construction of the other forts found application. It dominates the deep Terragnolo Valley. Even today, deep underground tunnels lead to the advanced forts and to the observatories overlooking the valley. Its mission was to prevent the enemy to access from Borcola Pass and, with the support of the Fort Sommo Alto, to control the access from Coe Pass. It suffered from heavy bombing, still witnessed by craters of countless grenades that hit it and that deeply affected the surrounding territory. Experts think that, with its howitzers, it supported the Kaiserjäger attacks to the Pasubio. Untouched by the conflict, as part of the "Iron to the Motherland" campaign, between 1936 and 1938, it was deprived of coverage and reduced to a pile of rubble.

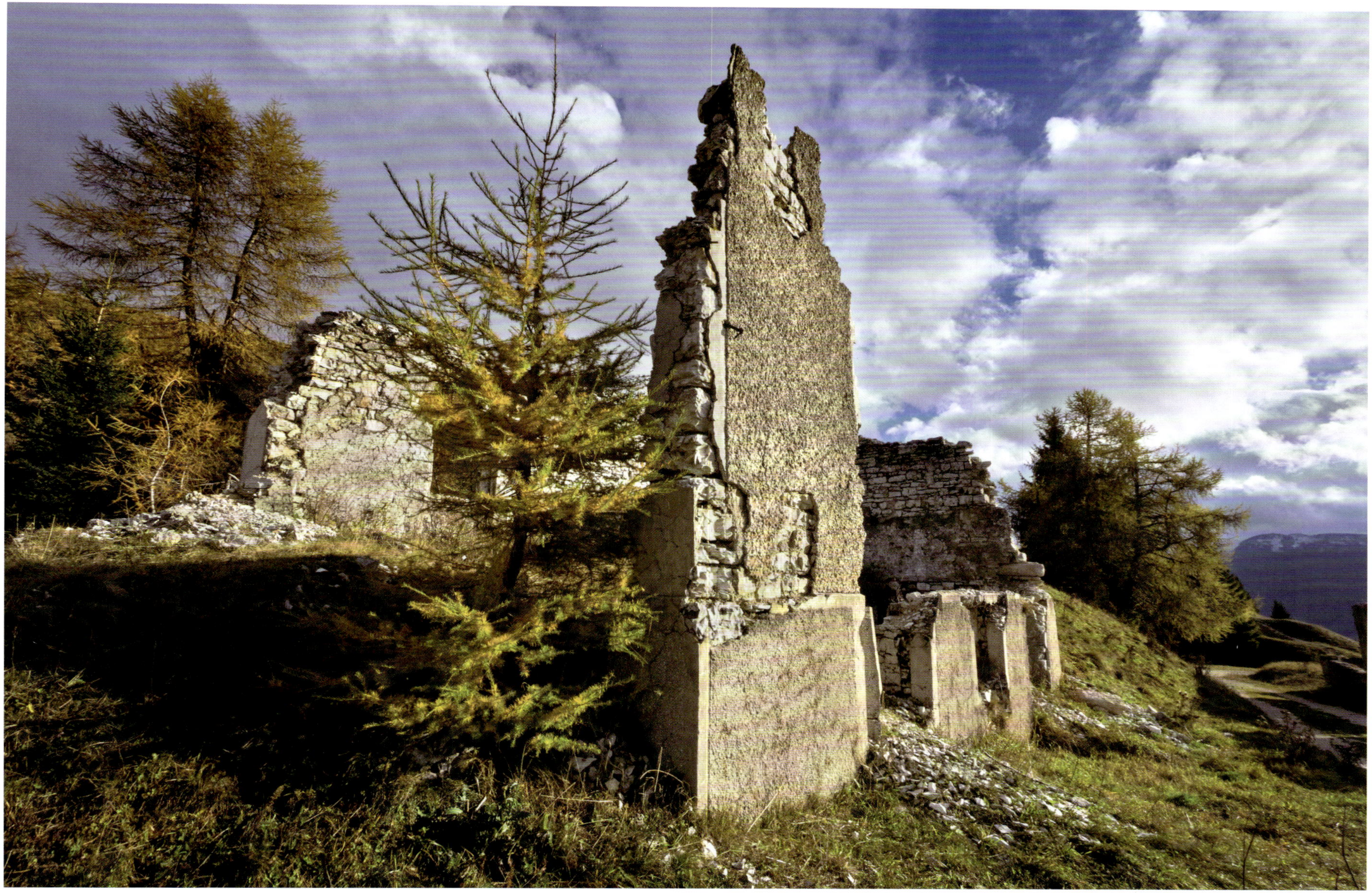

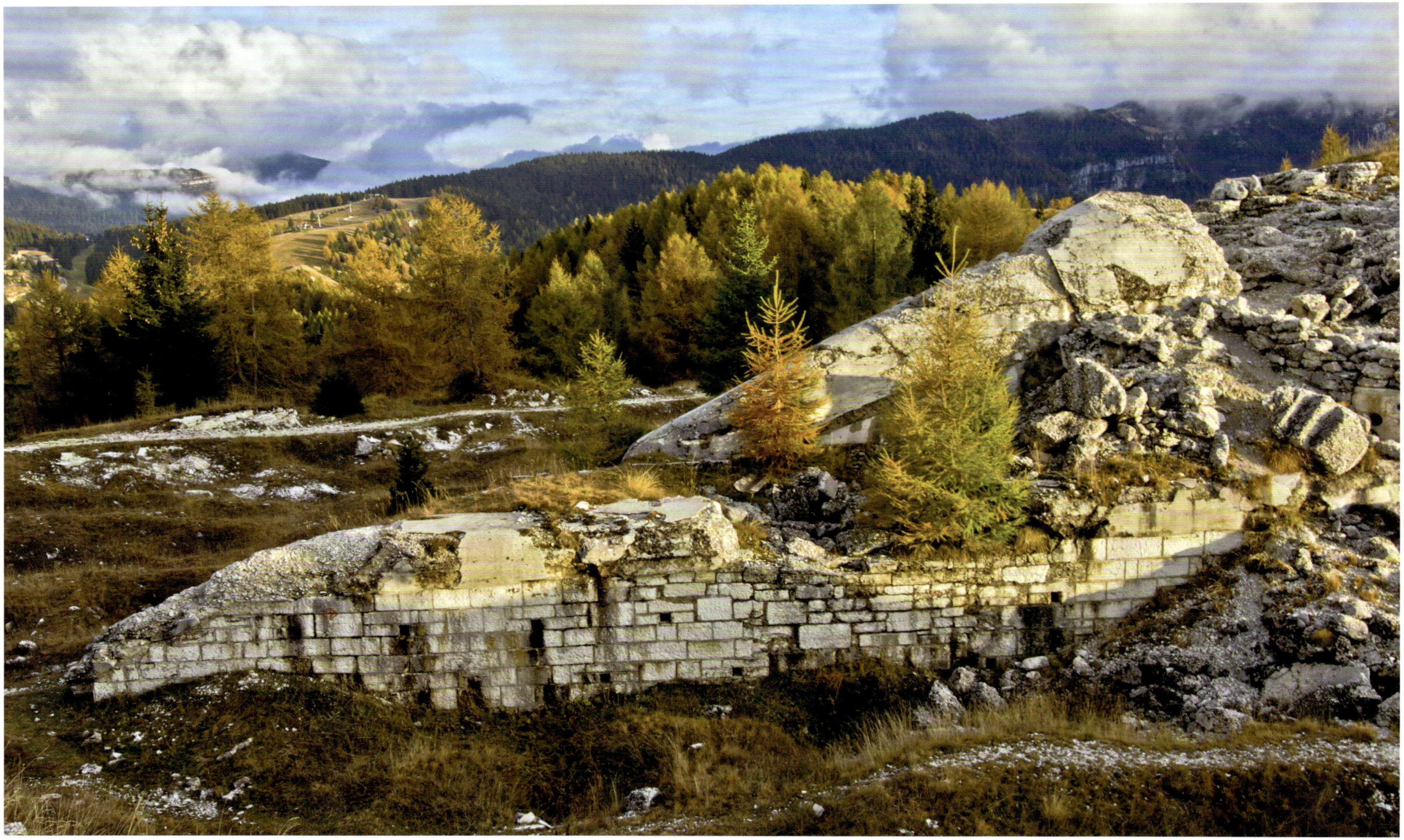

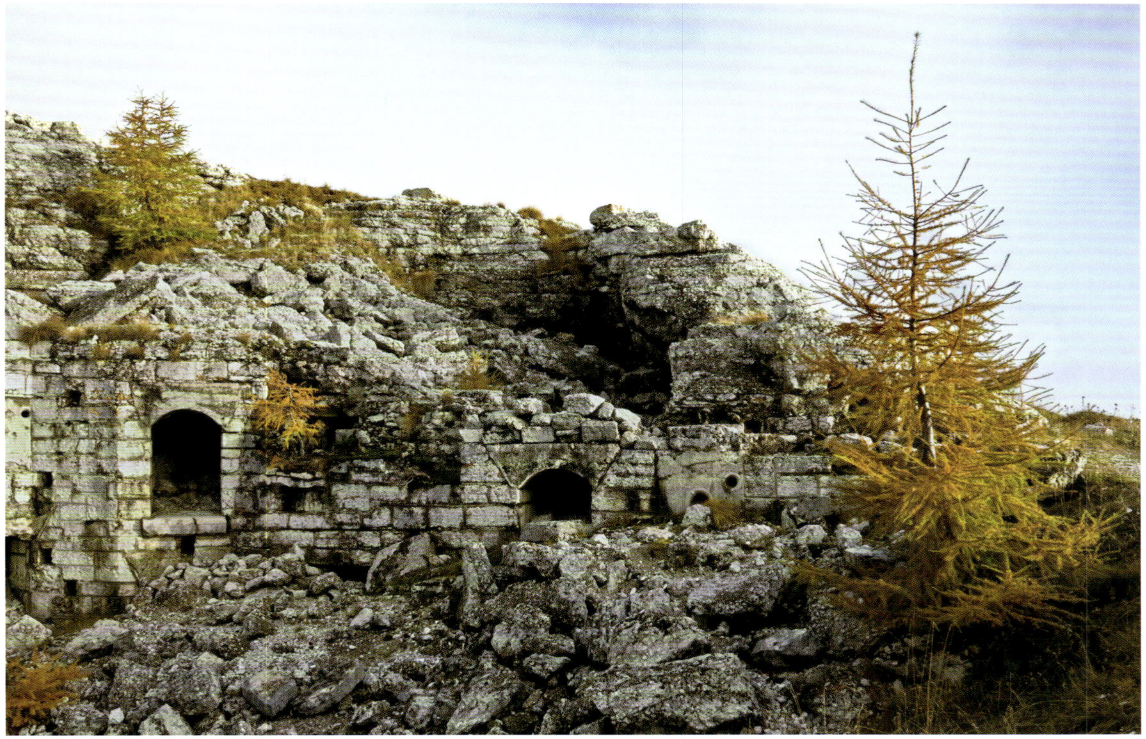

ROBERT MUSIL

"Guerra. Sulla vetta di una montagna. [...] Duello lontano di artiglieria pesante. A intervalli di 20, 30 secondi e più; rammenta ragazzi che a grandi distanze si buttano sassi addosso. Senza certezza di successo si lasciano sempre indurre a tirarne ancora uno".

"Krieg. Auf einer Bergspitze. [...] Fernes Duell schwerer Artillerie. In Intervallen von 20, 30 Sekunden u. mehr; erinnert an Knaben, die auf große Entfernungen einander mit Steinen bewerfen. Ohne Bestimmtheit des Erfolgs lassen sie sich immer zu noch einem Wurf verleiten".

"War. On the summit of a mountain. [...] Far away fight of heavy artillery. At intervals of 20, 30 seconds and more; it recalls kids that throw each other stones from long distances. Without certainty of success they let themselves always induce to throw one more".

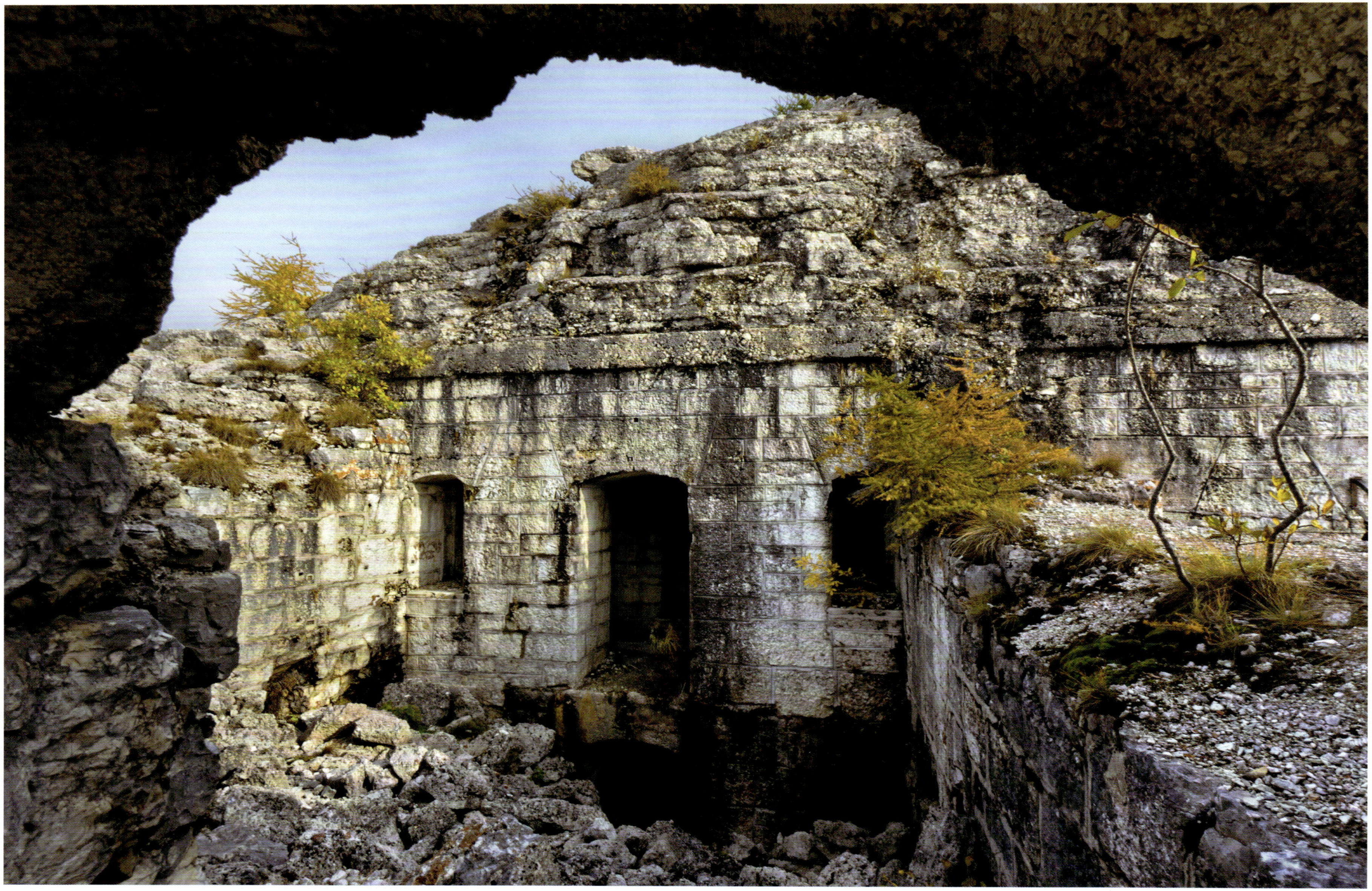

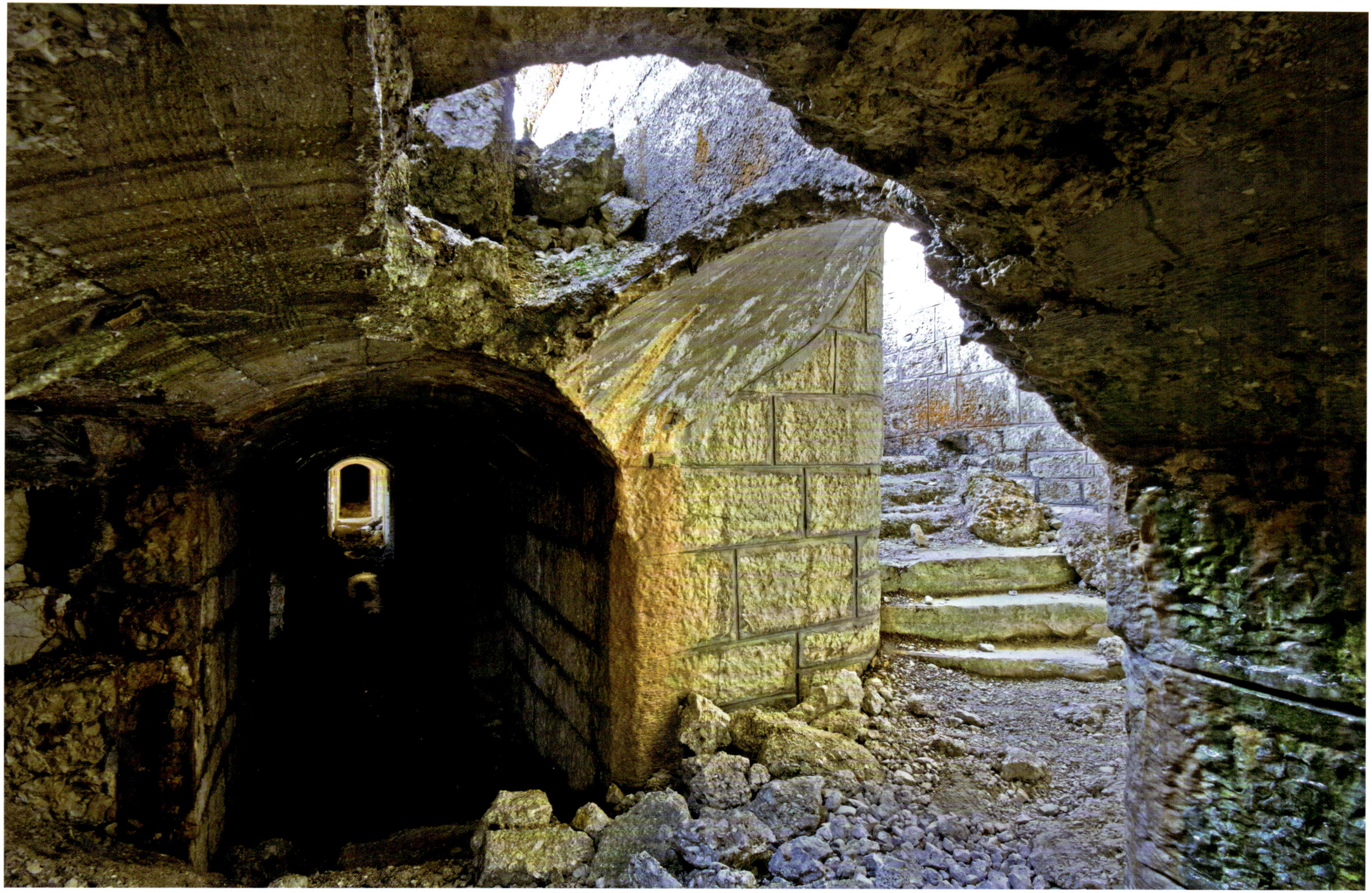

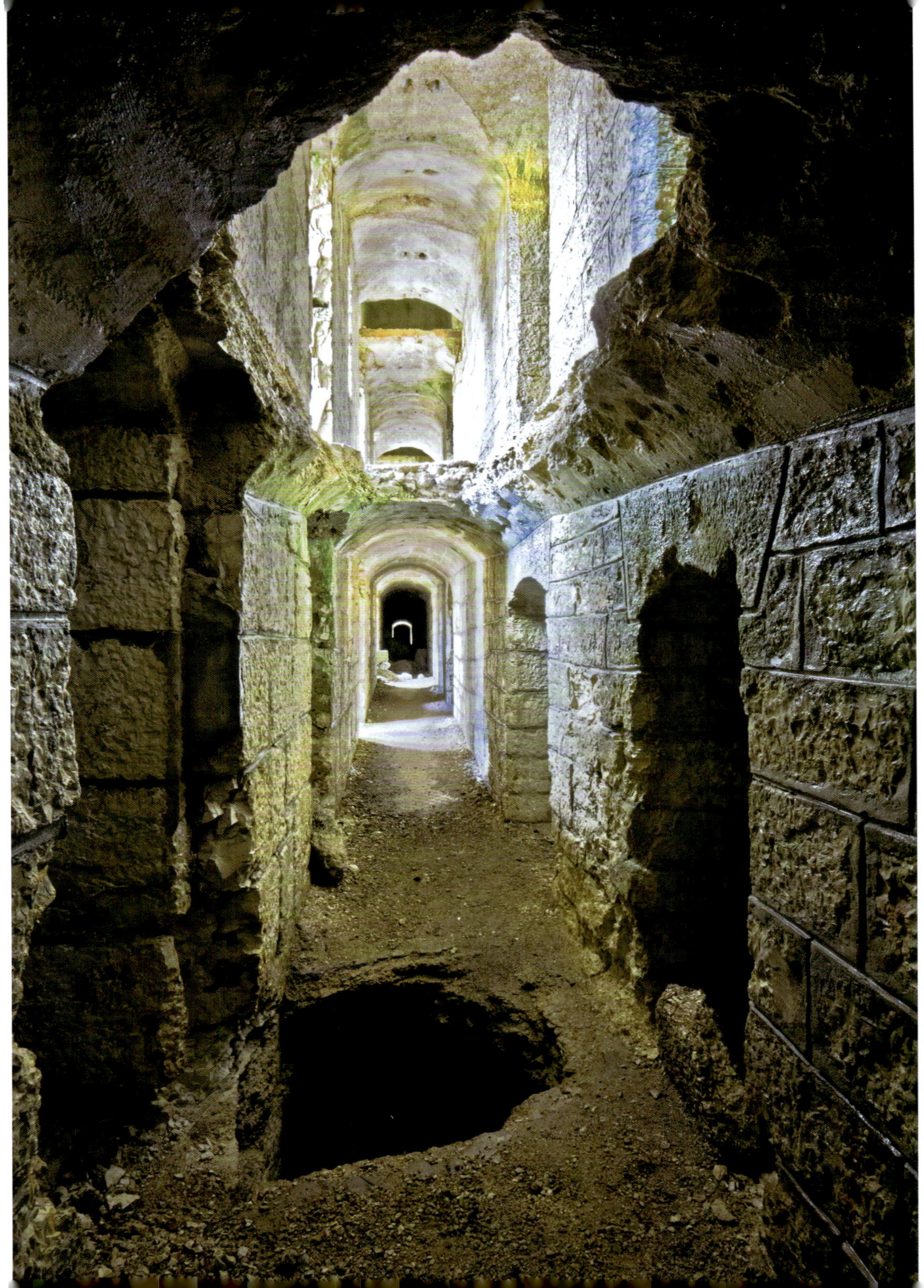

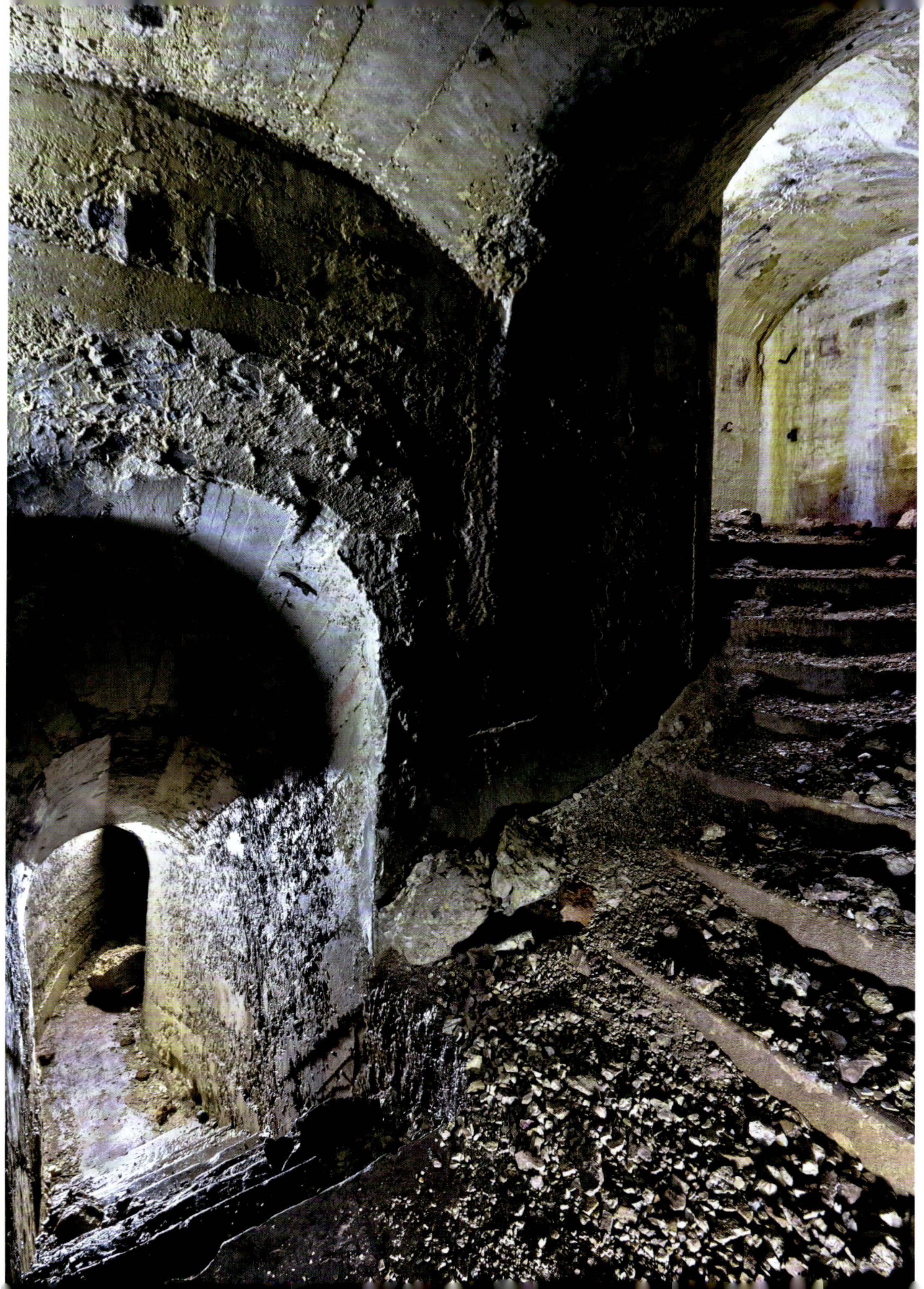

LUIS TRENKER

"...calcestruzzo sopra e calcestruzzo sotto, corazze a sinistra e corazze a destra. Mancanza di luce naturale, presenza di aria cattiva e vita monotona contraddistinguevano queste fortezze di confine già in tempo di pace".

"...Beton oben, Beton unten, Panzer links, Panzer rechts. Fehlendes Tageslicht, schlechte Luft und eintöniges Leben zeichneten diese Grenzforts schon im Frieden aus".

"...Concrete above and concrete below, armor-plating to the left and armor-plating to the right. Lack of natural light, presence of bad air and a monotonous life countersigned these border fortresses already in peacetime".

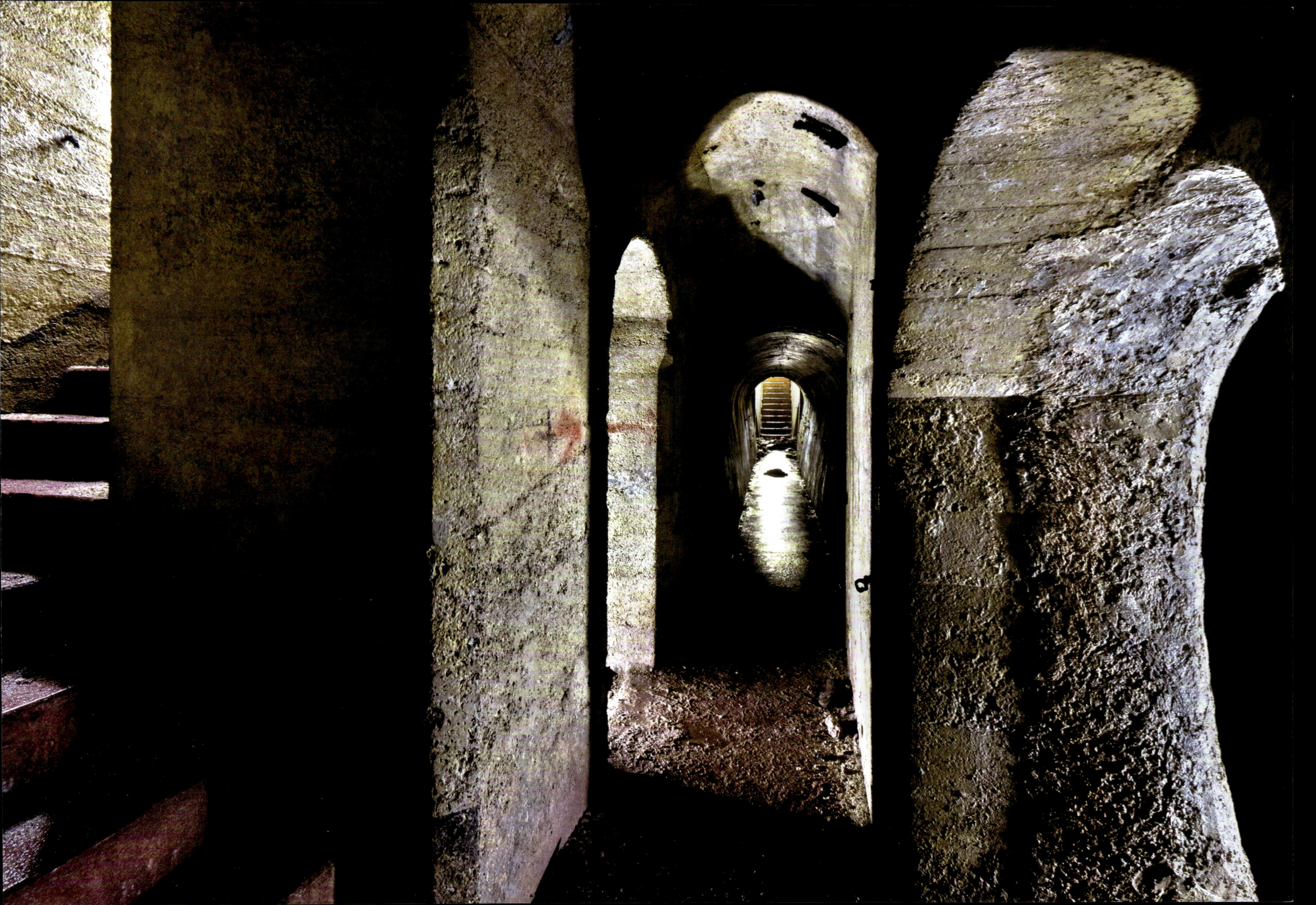

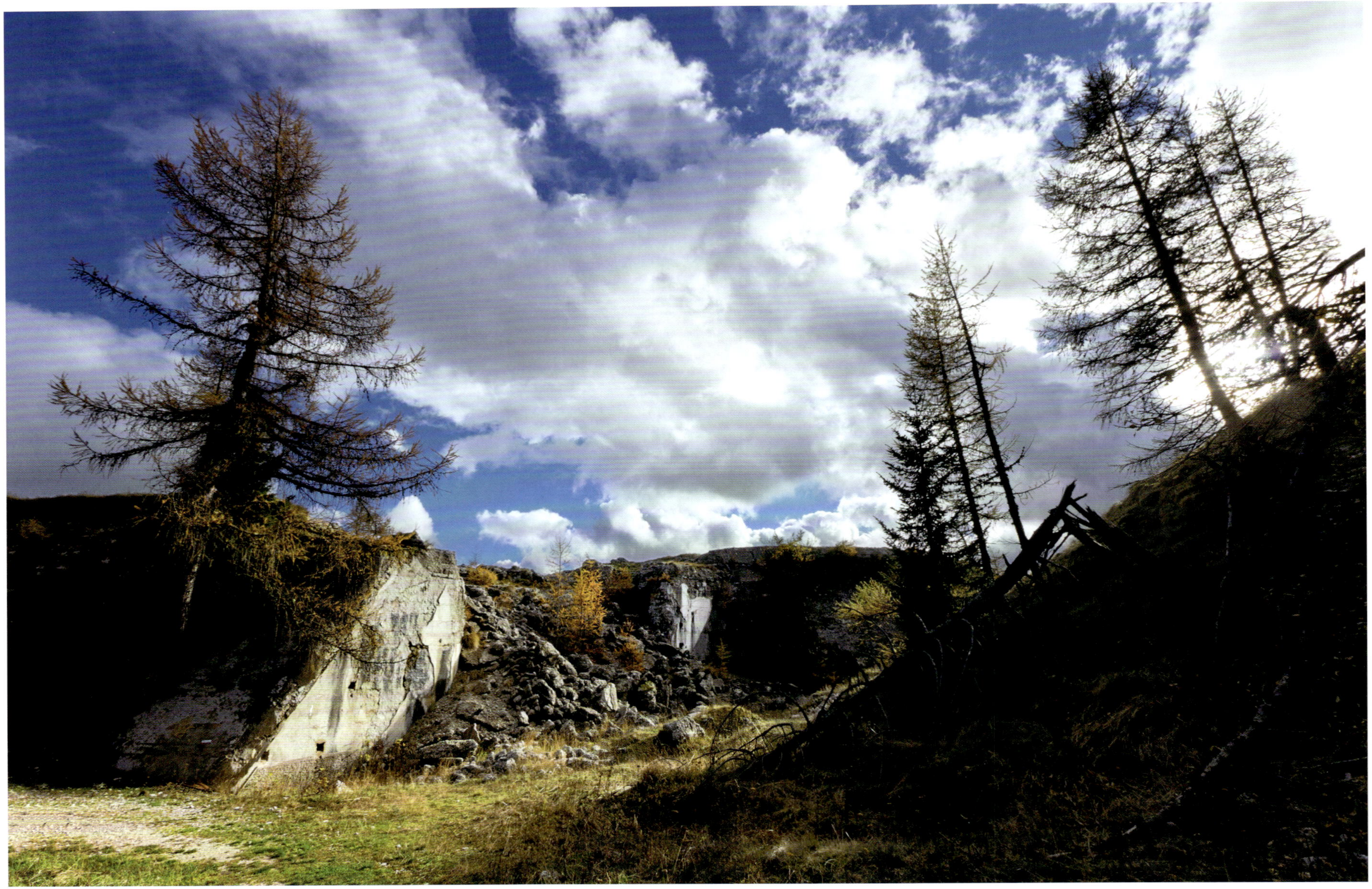

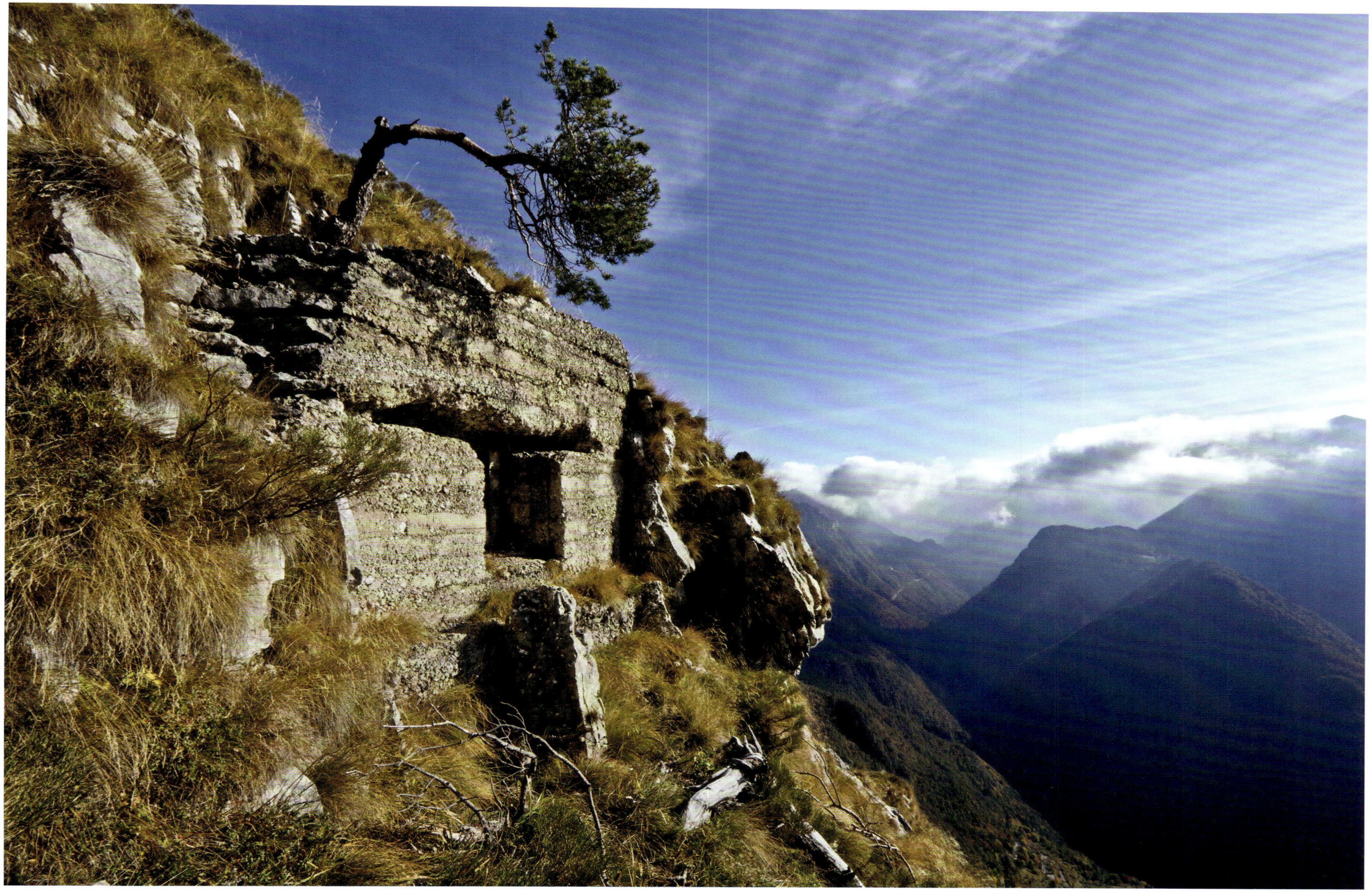

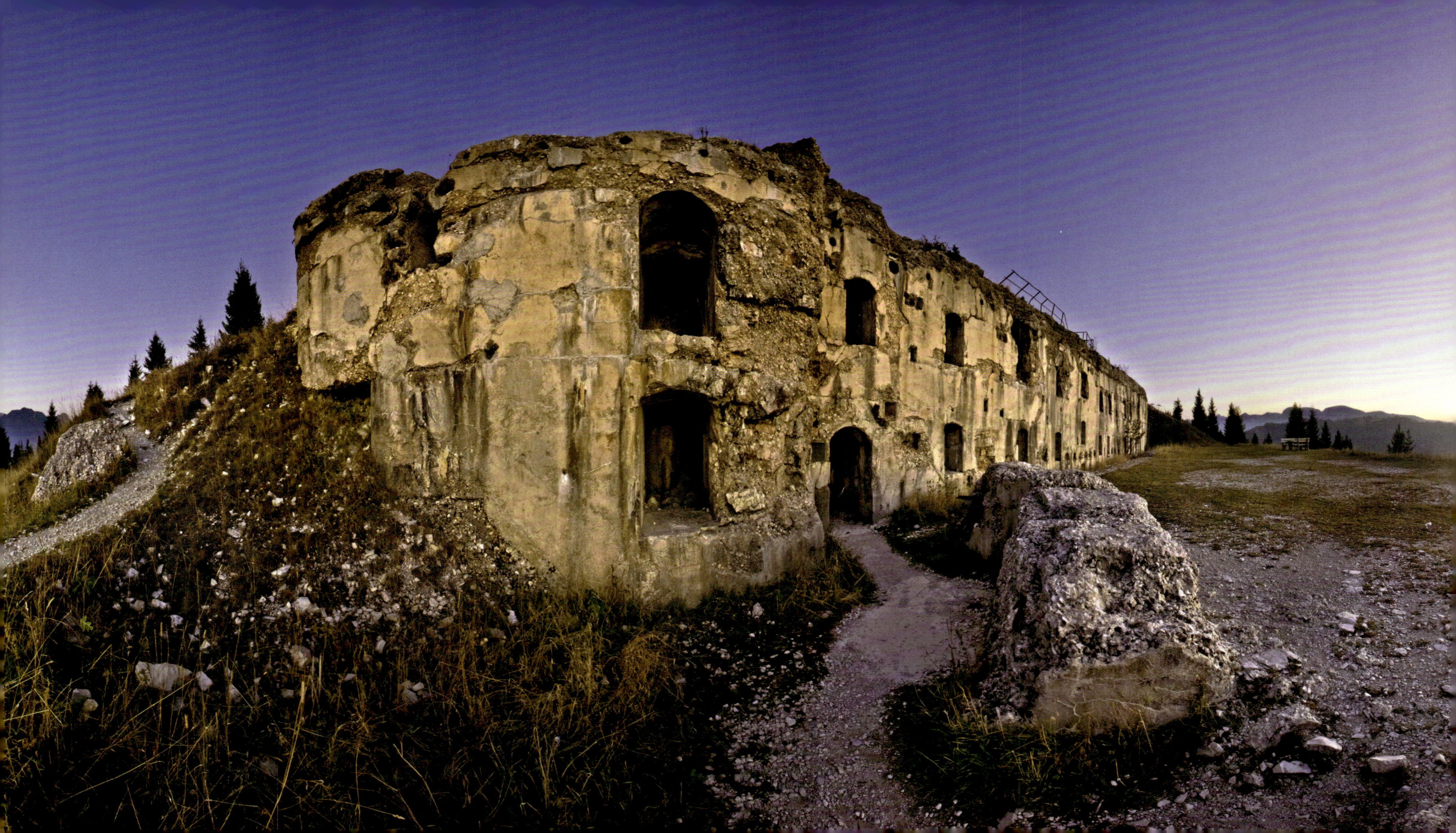

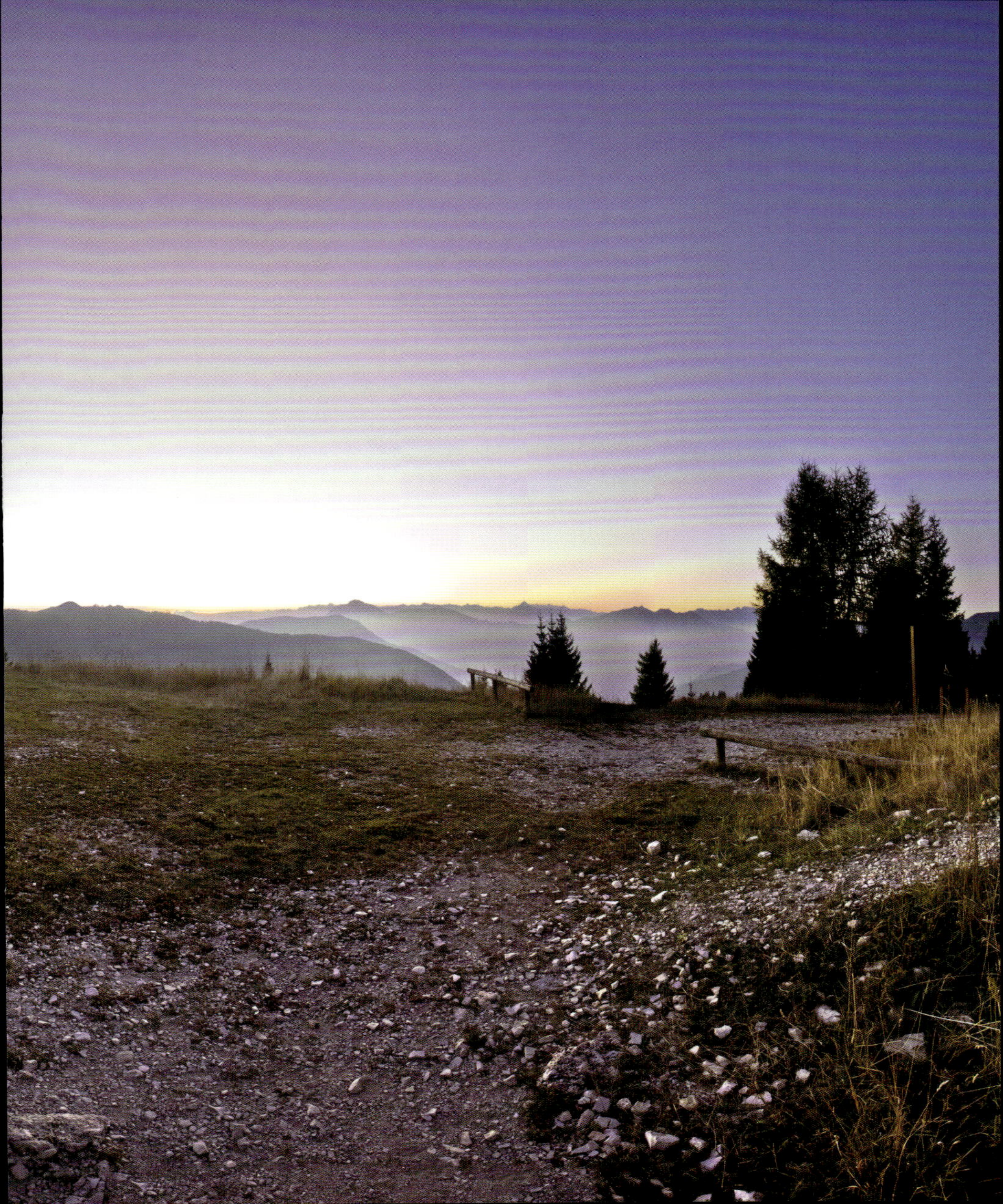

FORTE SOM

Zwische

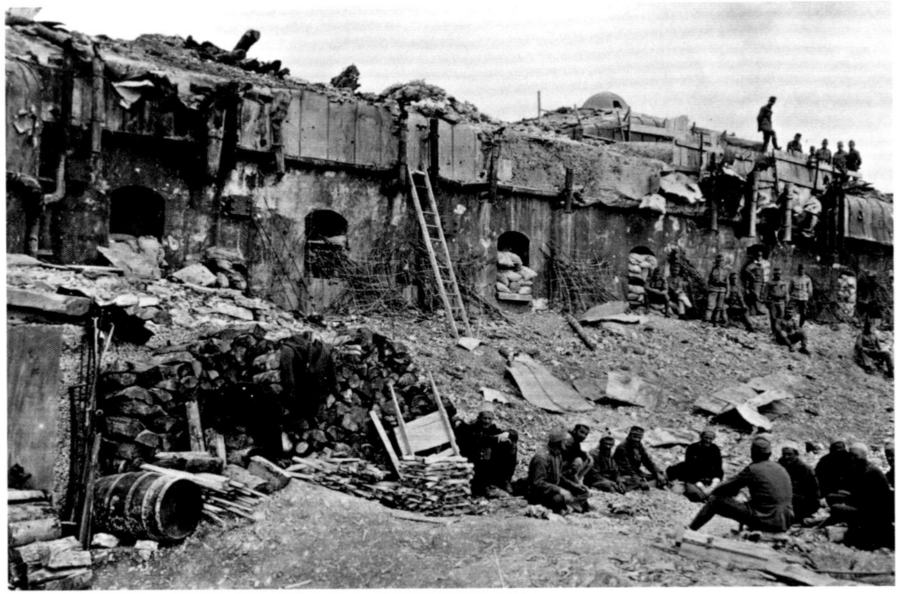

Collocato quale opera intermedia tra il Forte Cherle e il Forte Dosso delle Somme, il Forte Sommo Alto aveva il compito di controllare il valico di Passo Coe e la sottostante Val Orsara. Nei progetti originali era stato concepito come una sorta di caserma d'altura, ma in corso d'opera fu adattato a fortezza. Ciò implicò delle soluzioni di compromesso che videro le due cupole corazzate degli obici posizionate direttamente sulla casamatta e la mancanza del fossato, sostituito da un muro di cemento e da un terrapieno. Profondi tunnel sotterranei permettevano il collegamento con le postazioni avanzate, poste a controllo della Val Orsara e di Passo Coe. Non subì mai attacchi, ma con i suoi obici sostenne i Kaiserjäger sulla direttrice Monte Coston - Dürer - Plaut - Pioverna - Monte Maronìa, in particolare durante l'offensiva del maggio 1916. Le demolizioni del 1936 lo privarono delle travi di acciaio che sostenevano la copertura e i piani interni.

Das Fort Sommo Alto verband das Fort Cherle und das Fort Dosso delle Somme und hatte die Aufgabe die Überquerung des Coe Passes zu kontrollieren und das darunterliegende Orsara Tal. In der ursprünglichen Planung war als eine Art Bergkaserne konzipiert, wurde aber während des Baus zu einer Festung gemacht. Das bedeutete Kompromisslösungen; zwei Panzerkuppeln für die Haubitzen, die direkt auf der Kasematte positioniert waren, und die Gräben wurden weggelassen und durch eine Betonmauer und einen Erdwall ersetzt. Tiefe unterirdische Tunnel verbanden die vorgelegten Posten, Kontrollposten im Orsara Tal und auf dem Coe Pass miteinander. Es wurde nie Angriffen ausgesetzt, aber mit seinen Haubitzen unterstützte es die Kaiserjäger auf der Linie Monte Coston - Dürer - Plaut - Pioverna - Monte Maronìa und im Besonderen bei der Offensive im Mai 1916. Bei der Zerstörung 1936 wurden die Stahlträger geraubt, die die Abdeckung und die inneren Stockwerke stützten.

Placed between Fort Cherle and Fort Dosso delle Somme, Fort Sommo Alto had the task of controlling Coe Pass and the underlying Orsara Valley. In the original plans it had been conceived as a kind of highland barrack, but, during the construction, it was adapted as fortress. This meant to accept some compromise solutions so, the two howitzers armoured domes were positioned directly on the blockhouse and the lack of a moat was replaced by a concrete wall and an embankment. Deep underground tunnels favoured the connection with the advanced positions, appointed to control the Orsara Valley and Coe Pass. It never suffered attacks, but with its howitzers, it supported the Kaiserjäger on the line Mount Coston - Dürer - Plaut - Pioverna - Mount Maronia, particularly during the offensive in May 1916. The demolitions of 1936 deprived it of the steel beams supporting the cover and the inner floors.

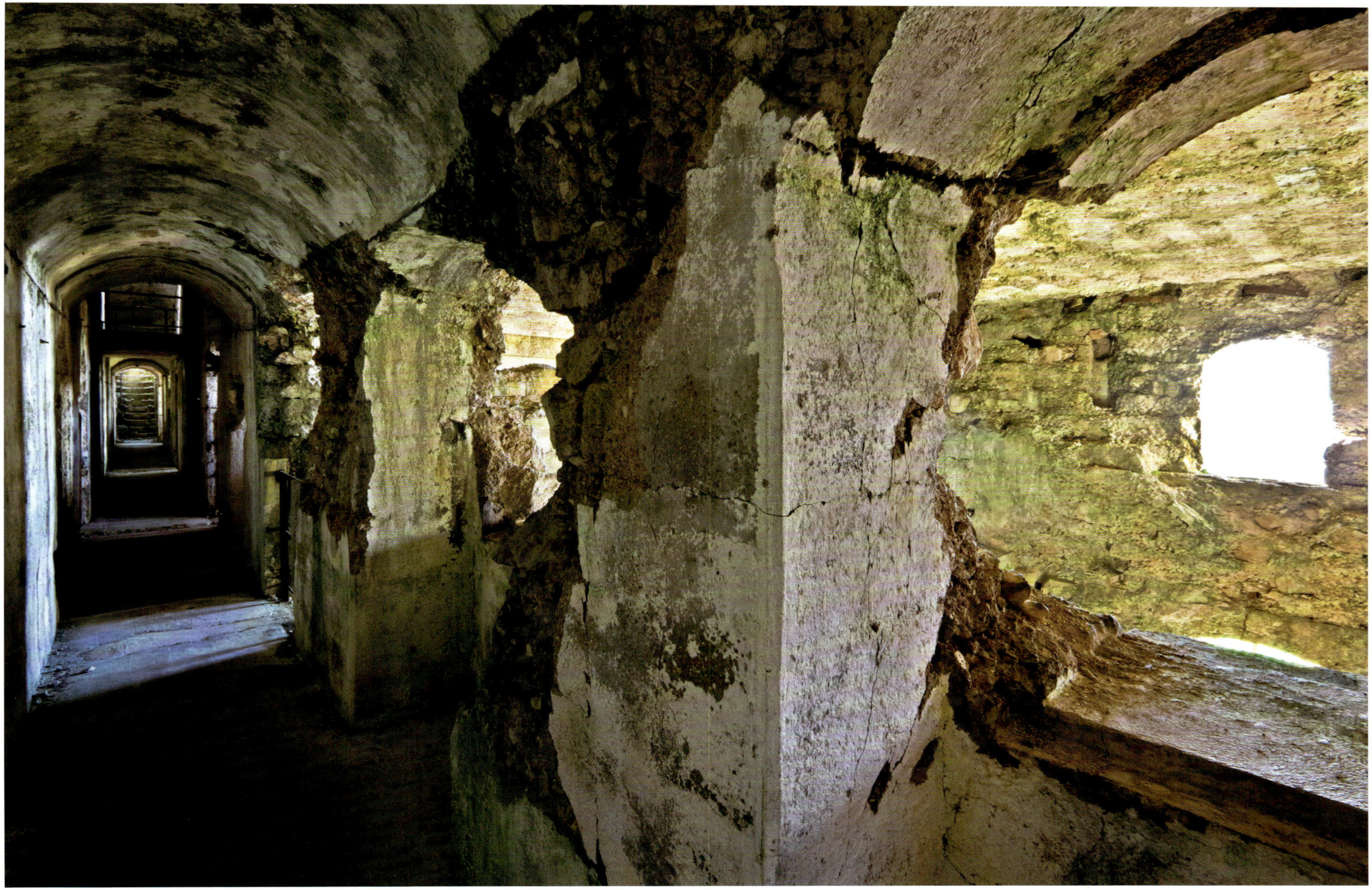

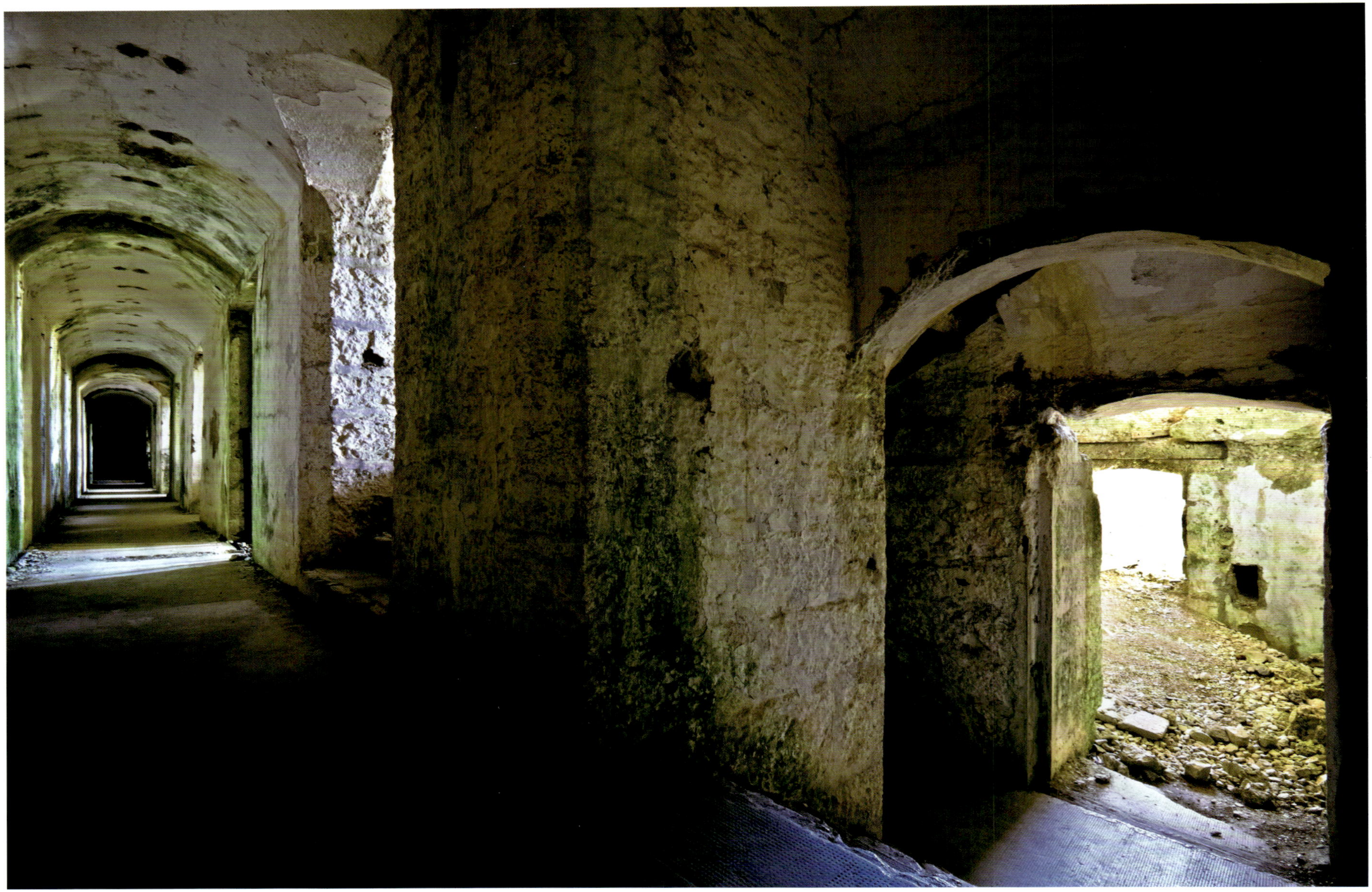

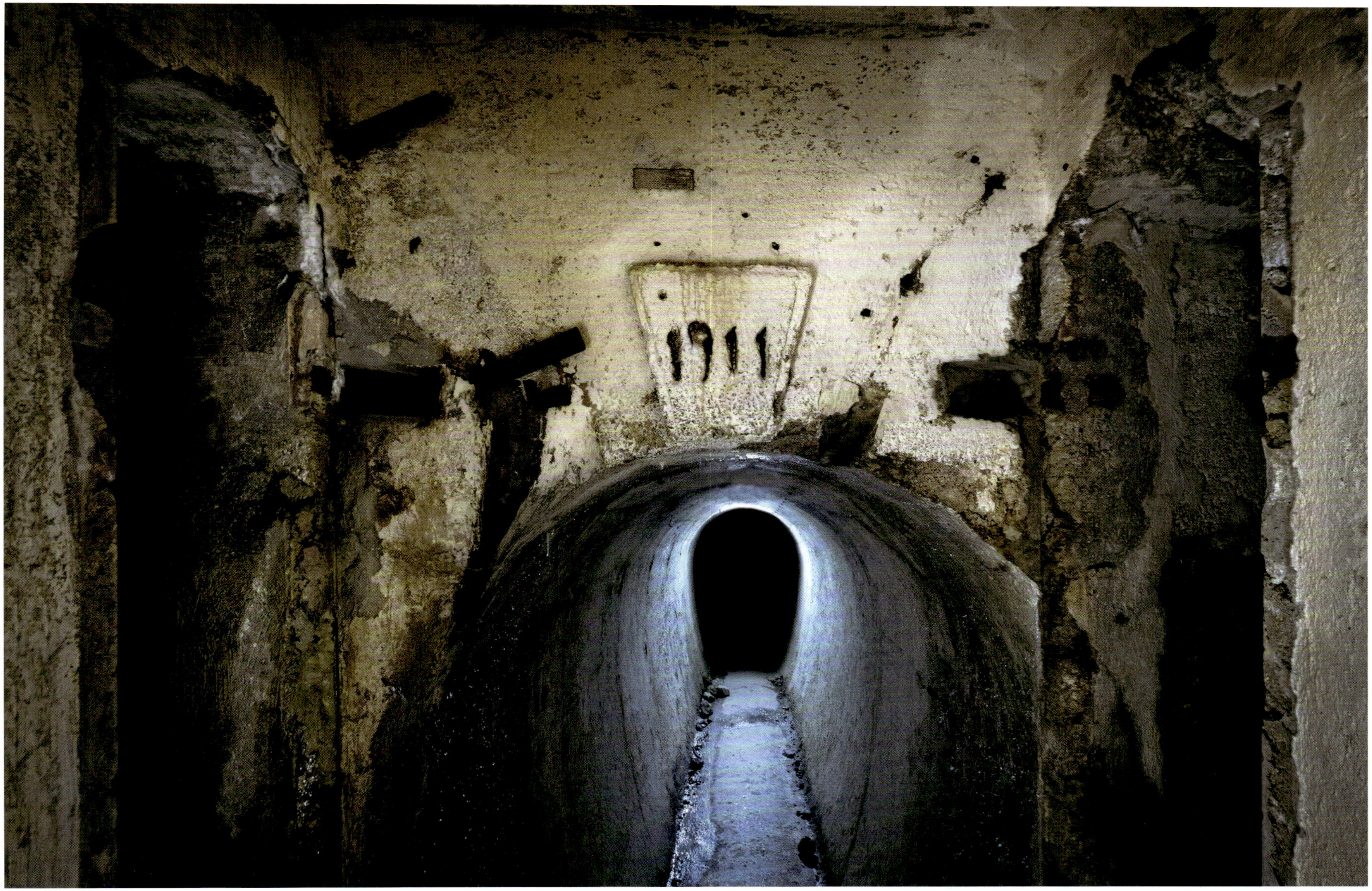
1911

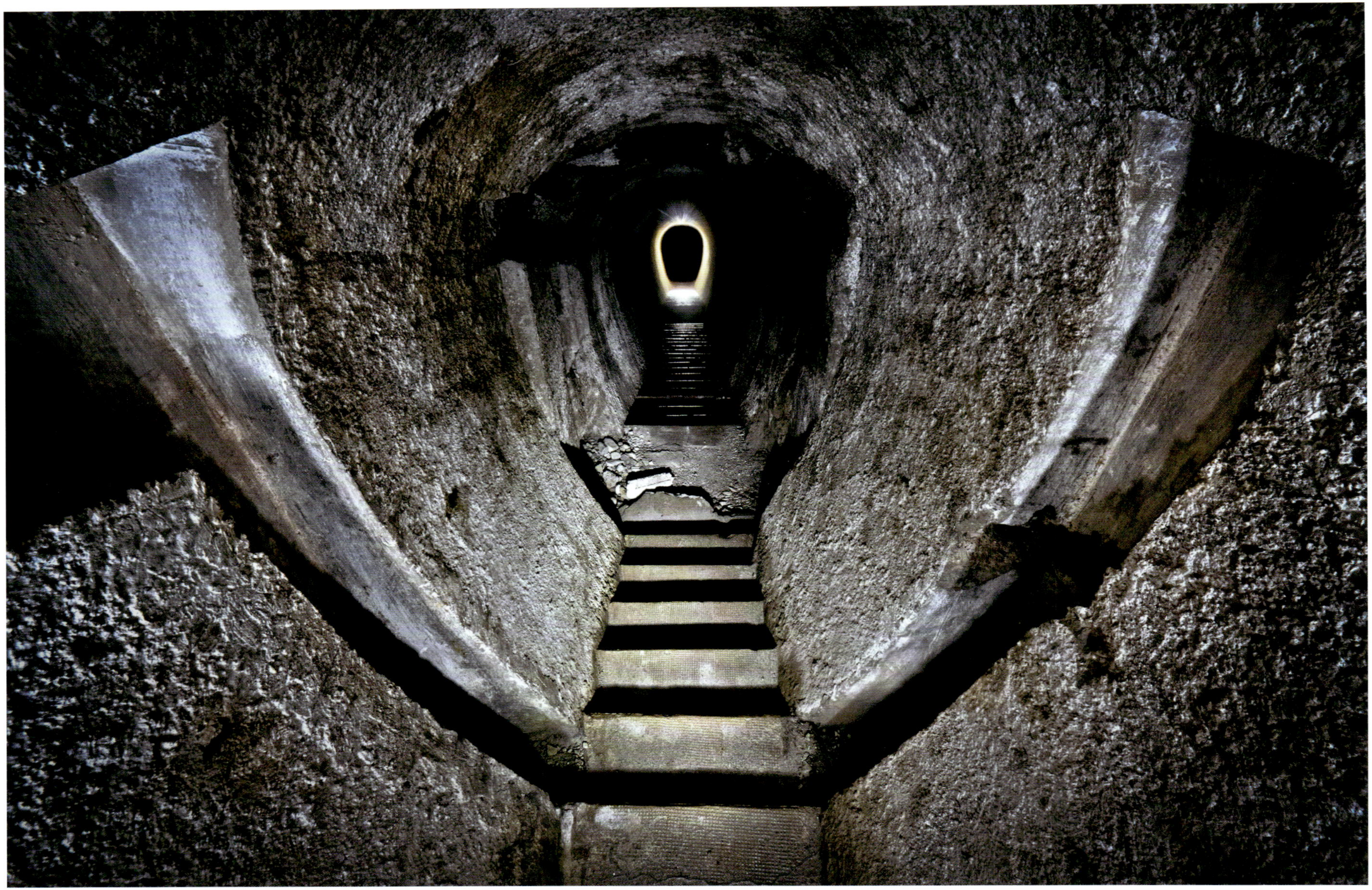

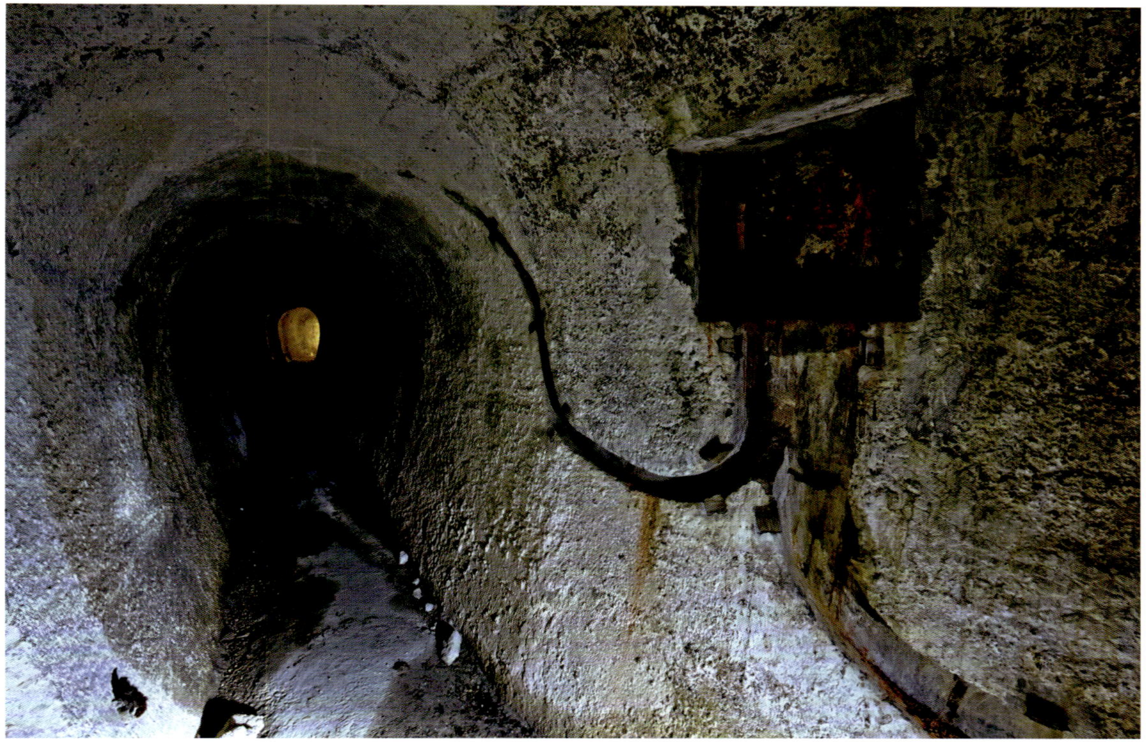

FRITZ WEBER

"L'interno ricorda assai una nave da guerra: stretti passaggi, scale di ferro, soffitti a travatura d'acciaio, mazzi di cavi che corrono lungo le pareti. Ovunque luce artificiale, ventilatori elettrici, macchine, odore d'olio pesante e di grasso per ungere".

"Im Innern gleicht es einem Kriegsschiff: Schmale Gänge, eiserne Treppen, die Dekken aus Stahlträgern. Kabelbündel die Wände entlang, überall künstliches Licht, elektrische Ventilatoren, Maschinen, Gestank nach Rohöl und Schmierfett".

"The interior reminds rather a warship: narrow passages, iron stairs, steel truss ceilings, decks of cables that run along the walls. Everywhere artificial light, electric fans, machines, heavy smell of oil and of fat to grease".

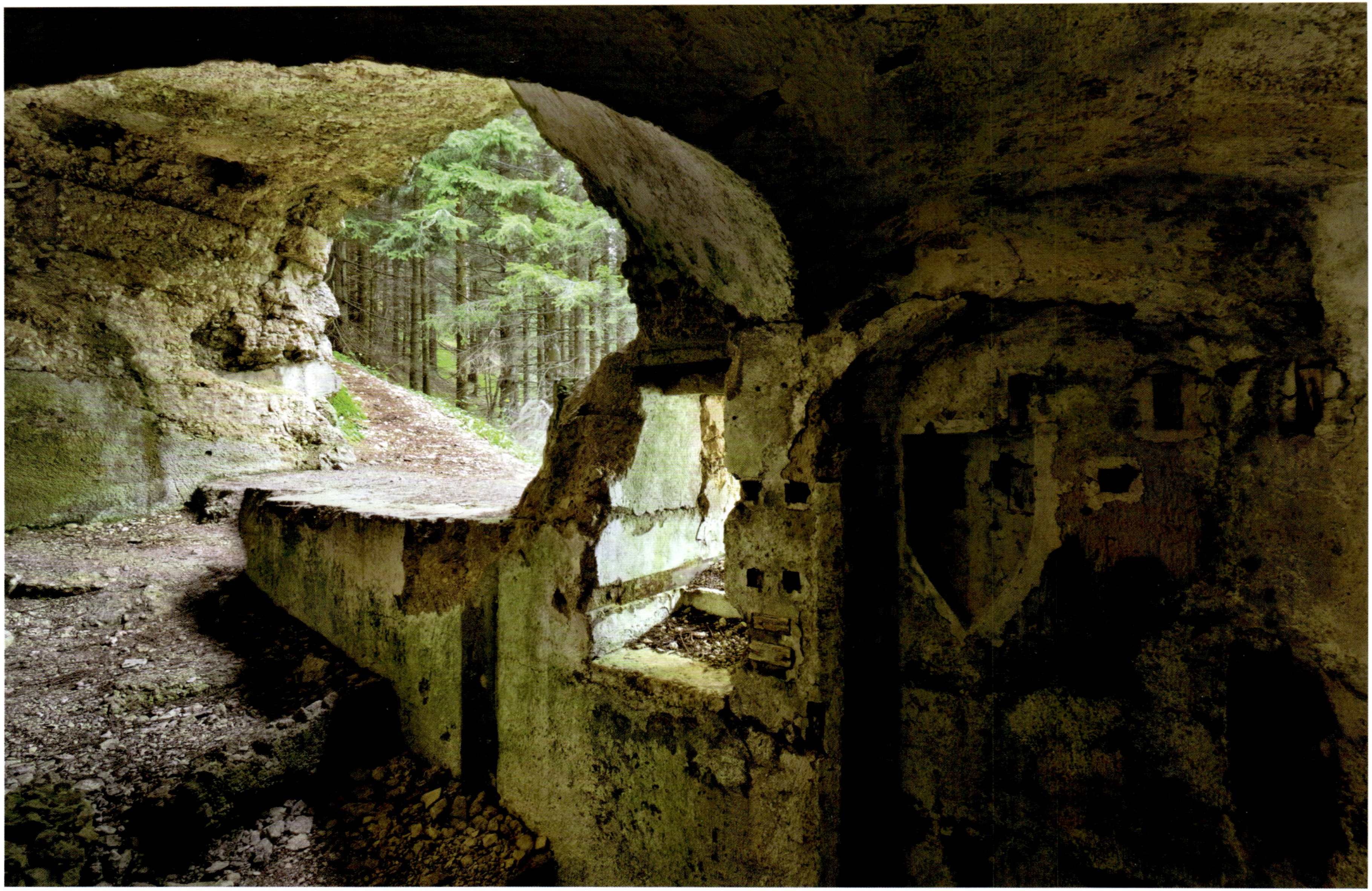

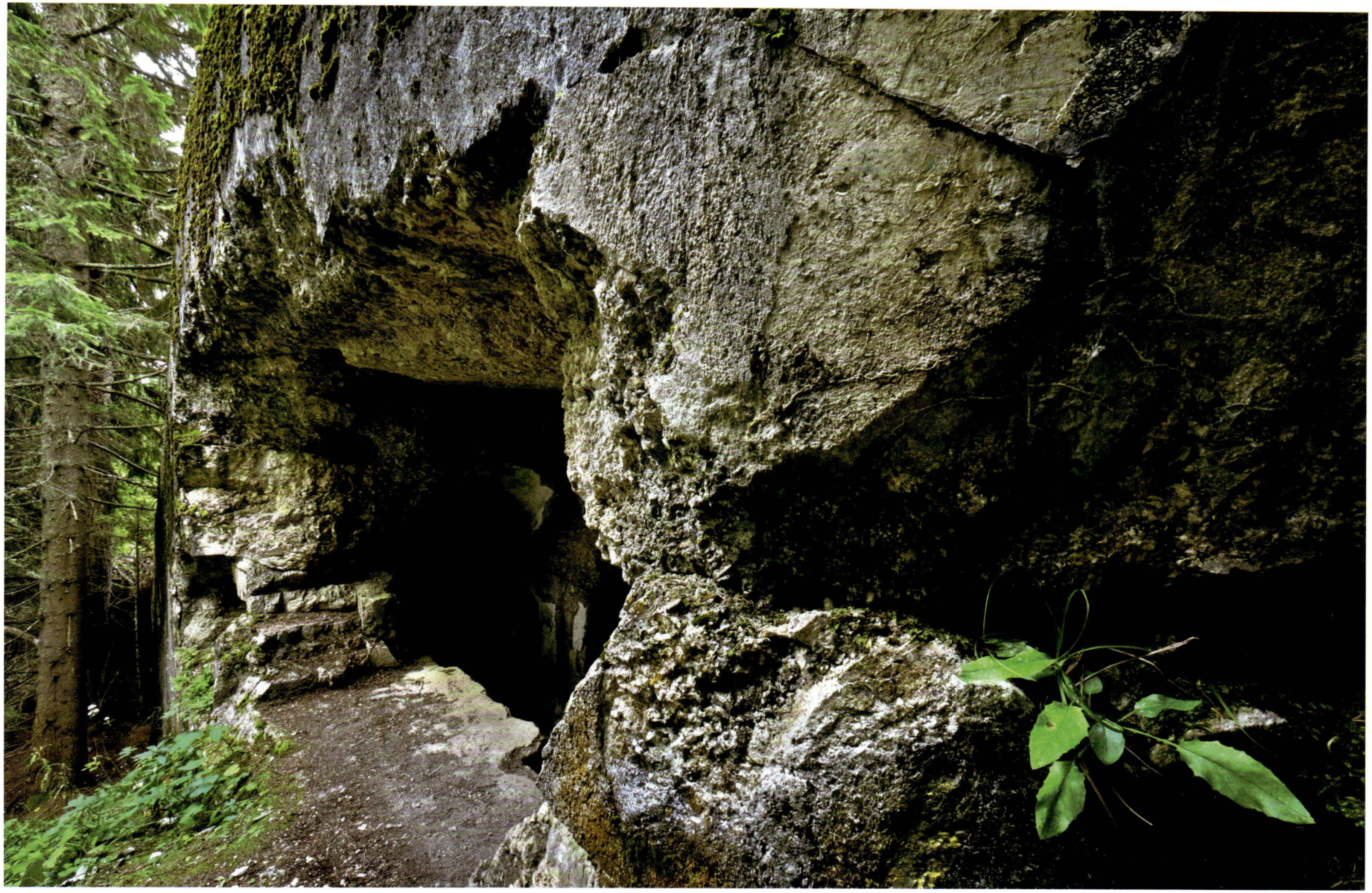

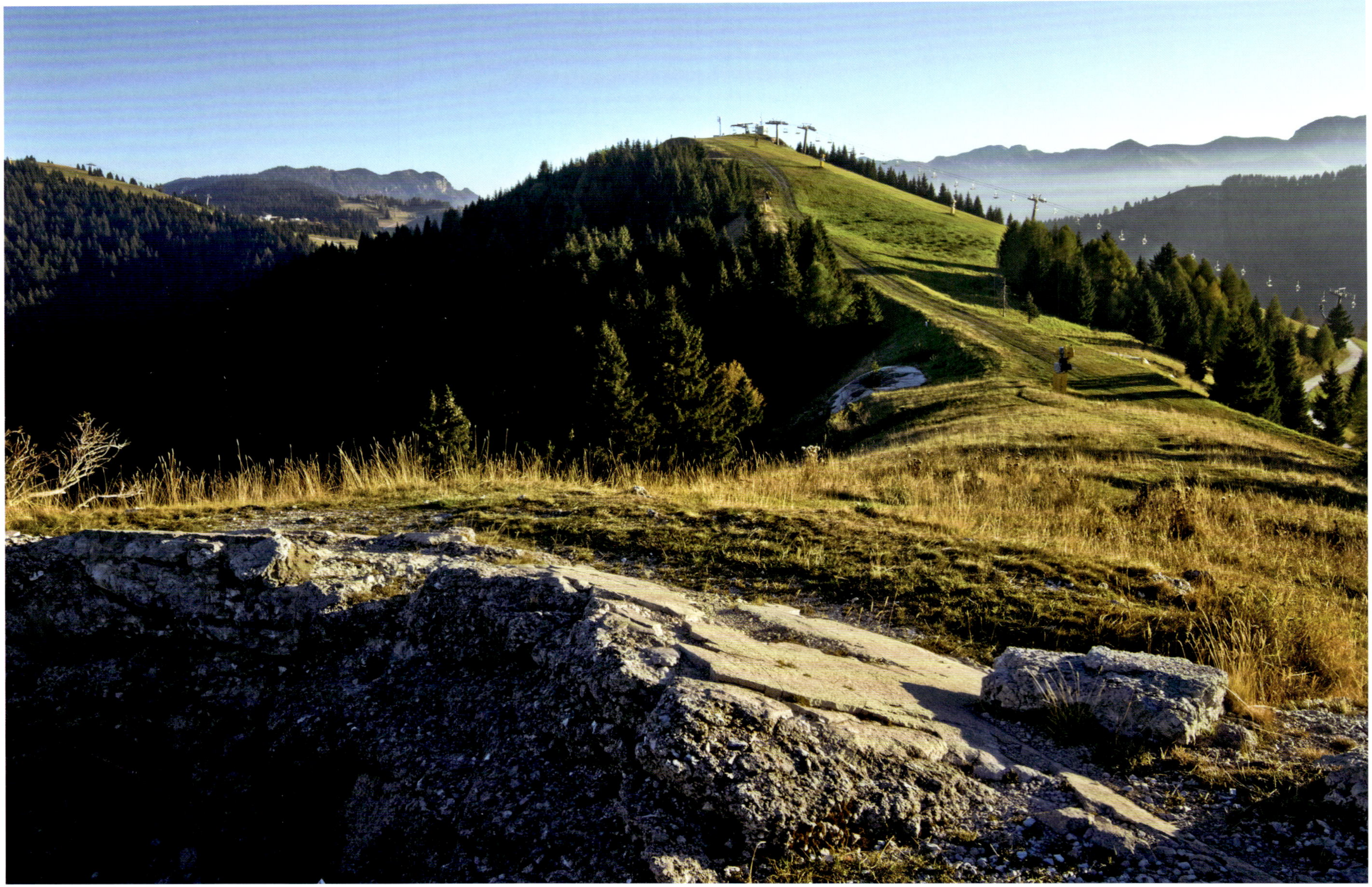

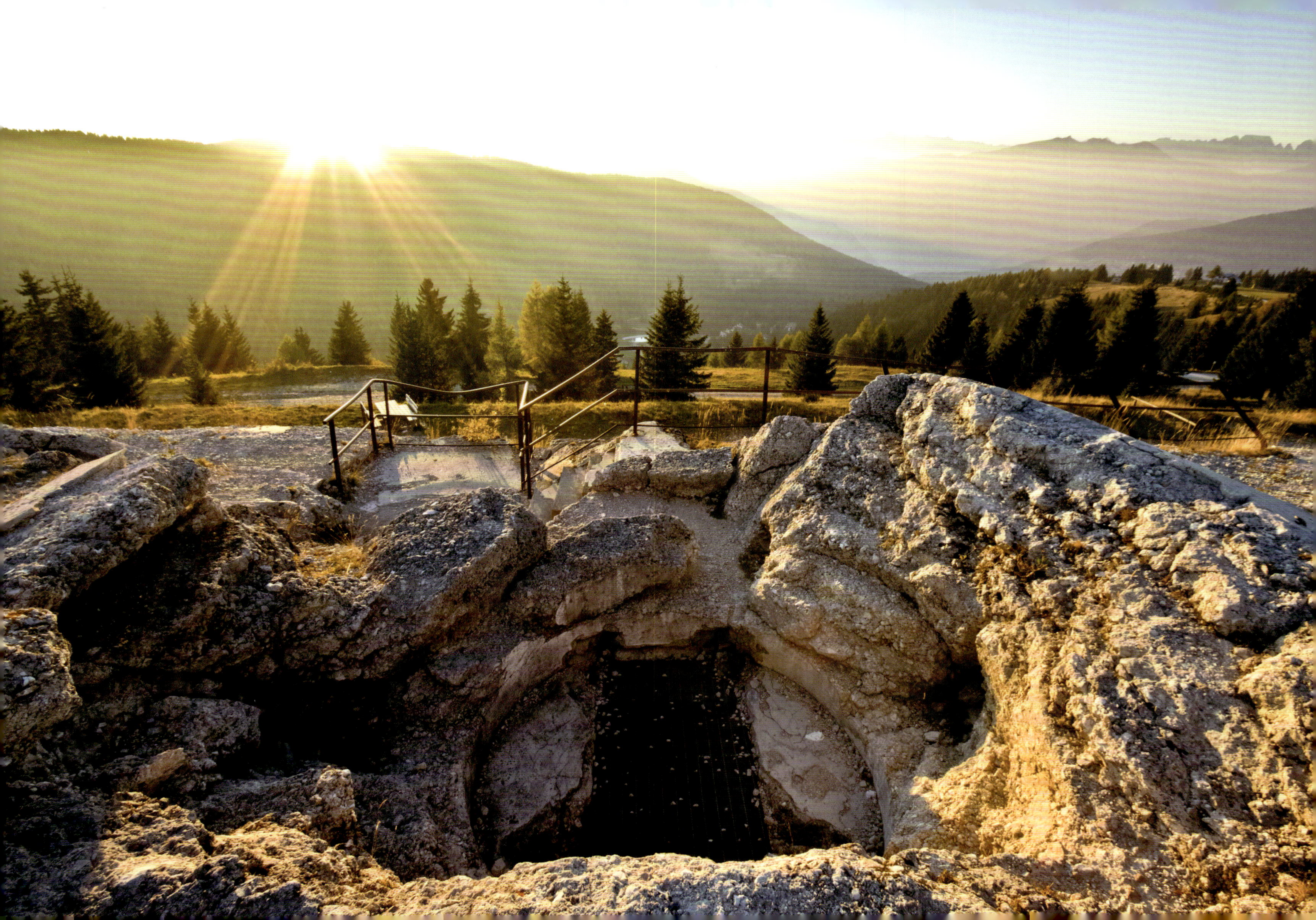

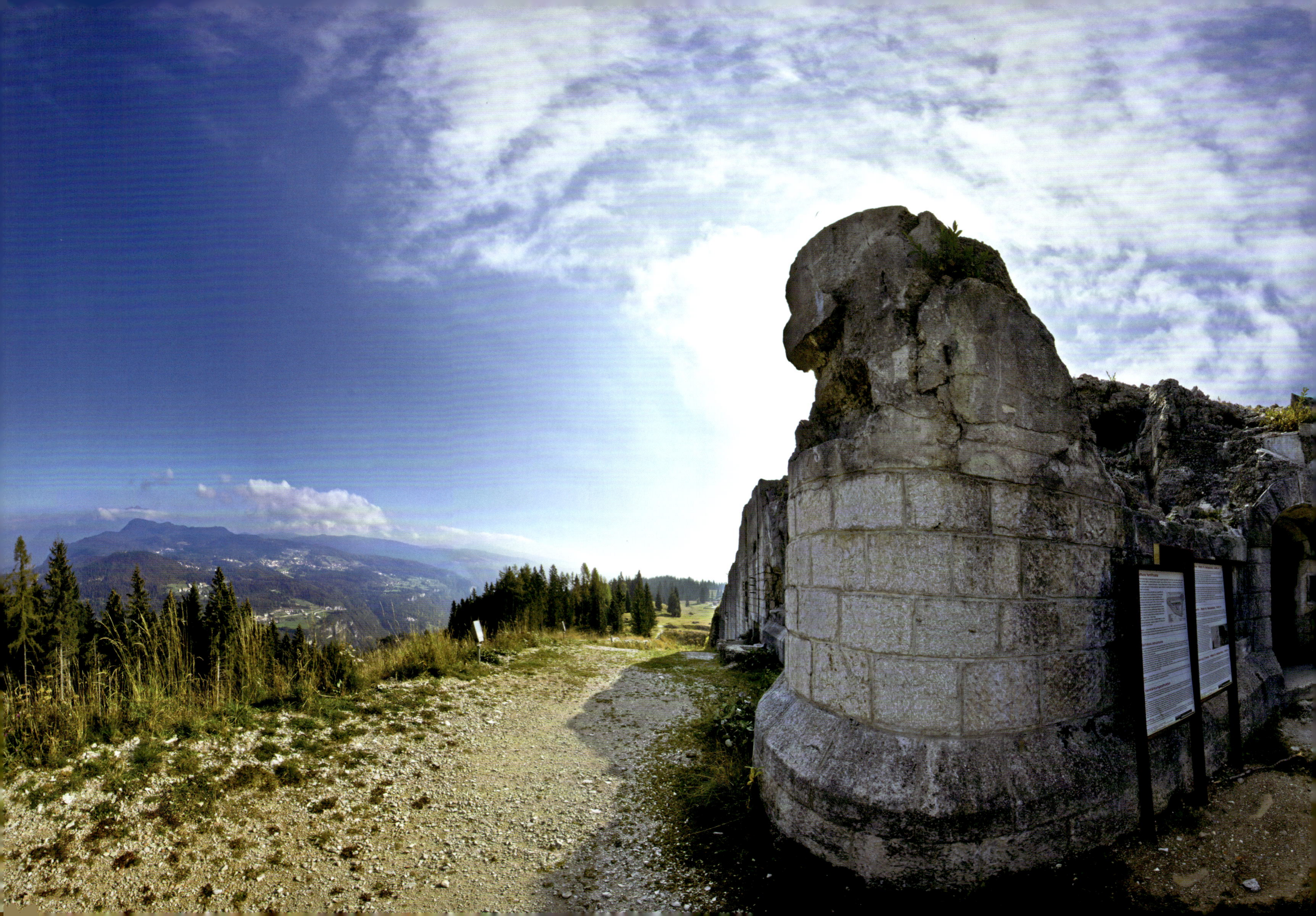

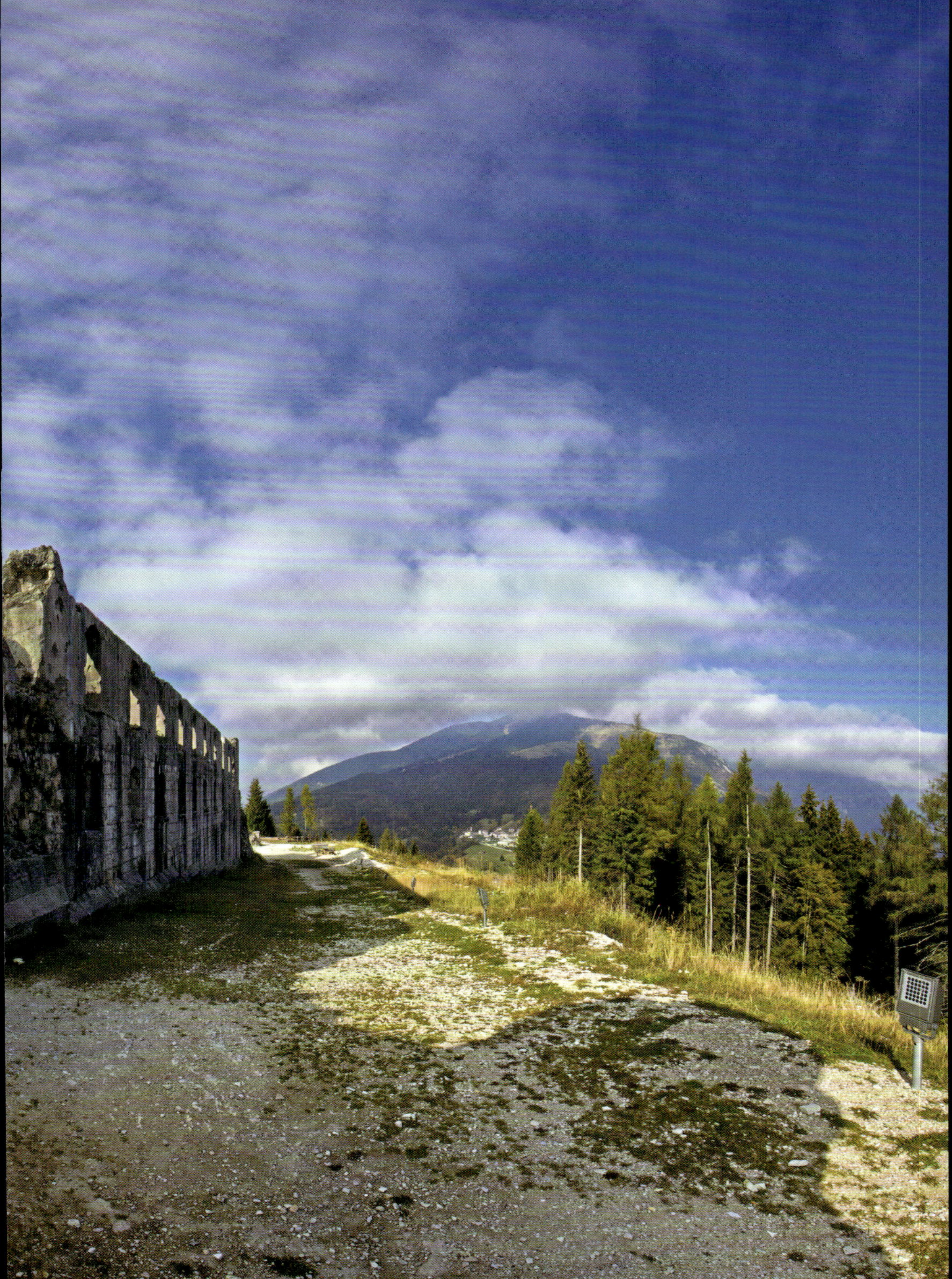

FORTE CHERLE

Werk Sebastiano

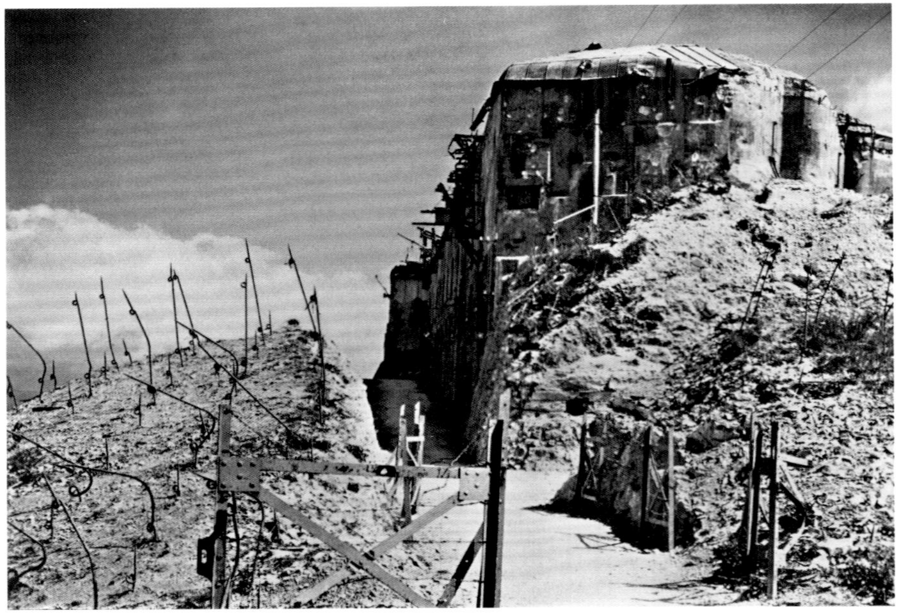

Per non confonderlo con il quasi omonimo Forte Busa Verle fu denominato "Werk Sebastiano", prendendo a prestito il nome dal paese situato sul versante opposto della valle. Assieme al Forte Belvedere aveva il compito di controllare la sottostante valle dell'Astico e nel contempo l'accesso dall'Altopiano dei Fiorentini. Non subì attacchi diretti, ma fu soggetto a intensi e ripetuti bombardamenti dei quali, nei pascoli circostanti, rimangono tracce evidenti. Vicinissimo alla prima linea, allo scoppio del conflitto elementi della sua guarnigione occuparono l'avamposto del Monte Coston, in faccia agli italiani. Con i suoi obici il forte intervenne più volte per difendere la postazione conquistata, così come sostenne i ripetuti attacchi sferrati sulla linea Dürer - Plaut - Pioverna. Nel 1936 condivise il medesimo destino toccato al Forte Dosso delle Somme e la sua possente copertura fu ridotta a rovina.

Um es nicht mit dem fast gleichnamigen Forte Busa Verle zu verwechseln, wurde es "Werk Sebastiano" genannt, in Anlehnung an Namen des Ortes auf der gegenüberliegenden Seite des Tals. Zusammen mit dem Fort Belvedere hatte es die Aufgabe, das darunterliegende Astico Tal, und gleichzeitig den Zugang der Hochebene von Fiorentini zu kontrollieren. Es erlitt keine direkten Angriffe, war aber Ziel intensiver und wiederholter Bombardements, die unübersehbare Spuren auf den umliegenden Weiden hinterlassen haben. Nahe an der Front, besetzten Teile seiner Garnisonseinheit beim Ausbruch des Krieges den Außenposten des Monte Coston, gegenüber den italienischen Truppen. Mit seinen starken Haubitzen griffen sie mehrmals ein, um den eroberten Posten zu verteidigen und unterstützten so die wiederholten Angriffe auf der Linie Dürer - Plaut - Pioverna. Im Jahre 1936 teilte es das gleiche Schicksal wie das Fort Dosso delle Somme und seine gewaltige Abdeckung wurde in Schutt und Asche gelegt.

Not to be confused with the almost namesake Fort Busa Verle, it was named "Werk Sebastiano", borrowing the name from the village located on the opposite side of the valley. Together with Fort Belvedere, it had the task of controlling the Astico Valley below and, at the same time, the access from the Fiorentini Plateau. It did not suffer from direct attacks, but it was subjected to intense and repeated bombing that left traces in the surrounding pastures. Being very close to the front line, at the outbreak of the conflict, elements of its garrison occupied the outpost of Mount Coston, in front of the Italians. With its howitzers the fortress intervened repeatedly to defend the position conquered and, at the same time, supported the repeated attacks on the line Dürer - Plaut - Pioverna. In 1936, it shared the same fate of the Fort Dosso delle Somme and its mighty coverage was reduced to ruins.

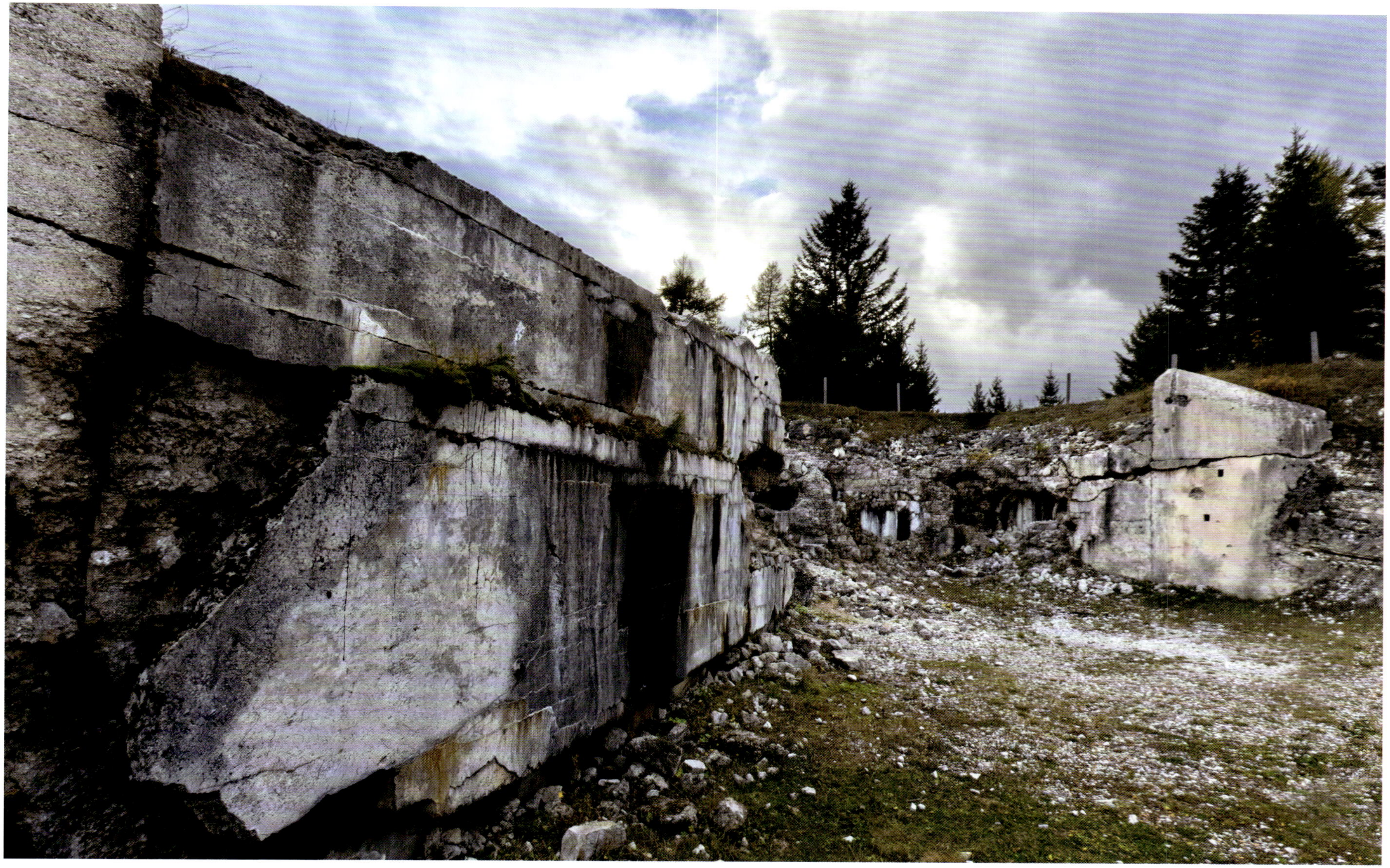

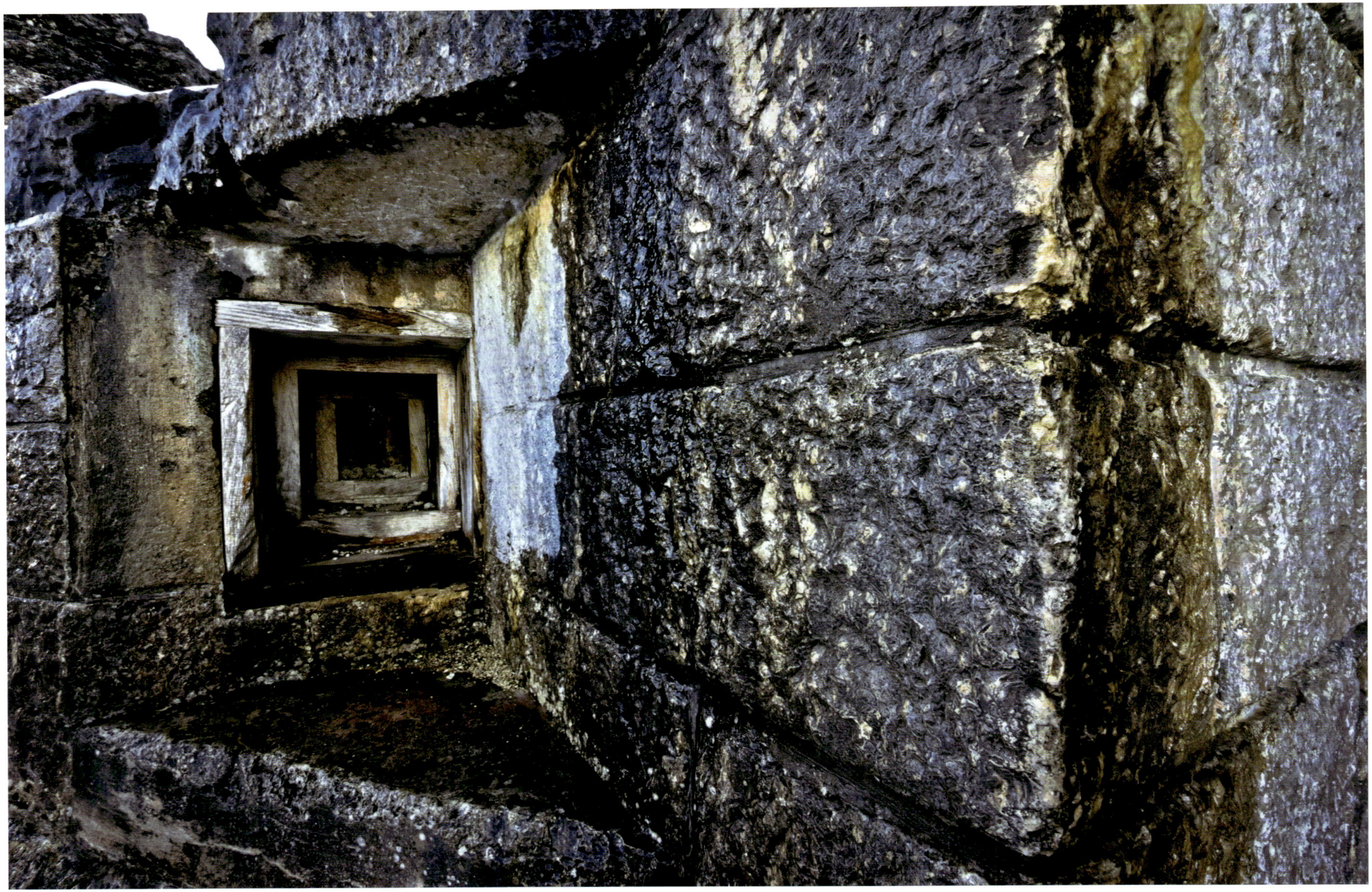

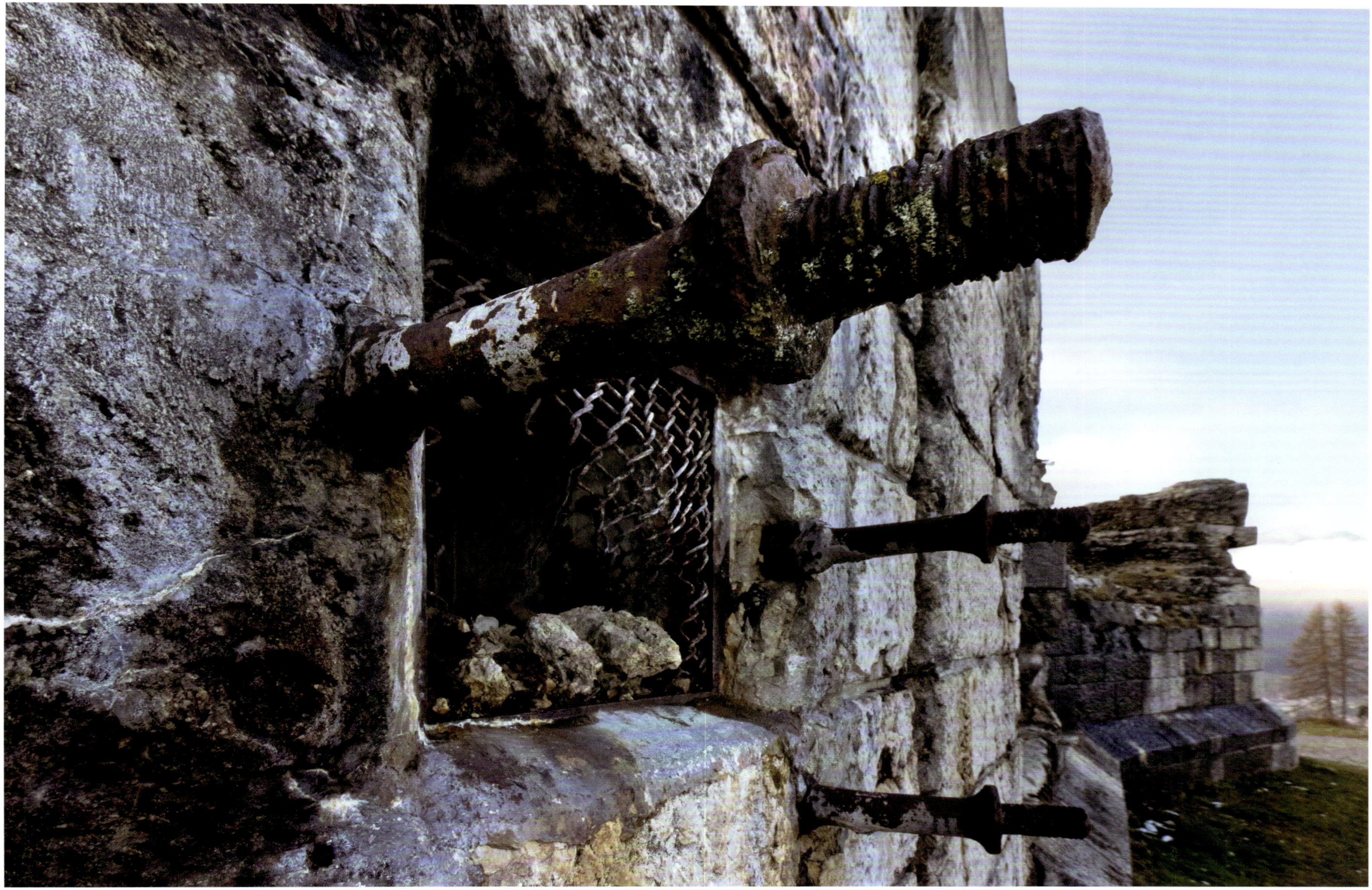

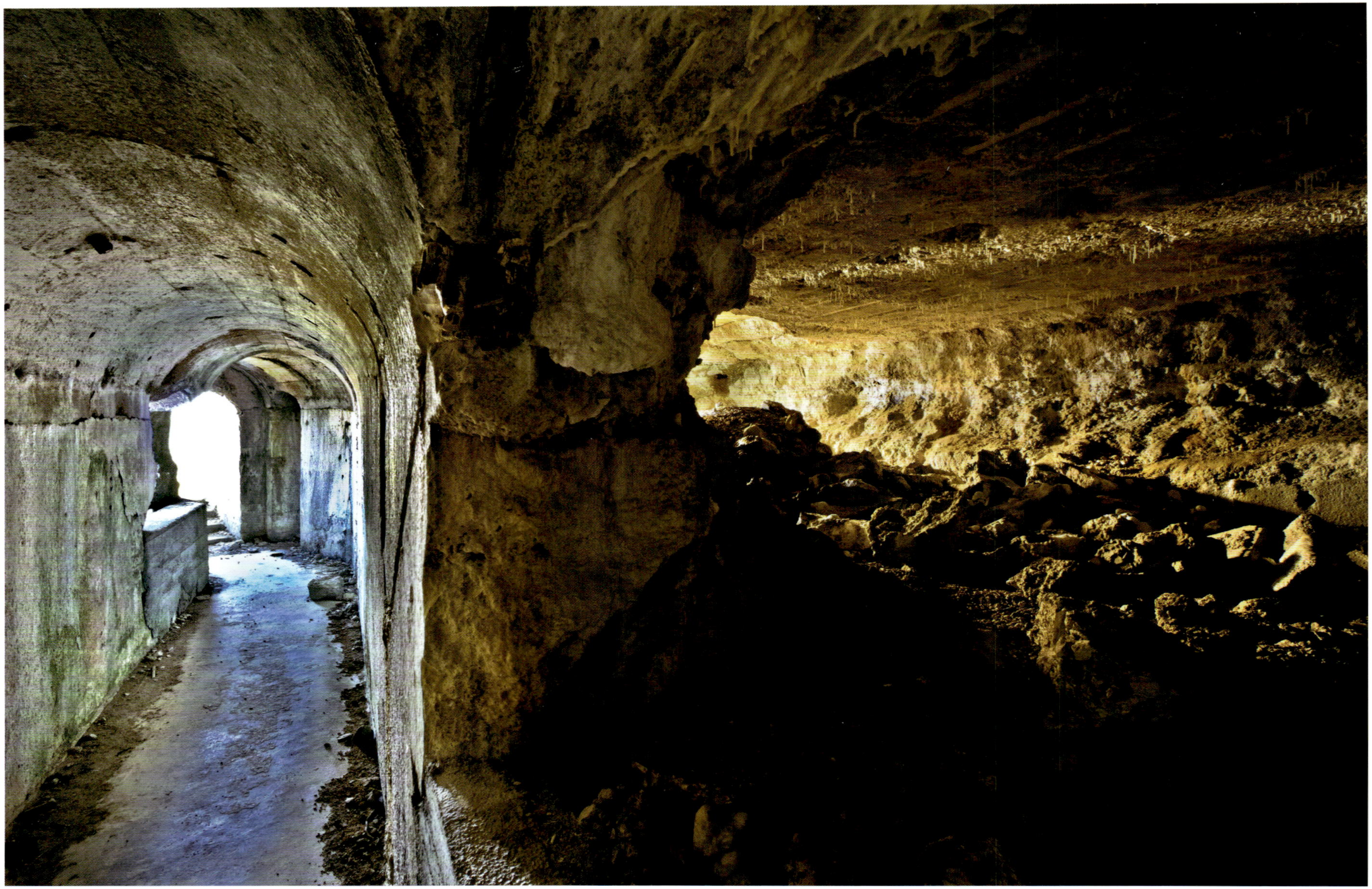

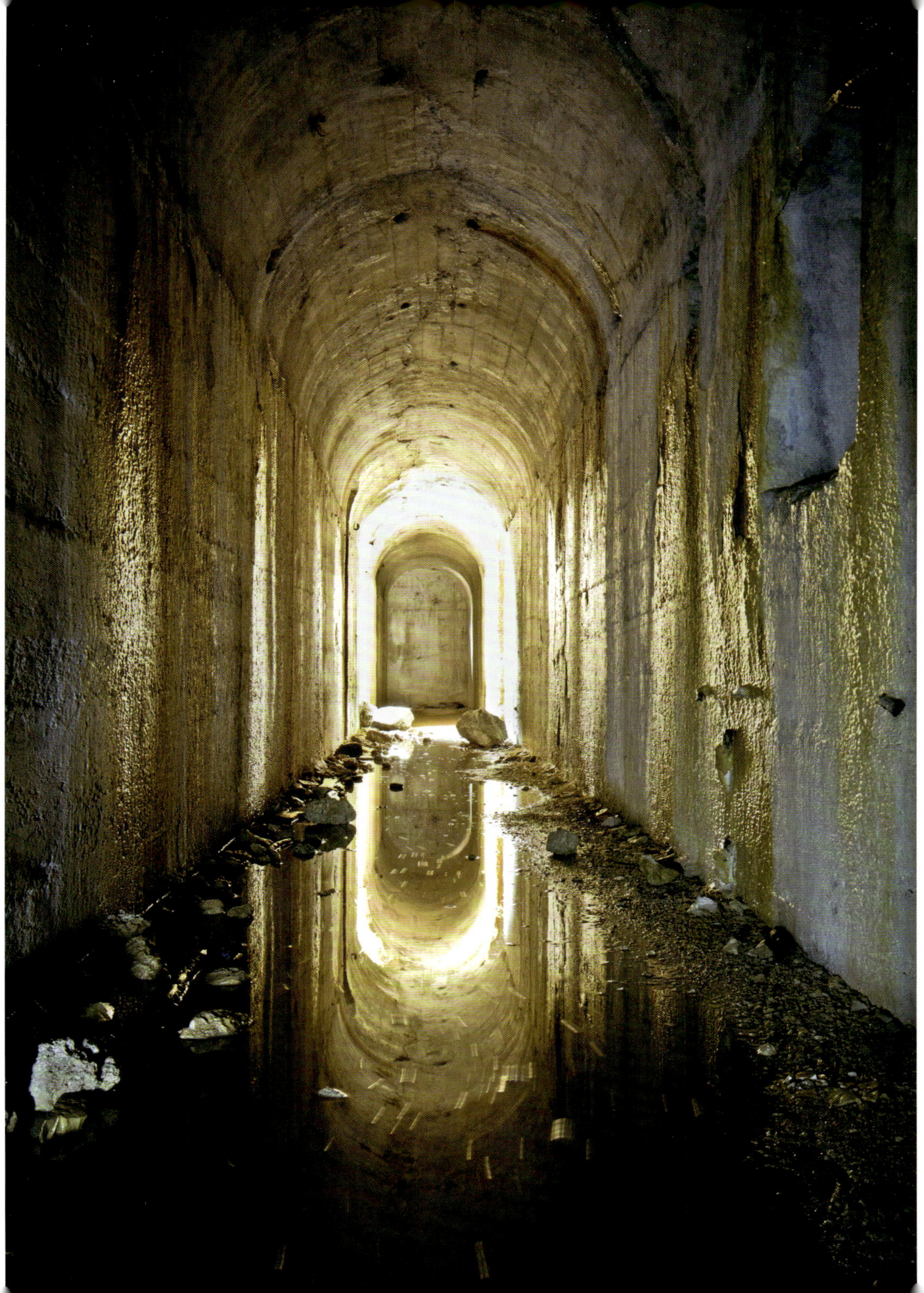

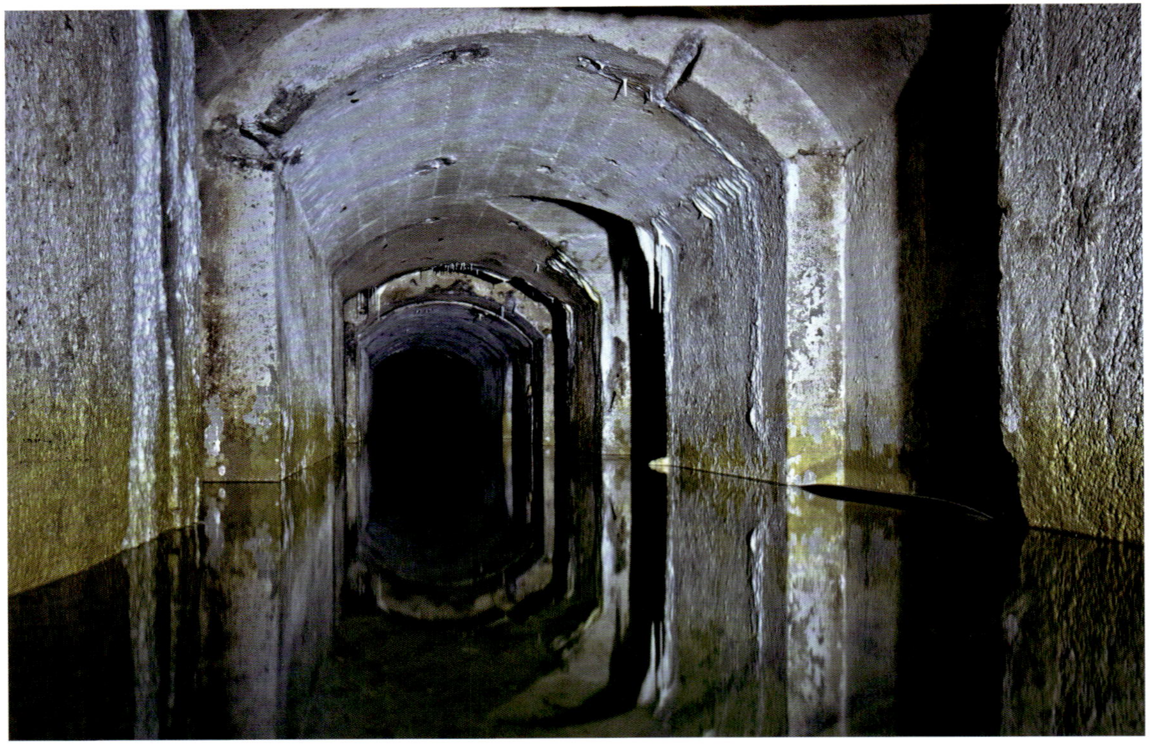

OTTO KÖNIG

"Gli uomini del San Sebastiano non hanno dormito né durante la calda estate, né durante il freddo inverno, neppure nel dolore delle ferite. Spesso li prendeva la tigre della fame, non c'era pane, non c'era vino... c'era una sola cosa: l'ordine di resistere!".

"Die Männer von San Sebastian, sie haben keinen Schlaf getan in Sommerglut, in Winterschnee, in Wundennot und Wundenweh: der Tiger Hunger brach oft ein, es gab kein Brot und keinen Wein... es gab nur eins: das Gebot zu halten!".

"The men of San Sebastiano have not slept, not during the hot summer or the cold winter, not in the pain of their wounds. Often, they were overwhelmed by the tiger of hunger, there was no food, there was no wine... there was only one thing: obedience to orders!".

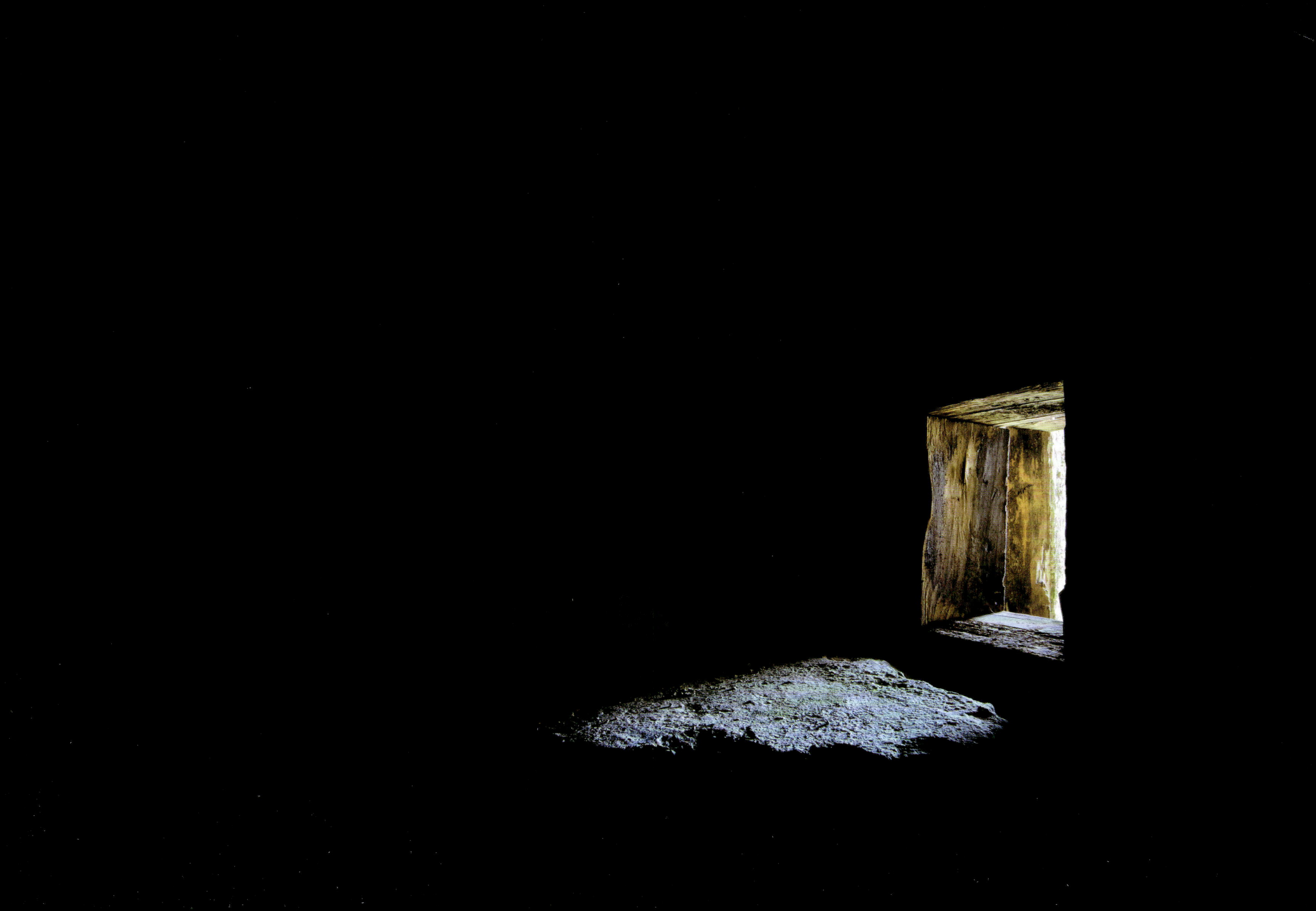

OTTO KÖNIG

"I mortai percuotevano colpo dopo colpo le sue pietre e sul tetto giorno e notte si schiantavano le bombe e le granate. Il loro tuono risuonava lontano nella regione".

"Die Mörser bohrten Hieb auf Hieb In ihren Stein, und auf das Dach da schmettern wohl Nacht und Tag die Bomben und Granaten. Ihr Donner brüllte weit ins Land".

"The mortars struck his stones blow after blow and bombs and grenades crashed on the roof day and night. Their thunder sounded far in the region".

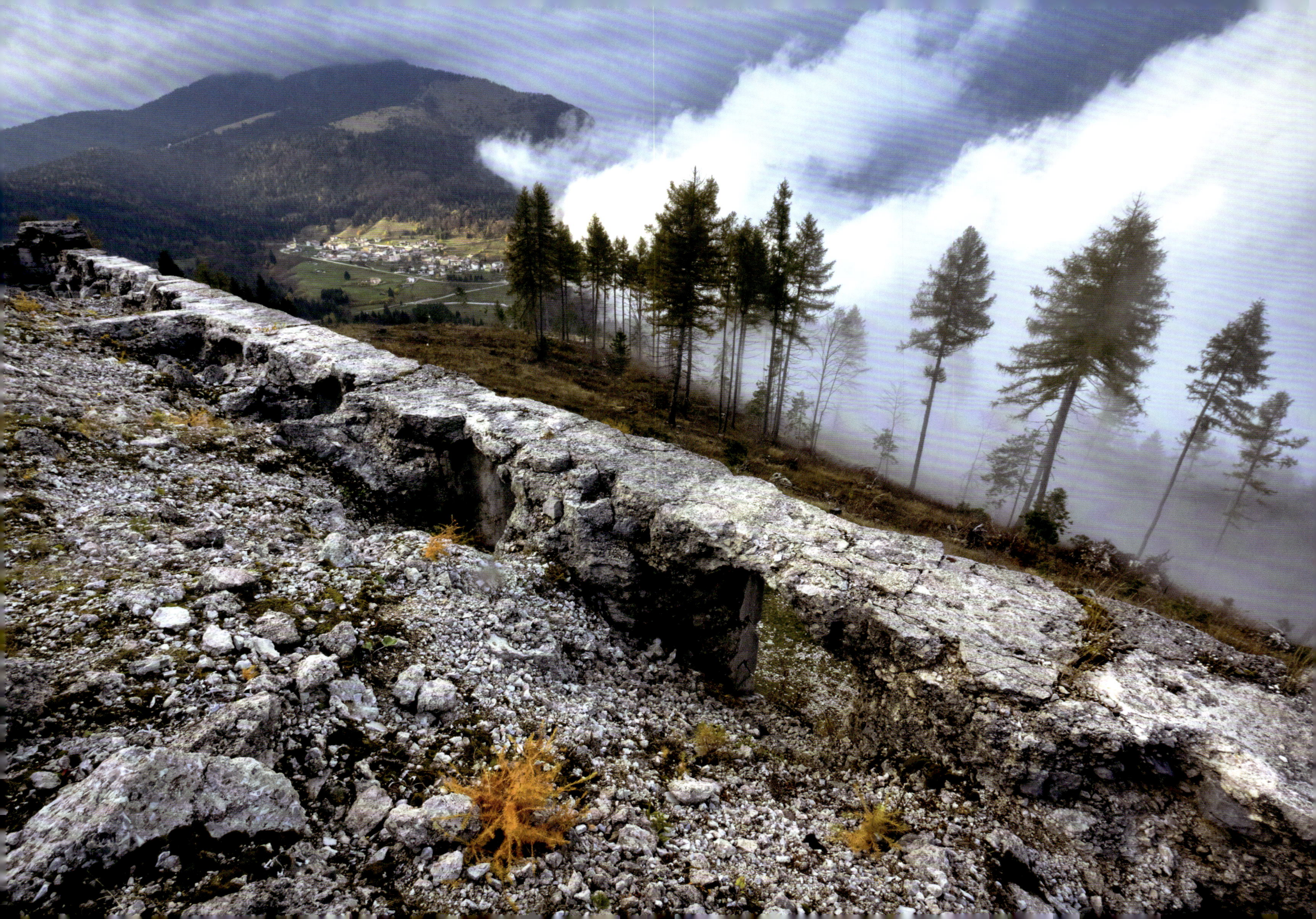

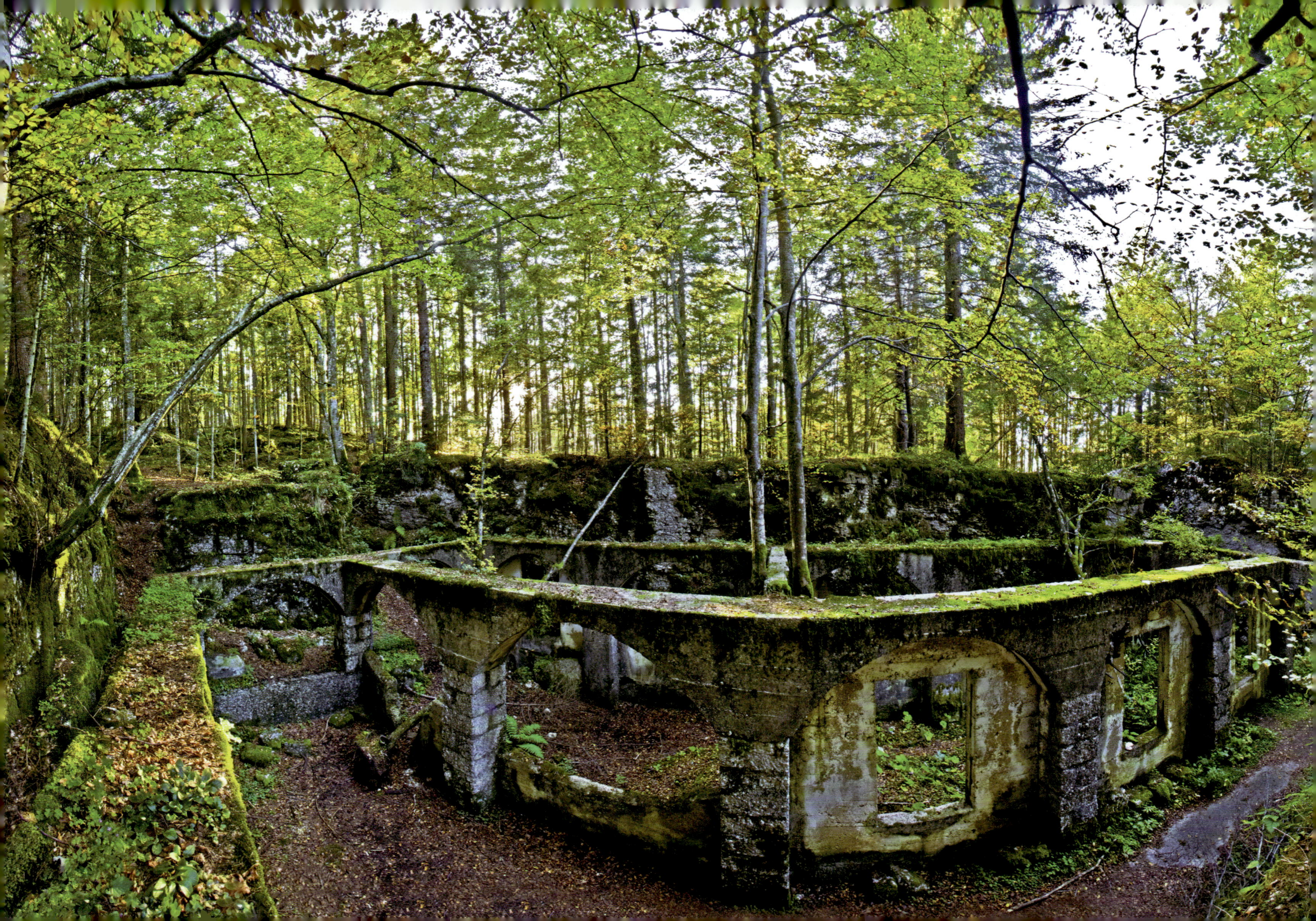

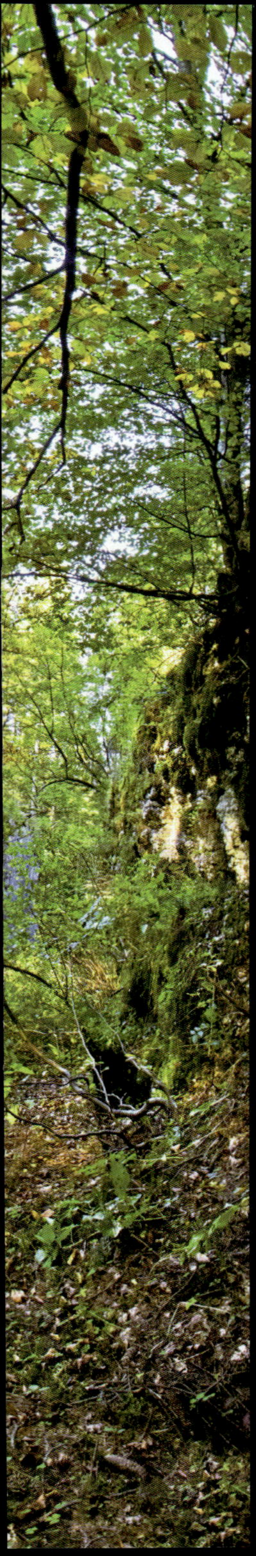

COMANDO TATTICO DI SETTORE DI VIRTI

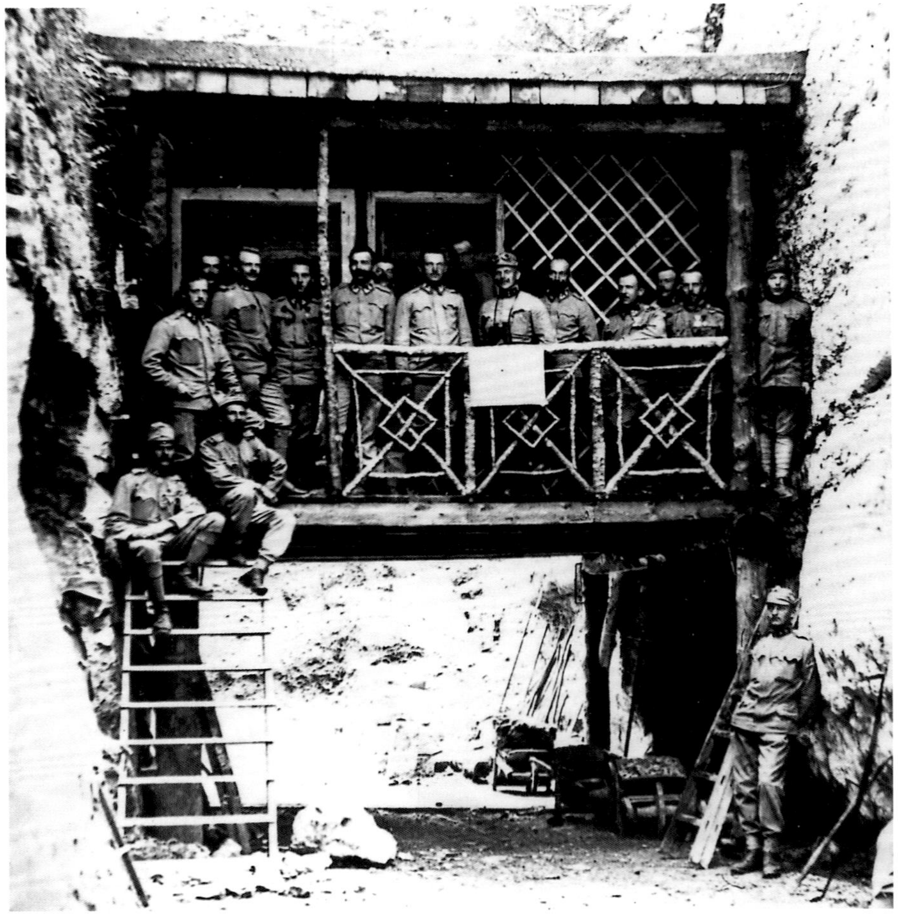

La profonda forra naturale dei Virti, collocata ai piedi del Monte Rust, nei pressi dell'abitato da cui ha preso il nome, fu utilizzata per occultare quello che viene indicato come il "Comando tattico". La forra, coperta dalla vegetazione, invisibile alla ricognizione aerea e al riparo dai tiri di artiglieria, ospitava dunque il comando di settore. Profonde caverne scavate nella roccia permettevano il ricovero di uomini, armi e materiali, mentre un edificio ad arcate, a cielo aperto, ospitava gli alloggi degli ufficiali e gli uffici del Comando. Si vuole che nel maggio del 1916 vi abbia trovato alloggio il principe ereditario Carlo d'Asburgo e che da qui avesse diramato l'ordine di attacco che scatenò l'Offensiva di Primavera, la *Strafexpedition*.

Die tiefe und natürliche Virti Schlucht, am Fuße des Monte Rust gelegen, in der Nähe eines gleichnamigen Ortes, wurde benutzt, zu verbergen, was als das "taktischen Oberkommando" bezeichnet wird. Die Schlucht, bedeckt von starker Vegetation, unsichtbar für die Luftaufklärung und absolut sicher von den Schüssen der Artillerie, war es das lokale Hauptquartier. Tiefe Höhlen, die in den Fels gegraben waren erlaubten die Aufnahme von Männern, Waffen und Material, während ein Arkadengang – zum Himmel offen – die Unterkünfte der Offiziere und das Führungskommandos beherbergte. Man sagt, dass im Mai 1916 der Erbprinz Karl von Habsburg dort gewesen sei, und von dort den Befehl zum Angriff gegeben habe, der die Frühjahrsoffensive auslöste, die sogenannte *Strafexpedition*.

Located at the foot of Mount Rust, near the built-up area from which it took its name, the deep natural gorge Virti was used to cover up what is referred to as the "Tactical Command". The gorge, covered by vegetation, invisible to aerial reconnaissance and safe from artillery fire, well housed the command of the field. Deep caves dug into the rock allowed the shelter of men, weapons and materials, while a building with arches, open-air, housed the officers' quarters and the offices of the Command. It is thought that in May 1916 Crown Prince Charles of Habsburg camped there and issued the order to attack, order that gave way to the Spring Offensive, the *Strafexpedition*.

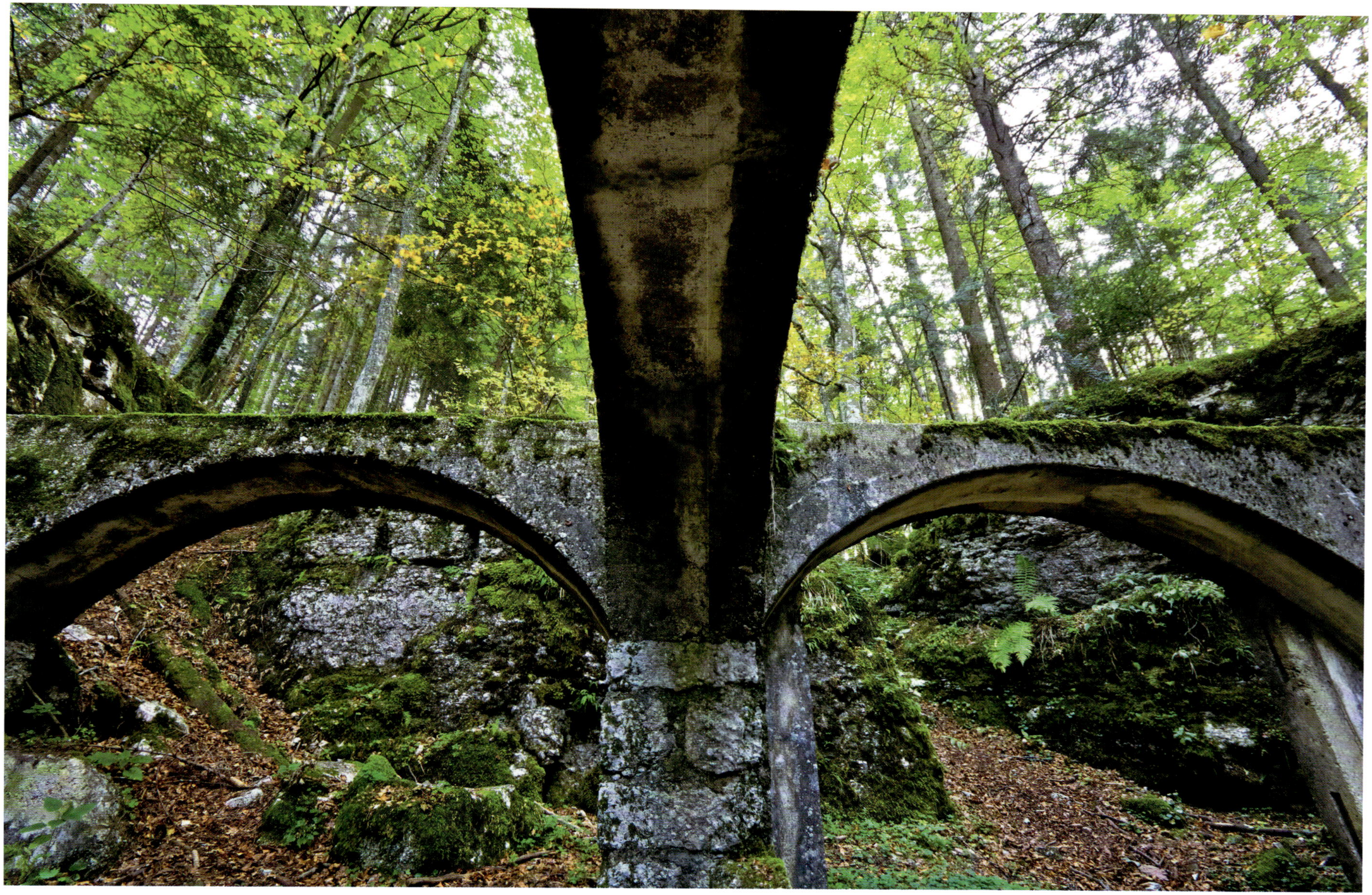

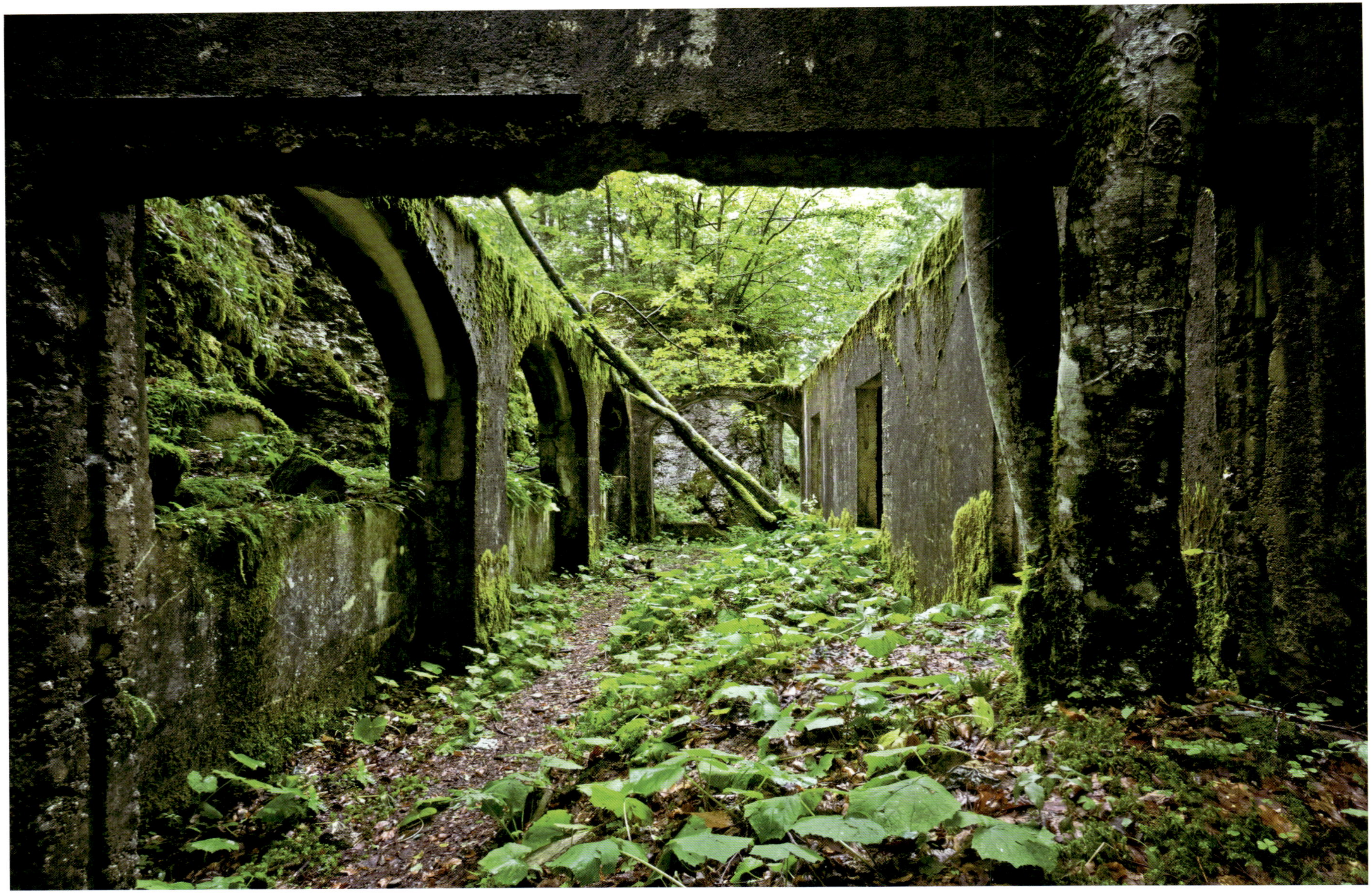

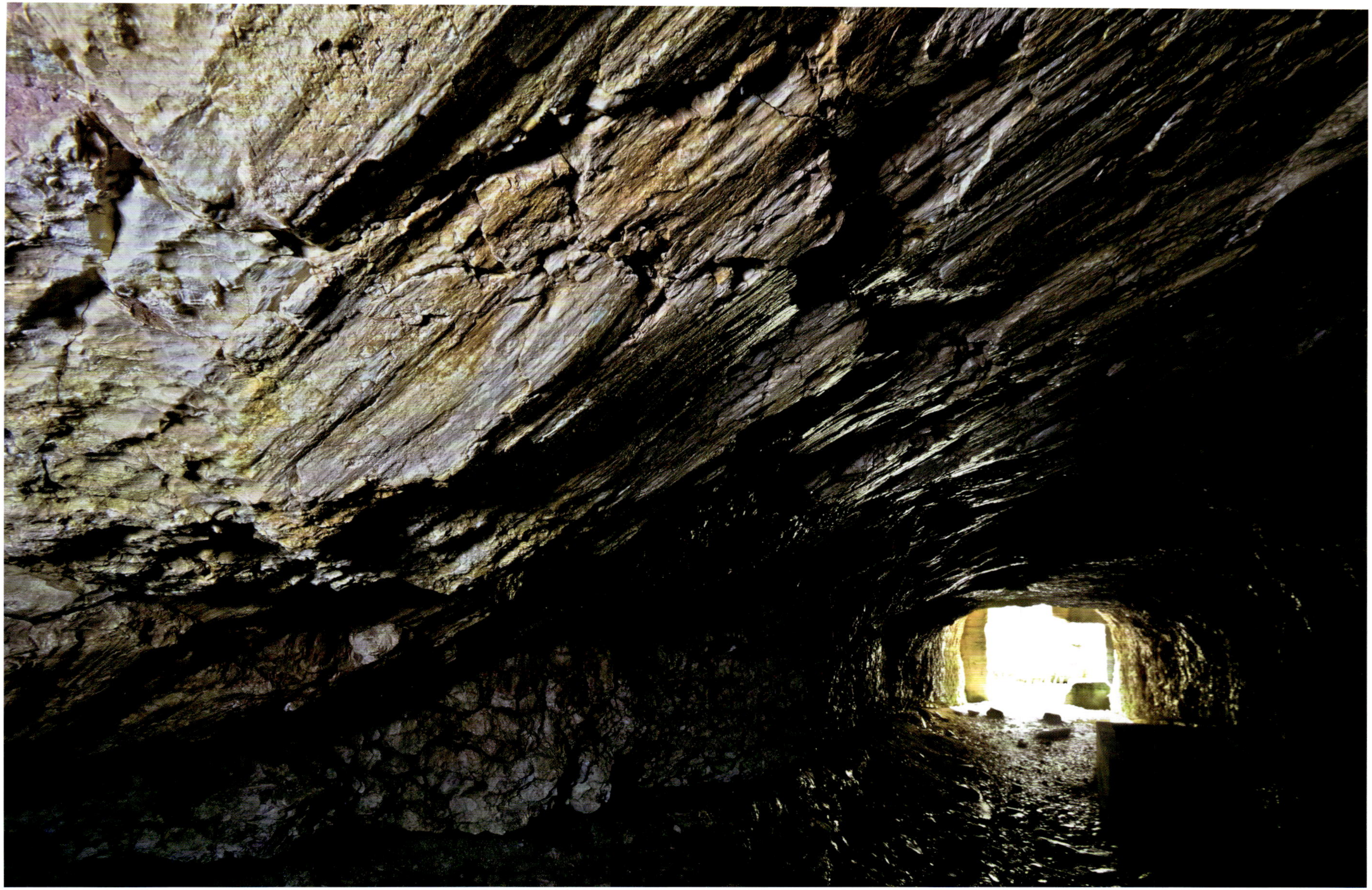

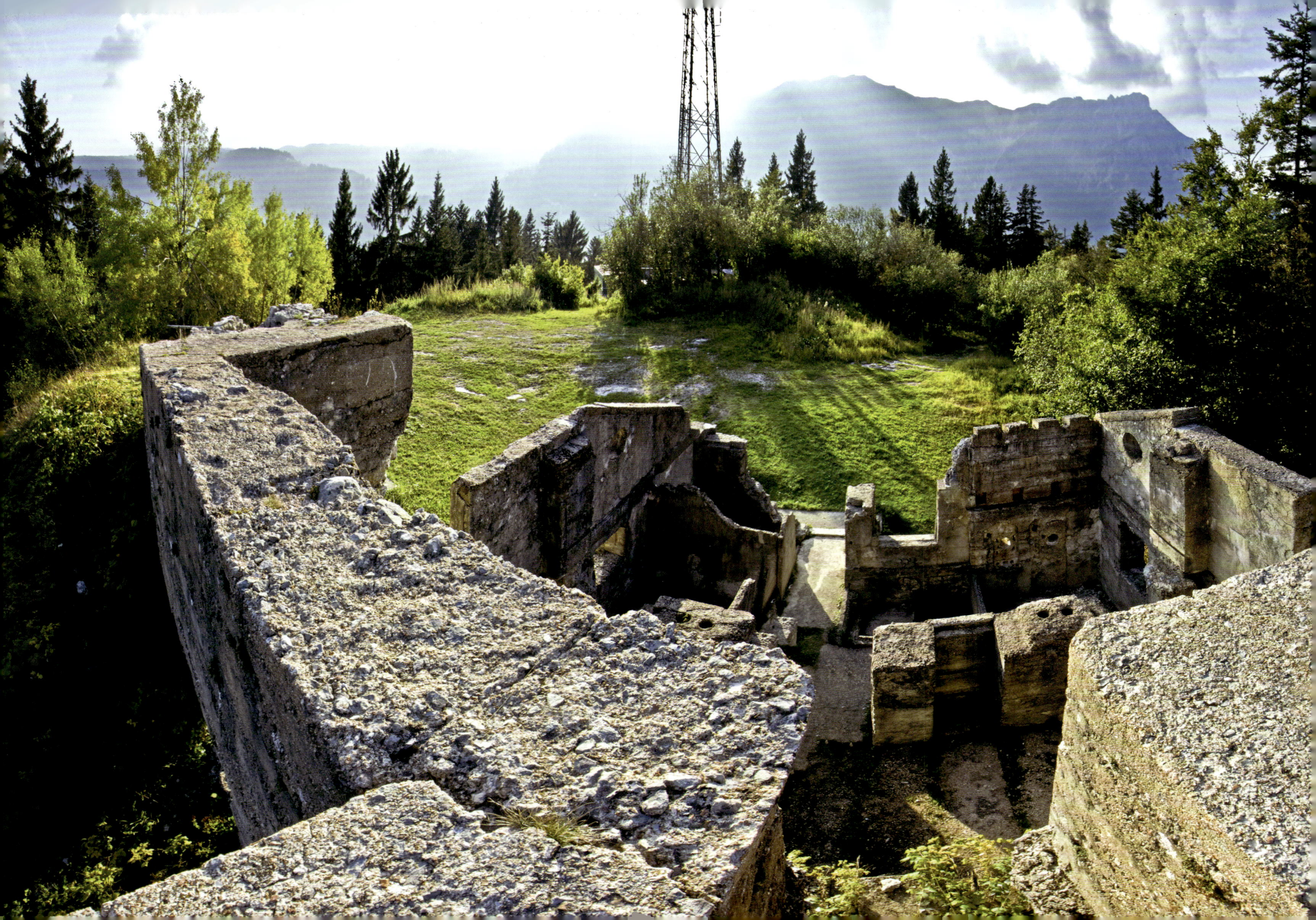

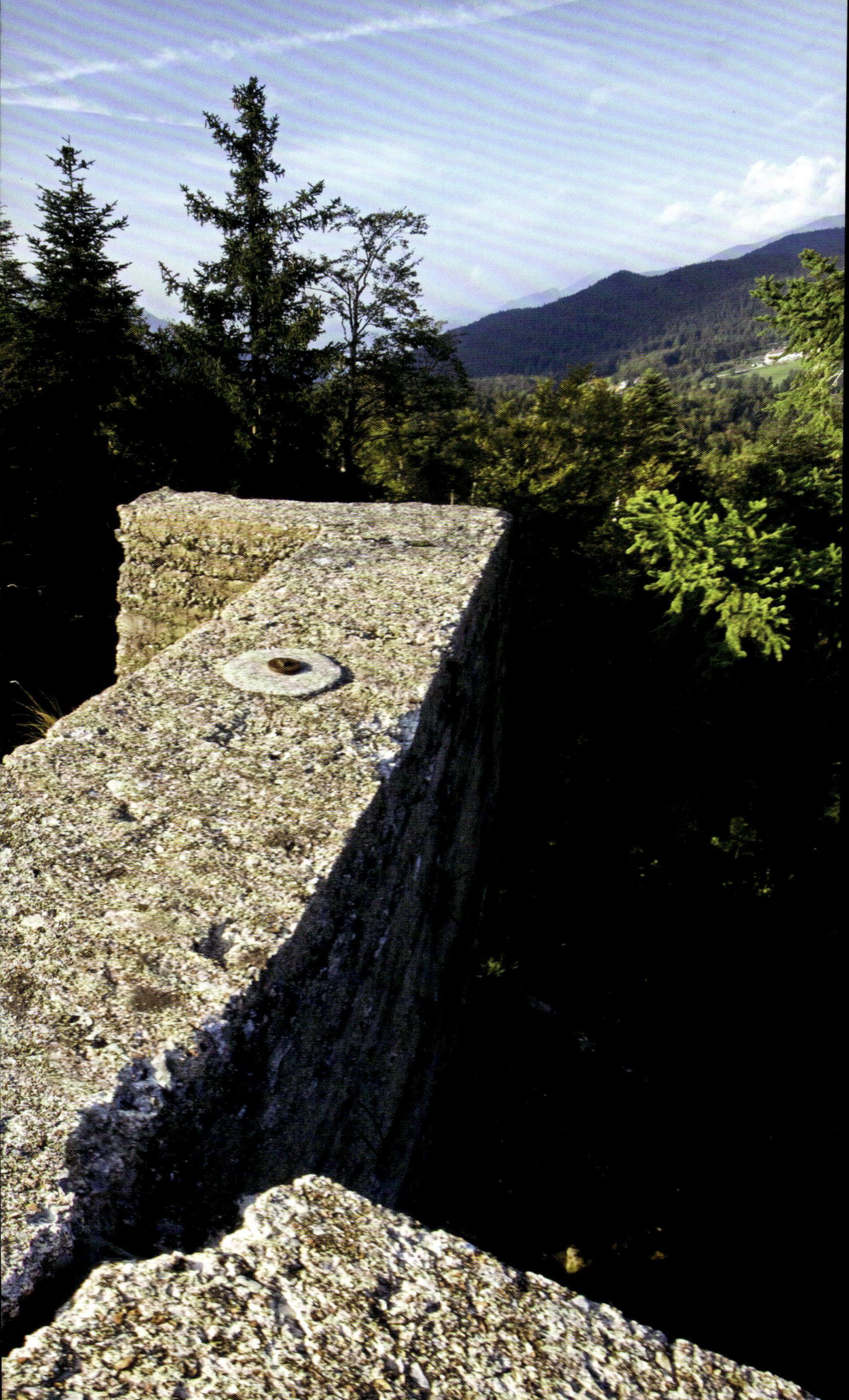

STAZIONE DI COLLEGAMENTO OTTICO DI MONTE RUST

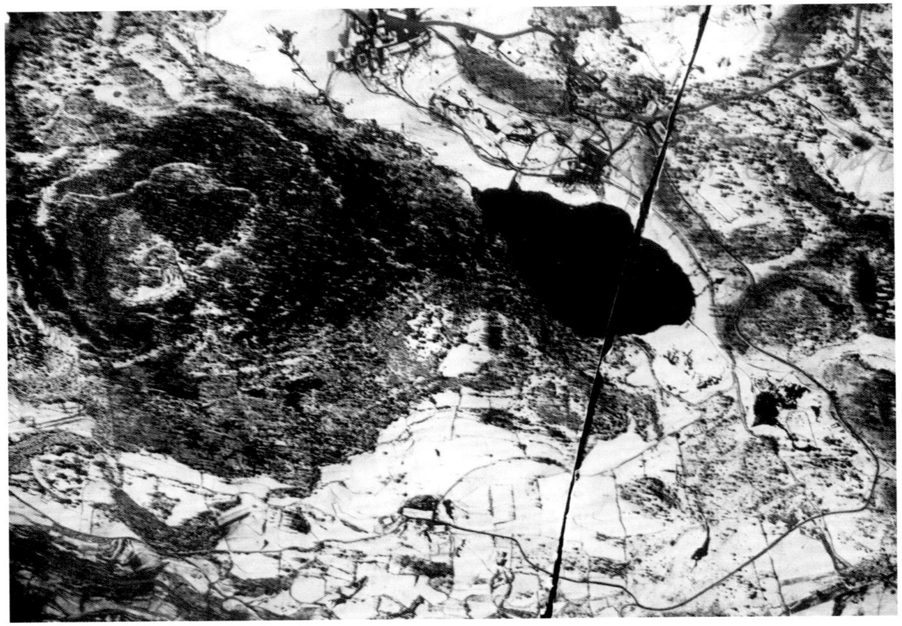

Per le comunicazioni la linea fortificata degli Altipiani si avvaleva naturalmente del telefono, ma con i bombardamenti le linee telefoniche erano costantemente a rischio. Per evitare l'inevitabile interruzione ci si affidò a sistemi di comunicazione alternativi, in particolare ai segnali luminosi. Ciascun forte fu dunque munito di più postazioni di "telegrafo ottico", che consistevano in un proiettore elettrico adibito all'invio dei segnali e un cannocchiale che permetteva di rilevare il segnale di risposta. Veniva naturalmente utilizzato un linguaggio codificato. Il sistema si avvaleva di stazioni intermedie e di una centrale principale di raccolta e di smistamento dei segnali realizzata sulla sommità del Monte Rust, a 1282 m di quota, capace di inviare a sua volta messaggi a postazioni di comando situate anche a grande distanza.

Für die Kommunikation benutzte man auf der Befestigungslinie der Hochebenen natürlich das Telefon, aber mit den Bombardements waren auch die Telefonleitungen ständig bedroht. Um die Unterbrechungen zu vermeiden vertraute man auf alternative Kommunikationsmittel; im Besonderen auf Lichtsignale. Jede Festung wurde außerdem mit mehreren "optischen Telegrafenposten" ausgerüstet, die aus einem elektrischem Projektor bestand, der benutzt wurde, Signale zu senden und einem Fernrohr das Gegensignale empfangen konnte. Selbstverständlich wurde eine Codesprache benutzt. Das System hatte Zwischenstationen und eine Hauptzentrale für die Sammlung und Sortierung der Signale, errichtet auf dem Gipfel des Monte Rust, auf 1282m Höhe. Diese war wiederum fähig, Nachrichten an weit entfernte Kommandoposten zu senden.

As to communication, the fortified line of the Plateaus made use of the phone, obviously, but the phone lines with the bombings were constantly at risk. To avoid the inevitable interruption, they entrusted alternative communication systems, particularly light signals. Each fort was therefore equipped with several optical "telegraph stations", which consisted of an electrical projector used to send signals and a telescope which was used to detect the response. Of course, a coded language was adopted. The system made use of intermediate stations and of a main point of collection and sorting of the signals. The point was placed on the summit of Mount Rust, 1282 a.s.l., and was able to send messages to the command stations located even at a great distance.

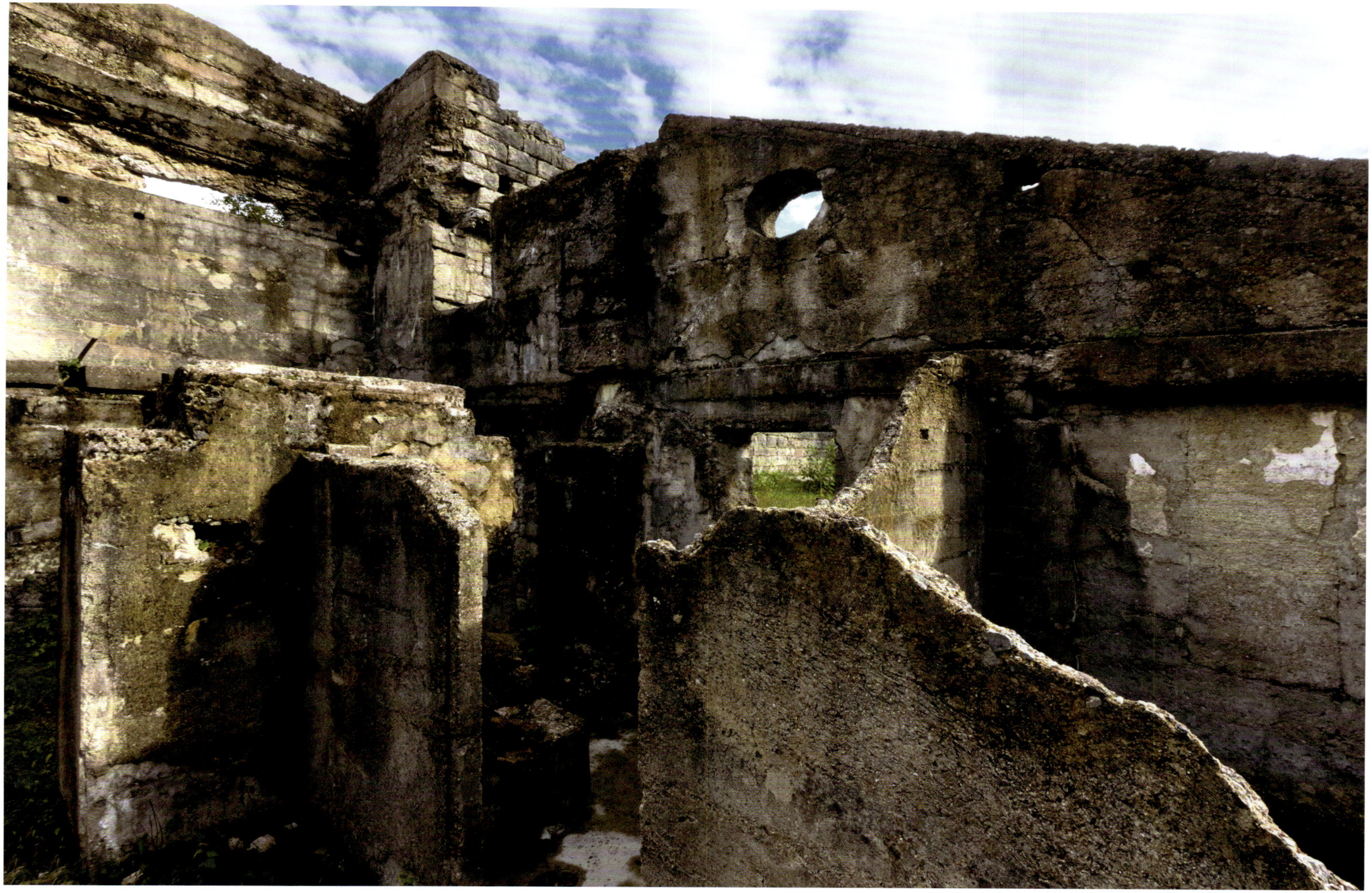

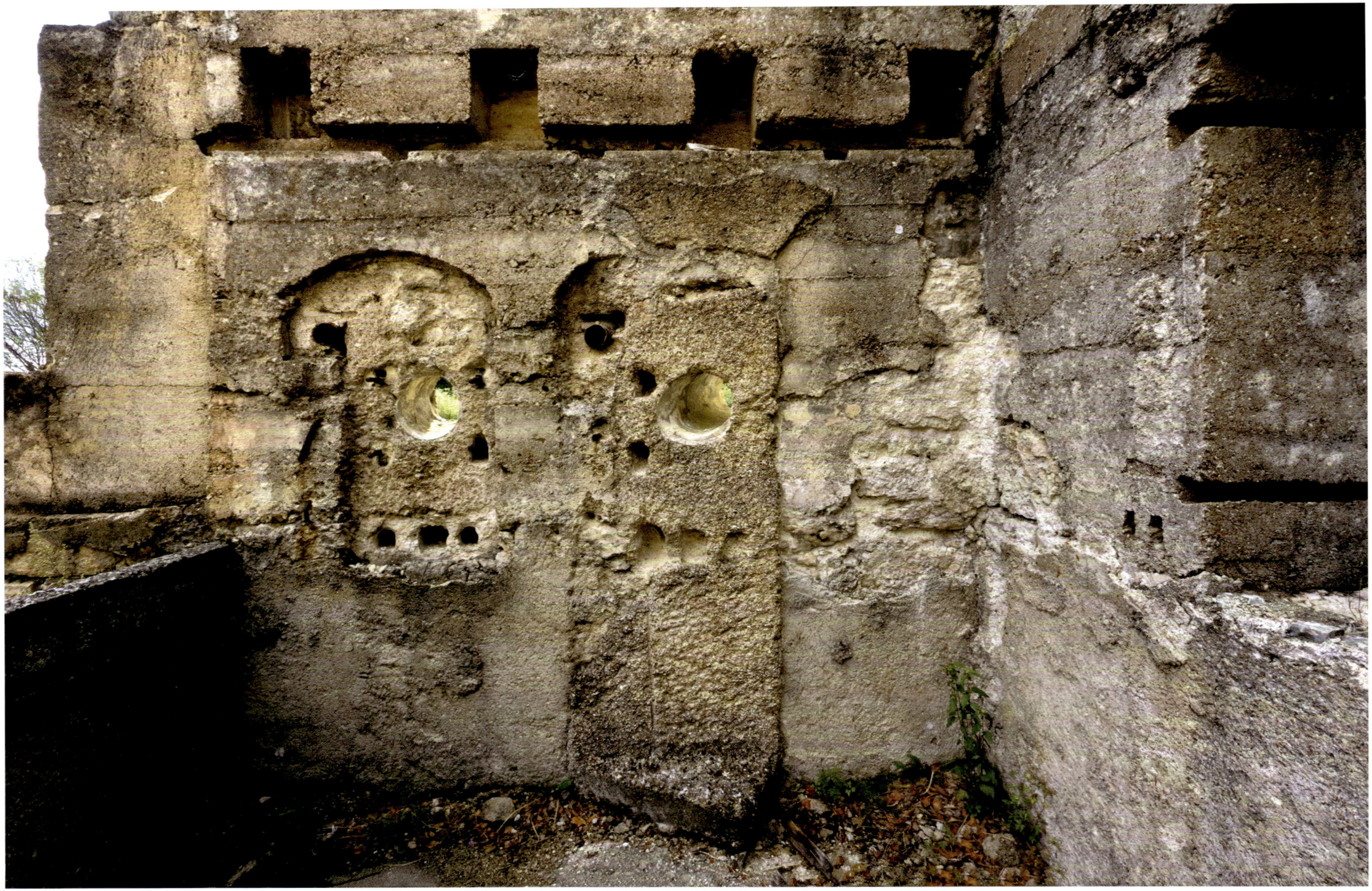

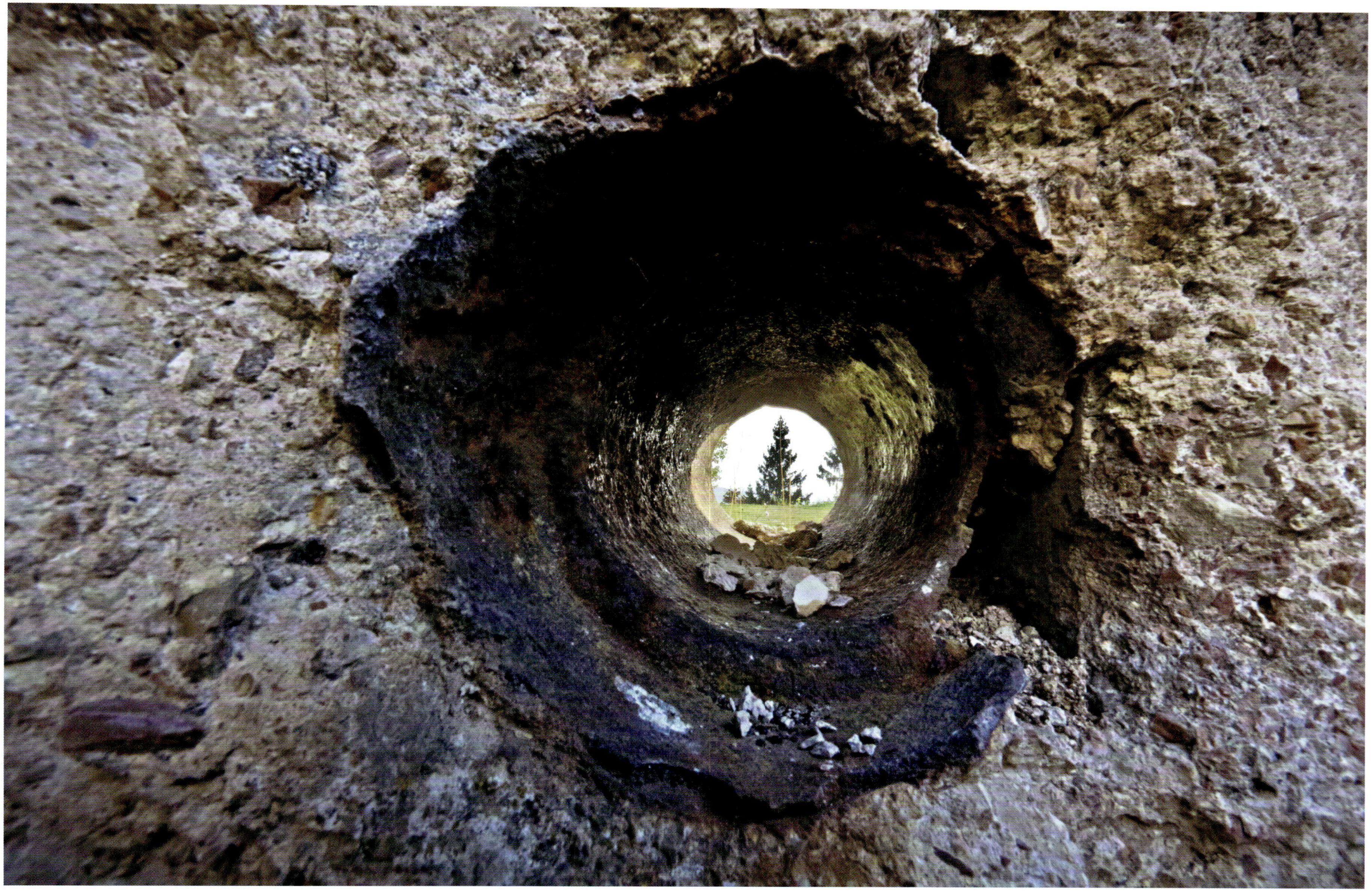

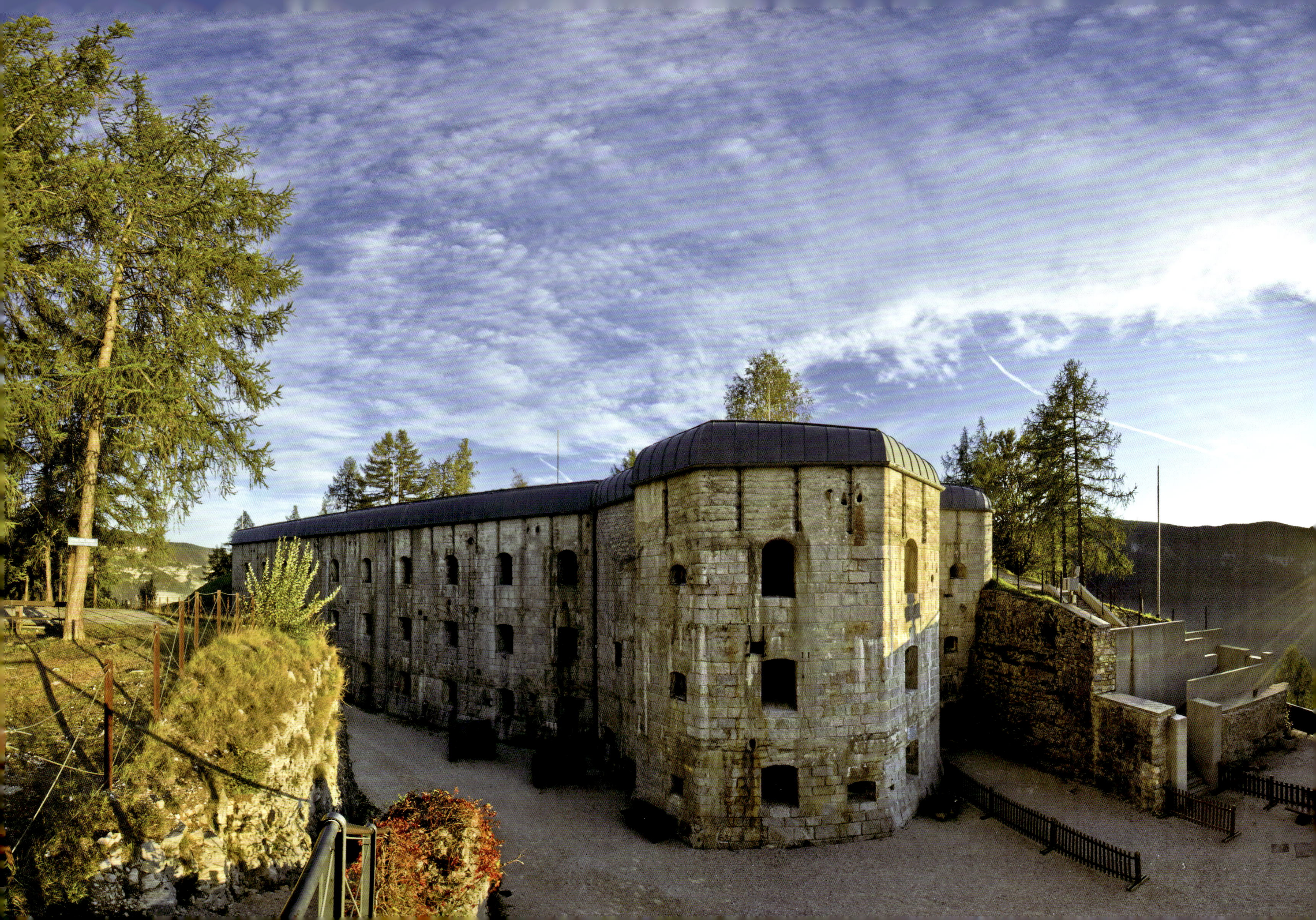

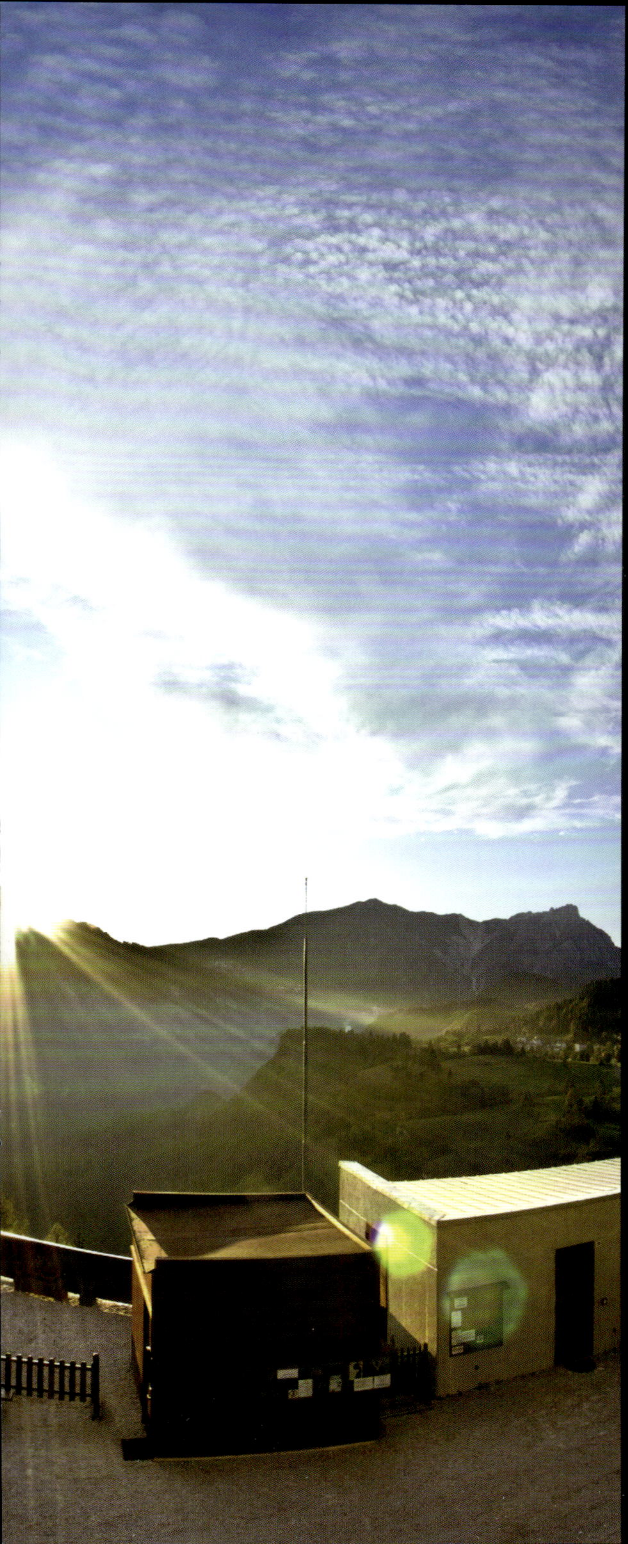

FORTE BELVEDERE

Werk Gschwent

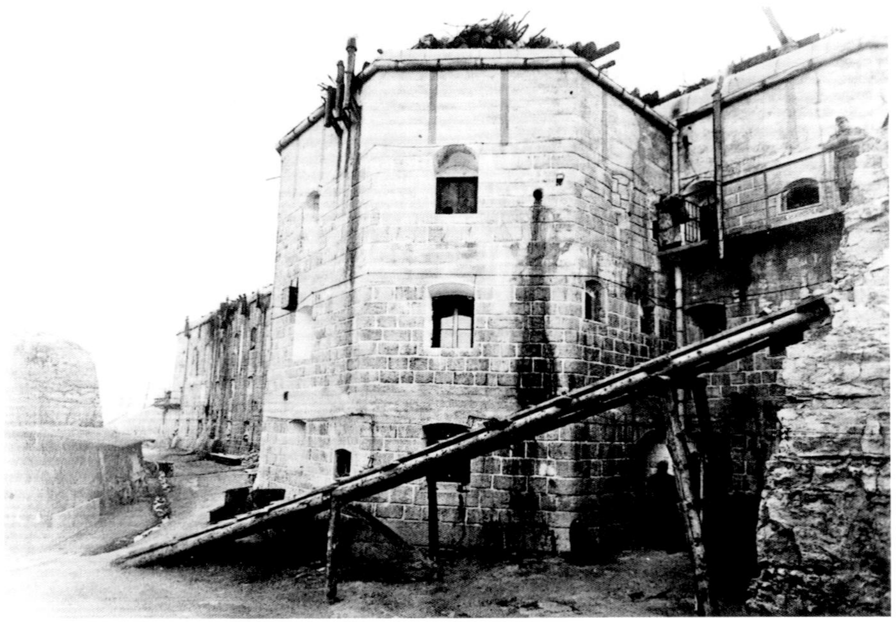

Non è documentato, ma si racconta che Forte Belvedere si fregiasse del motto "per Trento basto io!", a significare che da solo avrebbe potuto impedire per quella via un eventuale tentativo di avanzata italiana in terra trentina. Posto a strapiombo sulla sottostante valle dell'Astico, in parte scavato nella roccia, era di fatto imprendibile. Non fu dunque mai tentato un assalto diretto, ma fu tuttavia sottoposto a un sostenuto bombardamento da parte dei grossi obici situati nelle adiacenze del contrapposto forte italiano di Campomolon, distante solo pochi chilometri in linea d'aria. È l'unico ad essere sopravvissuto alle devastanti demolizioni degli anni Trenta, sebbene tra il 1940 e il 1942 abbia subito l'asportazione delle cupole degli obici, degli osservatori e delle putrelle d'acciaio di alcuni piani. Ma di fatto si salvò, tant'è che oggi è il "Forte Museo", superba testimonianza della linea fortificata degli Altipiani.

Es ist nicht schriftlich dokumentiert, aber man erzählt, dass das Fort Belvedere sich mit dem Motto "für Trient reiche ich!" rühmte, was bedeutete, dass es alleine ausreiche, auf der Strecke Richtung Trient, einen eventuellen Vorstoß der Italiener verhindern zu können. Der Platz auf dem Felsvorsprung, mit dem darunterliegenden Astico Tal, teilweise in den Fels gegraben war praktisch uneinnehmbar. Es wurde nie ein direkter Angriff versucht, aber es wurde einer anhaltenden Bombardierung ausgesetzt, von schweren Haubitzen, die in der Umgebung der italienischen Gegenfestung Campomolon stationiert waren, die nur wenige Kilometer Luftlinie weg war. Es ist das einzige Fort, das die verheerende Zerstörung der dreißiger Jahre überlebt hat, auch wenn zwischen 1940 und 1942 die Kuppeln der Haubitzen, der Observatorien und die Stahlträger einiger Stockwerke entfernt wurden. Aber das Fort überlebte und ist heute sogar Museum und ein wichtiger Zeuge der Befestigungslinie der Hochebenen.

It is not documented, but it is said that the Fort Belvedere was titled with the motto "Trent needs only me", meaning that it alone could prevent any attempt from the Italians to advance and occupy the area towards Trento. Overlooking the underlying Astico Valley, partly dug into the rock, the fort was impregnable. Thus, it was never assaulted directly, but it was, nevertheless, subjected to a sustained bombardment by heavy howitzers located adjacent to the opposite Italian Fort Campomolon, far away just a few kilometres as the crow flies. It is the only one to have survived the devastating demolition of the thirties, nevertheless, between 1940 and 1942, it underwent the removal of the howitzers domes, the observatories and the steel beams of some floors. But, in fact, it survived, so much so that today it is the "Fortress Museum", superb testimony to the fortified line of the plateaus.

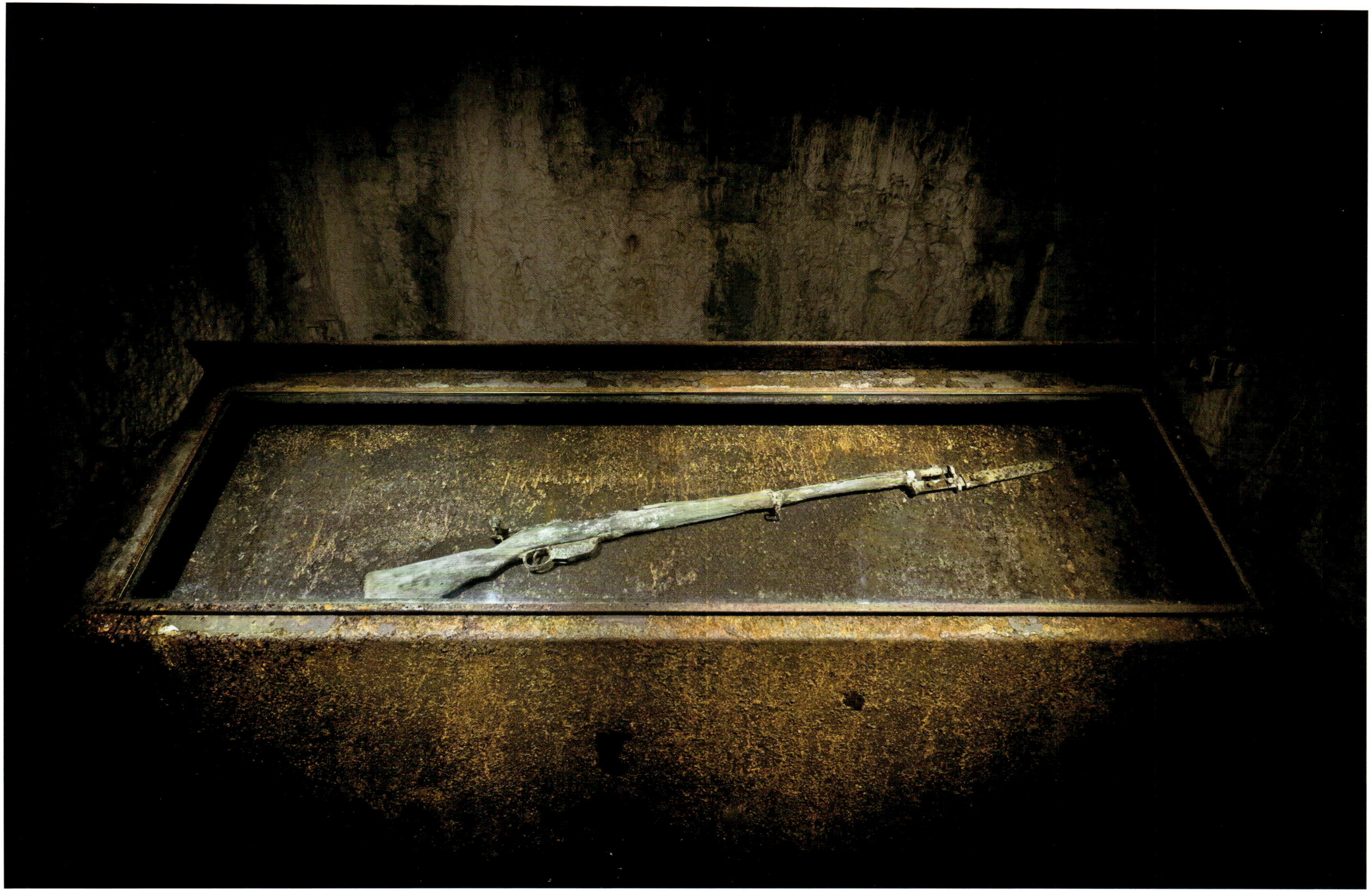

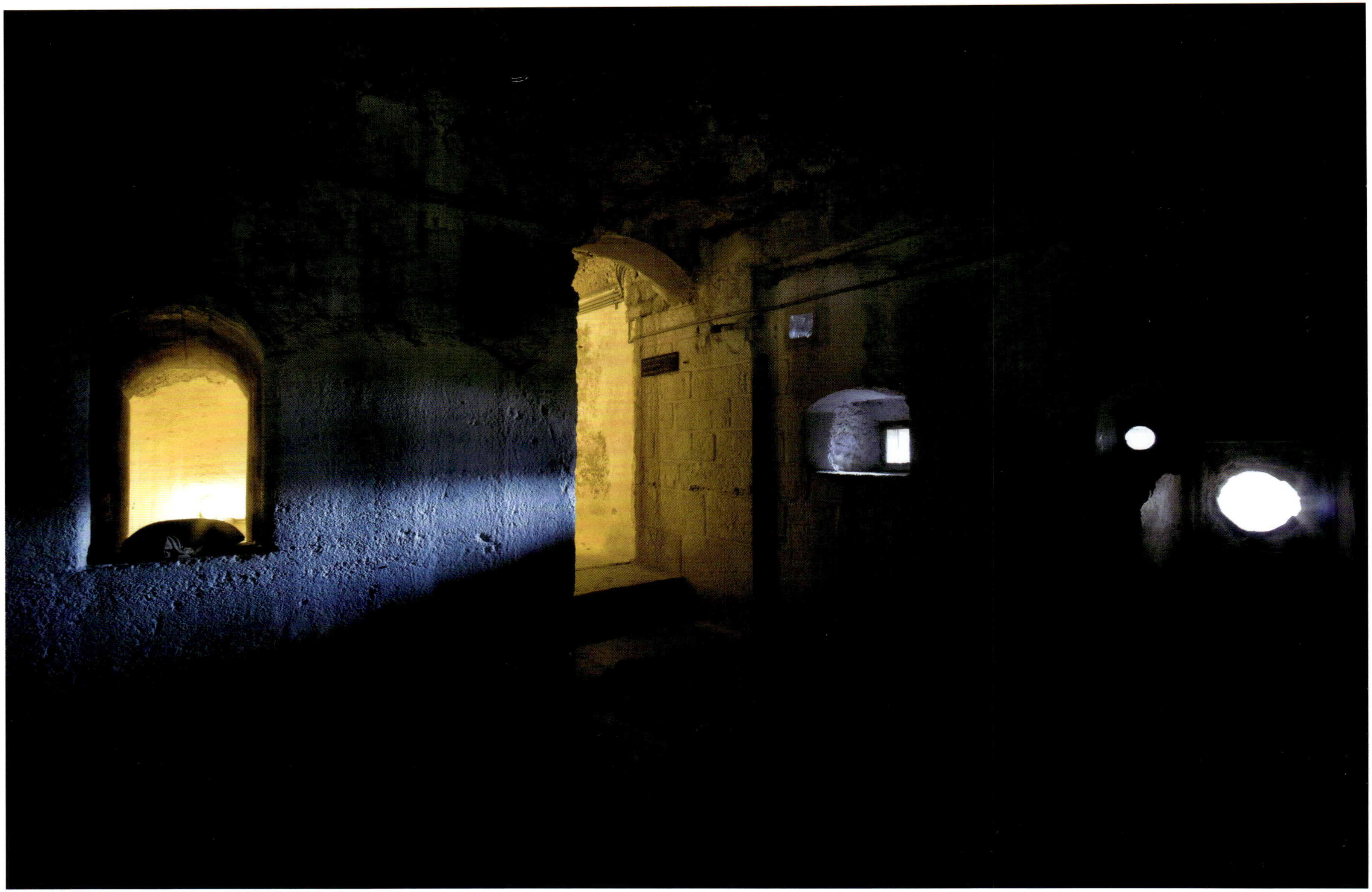

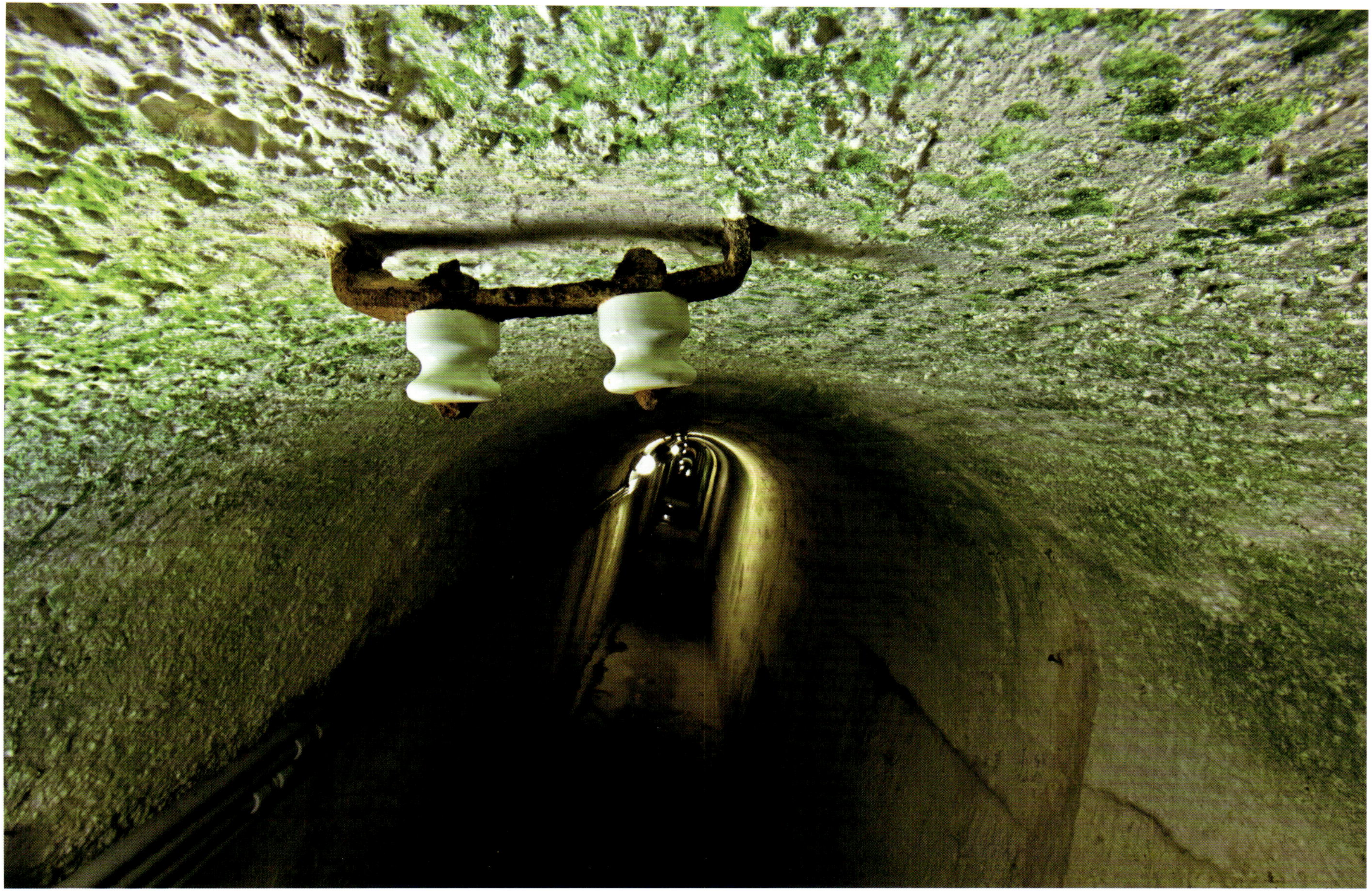

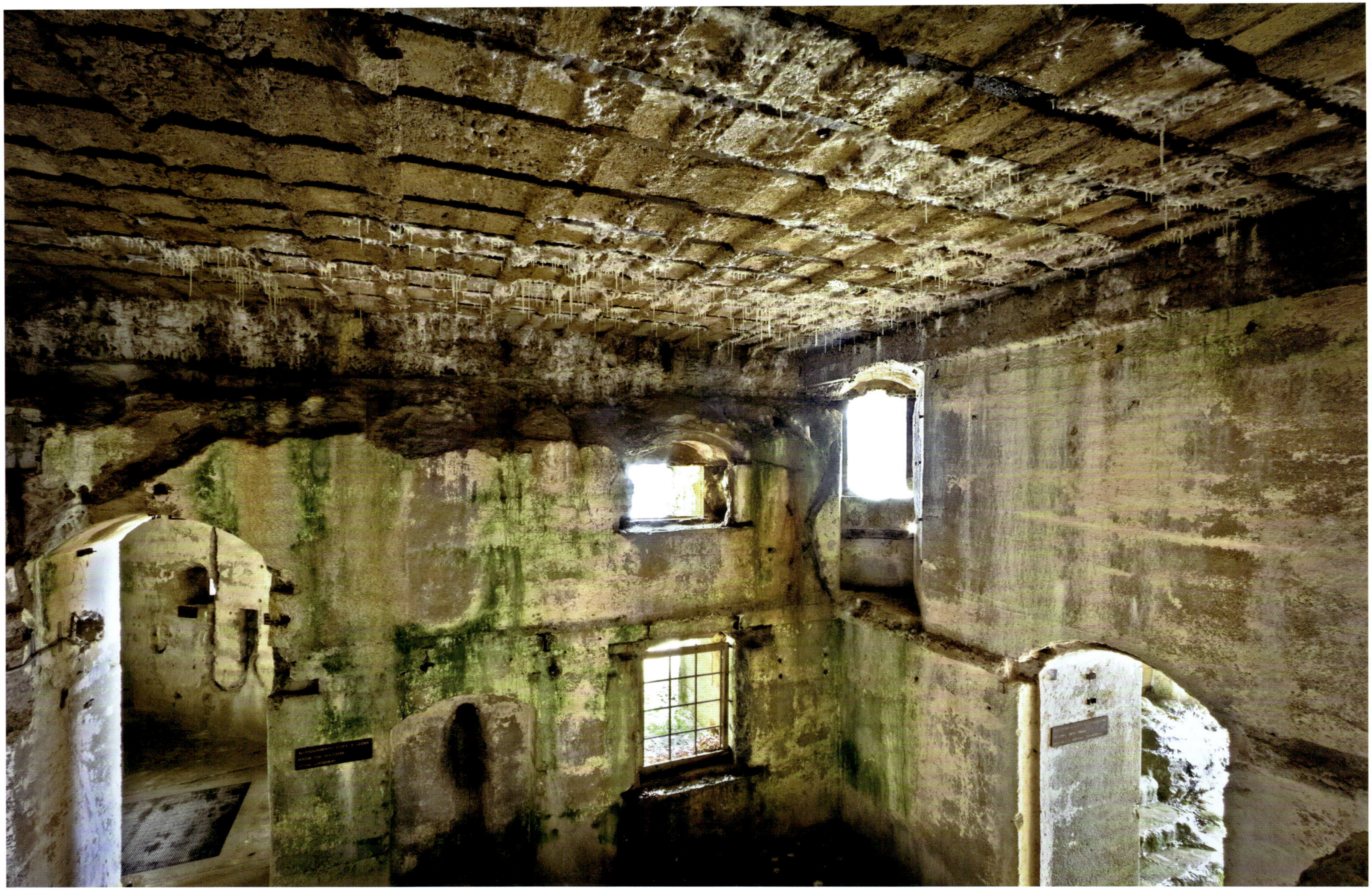

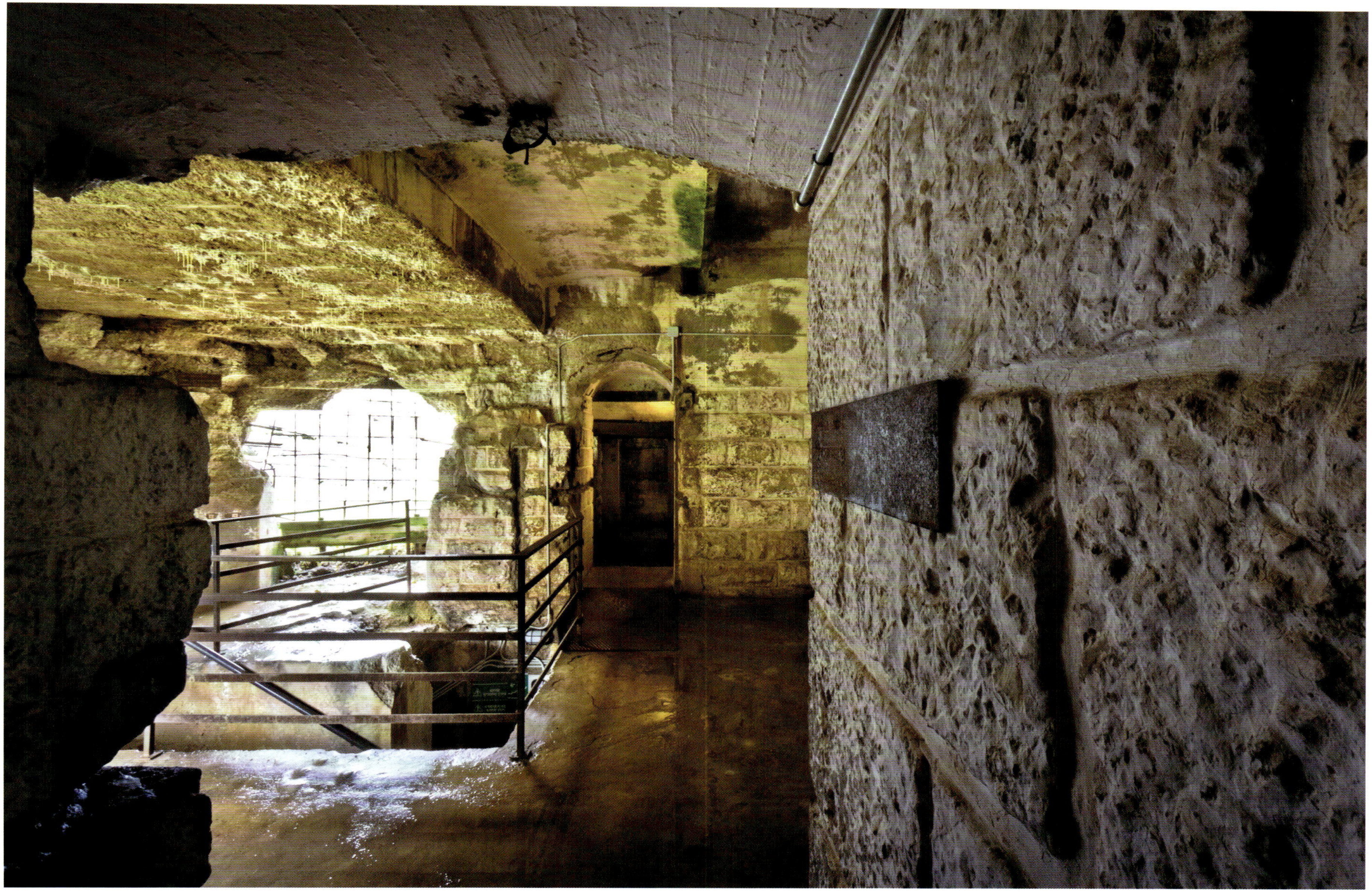

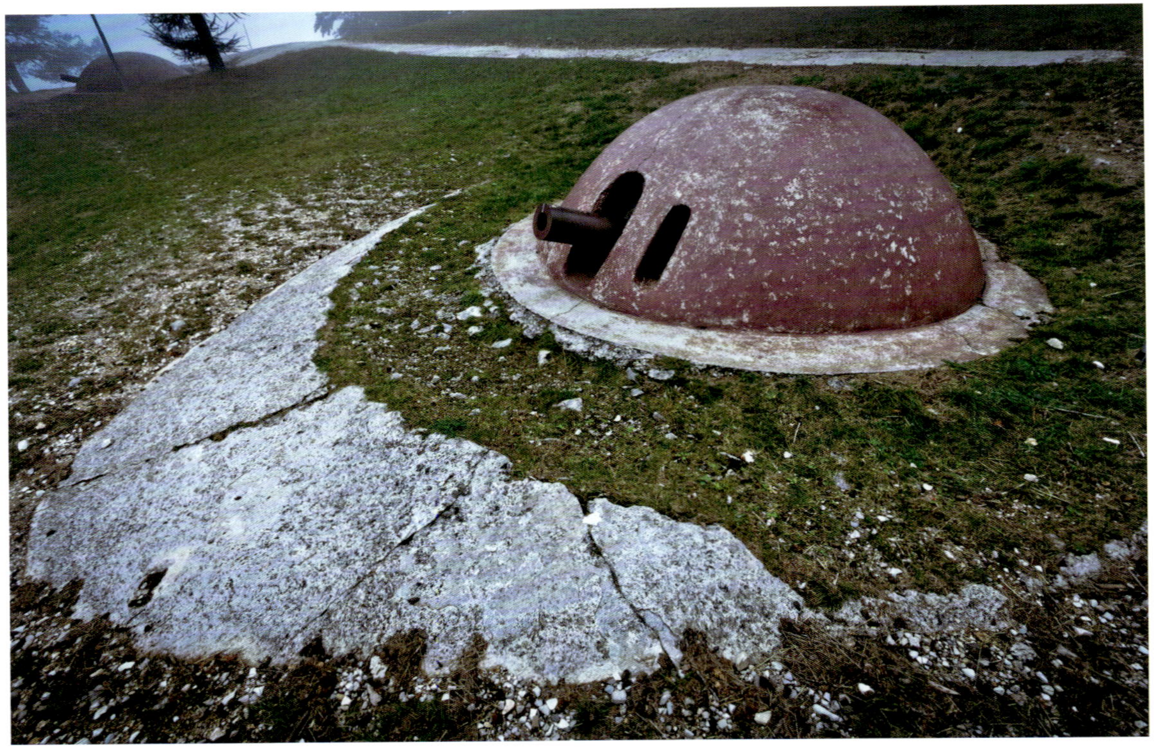

FRITZ WEBER

"Essi non vedono, né conoscono il bersaglio. Sentono solo gridare delle cifre, fanno partire il colpo e poco dopo odono lo scoppio del proiettile. La torretta si empie di fumo, nuove cifre, nuovo colpo e il lampeggiar della fiamma sulla bocca del pezzo".

"Sie kennen das Ziel nicht, auf das wir feuern, wissen nicht, was draußen vorgeht. Zahlen treffen ihr Ohr, Zeiger gleiten über Skalen, der Schuß donnert, irgendwohin heult das Geschoß. Qualm in der Kuppel, neue Zahlen, wieder das Abschußgebrüll, die flirrende Flamme aus dem Rohr".

"They do not see nor know the target. They hear only shouting figures, then they make the shot and soon after they hear the burst of the projectile. The tower is filled with smoke, new figures, new shot and flash of flames on the mouth of the piece".

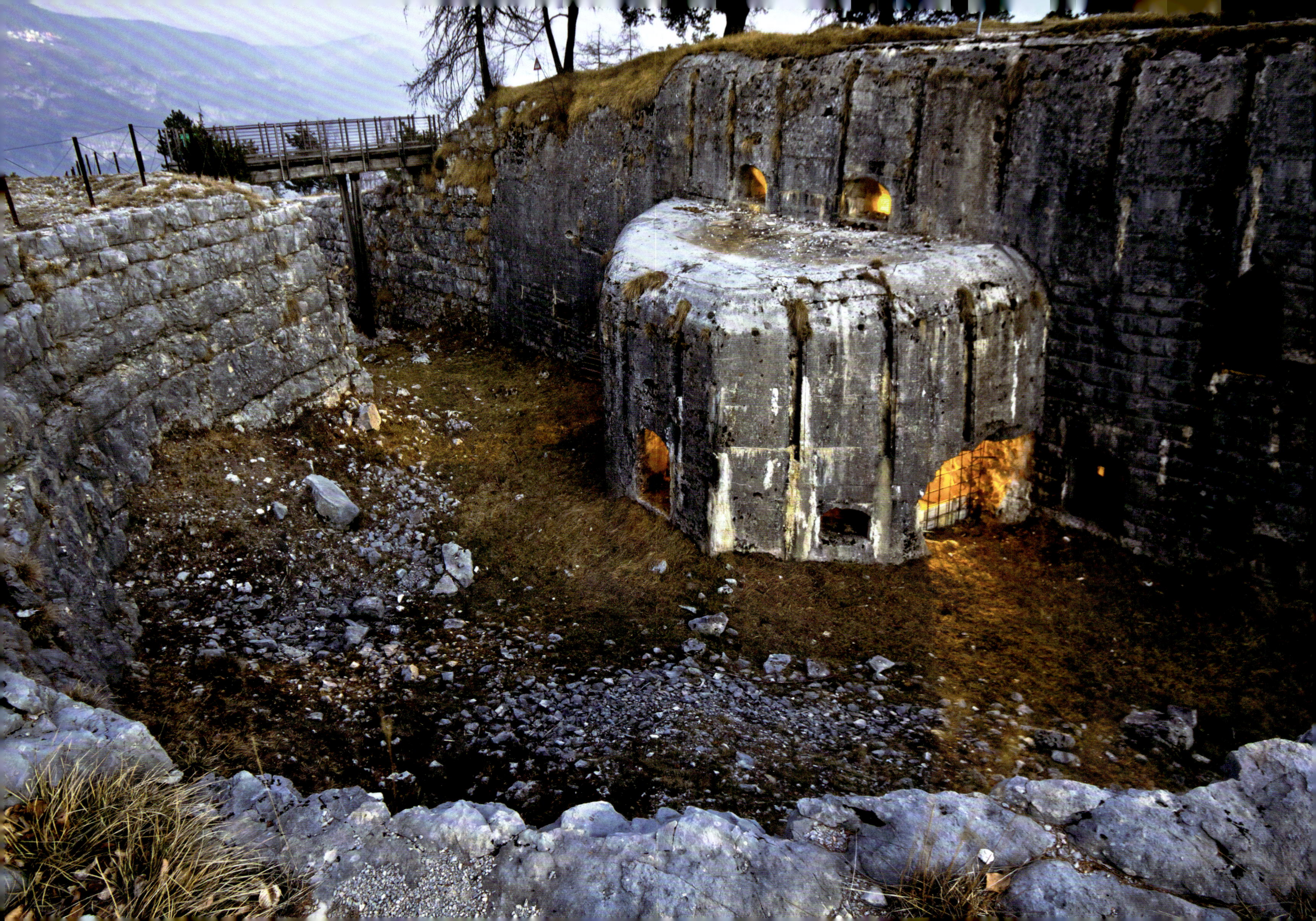

RAPPORTO GIORNALIERO
DI FORTE BELVEDERE

TAGESBERICHT, FORT BELVEDERE
DAILY REPORT, FORT BELVEDERE

"24 agosto 1915. In questo momento cessa il bombardamento nemico che per tutto il giorno ha infuriato sul settore di Lavarone. Ora non cade più un colpo e soltanto alcuni razzi illuminanti rischiarano temporaneamente l'oscurità e la nebbia della notte. Noi siamo sul posto di guardia e aspettiamo...".

"24. August 1915. In diesem Moment hört das feindliche Bombardement auf, das den ganzen Tag im Abschnitt von Lavarone gewütet hat. Jetzt fällt kein Schuss mehr und nur noch einige Raketen erleuchten zeitweise die Finsternis und den Nebel in der Nacht. Wir sind auf dem Wachposten und warten...".

"August 24th, 1915. Right now the enemy bombing stops. It has raged all day on the field of Lavarone. No more shots now, only some flares temporarily illuminate the darkness and fog of the night. We are on the sentry post and wait...".

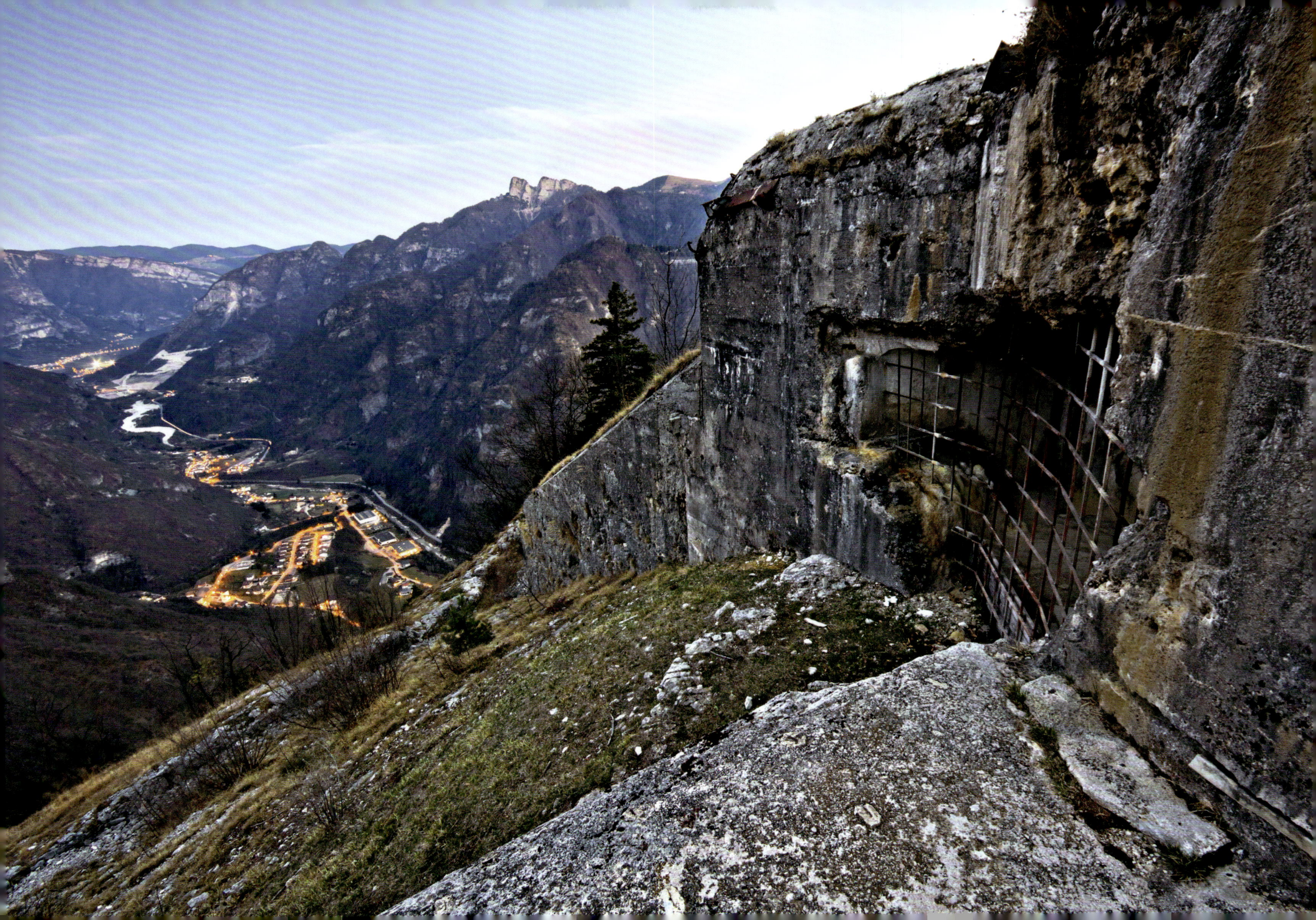

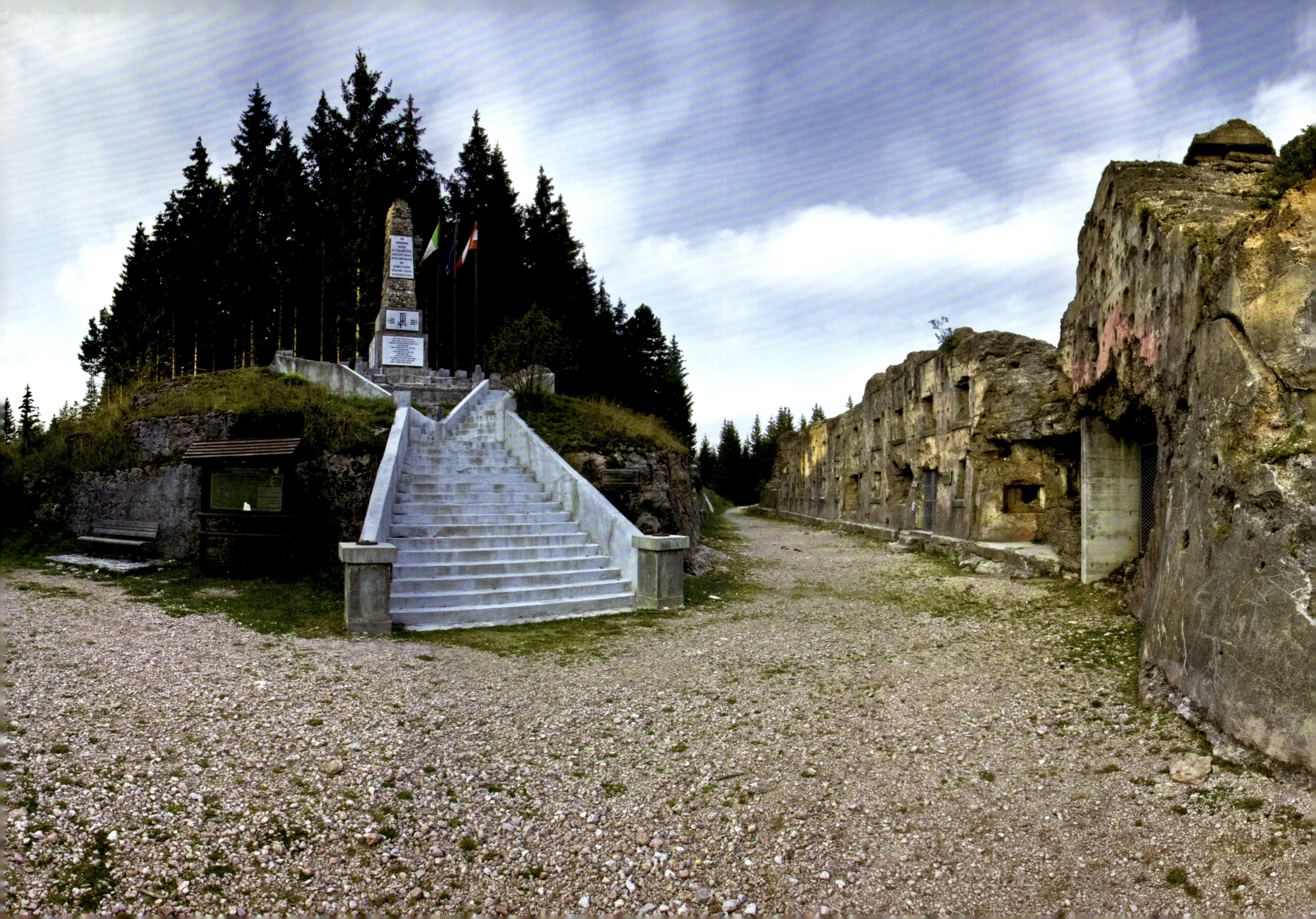

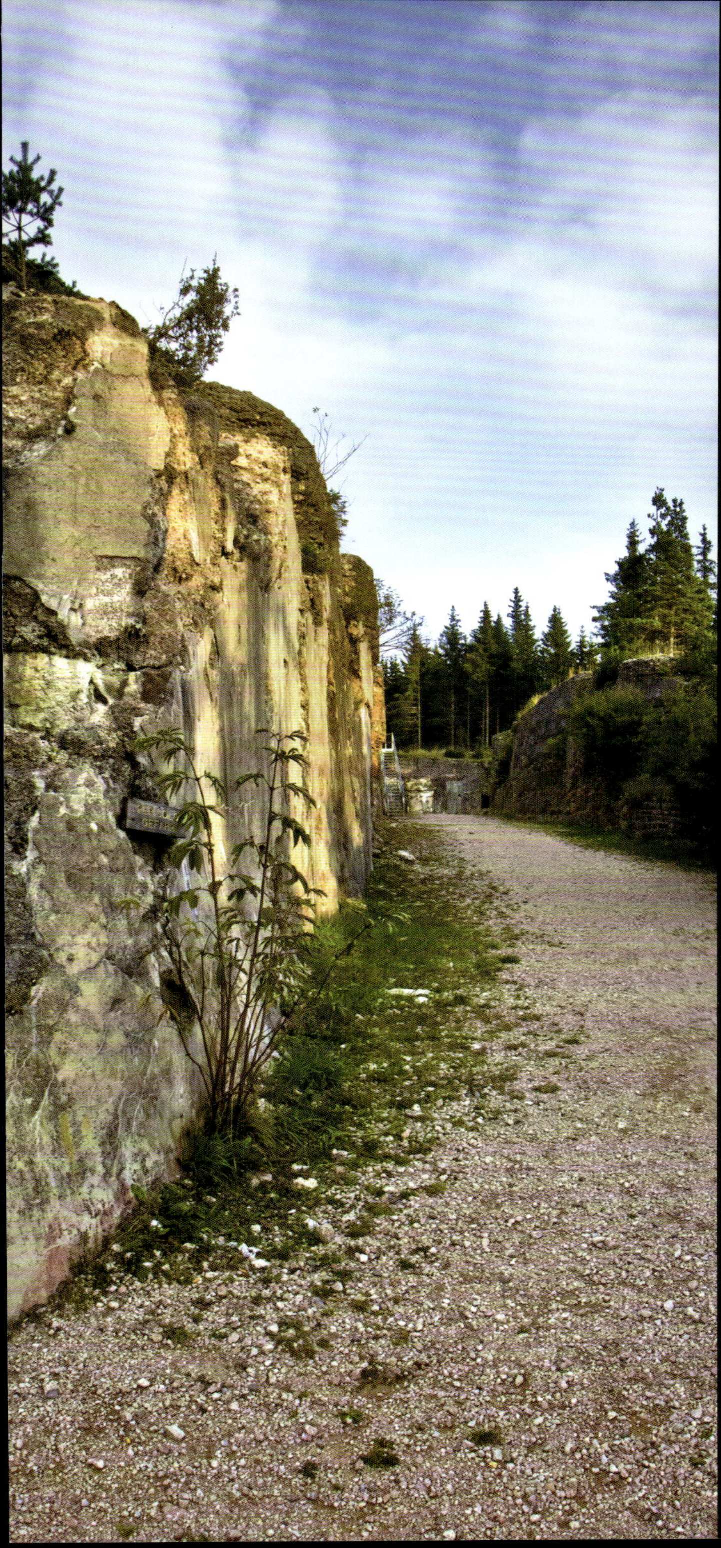

FORTE C

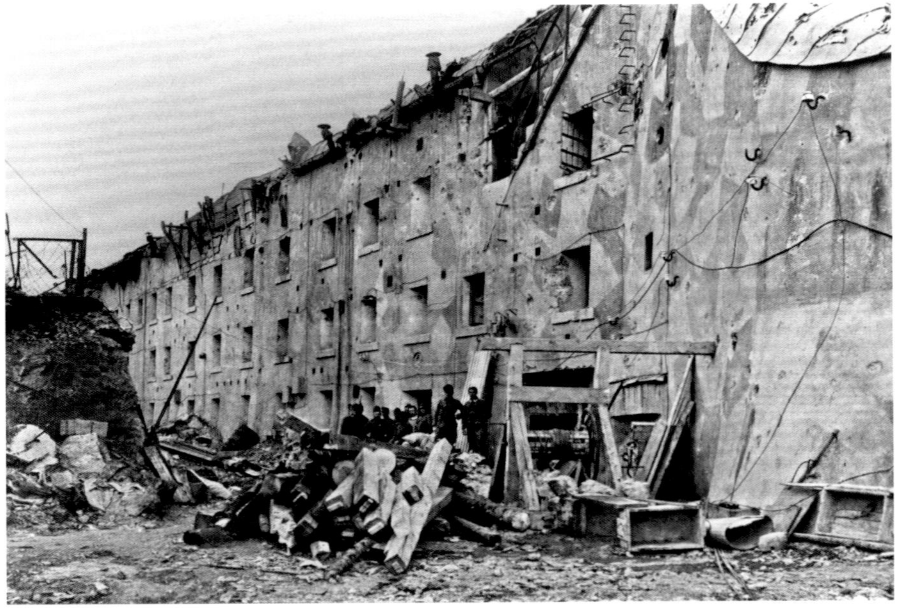

La resa del Forte Campo di Luserna. I fatti sono noti: il 28 maggio 1915, dopo quattro giorni di bombardamento, con una guarnigione prostrata e con la chiara percezione di un imminente assalto del nemico, il comandante Emanuel Nebesar decise di arrendersi e di consegnare la fortezza. Quelle bandiere bianche issate sulla copertura martoriata rappresentarono un cedimento che a Nebesar non sarebbe mai stato perdonato, nonostante le assoluzioni processuali. Forte Campo di Luserna, il forte che si arrese dunque, a discapito di quel nomignolo di "Padreterno" che qualcuno gli volle assegnare come attestato di potenza. Assieme al Forte Busa Verle controllava il Passo Vezzena e la testata superiore della Val d'Assa. Tra i due forti si trovava il trinceramento fortificato del Basson, il rilievo sul quale tra il 24 e il 25 agosto 1915 si infranse l'ultimo quanto inutile e sanguinoso tentativo italiano di aprire una via verso Trento.

Die Kapitulation des Fort Campo di Luserna. Die Fakten sind bekannt: 28. Mai 1915, nach vier Tagen Bombardierung und mit einer niedergeschlagenen Garnison und einer klaren Vorstellung des bevorstehenden feindlichen Angriffs, entschied der Kommandant Emanuel Nebesar aufzugeben und die Festung herauszugeben. Die weißen Fahnen auf der gemarterten Abdeckung waren ein Versagen, das Nebesar nie verziehen wurde, obwohl er im Prozess freigesprochen wurde. Das Fort Campo di Luserna hat kapituliert, trotz des Spitznamens "der Allmächtige", als wollte ihm jemand damit die Macht attestieren. Zusammen mit dem Fort Busa Verle kontrollierte es den Vezzena Pass und den oberen Kopf des Assa Tals. Zwischen den zwei Forts war die befestigte Verschanzung von Basson, die Erhebung, auf welcher, zwischen dem 24. und 25. August, der letzte vergebliche und blutige Versuch der Italiener einen Weg Richtung Trient zu schlagen, scheiterte.

The facts about the surrender of Fort Campo di Luserna are well known: on May 28th, 1915, after four days of bombing, with a garrison prostrated and with a clear perception of an imminent attack from the enemy, the commander Emanuel Nebesar decided to surrender and to hand over the fortress. Those white flags hoisted on the battered roofing represented a failure and Nebesar has never been forgiven for it, despite the acquittals proceedings. Fort Campo di Luserna, the stronghold that surrendered despite that nickname "Almighty" that someone wanted to assign to attest power. Together with Fort Busa Verle, it controlled Vezzena Pass and the upper side of the Assa Valley. Between the two Fortresses, there was the fortified entrenchment of Basson, the high ground on which, between 24th and 25th August 1915, the last useless and bloody Italian attempt to open a path to Trento failed.

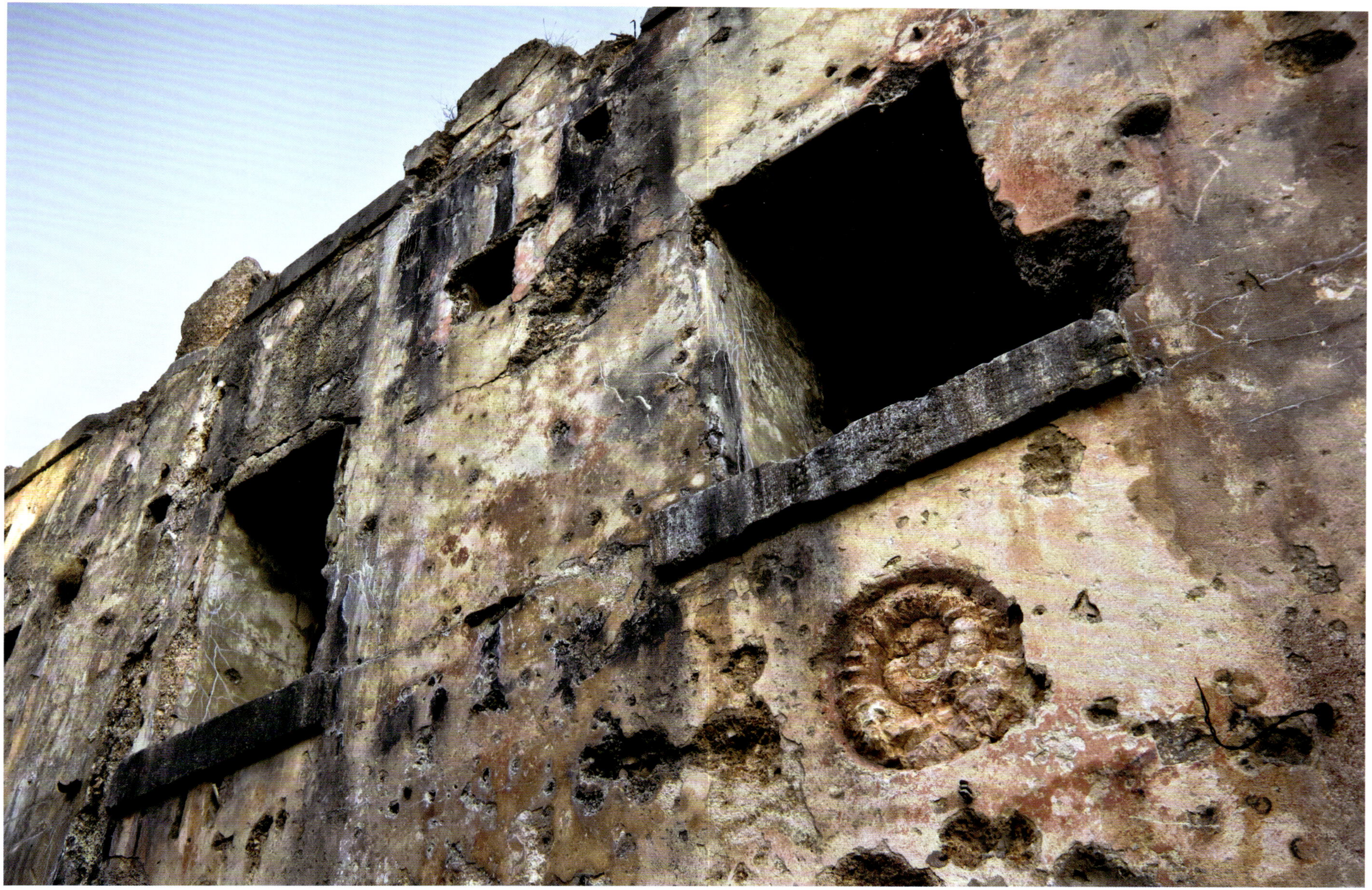

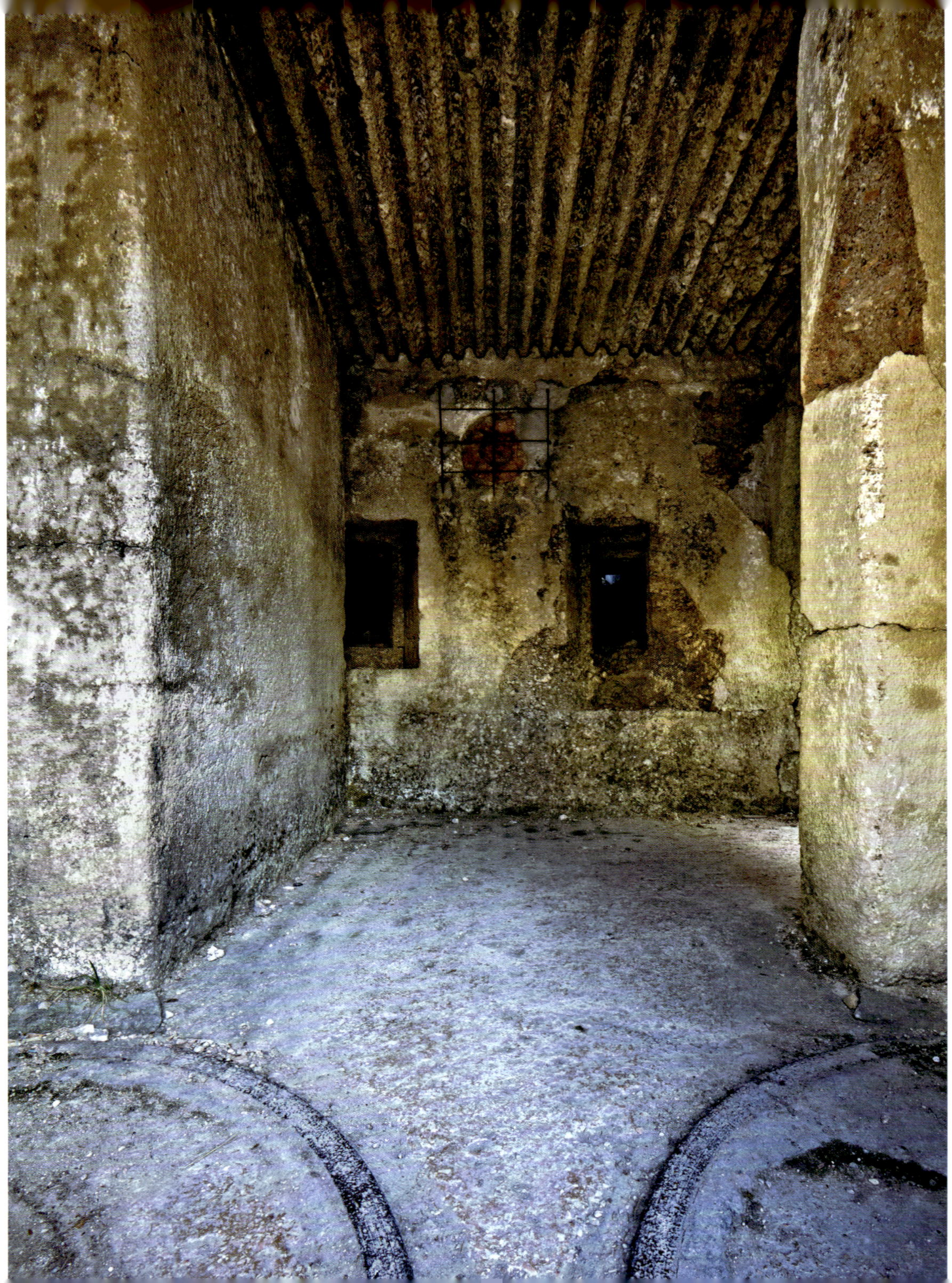

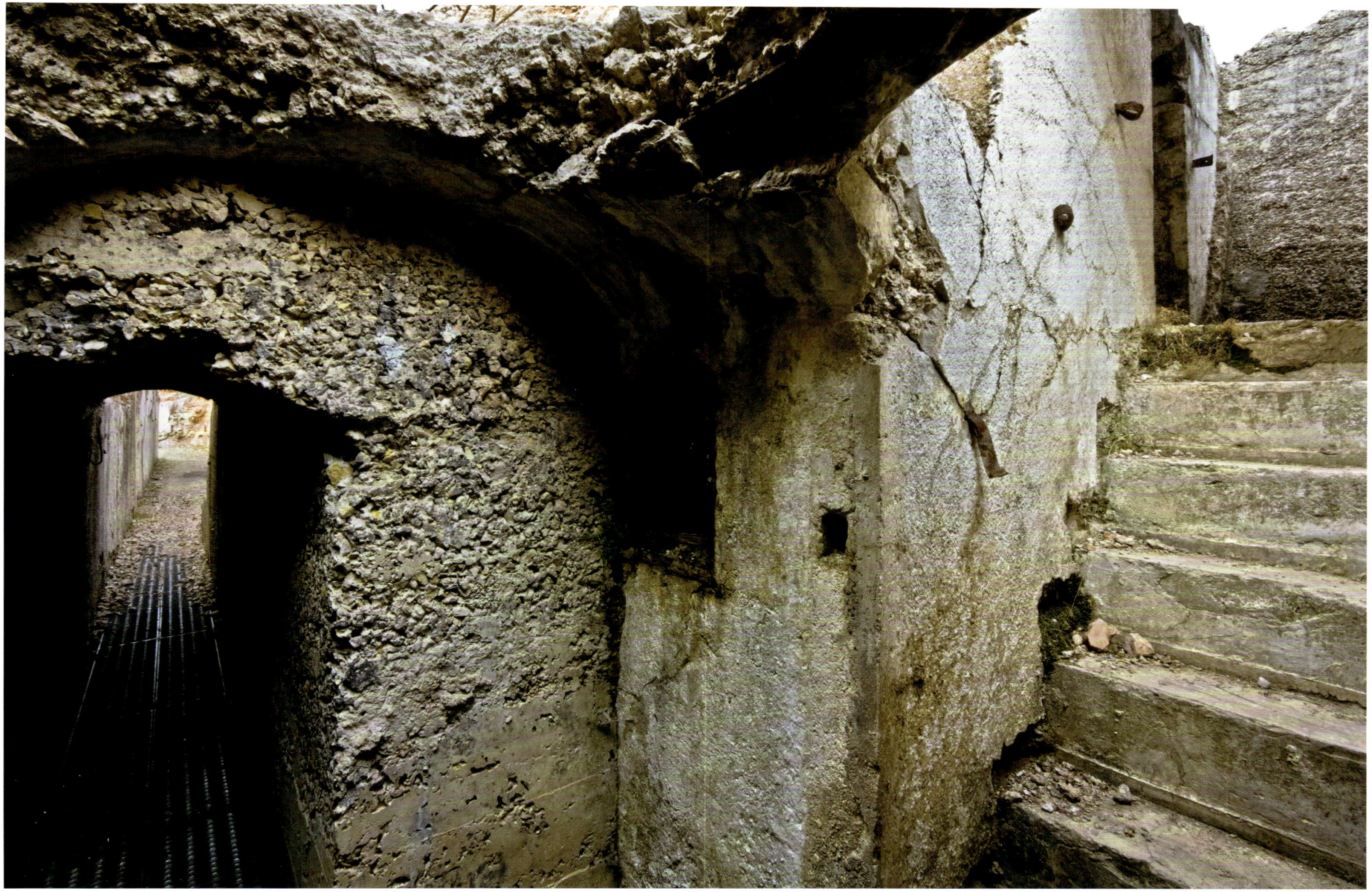

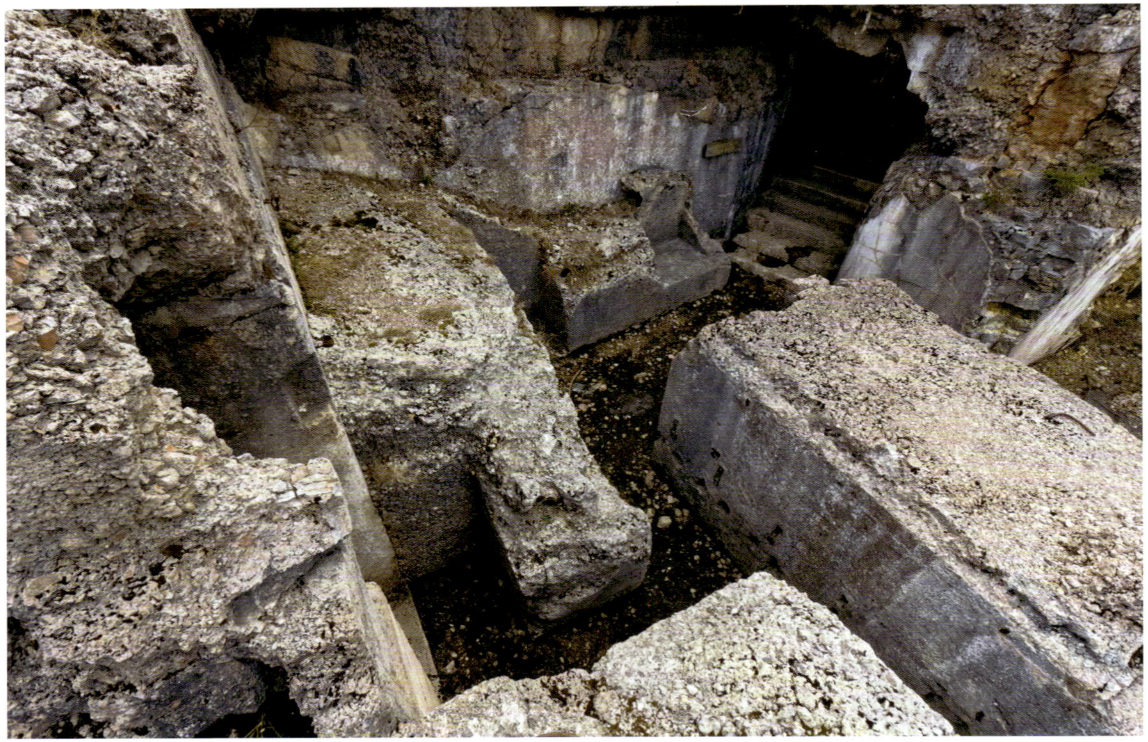

AUGUSTO TOMMASINI

"Da tre giorni nel forte non si dormiva, da tre giorni non giungevano notizie dal di fuori. I soldati rinchiusi ed impossibilitati di uscire, erano impotenti; gli ufficiali paralizzati. Gli scoppi continuati nelle mura interne produssero a poco a poco delle grandi fessure".

"Seit drei Tagen hat man im Fort nicht geschlafen, seit drei Tagen erreichen uns keine Nachrichten von außen. Die Soldaten, eingeschlossen und ohne Möglichkeit hinaus zu gehen, waren ohnmächtig; die Offiziere gelähmt. Die andauernden Explosionen in den Innenmauern verursachten nach und nach große Risse".

"For three days nobody has slept in the fortress, for three days no news has come from outside. The soldiers, locked and unable to get out, were powerless; the officers paralyzed. The incessant blasts produced little by little large cracks in the interior walls".

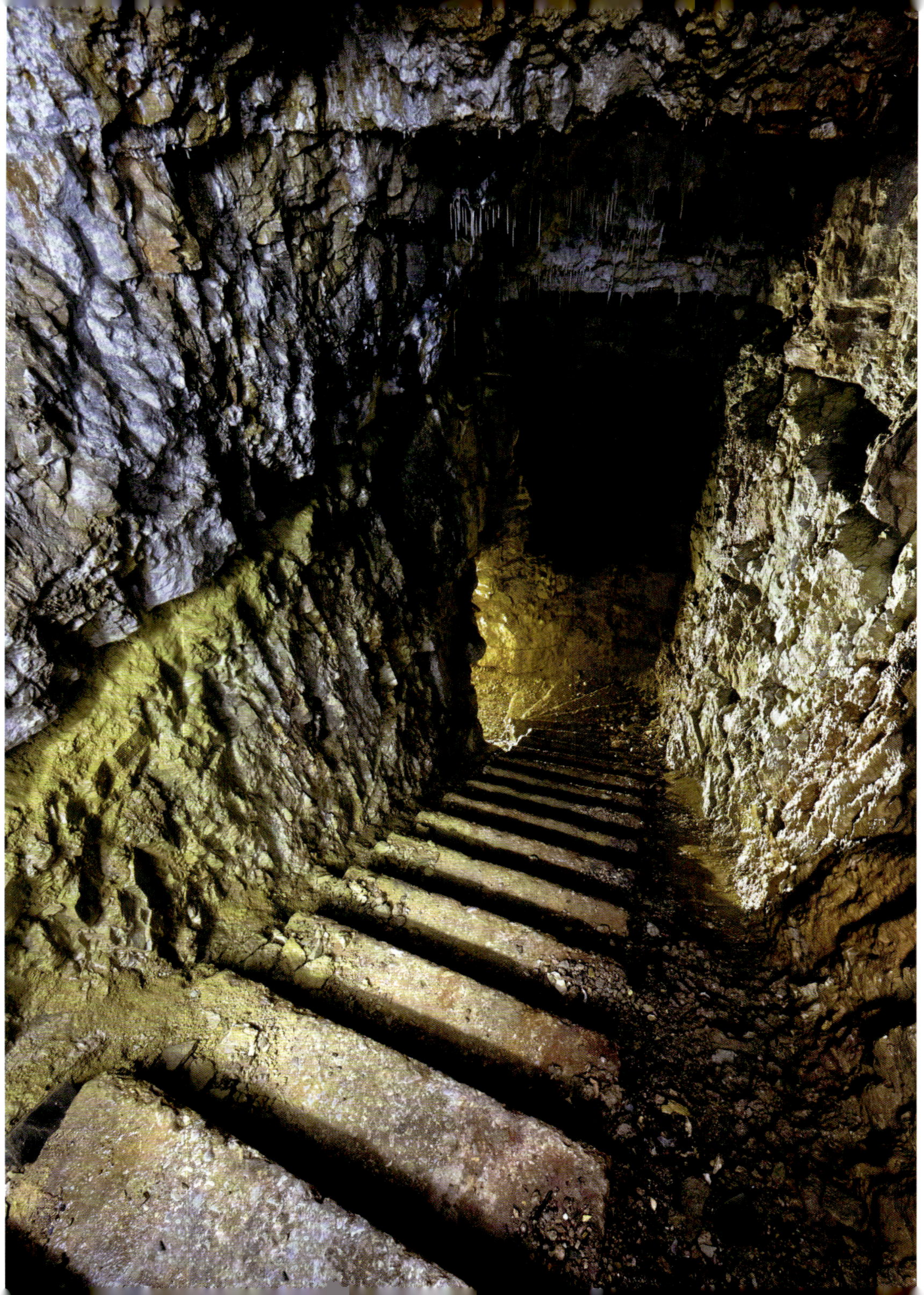

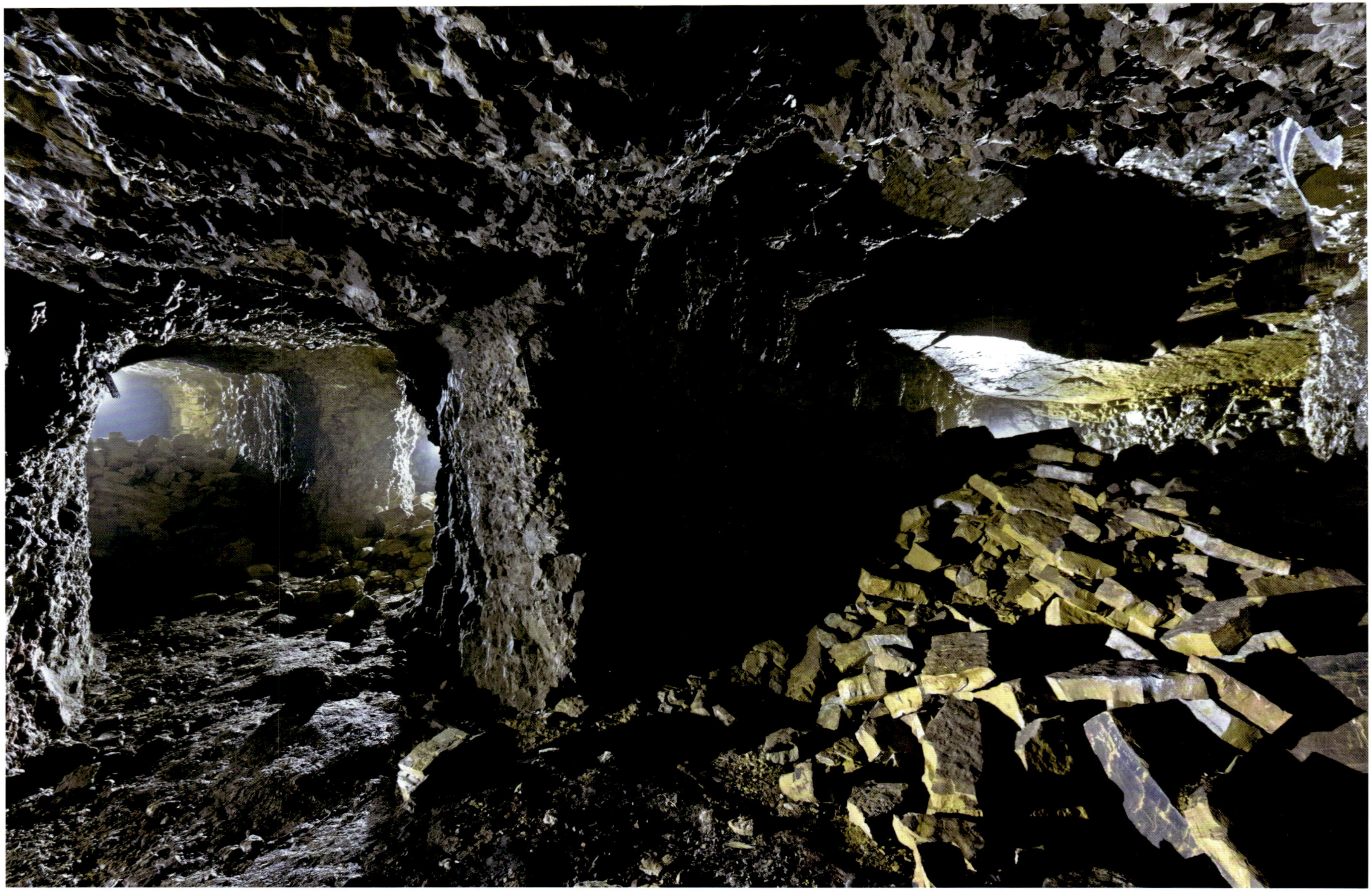

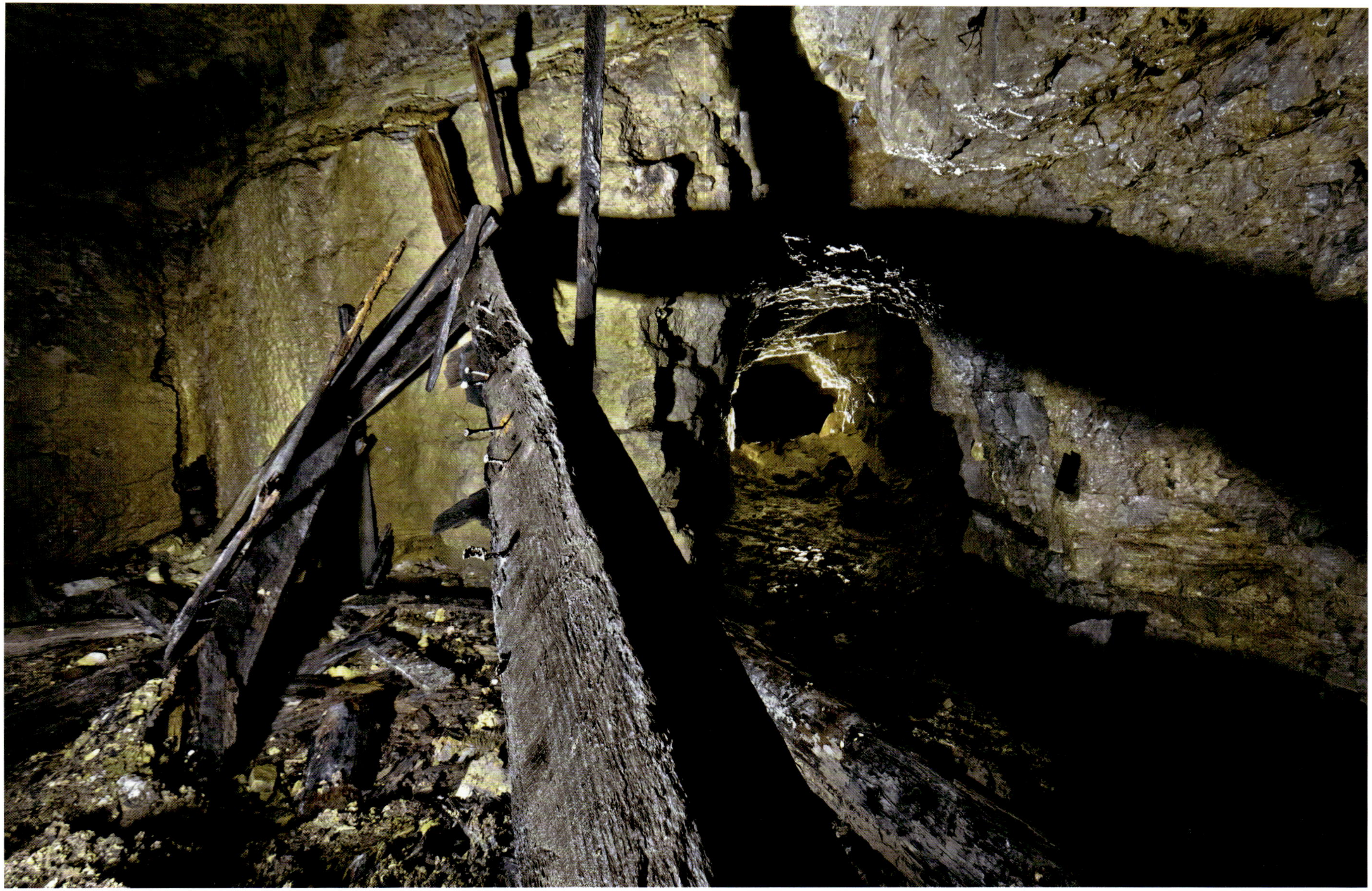

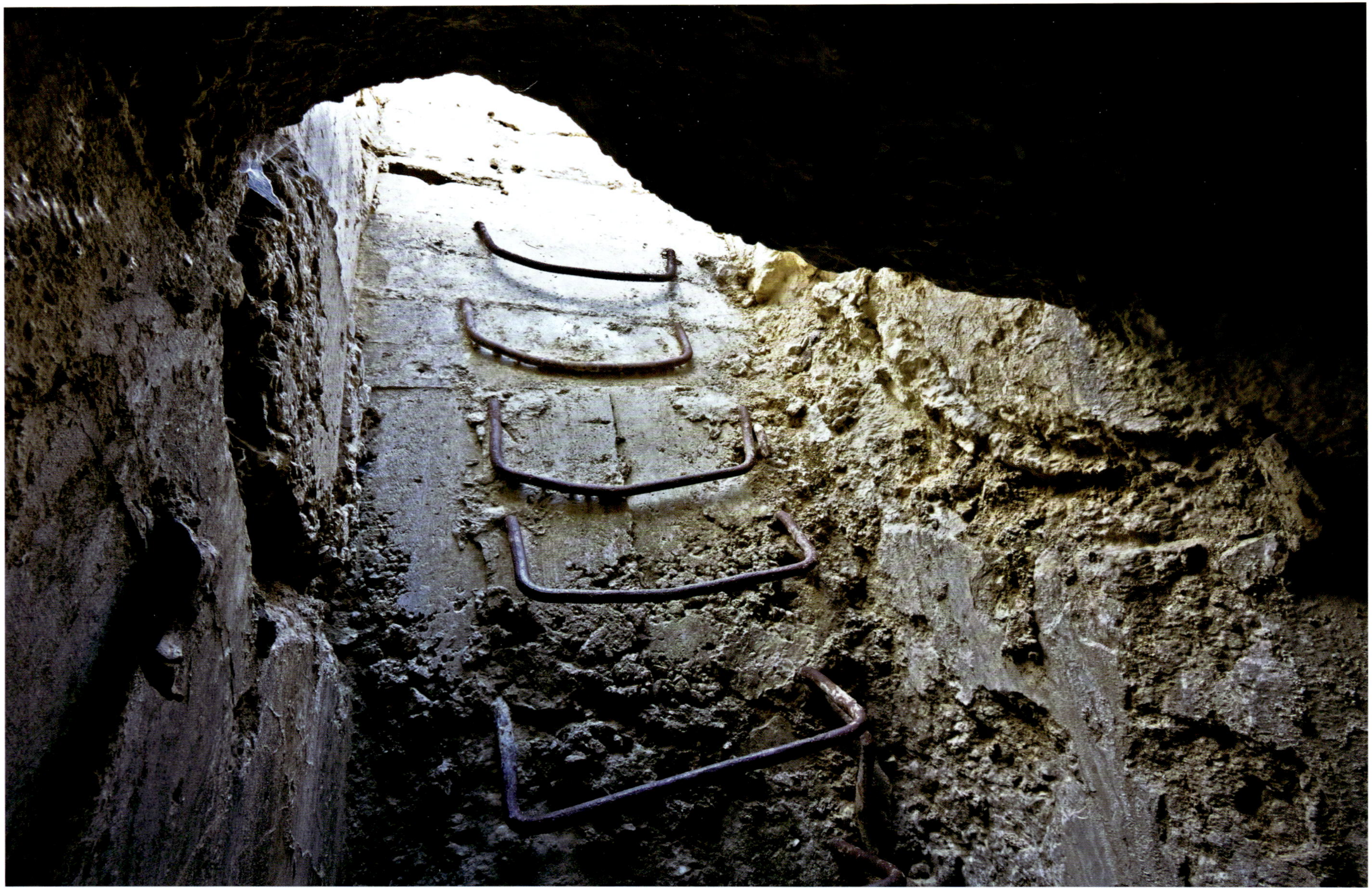

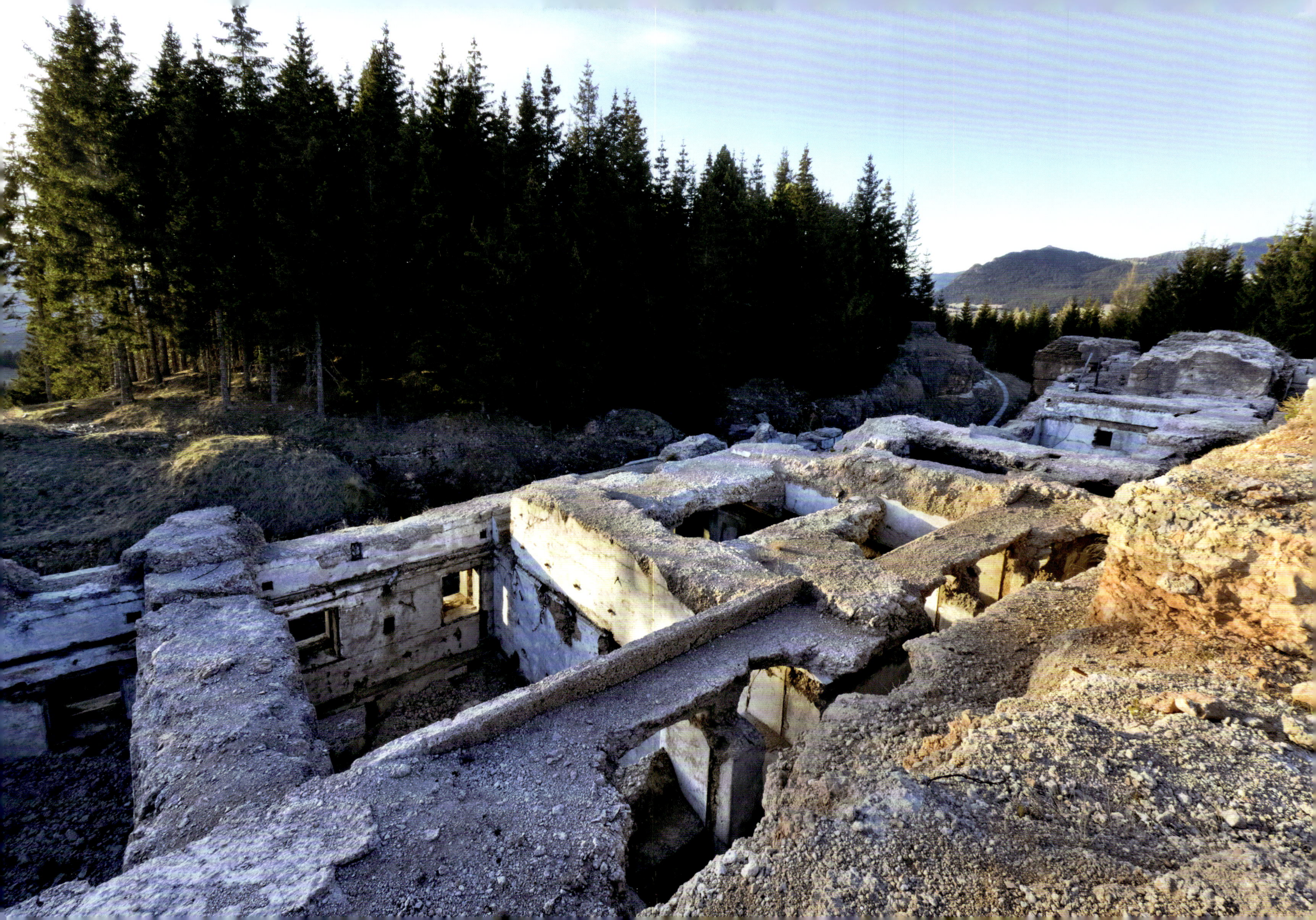

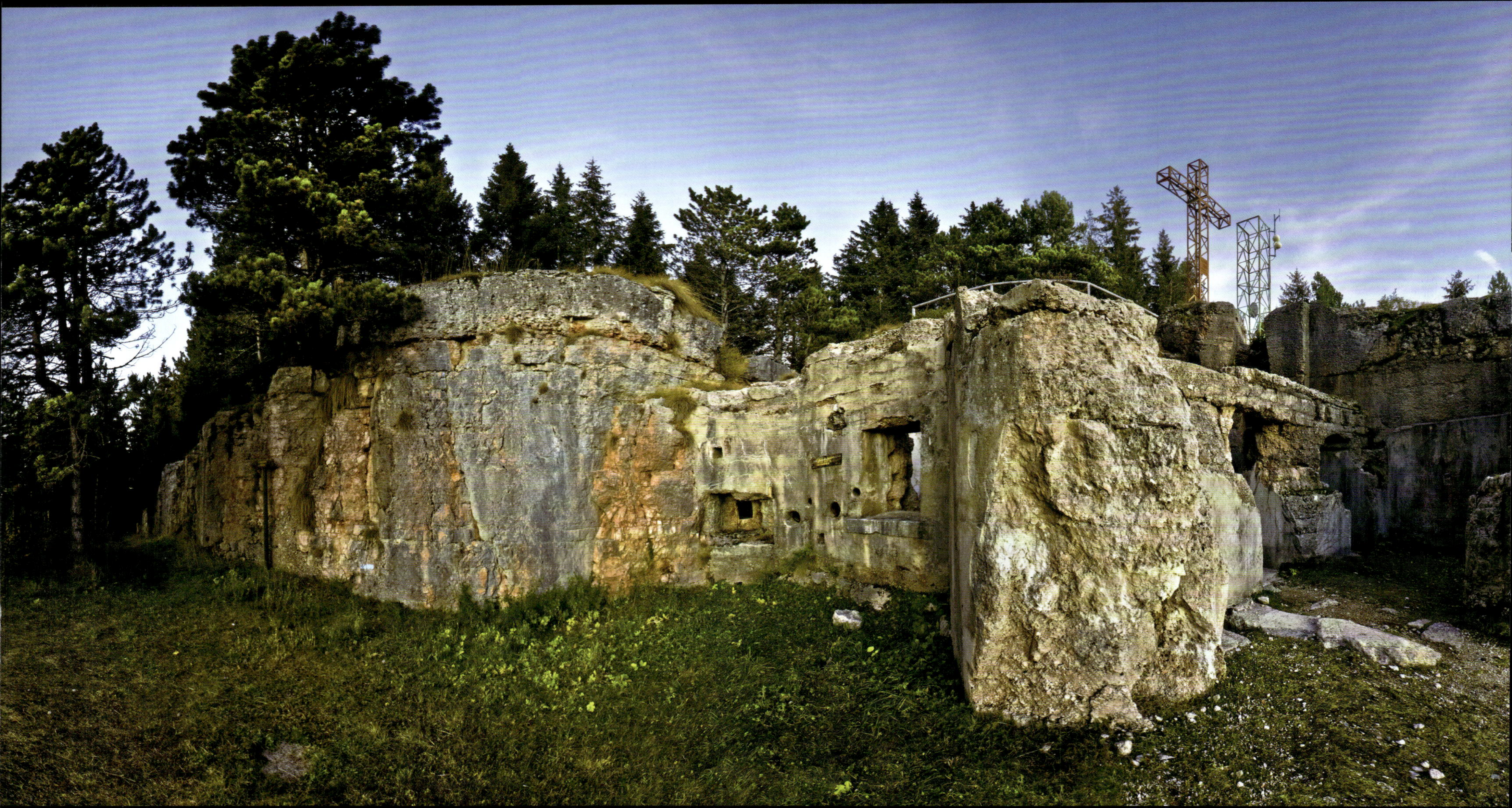

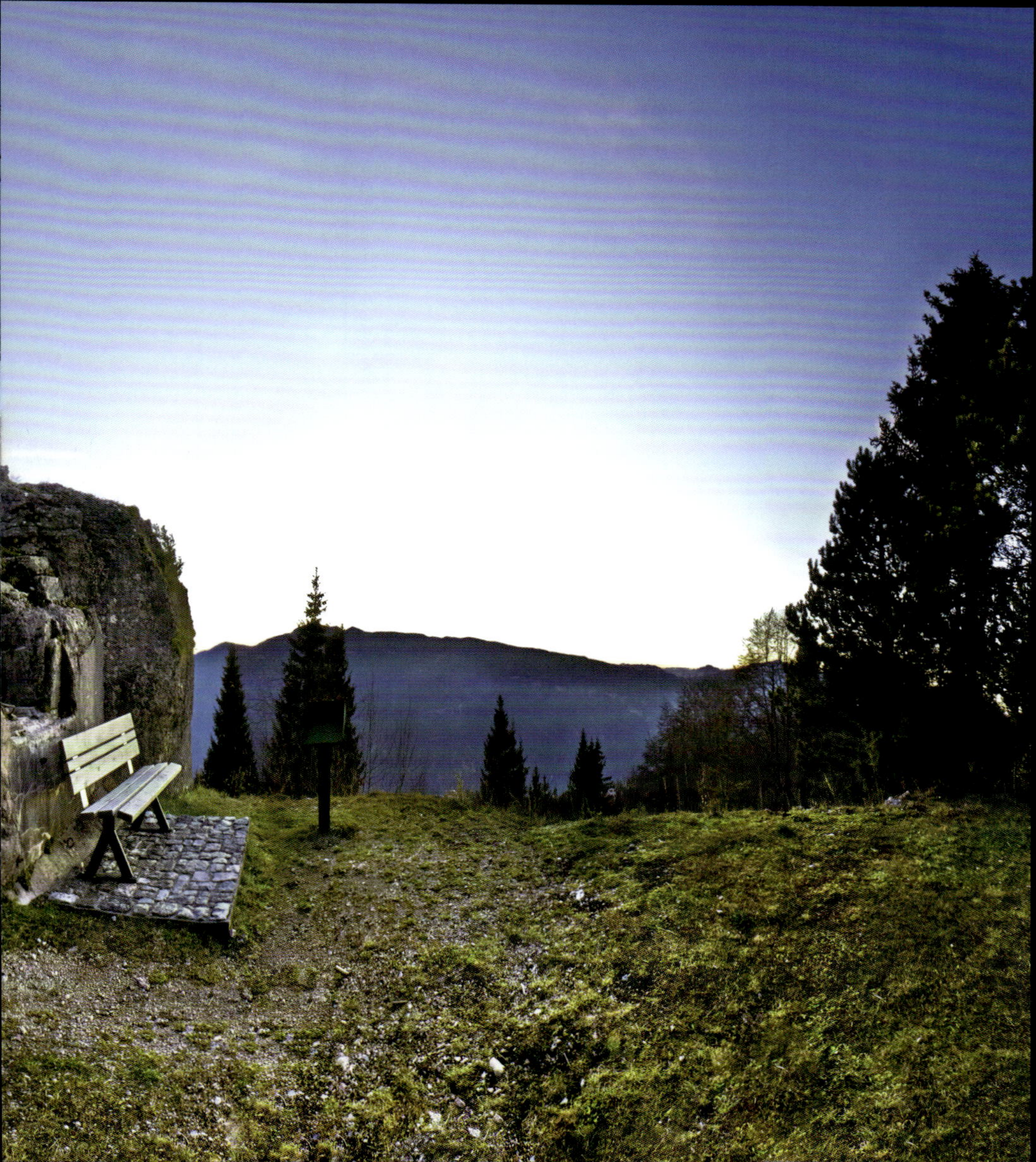

AVAMPOSTO OBERWIESEN

Nahkampfanlage Oberwiesen

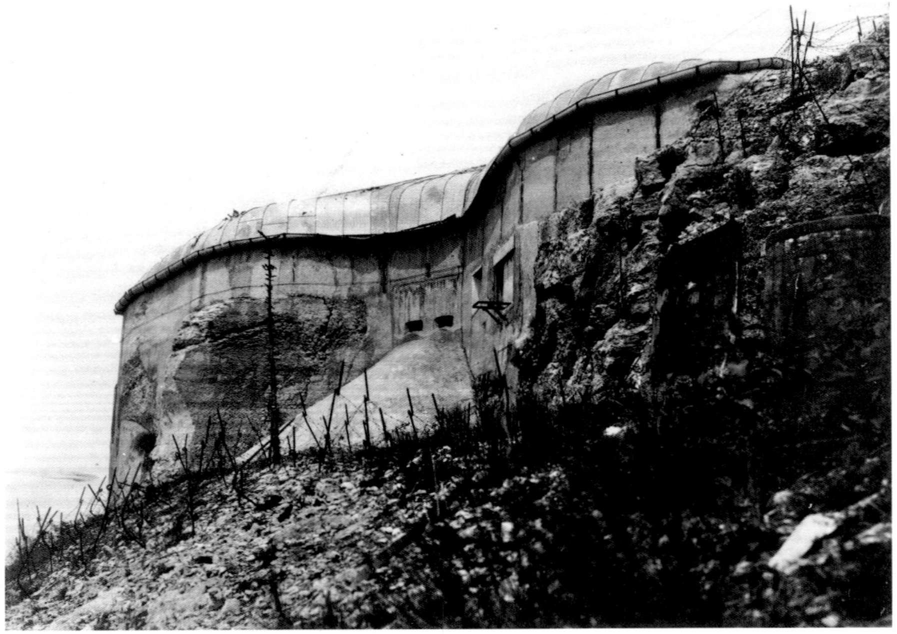

La linea fortificata austro-ungarica: un sistema di singoli forti corazzati, collocati in posizione strategica e un sistema trincerato che li collegava mediante distese di reticolati, ridotte, postazioni avanzate e osservatori. Gli avamposti Oberwiesen e Wiatz, a servizio del Forte Campo di Luserna, rispondevano a questo disegno. Una profonda galleria e un camminamento protetto in trincea permettevano il rapido trasferimento degli uomini alle postazioni, ai fortini affacciati sulla linea italiana, posta a brevissima distanza. L'avamposto Oberwiesen, il più massiccio e bene armato, si affaccia sul paese di Luserna. Data la posizione aveva la duplice funzione di sentinella e di osservatorio: i suoi telegrafi ottici permettevano lo scambio diretto di messaggi con il Forte Belvedere, con la stazione di raccolta di Monte Rust e con il Forte Cherle, oltre la Val d'Astico.

Die befestigte österreichisch-ungarische Linie war ein System einzelner gepanzerter Festungen, in einer strategischen Position, und ein verschanztes System. Sie waren miteinander durch Strecken von Stacheldraht, Feldschanzen, vorgelagerten Posten und den Beobachtungsposten verbunden. Die Nahkampfanlagen Oberwiesen und Wiatz, die zum Fort Campo di Luserna gehörten, hatten diesen Aufbau. Eine tiefe Galerie und ein geschützter Laufgraben erlaubten den schnellen Übergang der Männer in die Stellungen, auf die Posten mit Blick auf die nicht weit entfernte italienische Linie. Die Nahkampfanlage Oberwiesen war die massivste und sehr gut bewaffnet und blickte auf das Dorf Luserna. Durch ihre Position hatte sie die Doppelfunktion als Wach und Beobachtungsposten. Ihre optischen Telefgrafen erlaubten den direkten Nachrichtenaustausch mit dem Fort Belvedere, mit der Sammelstation auf dem Monte Rust und mit dem Fort Cherle auf der anderen Seite des Astico Tals.

The Austro-Hungarian fortified line consisted in a system of individual armoured forts situated in a strategic position as well as an entrenched system that linked them through stretches of barbed wires, redoubts, advanced positions and observatories. The outposts Oberwiesen and Wiatz, serving Fort Campo di Luserna, responded to this design. A deep tunnel and a protected walkway in the trenches allowed the rapid transfer of the men to their posts, to the redoubts overlooking the Italian line, placed at short distance. The outpost Oberwiesen, the most massive and well armed, overlooked the village of Luserna. Given the location, it had the dual function of sentinel and observatory: its optical telegraphs allowed direct exchange of messages with Fort Belvedere, with the collection station of Mount Rust and Fort Cherle, over the Astico Valley.

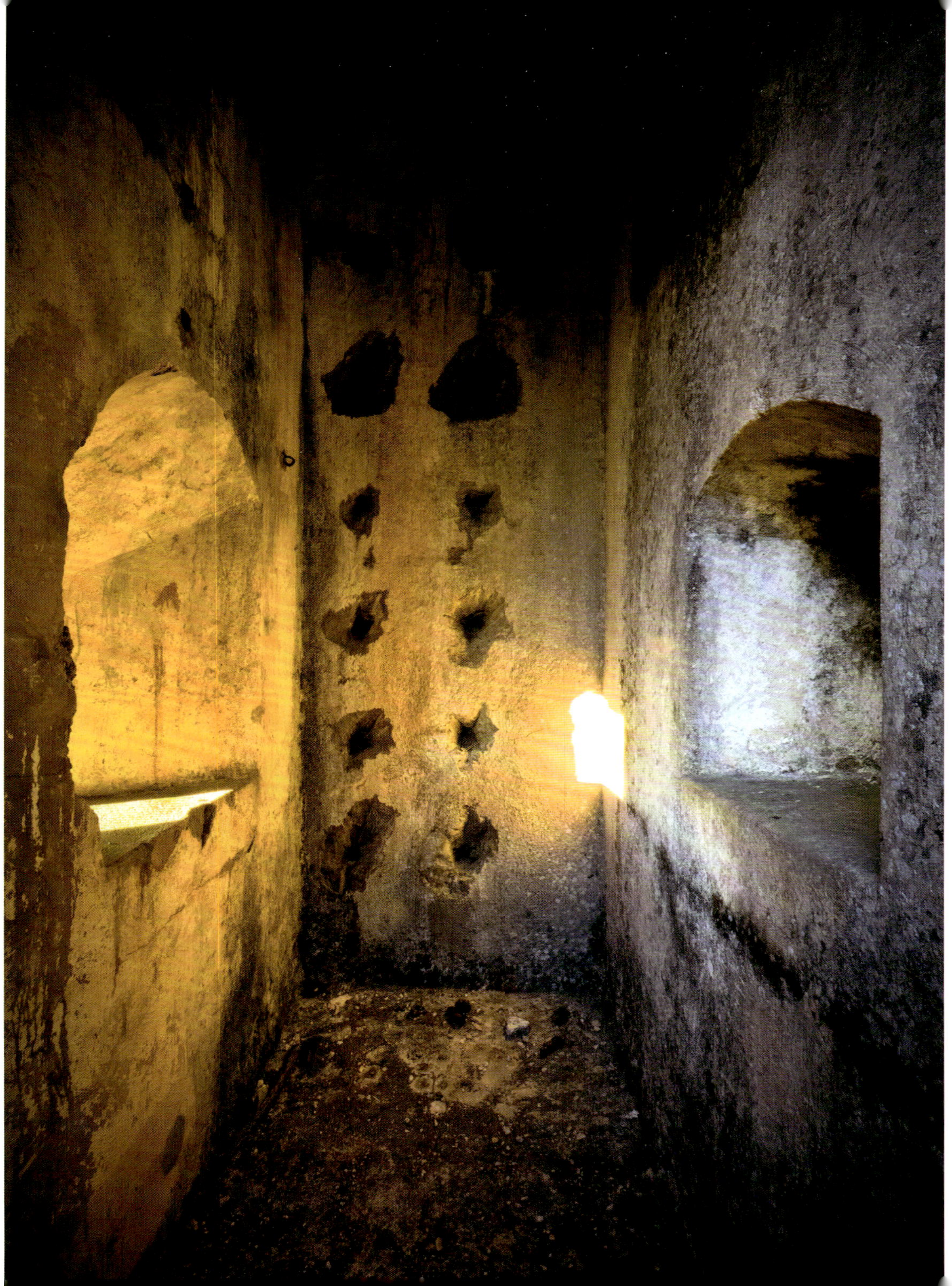

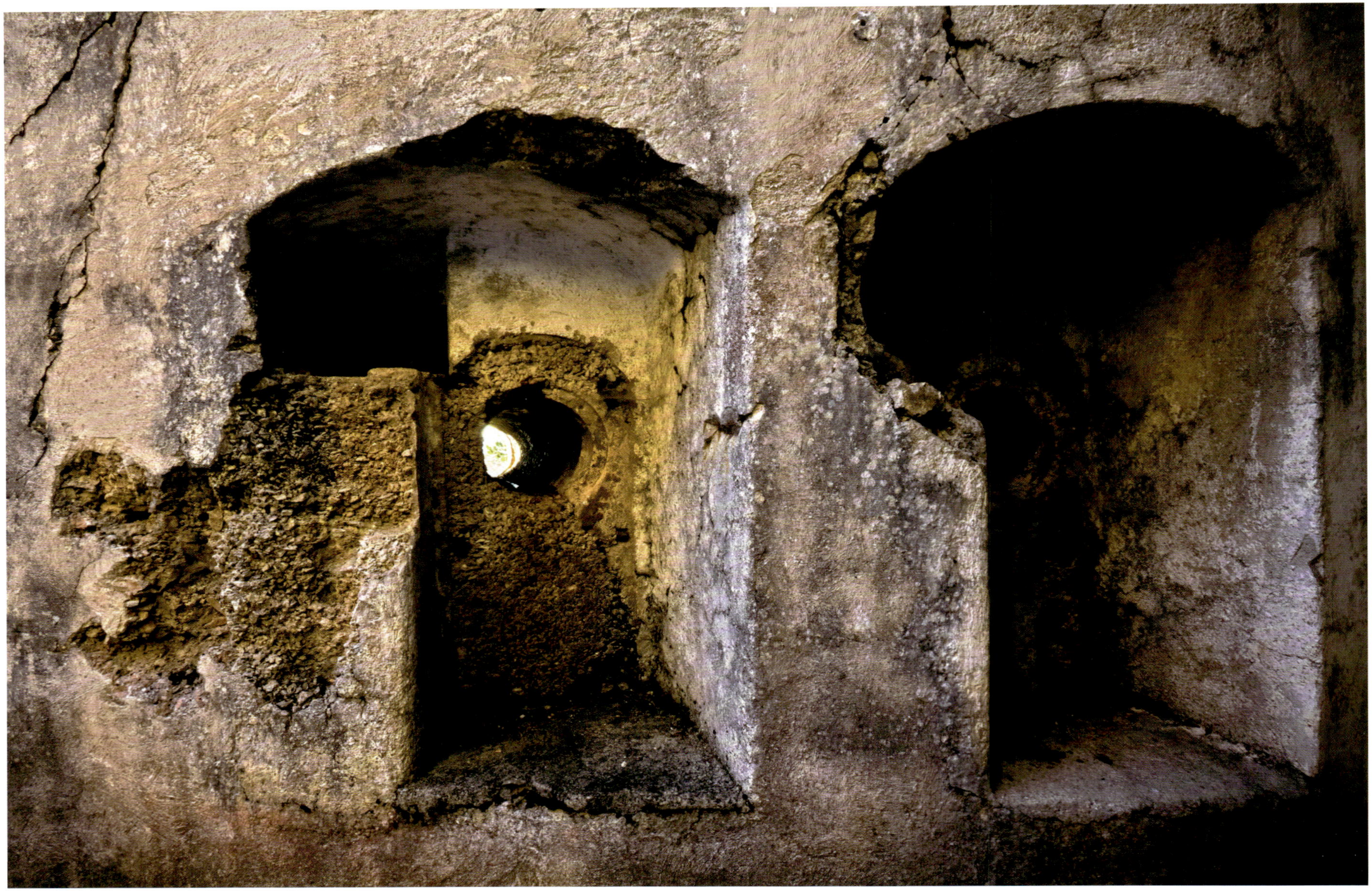

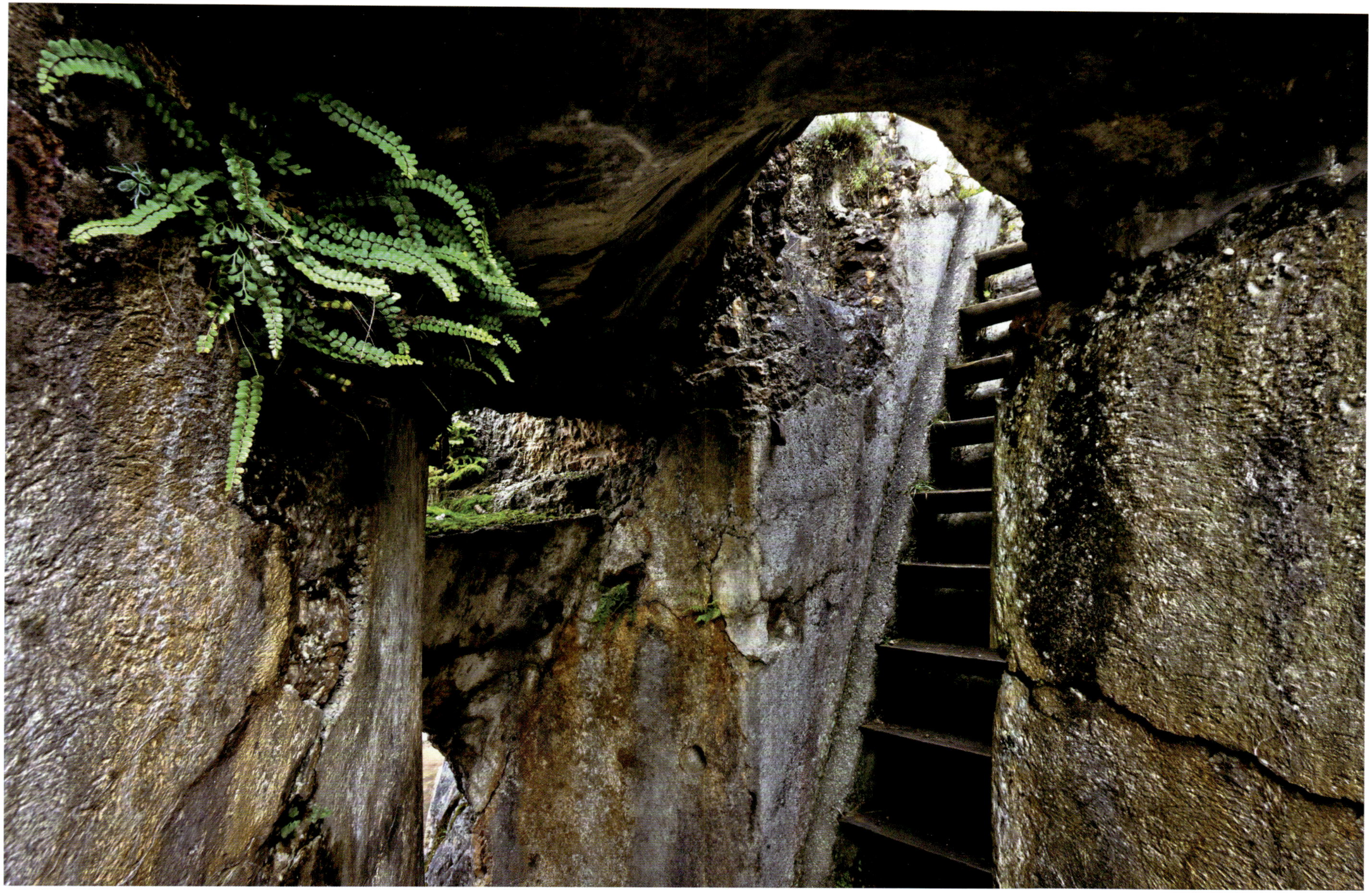

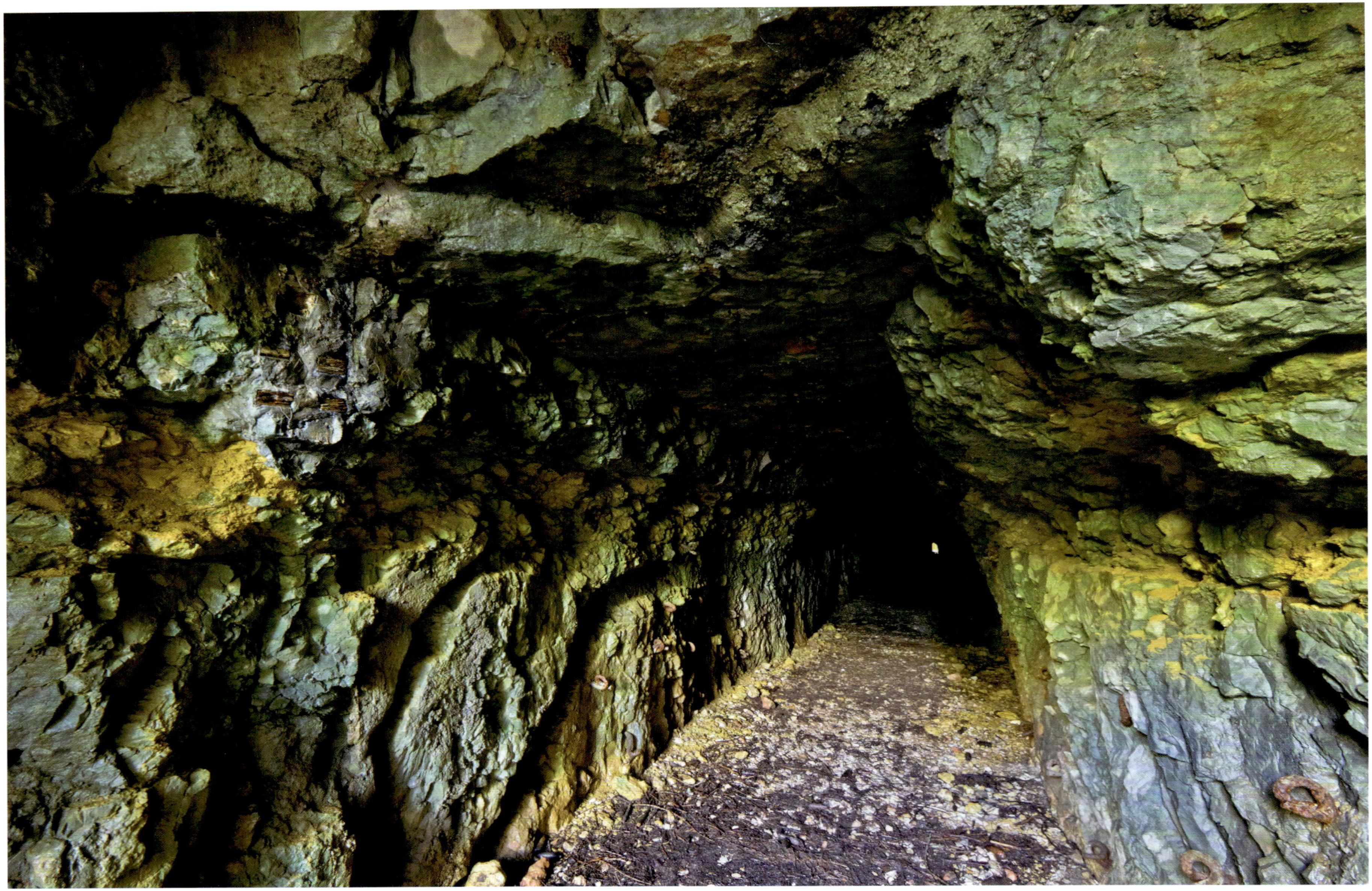

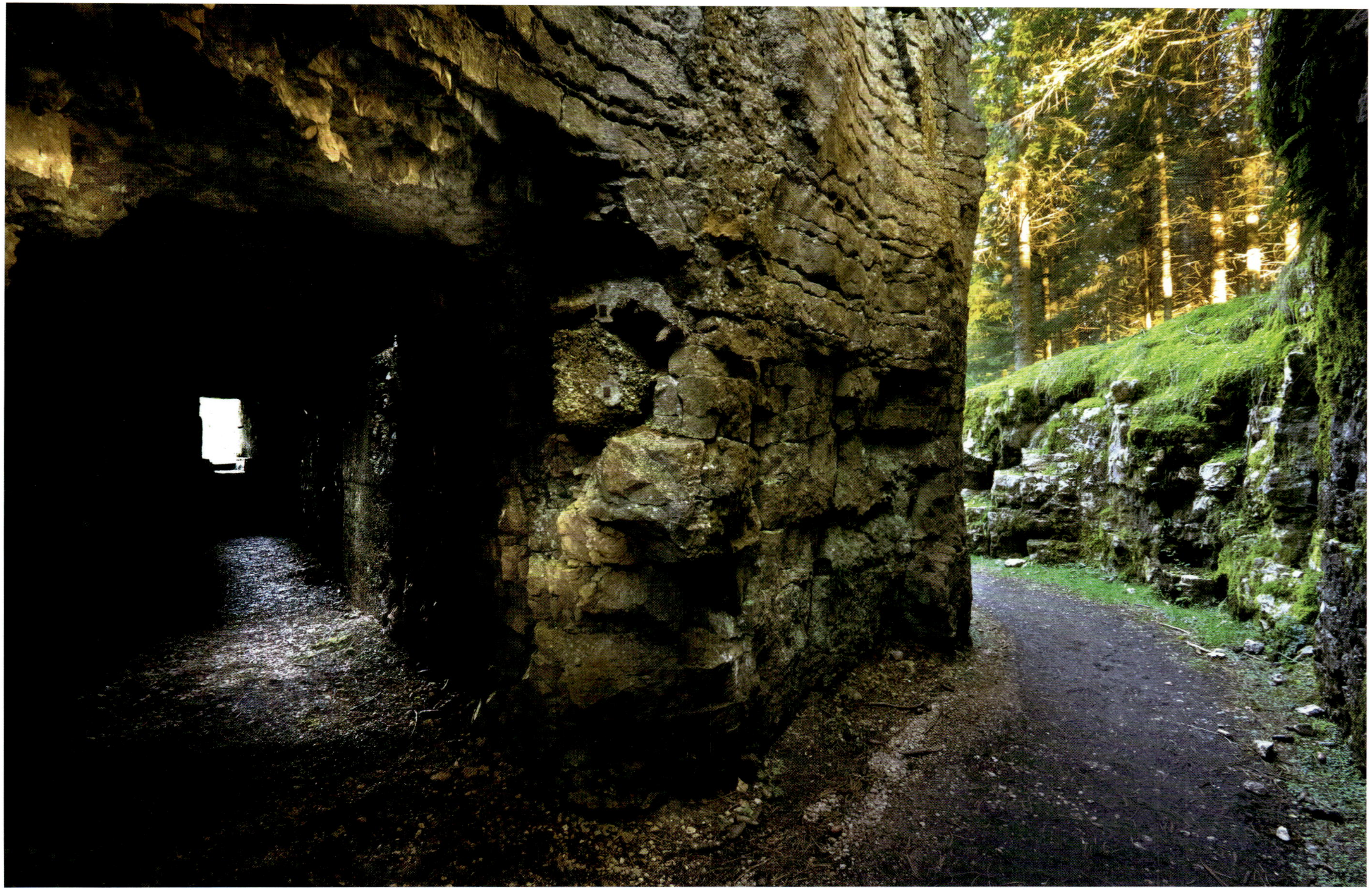

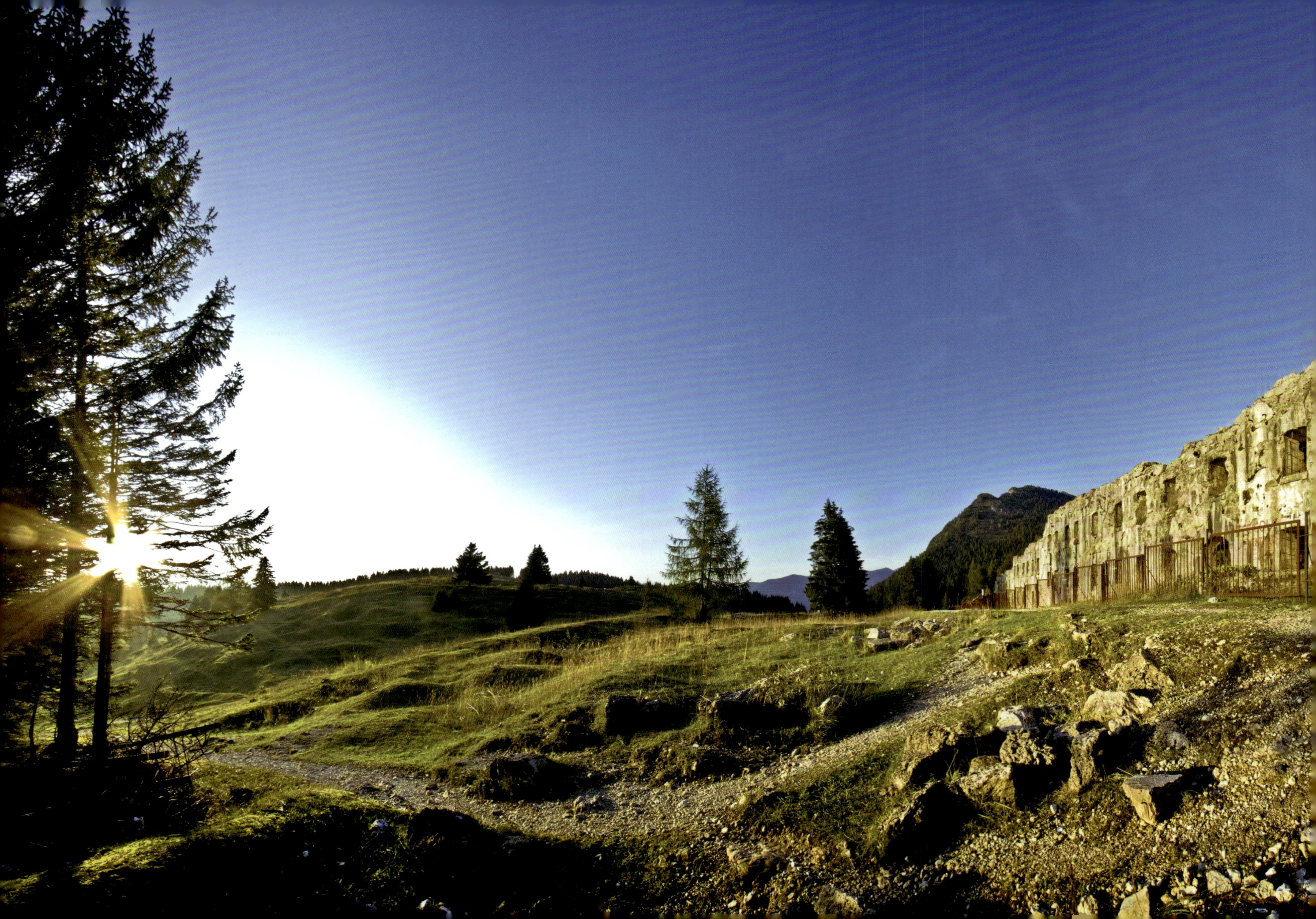

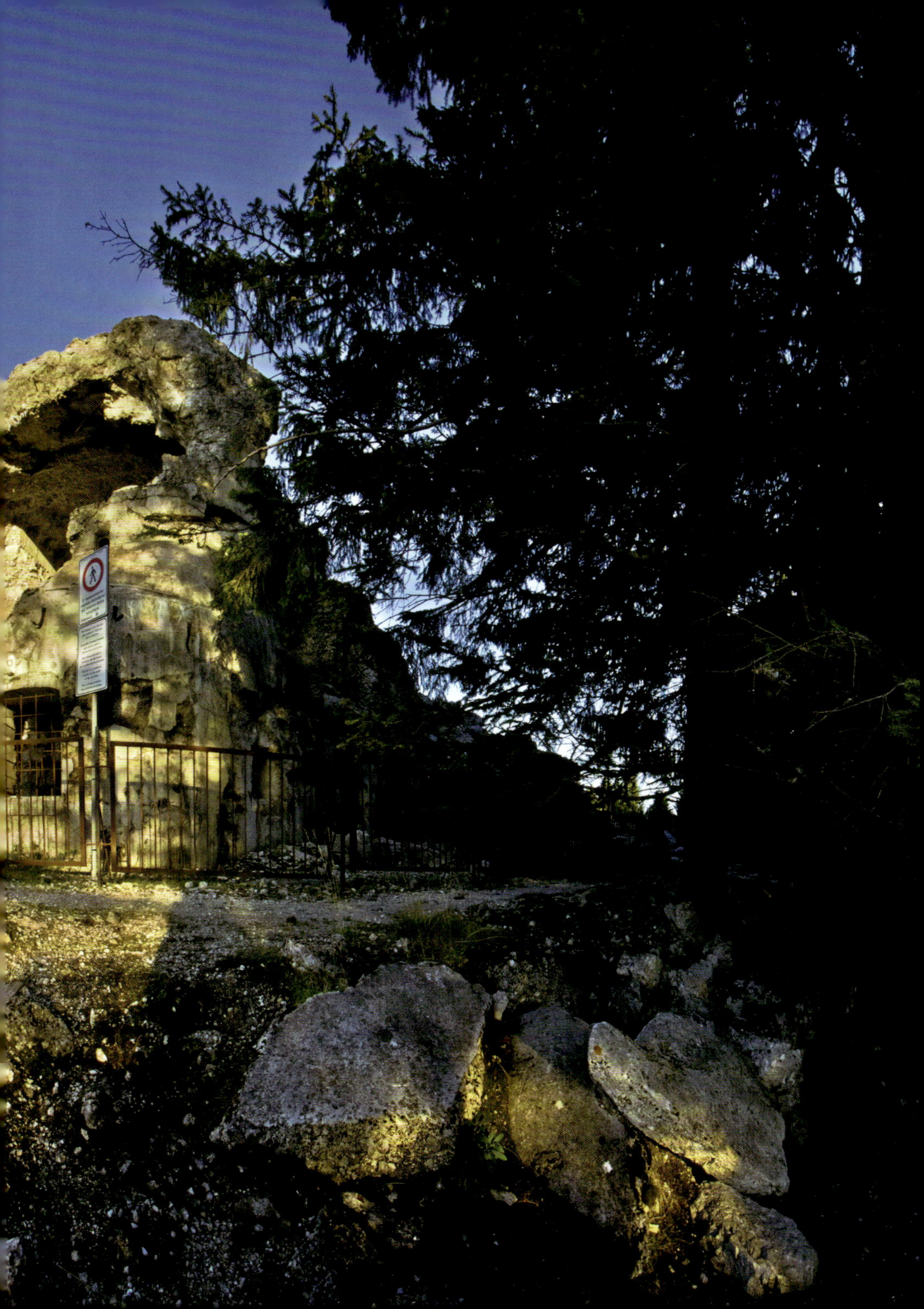

FORTE BUSA VERLE

Werk Verle

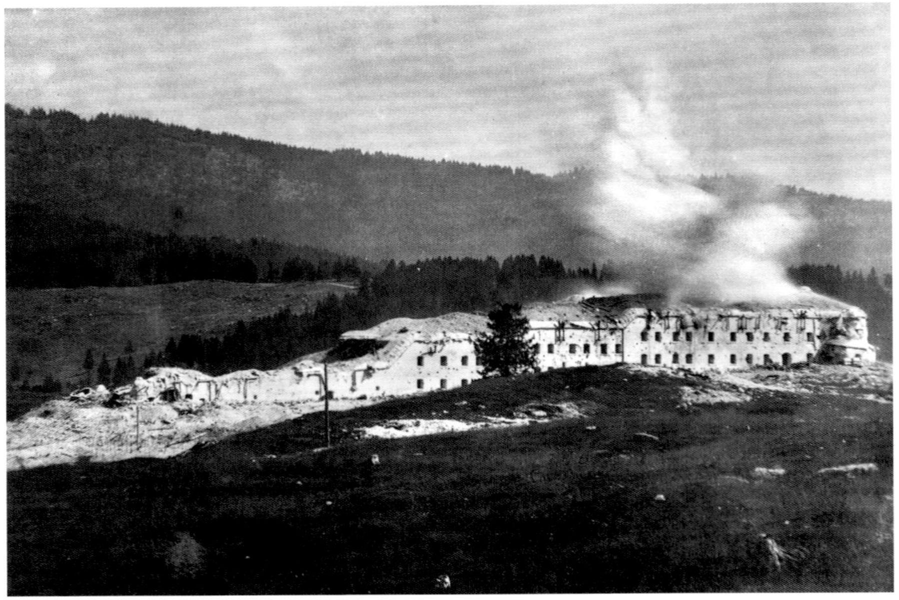

Lo hanno reso celebre Fritz Weber e Luis Trenker. L'uno, lo scrittore, col suo celeberrimo "Tappe della disfatta" e l'altro, il regista, con il meno noto "Sperrfort Rocca Alta". Al di là del loro alto profilo, Weber e Trenker sono spesso accostati alle vicende che nella primavera e nell'estate del 1915 videro il Forte Busa Verle al centro delle operazioni militari svolte nel settore orientale degli Altipiani. Spalleggiato dal Forte Campo di Luserna e dal caposaldo del Basson, aveva il compito di presidiare il Passo Vezzena e quindi di sbarrare un eventuale tentativo di sfondamento italiano dalla Val d'Assa. Tentativo che fu messo in atto con un pesante e persistente bombardamento dei grossi calibri e da ripetuti quanto inutili assalti di fanteria. Memorabili sono le vicende che videro il Forte vicino alla resa per la perdita di autocontrollo del comandante Giebermann, resa evitata grazie alla determinazione di ufficiali e sottufficiali, Weber e Trenker in testa.

Das Fort Busa Verle hat sie berühmt gemacht, Fritz Weber und Luis Trenker. Der eine Schriftsteller, mit seinem weltberühmten Buch "Das Ende einer Armee", der andere Regisseur, mit dem weniger bekannten Roman "Sperrfront Rocca Alta". Über ihrer hohen Qualifikation hinaus, werden Weber und Trenker oft mit den Ereignissen zusammen gebracht, die im Frühling und Sommer 1915 das Fort Busa Verle ins Zentrum der militärischen Operationen rücken ließen, und die sich im östlichen Sektor der Hochebenen abspielten. Unterstützt vom Fort Campo di Luserna und vom Stützpunkt Basson ist es seine Aufgabe, den Vezzena Pass zu besetzen und einen eventuellen Durchbruchsversuch der Italiener vom Assa Tal, zu versperren. Es kam zu dem Versuch, der mit starker anhaltender Bombardierung mit schweren Kaliber und mit unnötigen wiederholten Infanterieangriffen durchgeführt wurde. Denkwürdig sind die Geschehnisse, bei der die Festung, wegen des Verlustes der Selbstkontrolle des Kommandanten Giebermann, fast kapitulieren musste. Die Kapitulation konnte verhindert werden, Dank der Entschlossenheit der Offiziere und Unteroffiziere, allen voran Weber und Trenker.

It has become "famous" thanks to Fritz Weber and Luis Trenker. The former, the writer, with his famous "Das Ende einer Armee" and the latter, the director, with the lesser-known "Sperrfort Rocca Alta". Beyond their high profile, Weber and Trenker are often juxtaposed with the events that in the spring and summer 1915, saw the Fort Busa Verle at the centre of military operations carried out in the eastern sector of the Plateaus. Backed by Fort Campo di Luserna and the stronghold of Basson, it had the task of overseeing Vezzena Pass and then to block any Italian attempt to break through the Assa Valley. Attempt that was enacted with a heavy and persistent bombardment by big guns and by repeated and unnecessary infantry assaults. Memorable are the events that saw the fort near to surrender on account of the commander Giebermann's loss of self-control, surrender avoided thanks to the determination of officers and non-commissioned officers, Weber and Trenker ahead.

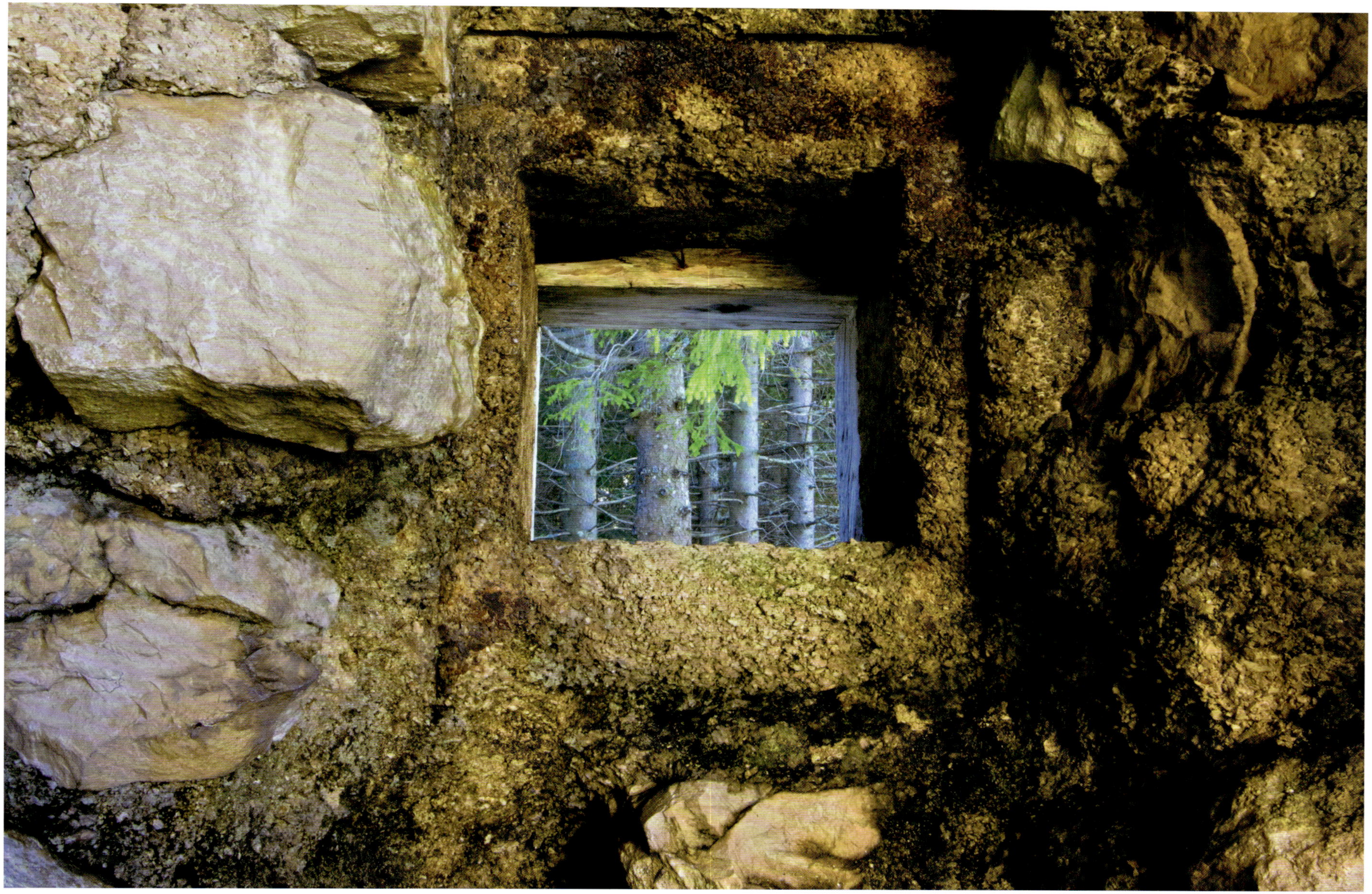

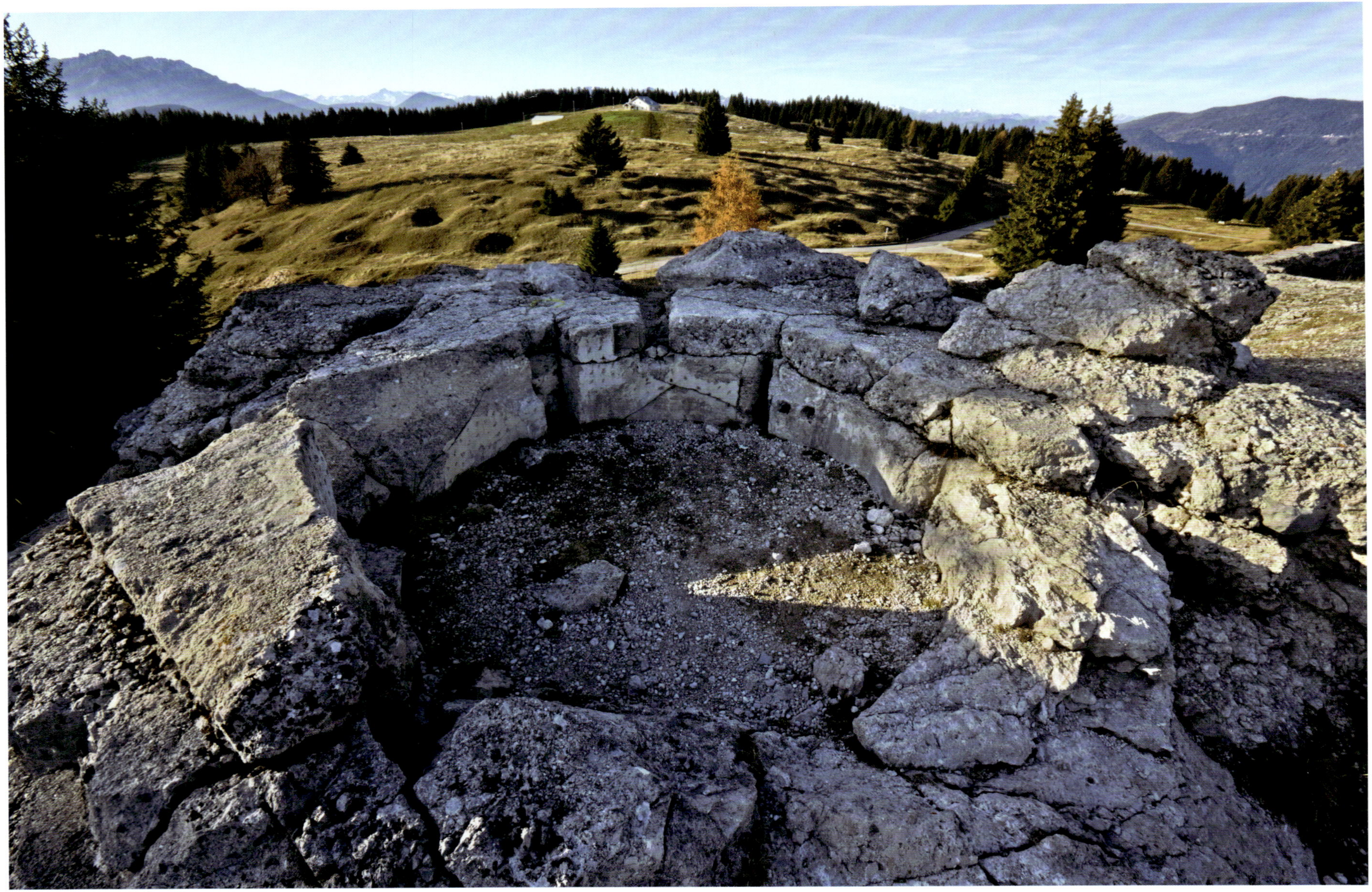

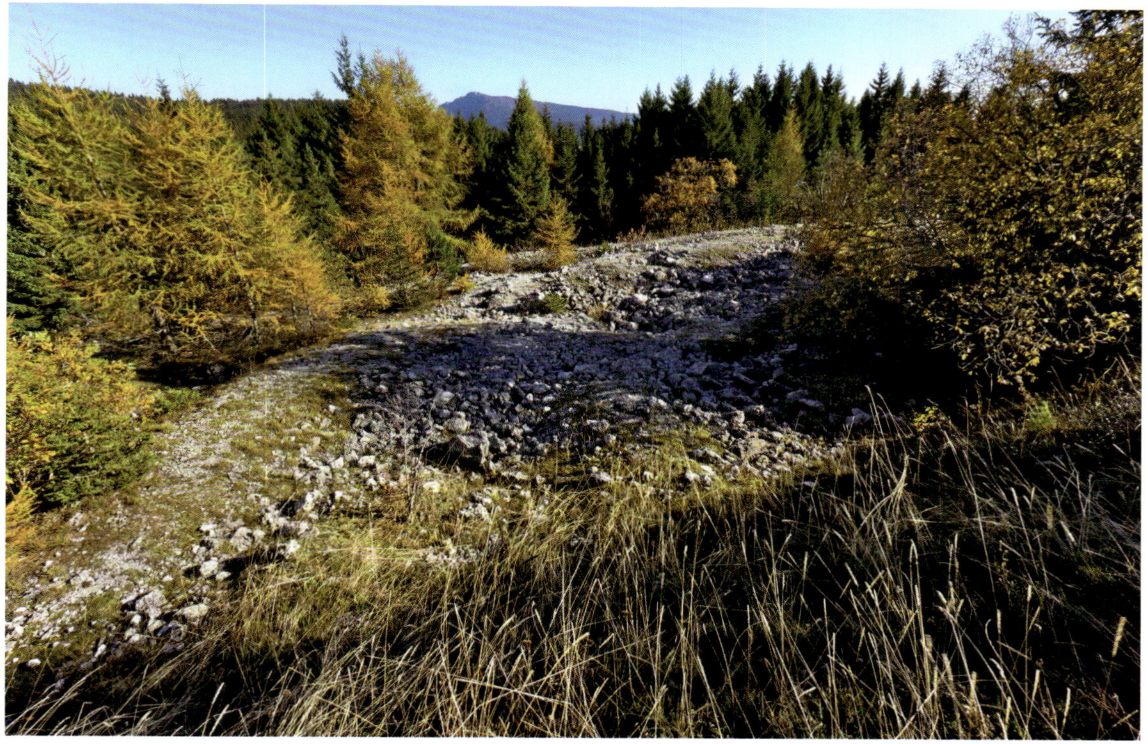

FRITZ WEBER

"Le nostre anime sono ben più desolate e devastate del mucchio di rovine, che dobbiamo difendere".

"Unsere Seelen sind ärger verwüstet als das Gebilde aus Beton und Eisen, das wir verteidigen".

"Our souls are far more desolate and devastated than the pile of ruins, we have to defend".

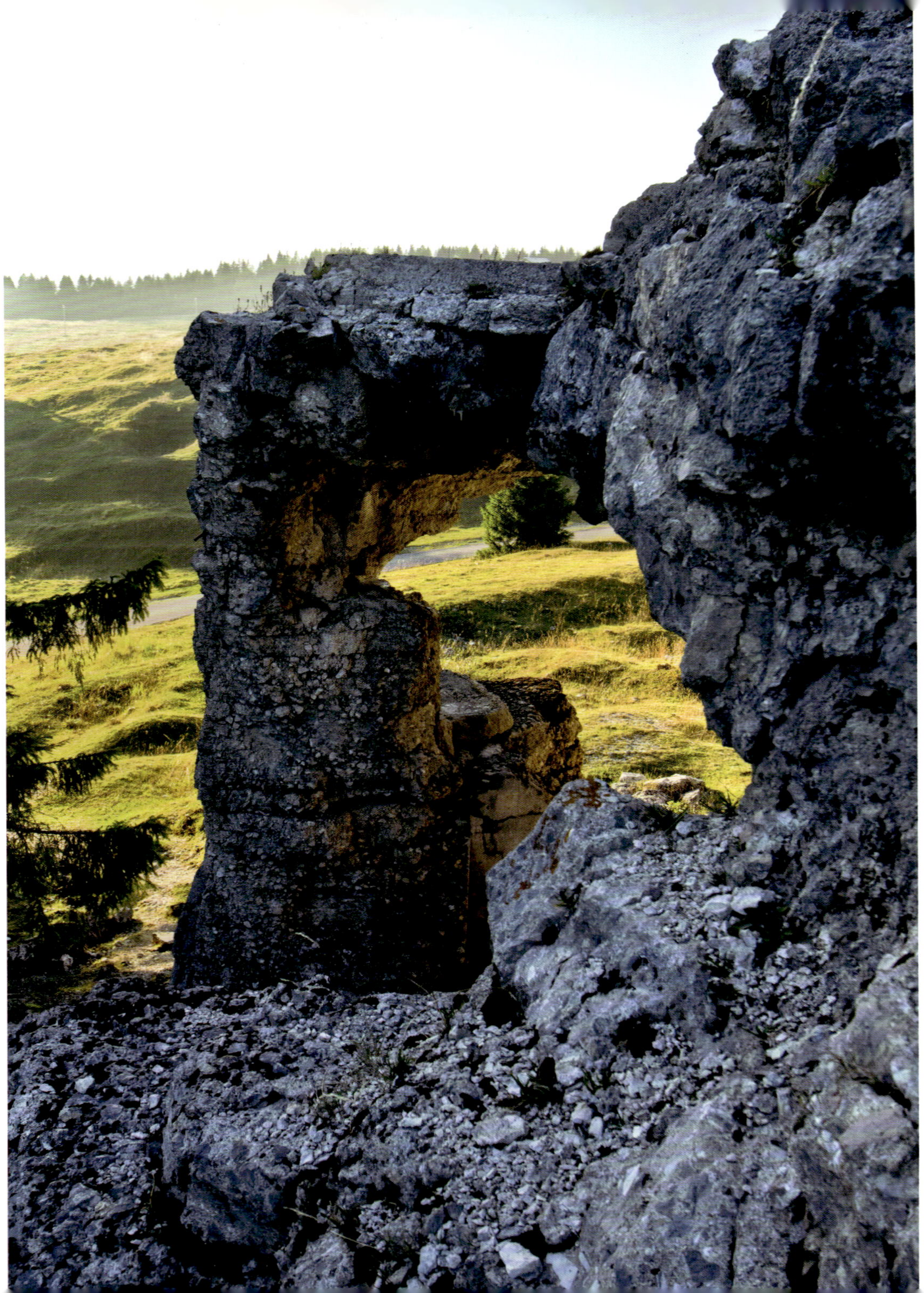

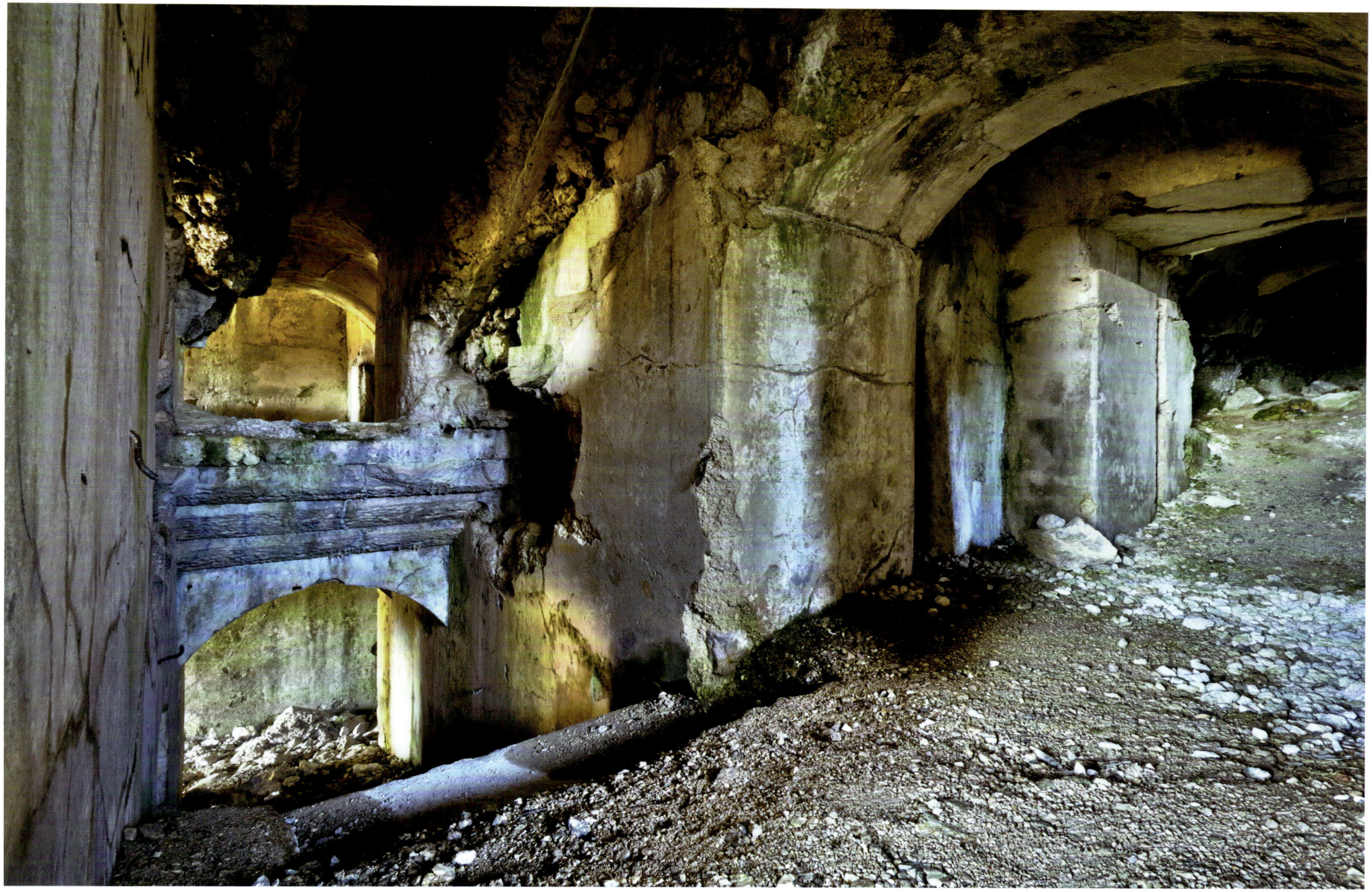

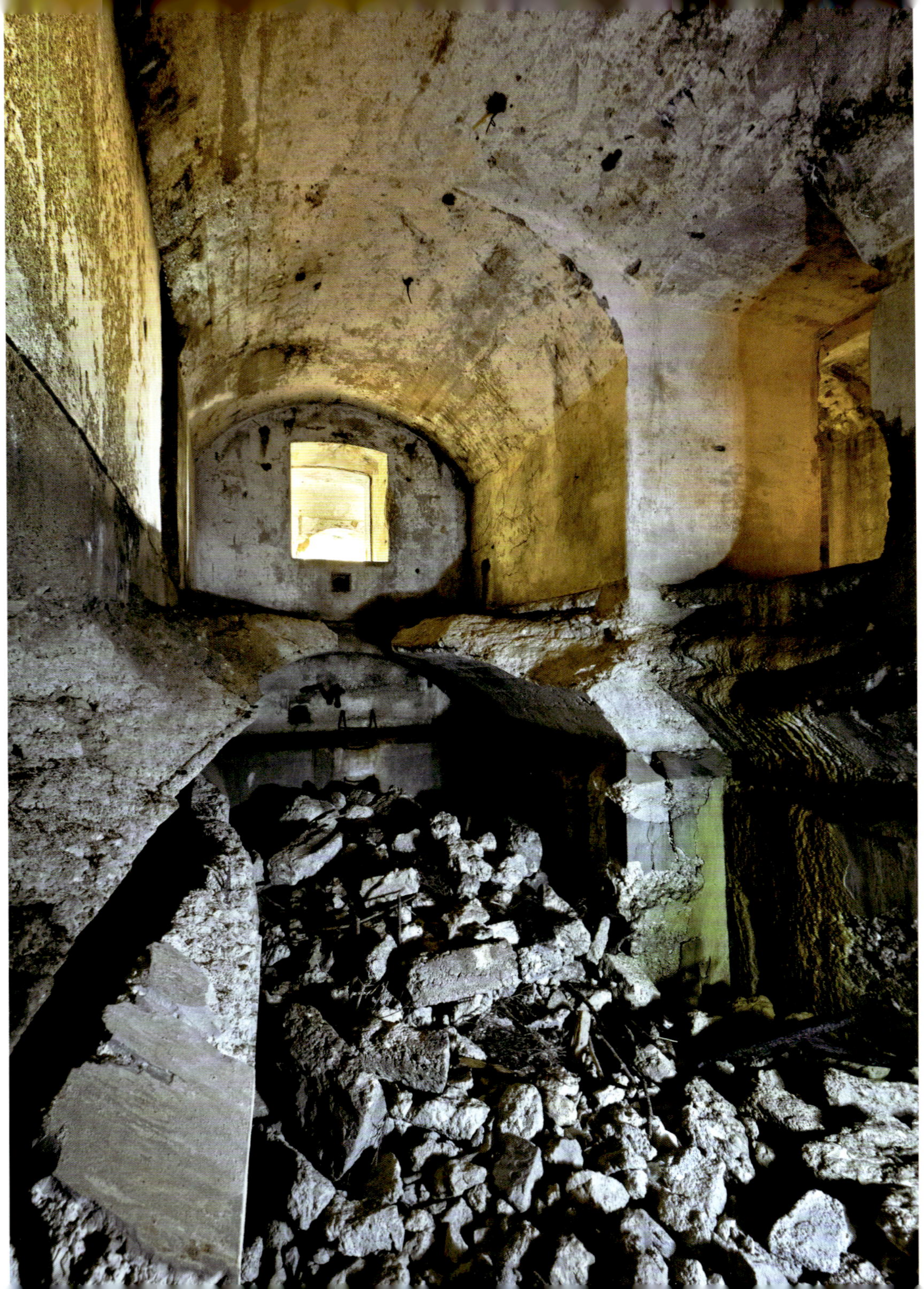

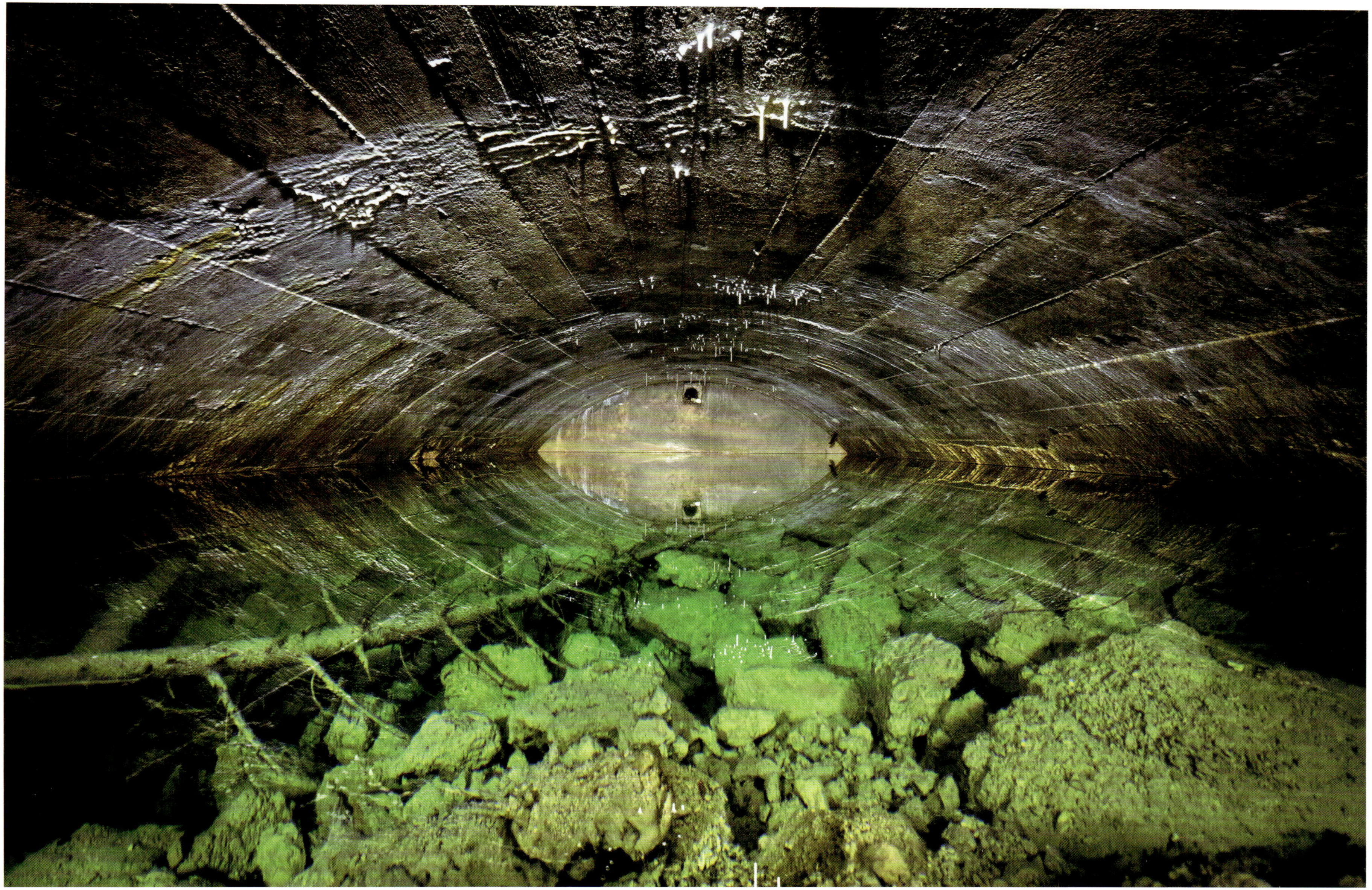

110

FRITZ WEBER

"Chi sa se fuori è giorno o notte, se piove, nevica o se splende il sole?".

"Spaventoso è lo stato d'animo degli uomini che da mesi sono rinchiusi in celle di cemento. Raramente possono vedere la luce del giorno o respirare l'aria fresca. I loro nervi sono frantumati da atrocità ed orrori che non hanno paragone".

"Wer weiß, ob draußen Tag oder Nacht herrscht, ob es regnet, schneit, ob die Sonne scheint?".

"Beängstigend ist der Seelenzustand aller dieser Menschen, die seit Monaten in Betonzellen eingesperrt sind, selten Tageslicht und frische Luft genießen, und deren Nerven in Greueln und Schrecken ohnegleichen zerrieben wurden".

"Who knows whether it is day or night outside, if it is raining, snowing or if the sun is shining?".

"The mood of the men who have been locked up for months in concrete cells is dreadful. They can rarely see the light of the day and breathe fresh air: their nerves are shattered by the atrocities and horrors beyond compare".

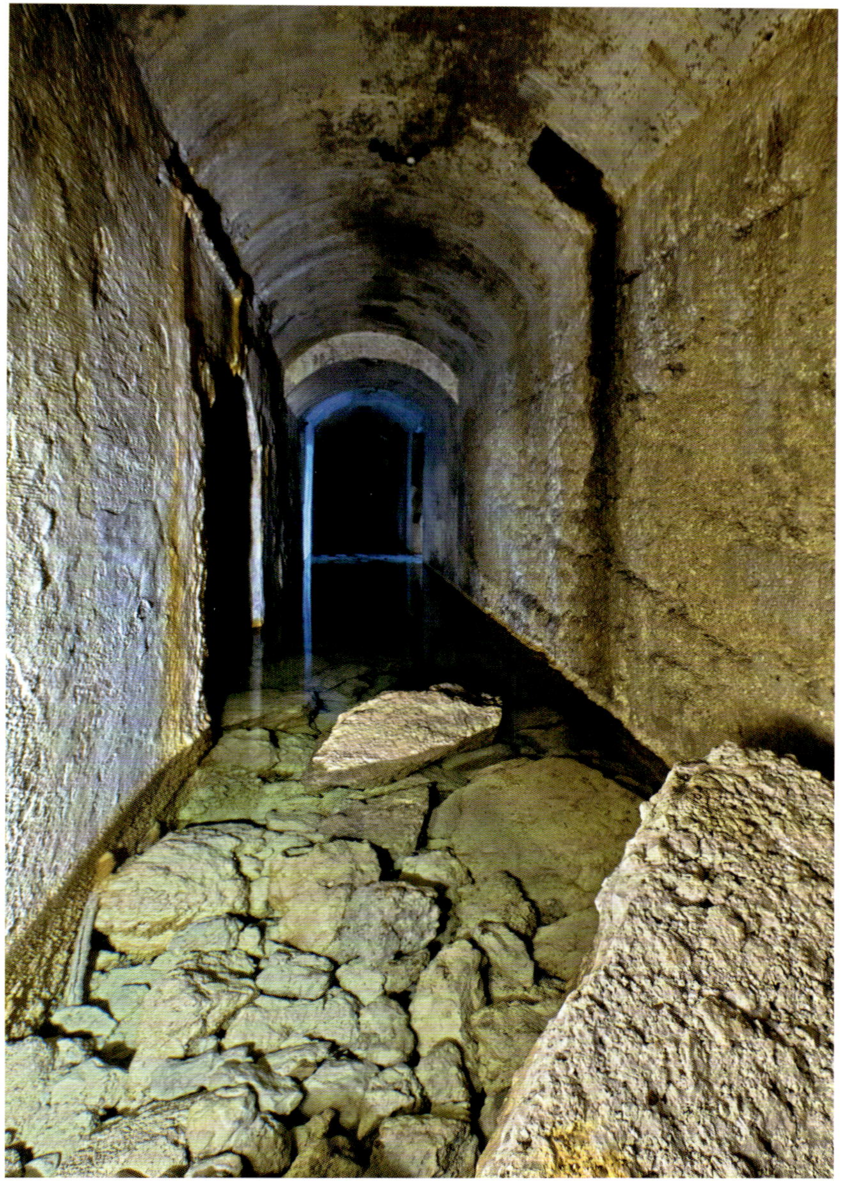

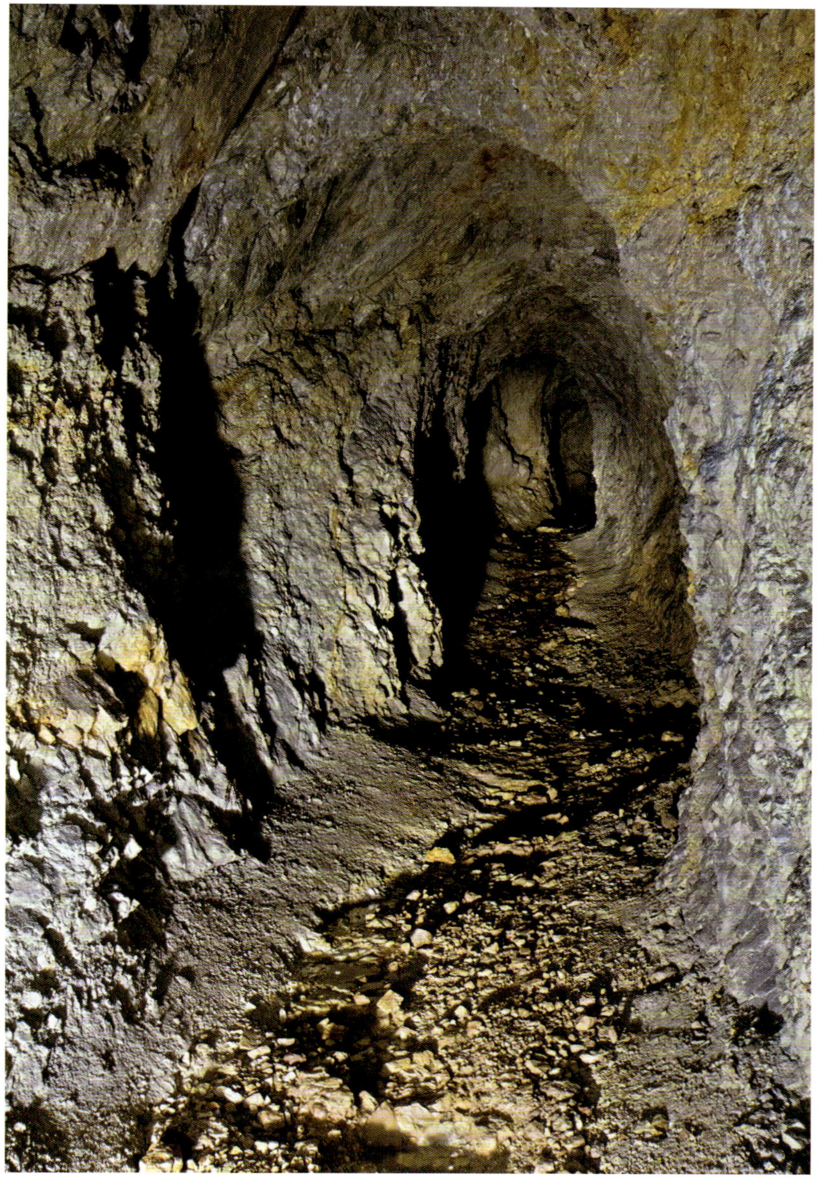

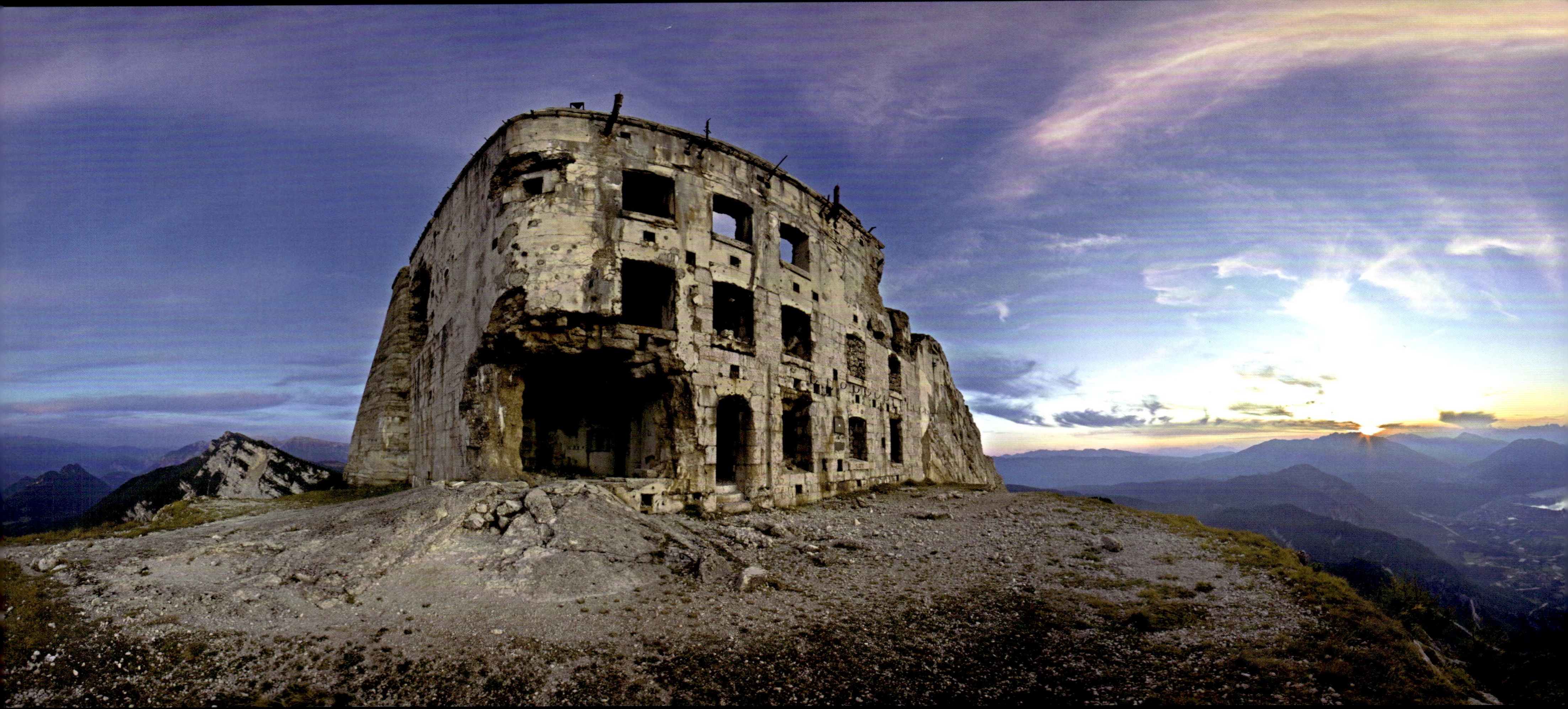

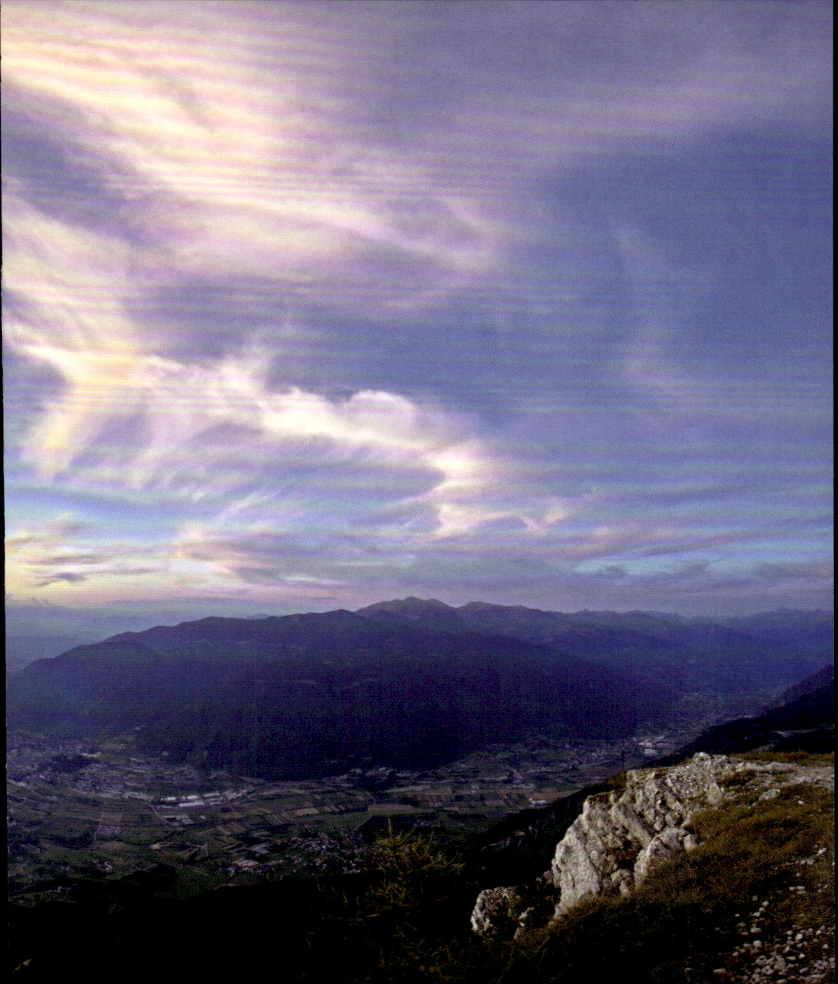

FORTE CIMA VEZZEN

Werk Spitz Ver

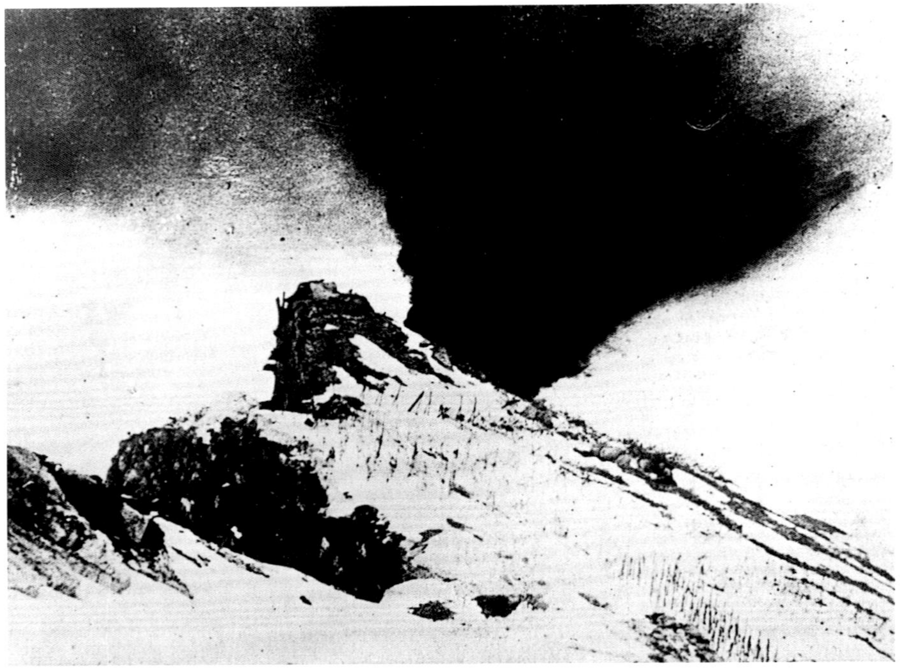

Si dice lo chiamassero "l'occhio degli Altipiani". Dai suoi 1908 m di quota, nido d'aquila sopra l'Alta Valsugana, audacemente inserito nella sommità della cima da cui ha preso il nome, con i suoi osservatori poteva effettivamente spaziare su tutta la porzione di fronte che andava dall'alta Val d'Assa ai forti di Folgaria. Veramente un "occhio sugli Altipiani". Più che un forte, com'erano gli altri sei, Forte Cima Vezzena era dunque un osservatorio fortificato e come tale svolse un ruolo importante, soprattutto in funzione dei tiri d'artiglieria. Data la posizione strategica fin dalle prime ore di guerra fu preso di mira dai grossi calibri italiani e fin dall'inizio del conflitto si cercò di conquistarlo, operazione ardua, se non impossibile, data la posizione e l'armamento. Mèta di escursioni e trekking, dal piazzaletto del forte si apre uno dei più bei panorami del Trentino sud-orientale, tra Trentino e Veneto.

Man sagt, man nannten es "das Auge der Hochebenen". Auf seinen 1908 m Höhe war es das Adlernest über dem oberen Sugana Tal, kühn auf dem Gipfel, von dem es seinen Namen hat. Mit seinen Beobachtungsstationen konnte es über den ganzen Teil der Front, der vom hohen Assa Tal bis zu den Festungen von Folgaria reichte, schweifen. Es war wirklich ein "Auge auf den Hochebenen". Das Fort Cima Vezzena war mehr als eine Festung, wie es die anderen sechs waren, es war eine befestigte Beobachtungsstation und als solche hatte sie eine wichtige Rolle, vor allem mit der Funktion des Artilleriefeuers. Durch die gegeben strategische Position von Kriegsbeginn an, wurde das Fort von schweren italienischen Kalibern ins Visier genommen und von Anfang an wurde versucht, es zu erobern, was wegen seiner Position und Bewaffnung, eine schwierige, wenn nicht unmögliche Operation war. Als Ziel von Wanderungen und Trekkingausflügen, hat man vom kleinen Platz der Festung einen der schönsten Aussichten auf das süd-östliche Trentino, zwischen dem Trentino und dem Veneto.

It is said it was called the "eye of the Plateaus". From its 1908 a.s.l., eagle's nest above the Higher Sugana Valley, boldly situated on the top of the summit from which it took its name, with its observatories, Fort Cima Vezzena could actually range over the entire portion of the front that went from high Assa Valley to the Fortifications of Folgaria. Truly an "eye on the plateaus". More than a fort, as the other six were, then, it was a fortified observatory and as such it played an important role, especially in terms of artillery fire. Due to its strategic location, it was targeted by the big Italian guns from the early hours of the war and from the very beginning of the conflict they tried to conquer it, arduous task, if not impossible, considering the location and the equipment. Destination for hiking and trekking, from the little square of the fort, wanderers can enjoy one of the most beautiful views of the south-eastern Trentino, between Trentino and Veneto.

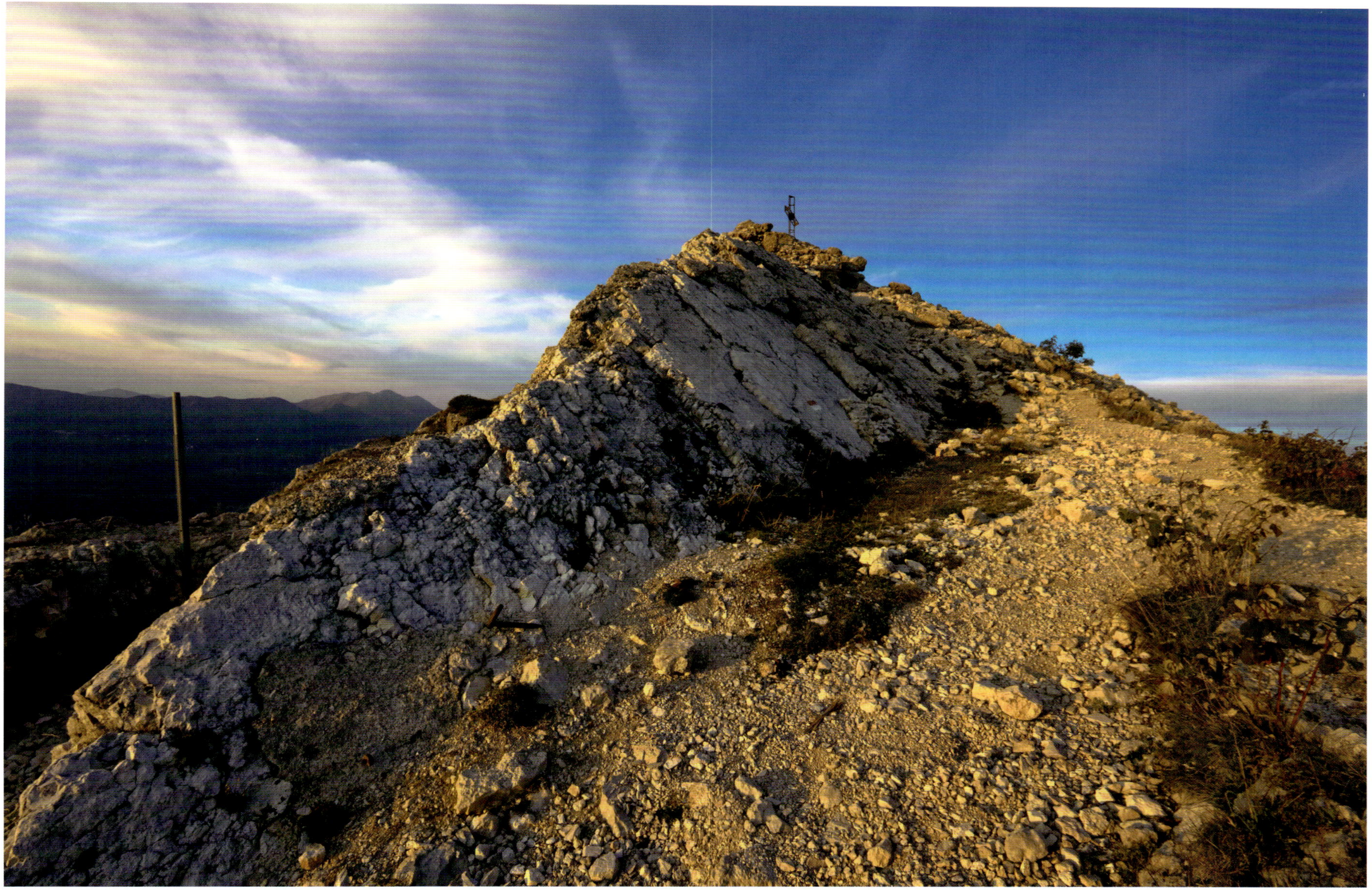

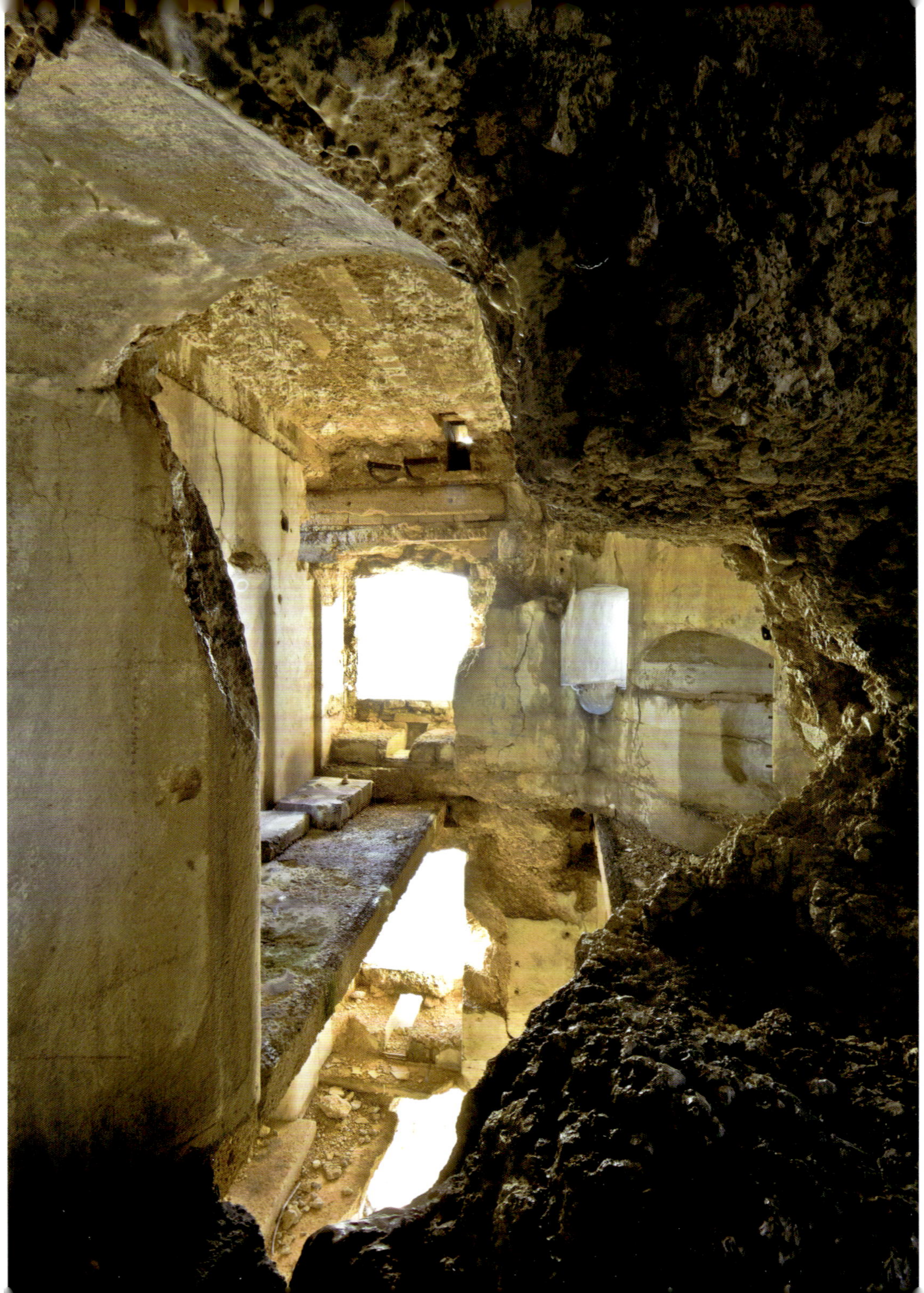

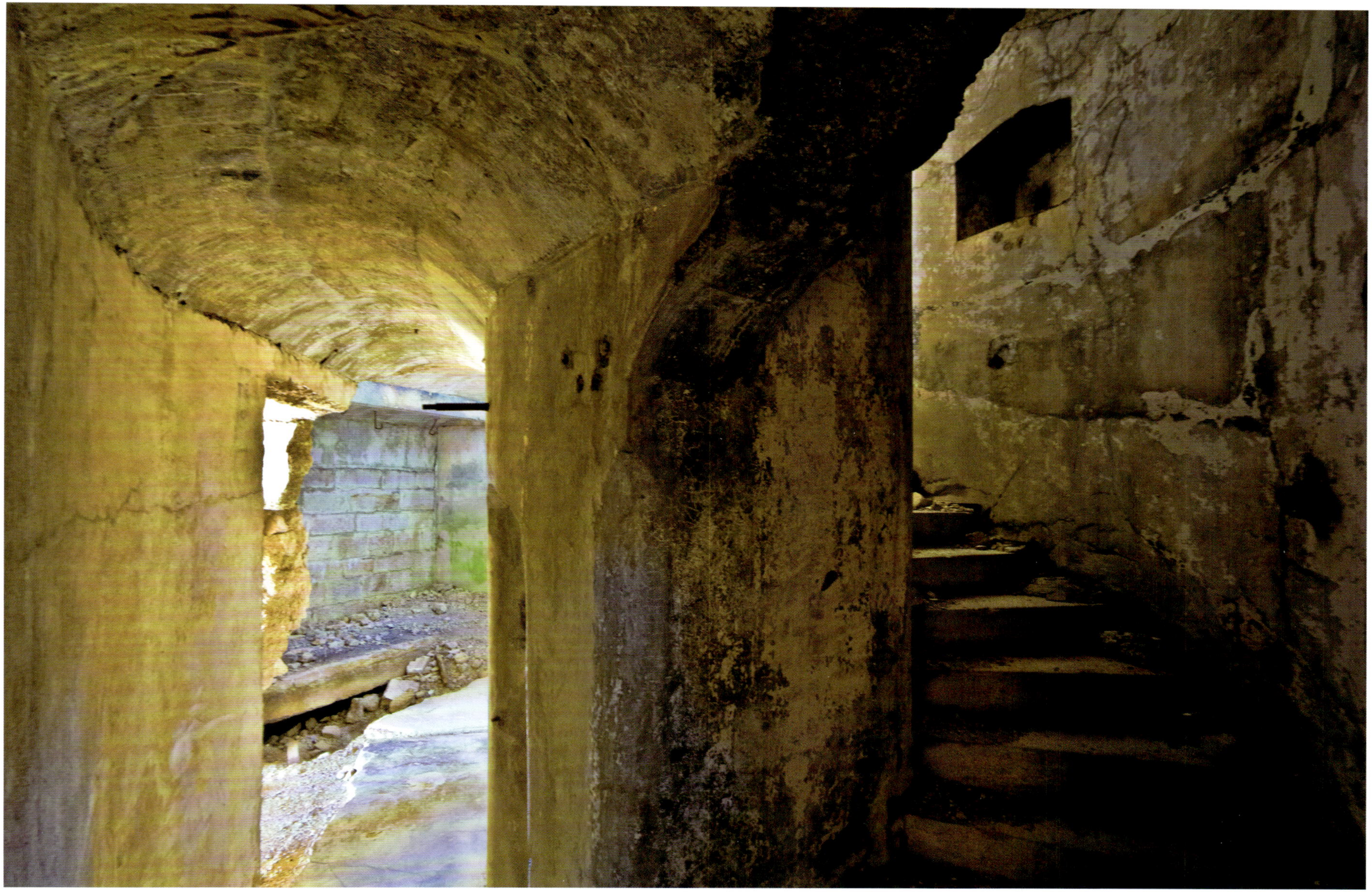

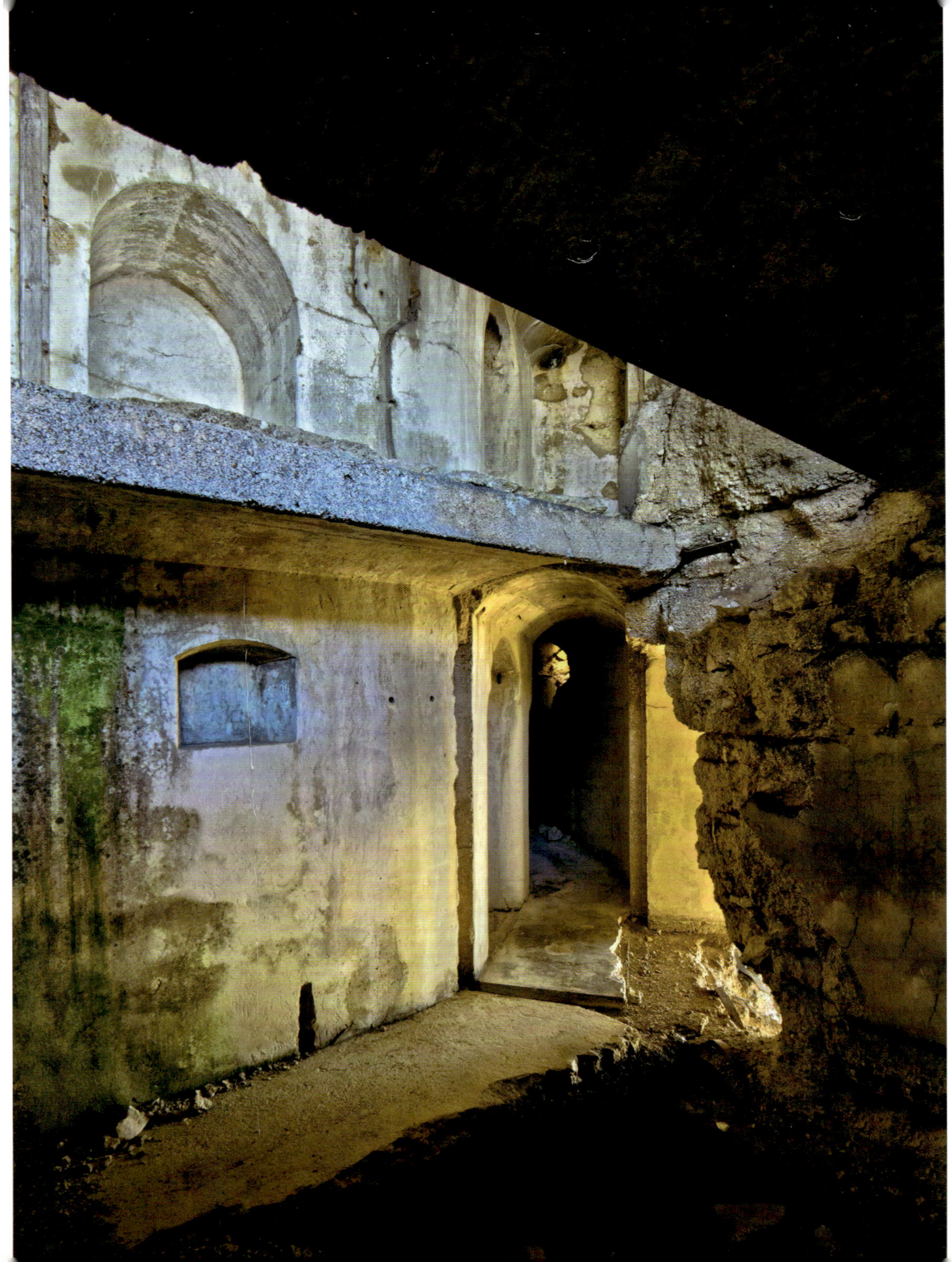

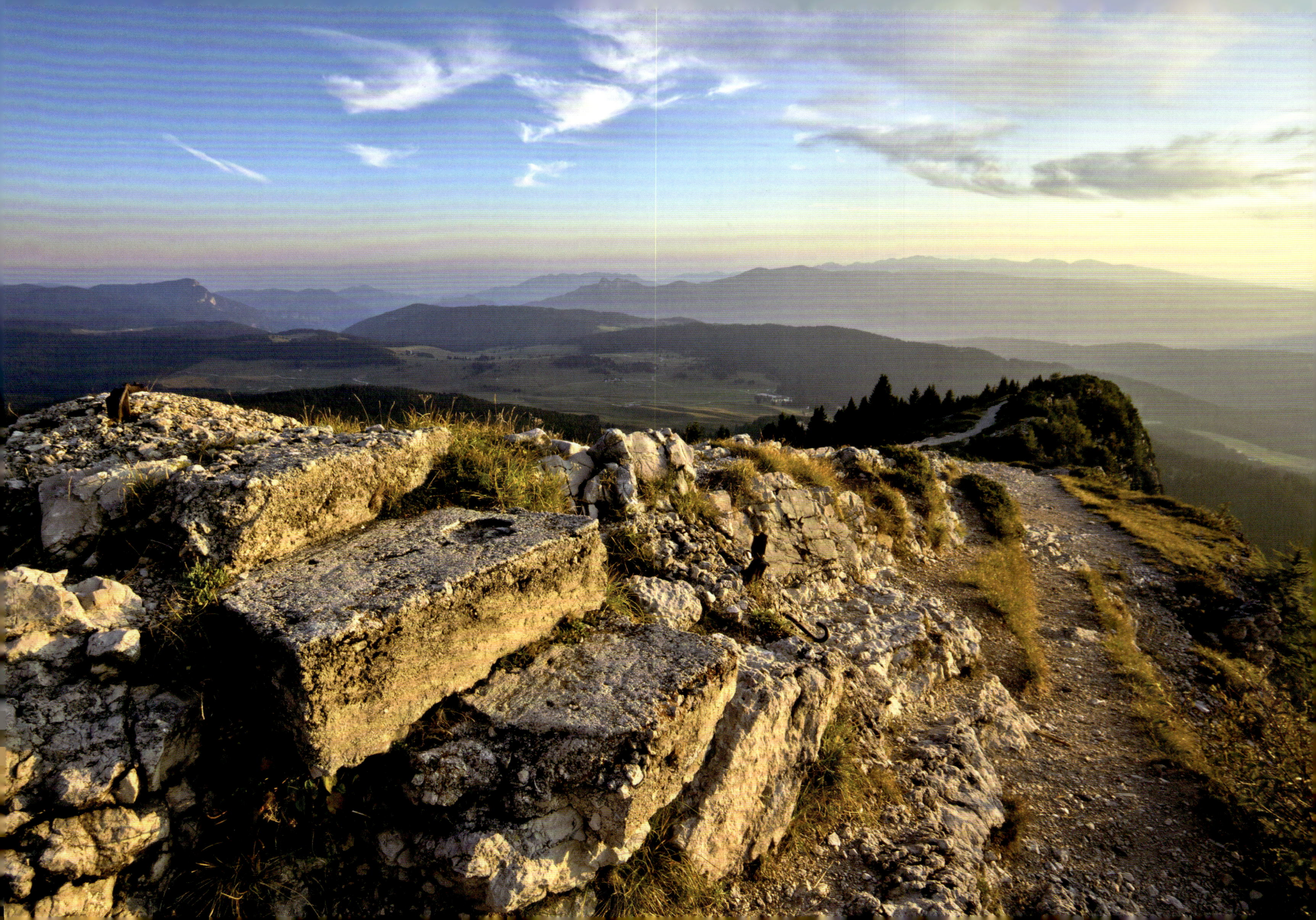

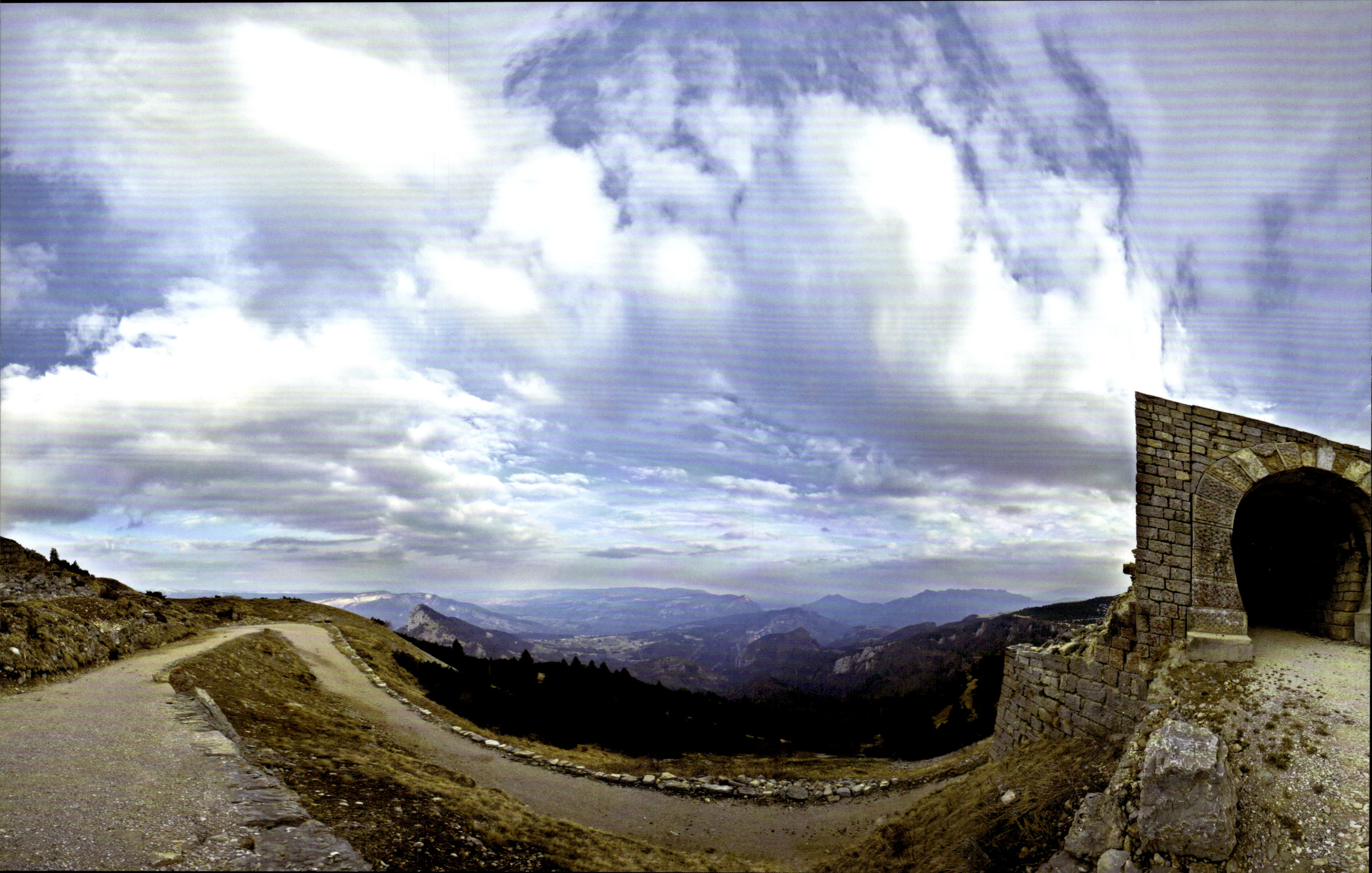

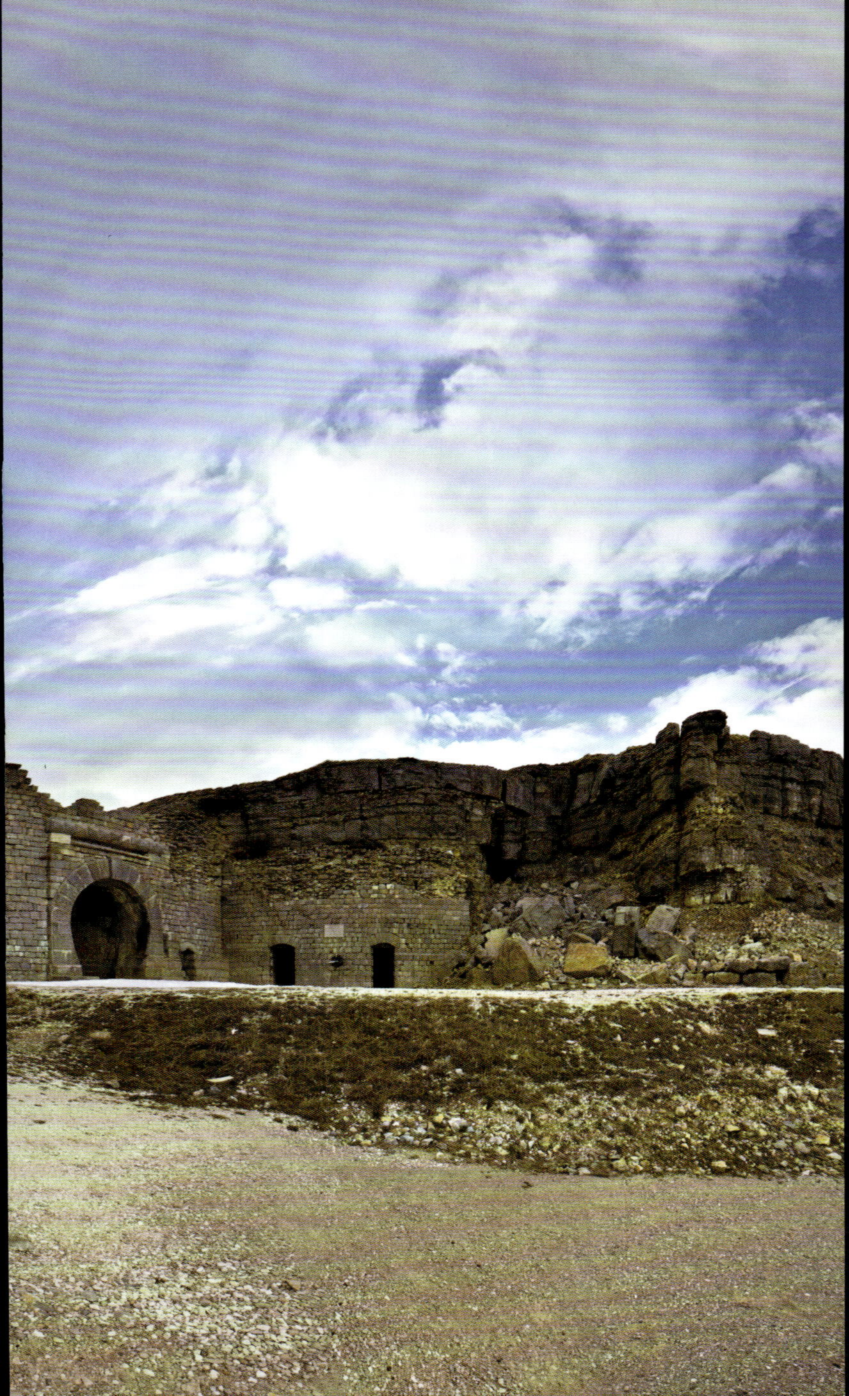

FORTE CAMPOMO

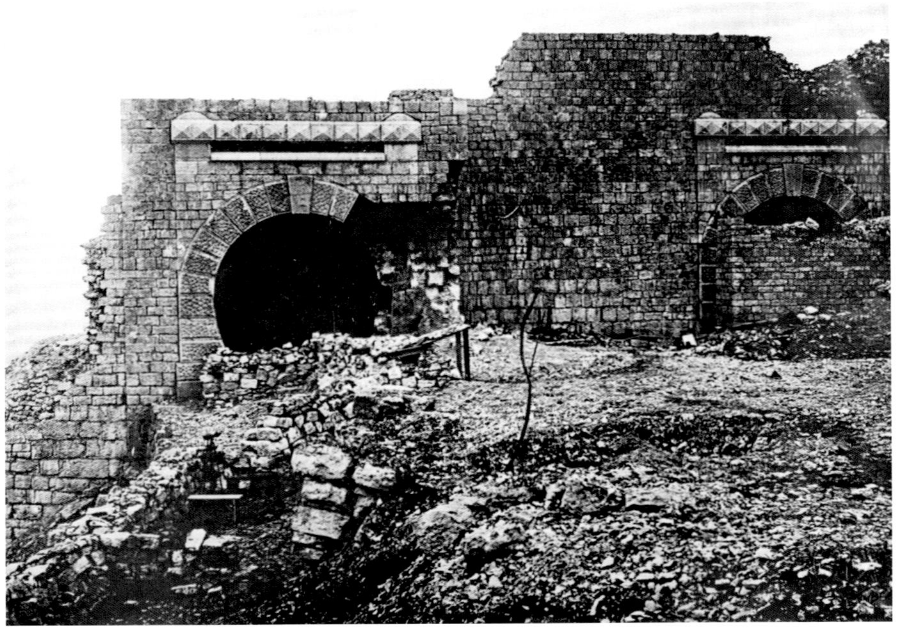

Incompiuto, senza copertura, senza cupole, senza cannoni, ma armato e presidiato. Troppo strategica la posizione per non sfruttarne la forza. Del resto da lassù, da 1853 m di quota, si domina la linea nemica, la si coglie tutta, da Cima Vezzena a Folgaria. I suoi obici mobili di grosso calibro si accanirono contro il Forte Belvedere, contro il Forte Cherle, il Forte Sommo Alto, il Forte Dosso delle Somme. Suoi i colpi che il 25 maggio 1915, in guerra da poche ore, squarciarono la nebbia e colpirono la piazza di Luserna, distrussero la chiesa, ferirono e uccisero. Ma i suoi obici nulla poterono contro il maglio dell'Offensiva di Primavera. Fu in quel frangente che il Ten. Paolo Ferrario, per non lasciarlo al nemico, cercò di farlo esplodere, perdendoci la vita.

Es war nicht fertig, ohne Dach und Kuppel, ohne Kanonen, aber bewaffnet und und besetzt. Die Position ist strategisch zu gut, um nicht seine Stärke zu nutzen. Aus den Resten dort oben, in 1853m Höhe, beherrscht man die feindliche Linie, von dort erfasst man alles, vom Cima Vezzena bis Folgaria. Seine mobilen, großkalibrigen Haubitzen sind unerbittlich gegen das Fort Belvedere, das Fort Cherle und das Fort Dosso delle Somme gerichtet. Seit wenigen Stunden im Krieg, waren es seine Schüsse, die am 25. Mai 1915, den Nebel durchdrangen und im Hauptplatz von Luserna einschlugen, die Kirche zerstörten, verletzten und töteten. Aber die Haubitzen konnten nichts ausrichten gegen die Macht der Frühlingsoffensive. In dieser Not sah sich Lieutnant Paolo Ferrario, und um die Festung nicht dem Feind zu überlassen, versuchte er sie zu sprengen und verlor dabei das Leben.

Unfinished, without roofing, domes or guns, but armed and garrisoned. The position was too strategic not to exploit the power. Moreover, from there, 1853 a.s.l., the enemy line could be overlooked throughout, from Cima Vezzena to Folgaria. Its self-propelled howitzers attacked furiously Fort Belvedere, Fort Cherle, Fort Sommo Alto, Fort Dosso delle Somme. Its were the shots that on 25th May 1915, after only a few hours of war, tore the fog and hit the square in Luserna, destroyed the church, wounded and killed. But its howitzers could nothing against the power hammer of the Spring Offensive. It was in this situation that Ten. Paolo Ferrario, not to leave it to the enemy, tried to blow it up and lost his life.

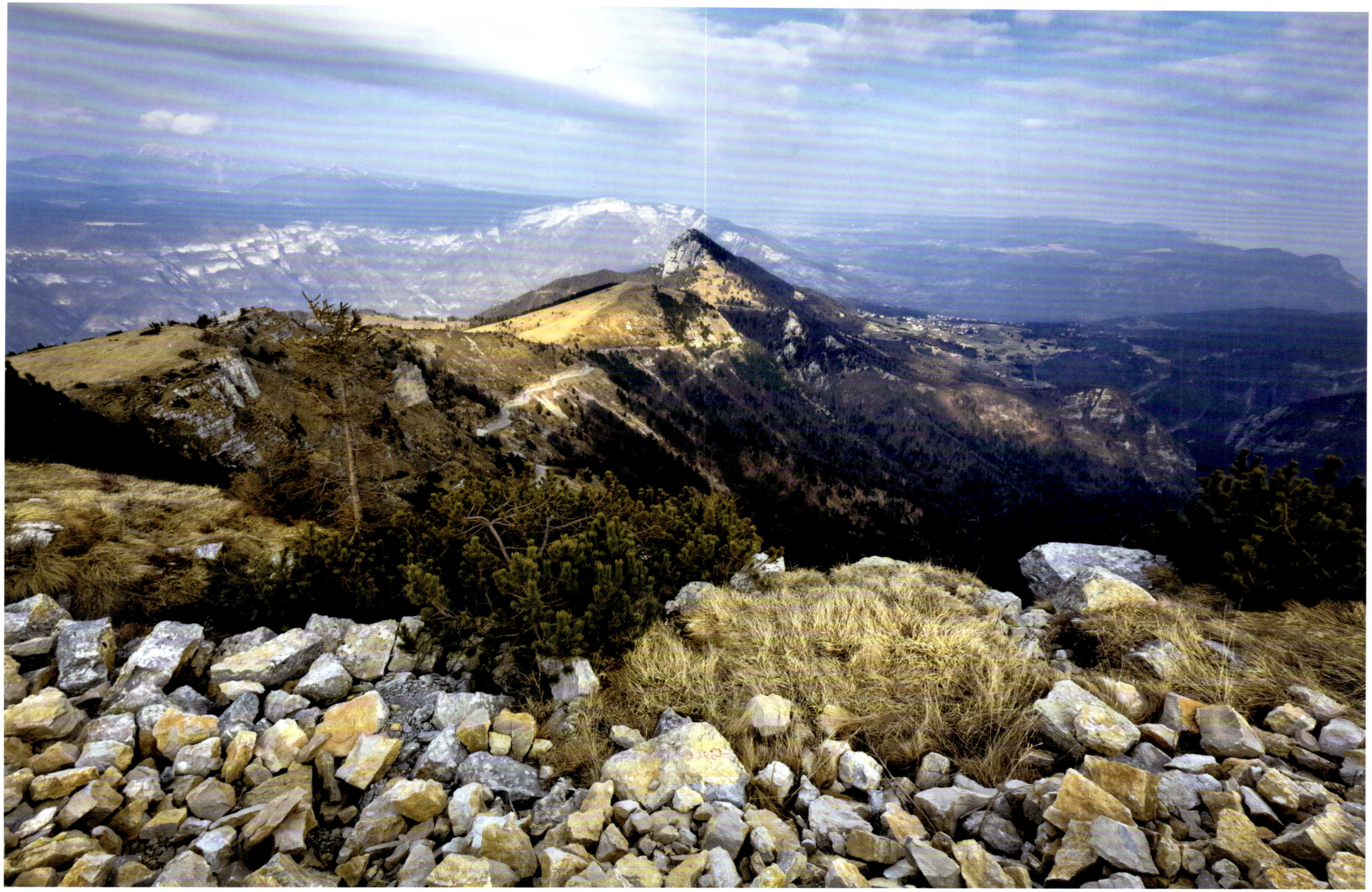

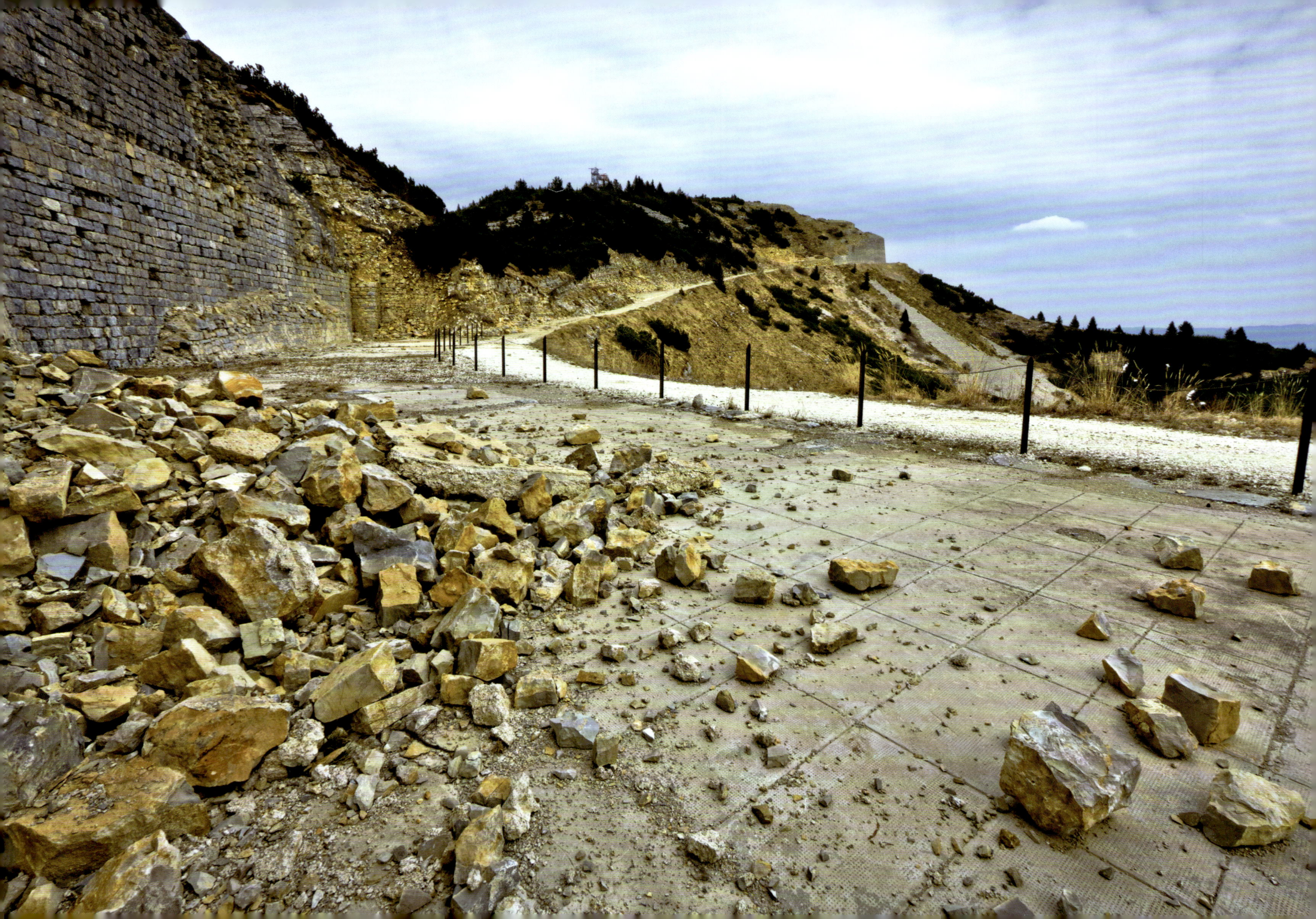

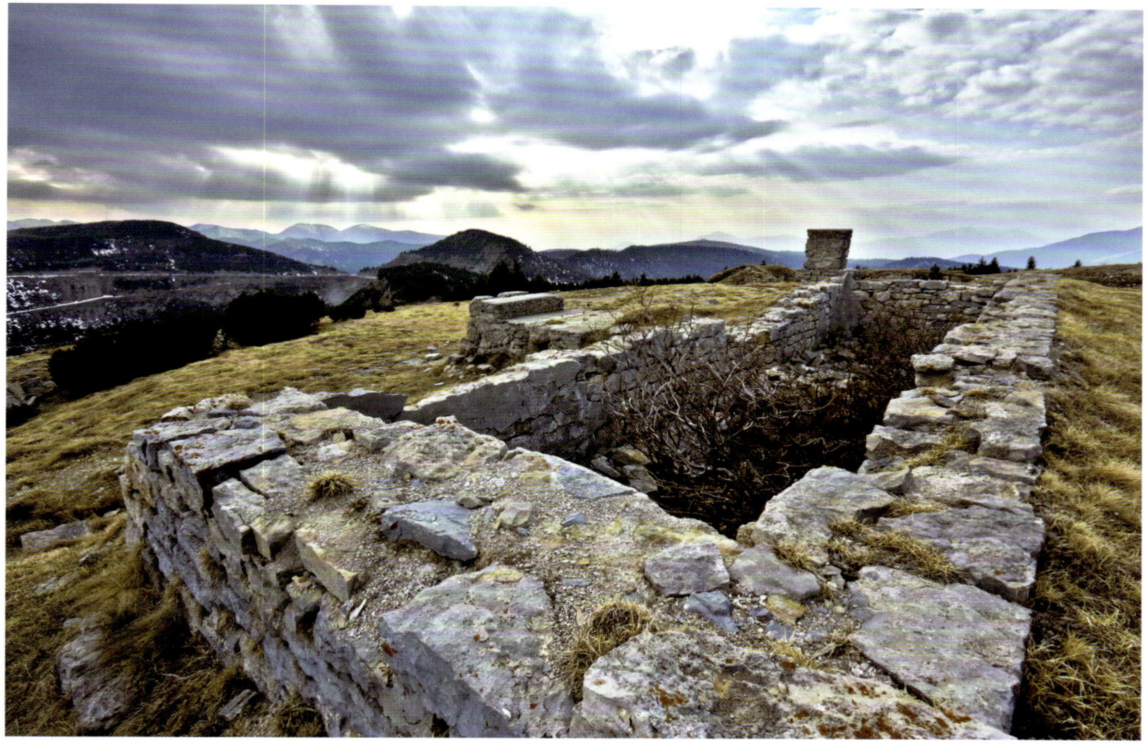

RELAZIONE UFFICIALE AUSTRIACA

ÖSTERREICHISCHER OFFIZIERSBERICHT
AUSTRIAN OFFICIAL REPORT

"Alle prime luci del mattino si videro salire dense nubi di fumo sul monte Campomolon, accompagnate dal sordo rumore di forti esplosioni".

"Mit dem ersten Licht am Morgen sah man dichte Rauchwolken vom Monte Campomolon aufsteigen, begleitet vom dumpfen Geräusch starker Explosionen".

"At dawn the soldiers saw thick clouds of smoke rise and wrap Mount Campomolon, accompanied by the muffled sound of loud explosions".

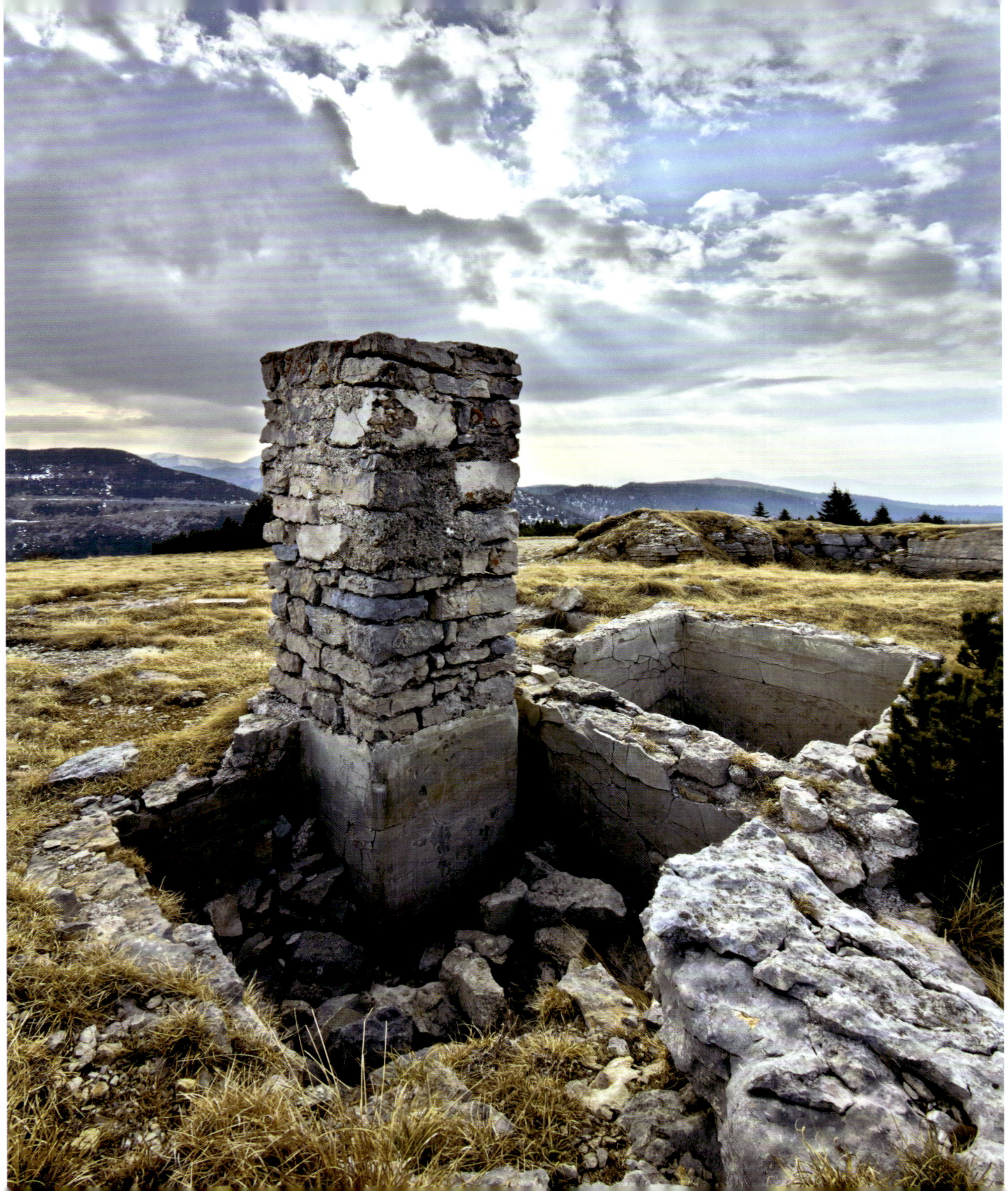

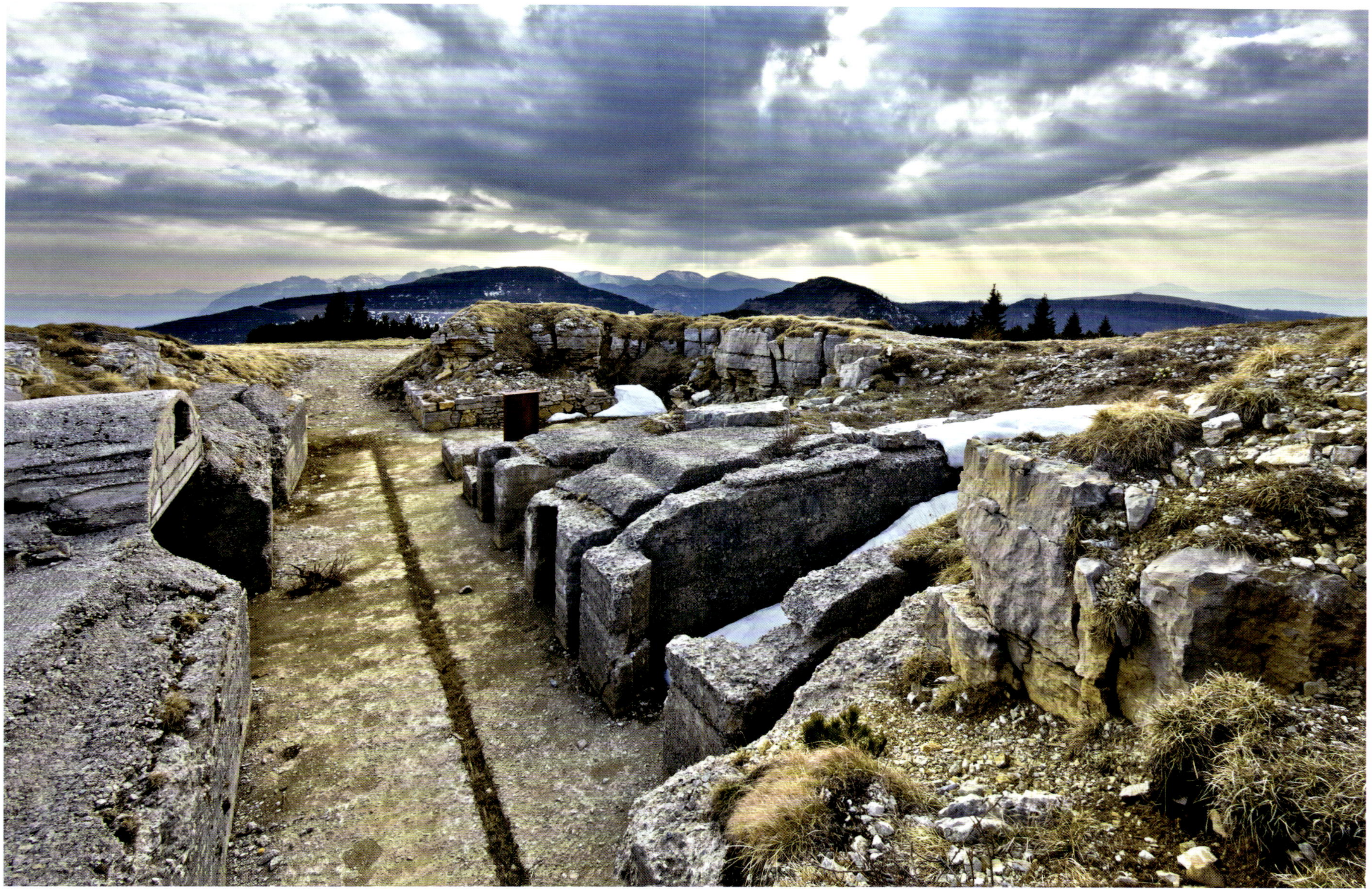

128

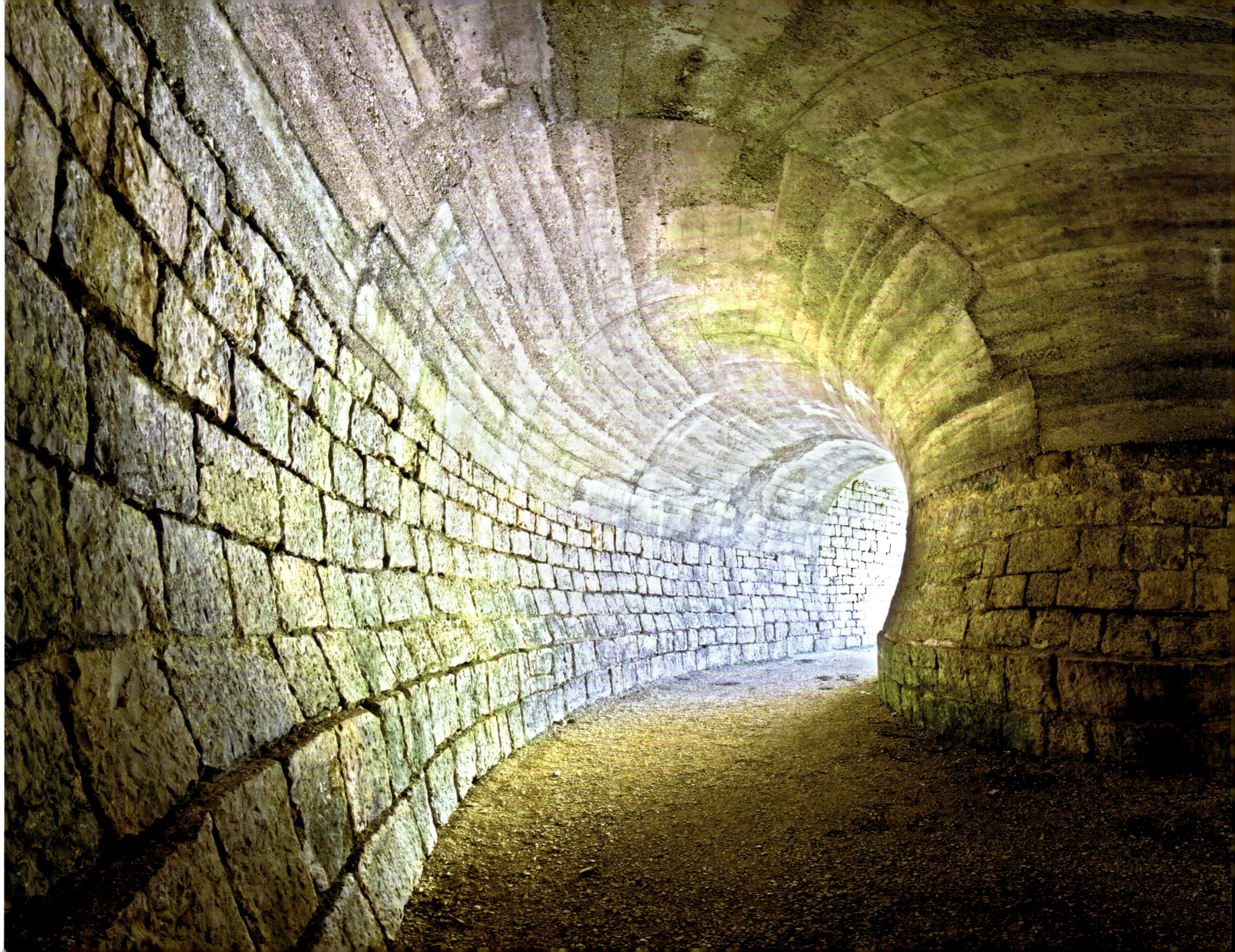

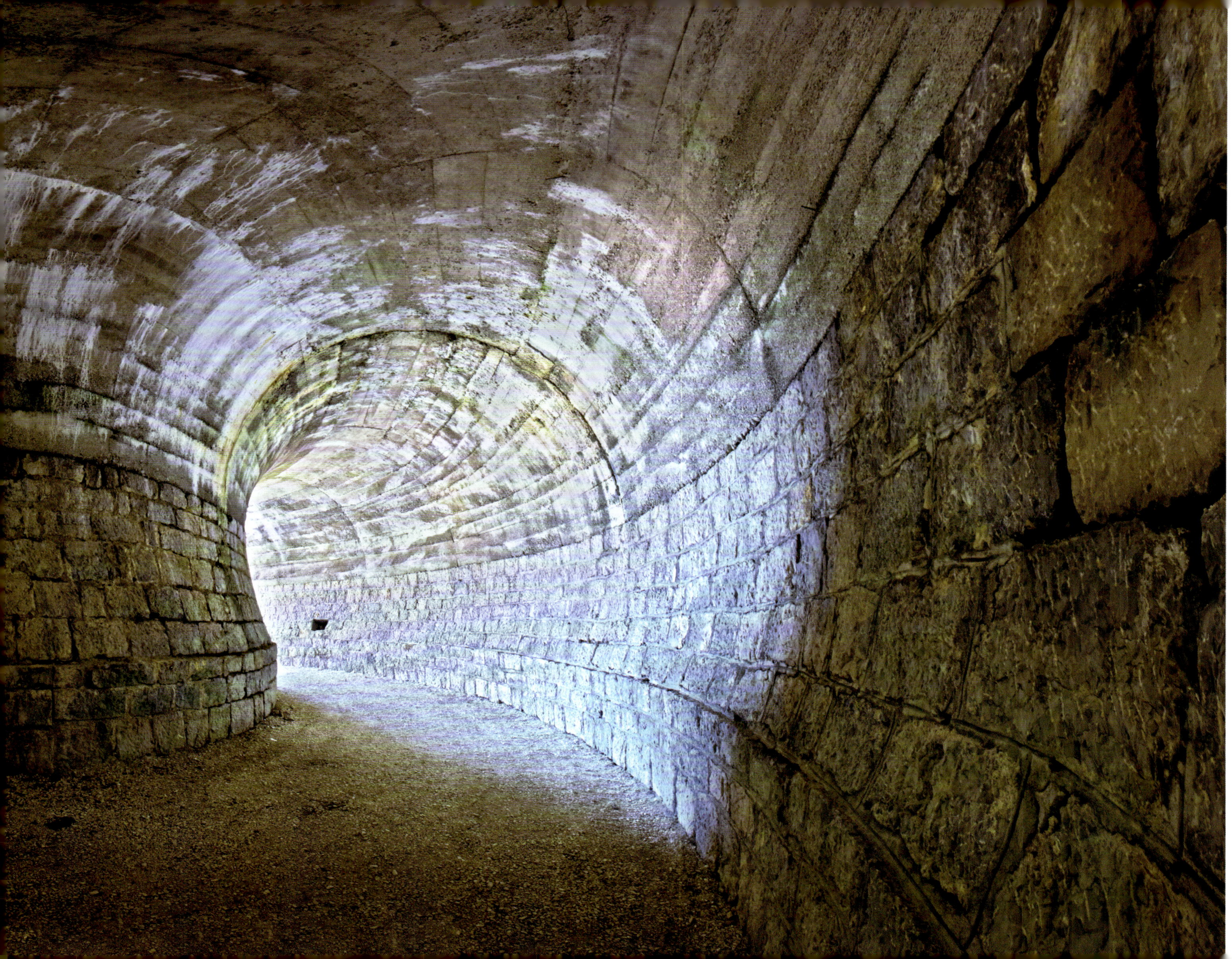

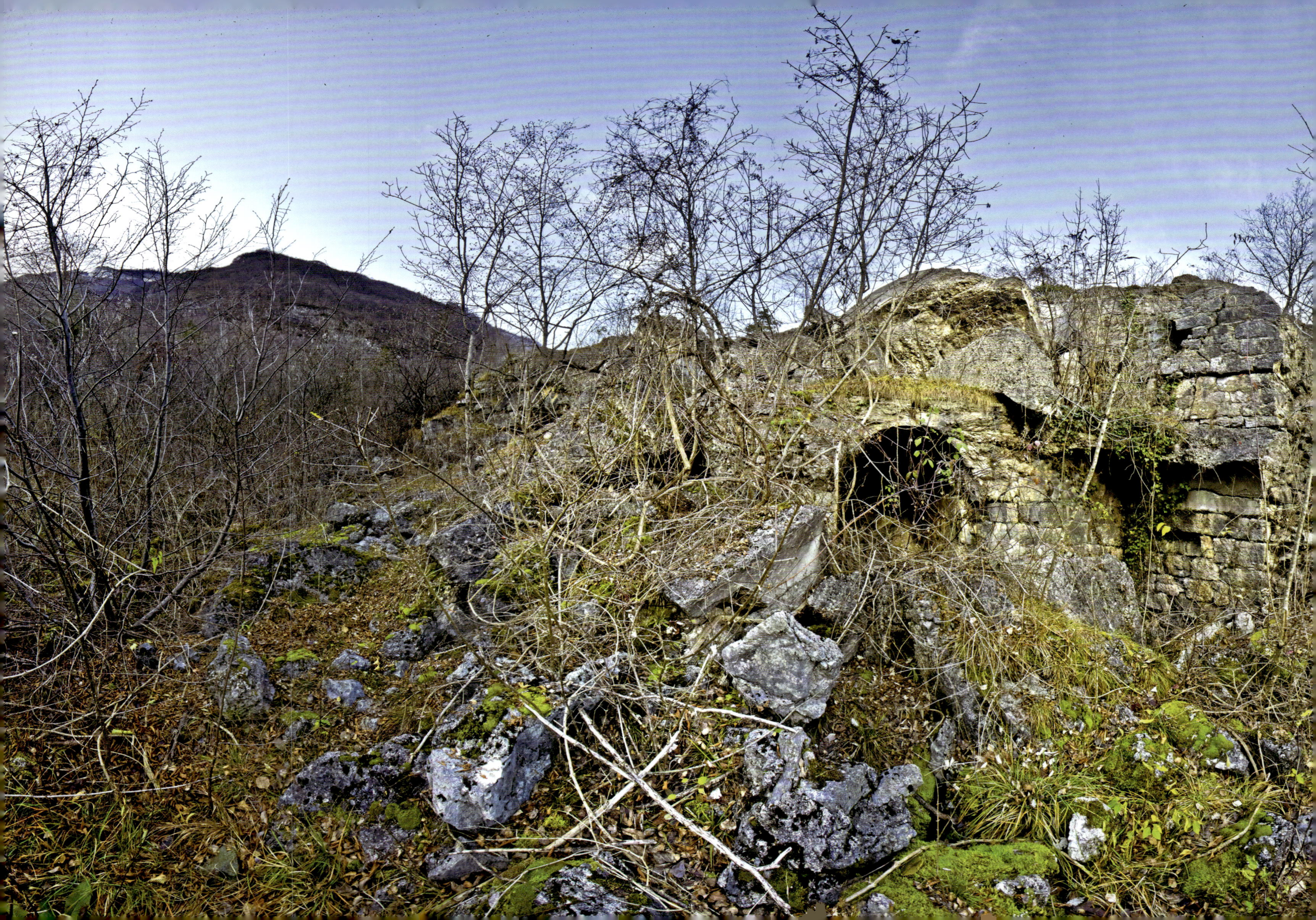

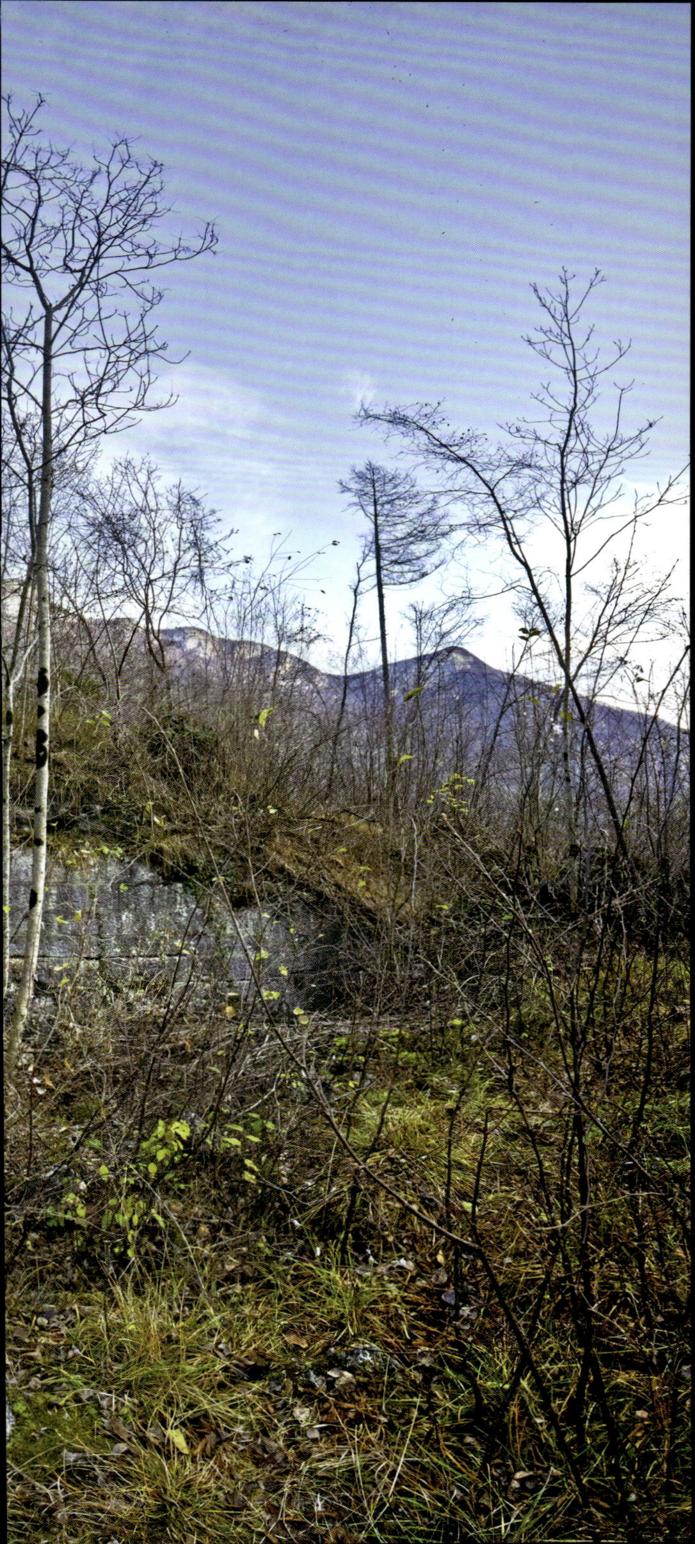

FORTE CASA RATTI

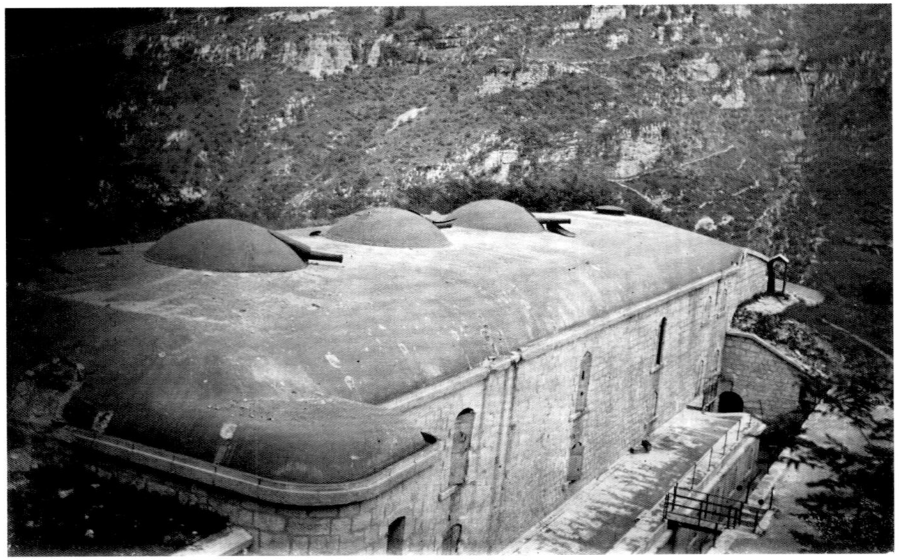

Per chi non sa bene dove si trova, risulta difficile individuarlo. Di tutti i forti italiani è quello che più ha subìto distruzione e oblio, ridotto a ruderi minimali, avvolto, e quasi nascosto gelosamente dalla vegetazione. Questo è stato infine il destino del Forte Casa Ratti, nell'Alta Val d'Astico. La sua funzione era quella di essere presidio di valle, quasi come una tagliata stradale, con il compito di non poco conto, con il supporto del soprastante Forte Punta Corbin, di arrestare un eventuale e temuto tentativo austro-ungarico di irrompere nella pianura vicentina. La storia di Forte Casa Ratti si risolve in poche battute e trova il suo epilogo nel maggio 1916, nell'impeto della *Strafexpedition*: l'abbandono, la facile conquista nemica, il "pasticcio" dell'onorificenza incautamente appuntata ad Albin Mlaker e infine la distruzione, da parte degli austro-ungarici, a suon di mine.

Für den, der nicht weiß, wo man es findet, wird es schwierig es zu erkennen. Von allen italienischen Festungen wurde es am schwersten zerstört und geriet in Vergessenheit. Zerstört bis auf ein paar Trümmer, eingewickelt und fast sorgsam von der Vegetation bedeckt, war es am Ende das Schicksal des Fort Casa Ratti im oberen Astico Tal. Seine Funktion war die Besetzung des Tales, fast wie eine Straßensperre, mit der wichtigen Aufgabe, das darüber gelegene Fort Punta Corbin zu unterstützen und einen eventuellen und befürchteten österreichisch-ungarischen Versuch, in die vizentinische Ebene einzufallen, zu stoppen. Die Geschichte des Forts Casa Ratti wird mit wenigen Worten erzählt und findet sein Ende mit der Vehemenz der *Strafexpedition* im Mai 1916: verlassen, erfolgte die einfache feindliche Übernahme, die unvorsichtige Ehrung von Albin Mlaker und schließlich die Zerstörung von österreichisch-ungarischer Seite im Schall und Rauch der Minen.

It is difficult to find it for those who do not know exactly where it is. Of all the Italian fortifications, it is the one that has suffered destruction and oblivion, reduced to minimal ruins, wrapped, almost jealously hidden by vegetation. This was, in the end, the fate of Fort Casa Ratti, in the Astico Valley. Its function was to be the garrison of the valley, almost like a cut road, with the task of considerable importance together with the support of the above Fort Punta Corbin, to arrest a possible and feared attempt to break into the Austro-Hungarian Vicenza plain. The history of Fort Casa Ratti can be summarised in few words and finds its culmination in May 1916, during the impetus of the *Strafexpedition*: the abandonment, the easy enemy conquest, the "mess" of the honour carelessly pinned to Albin Mlaker and finally its destruction, by the Austro-Hungarians, to the sound of mines.

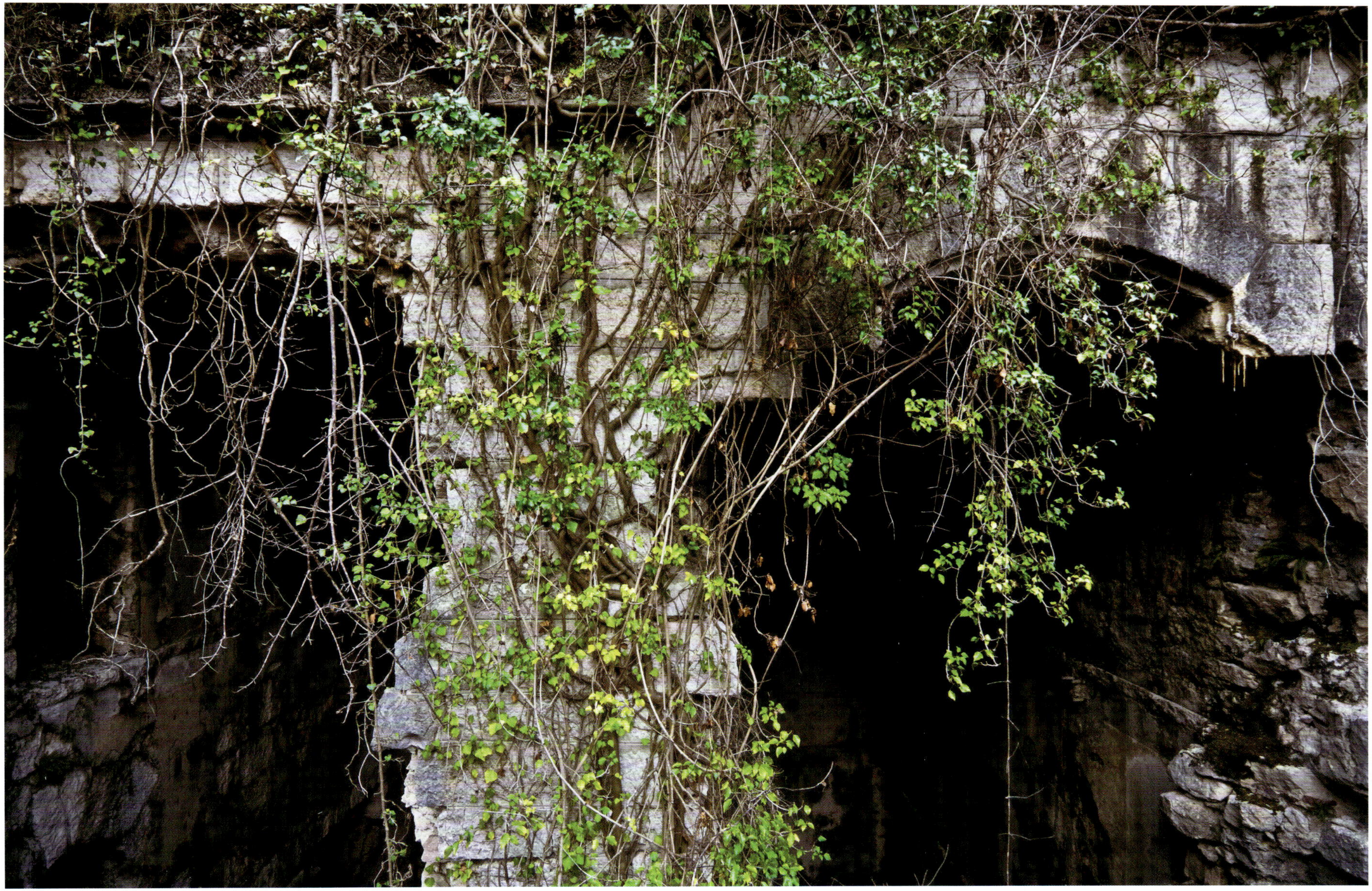

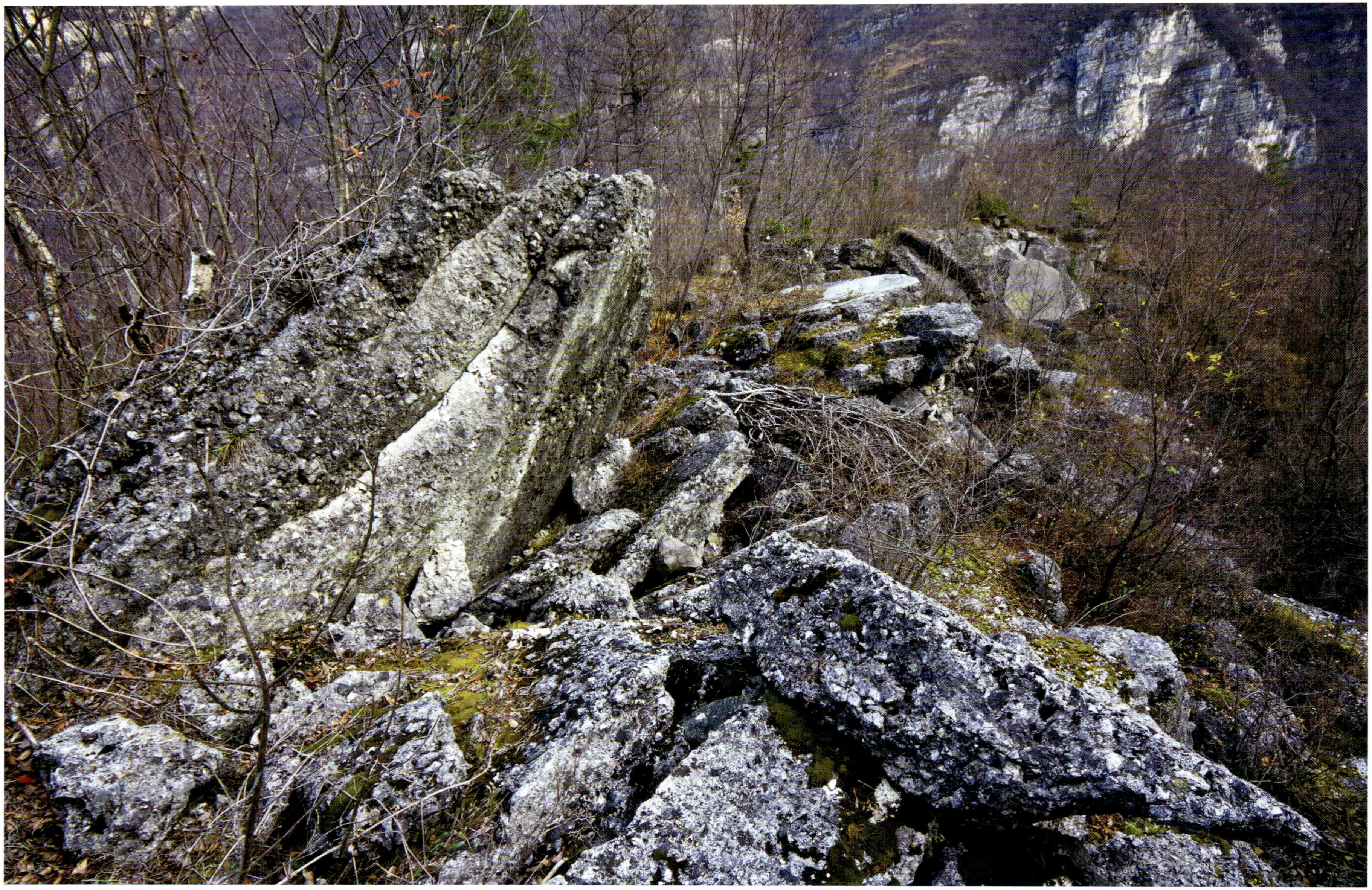

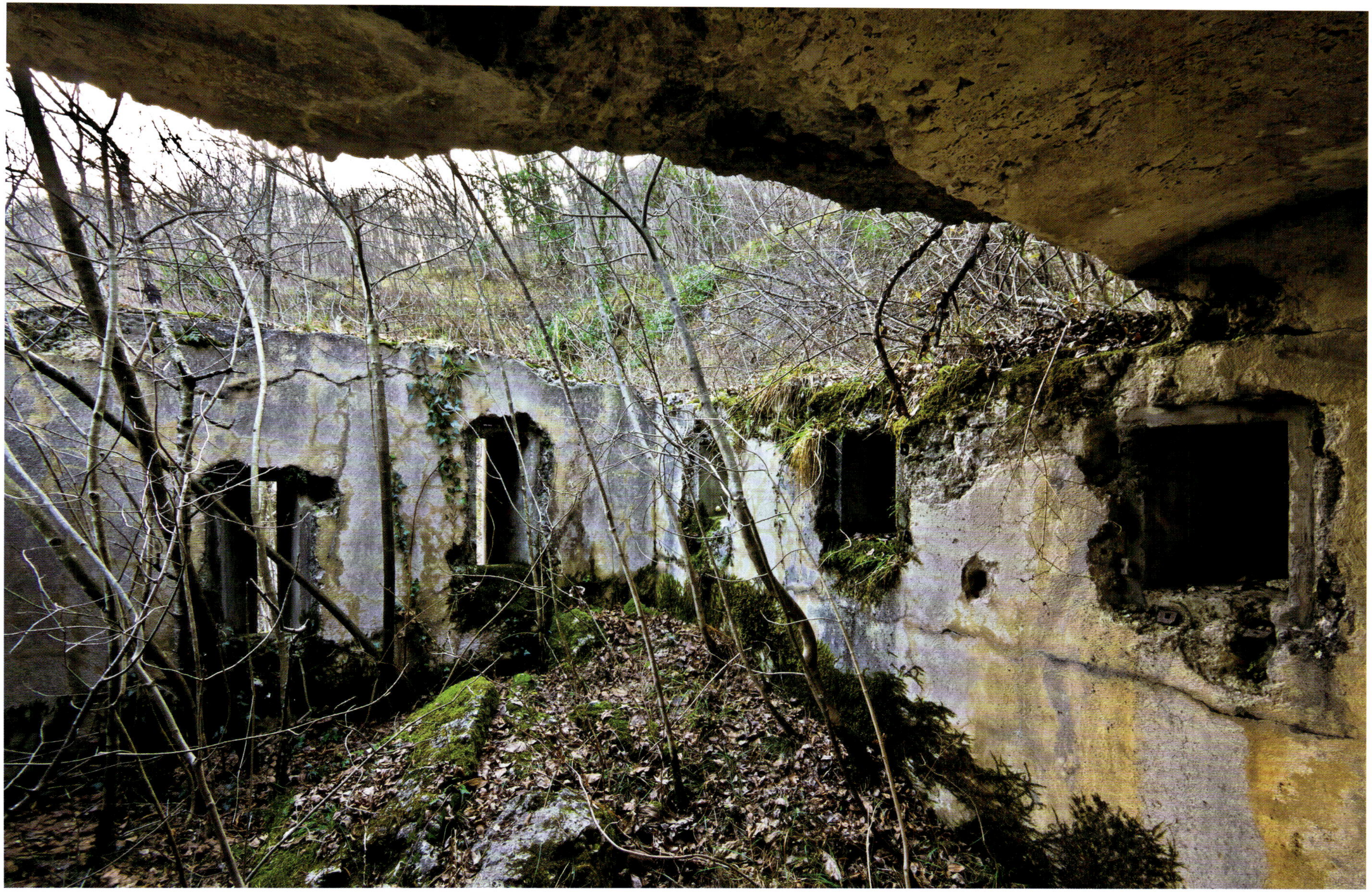

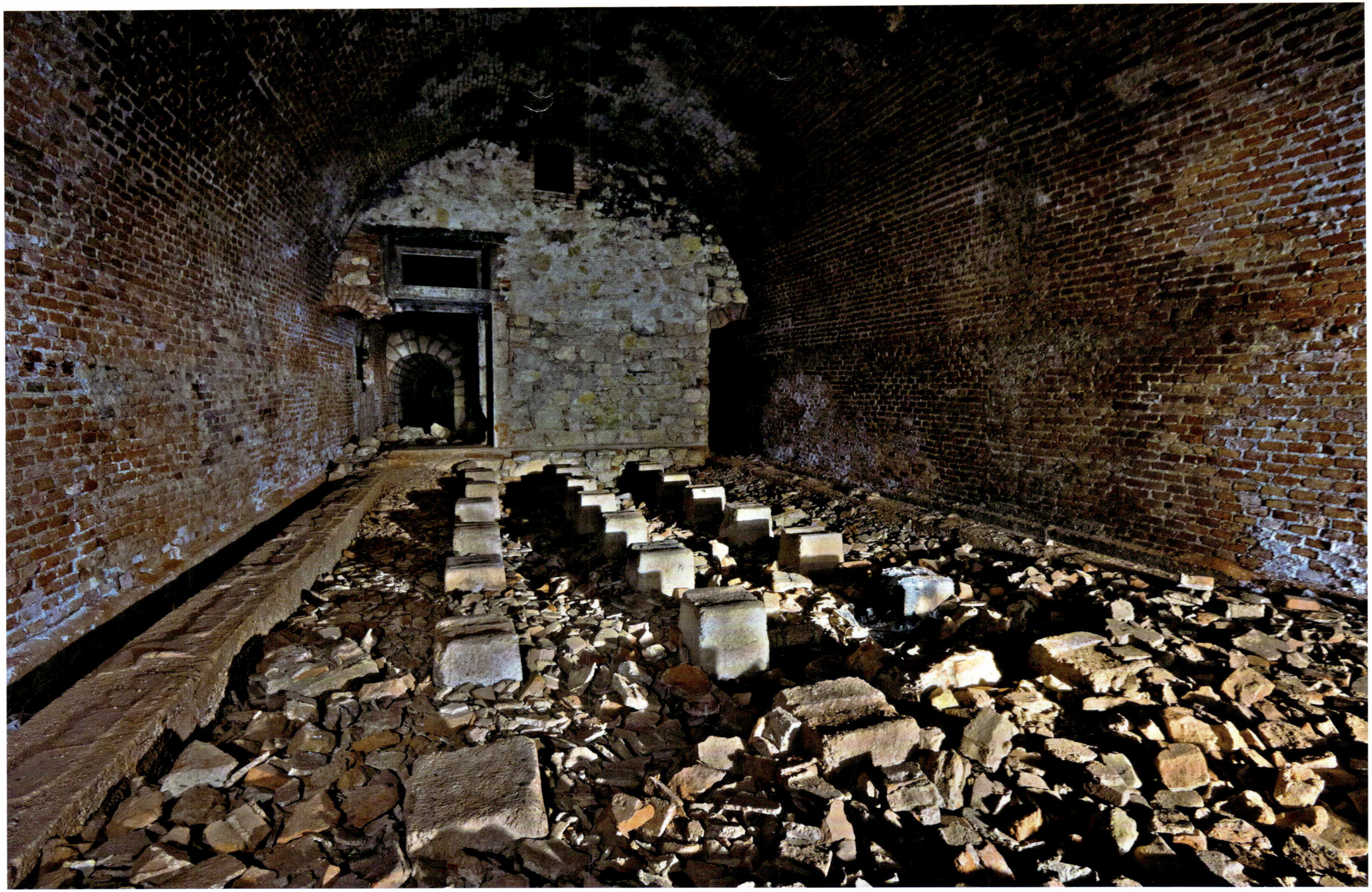

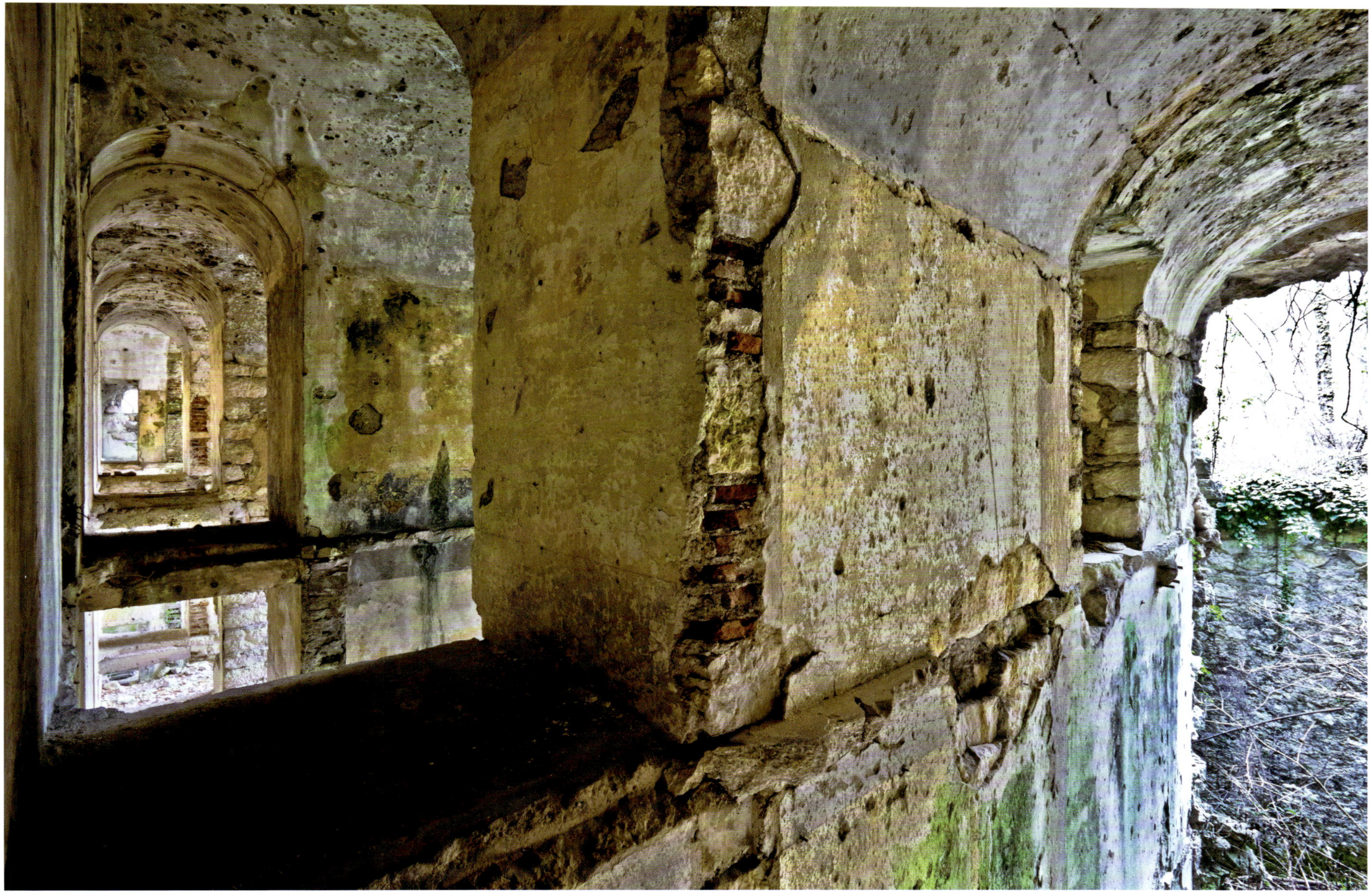

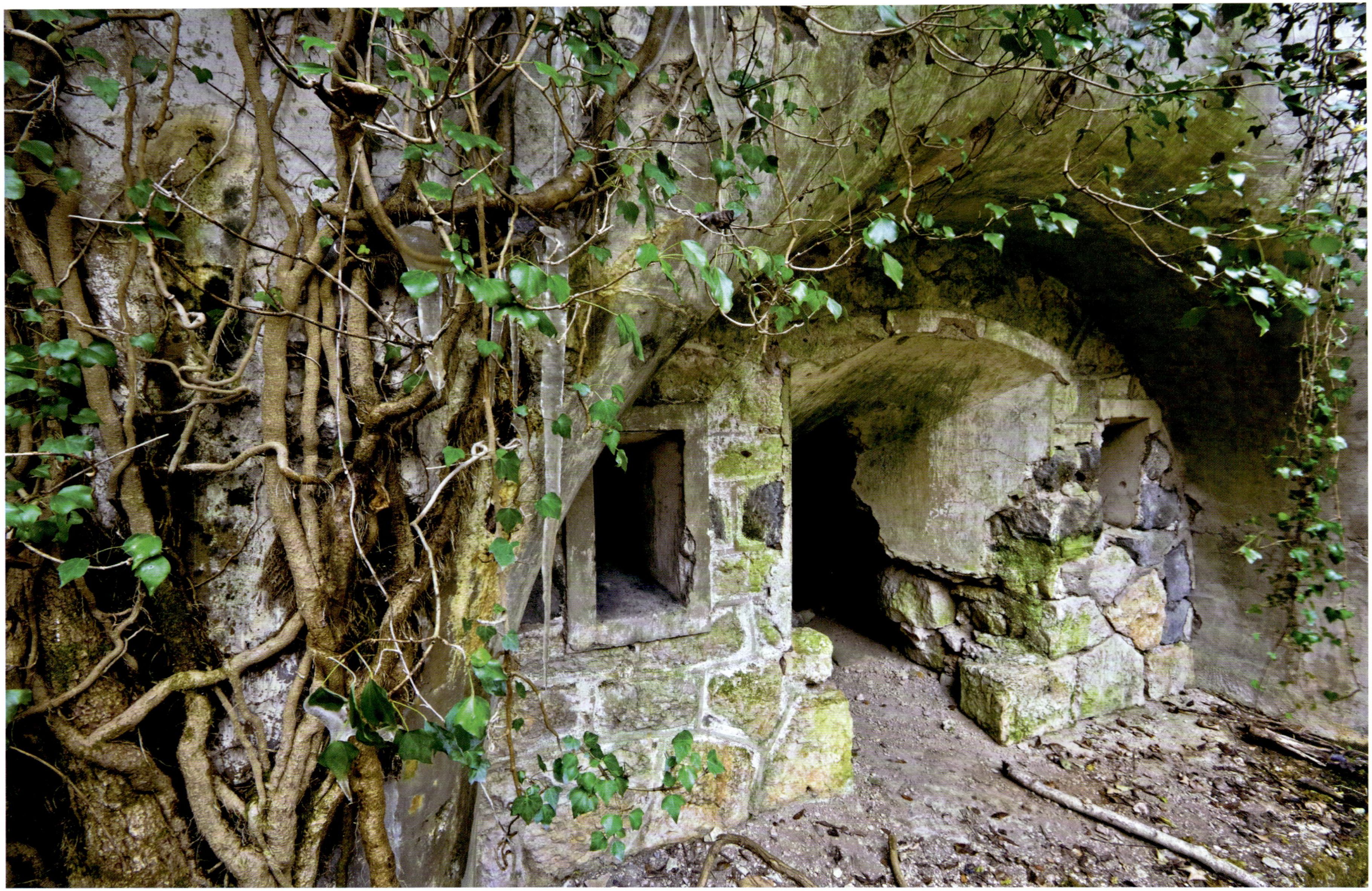

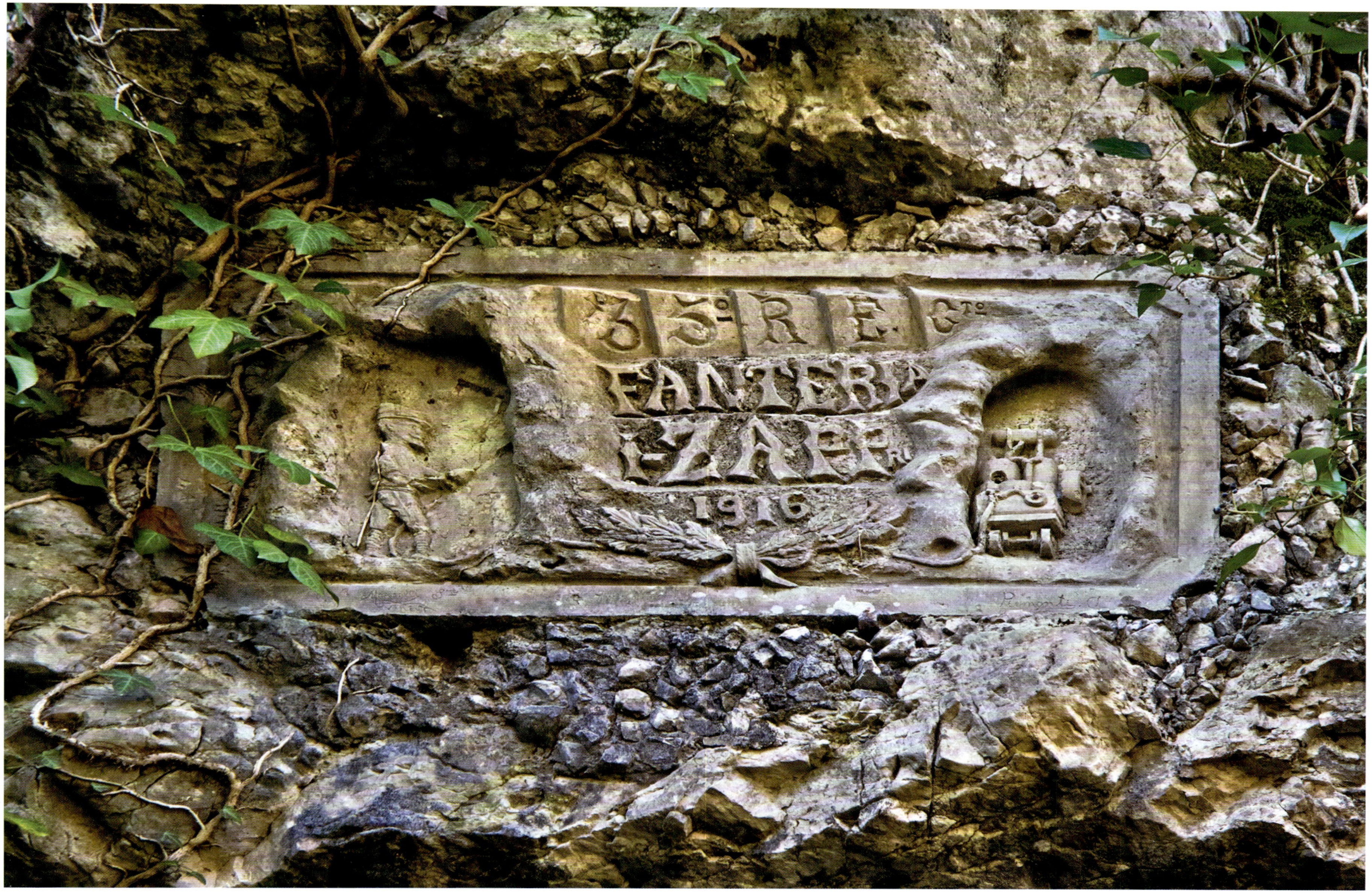
35° R E Cto
FANTERIA
I-ZAPPri
1916

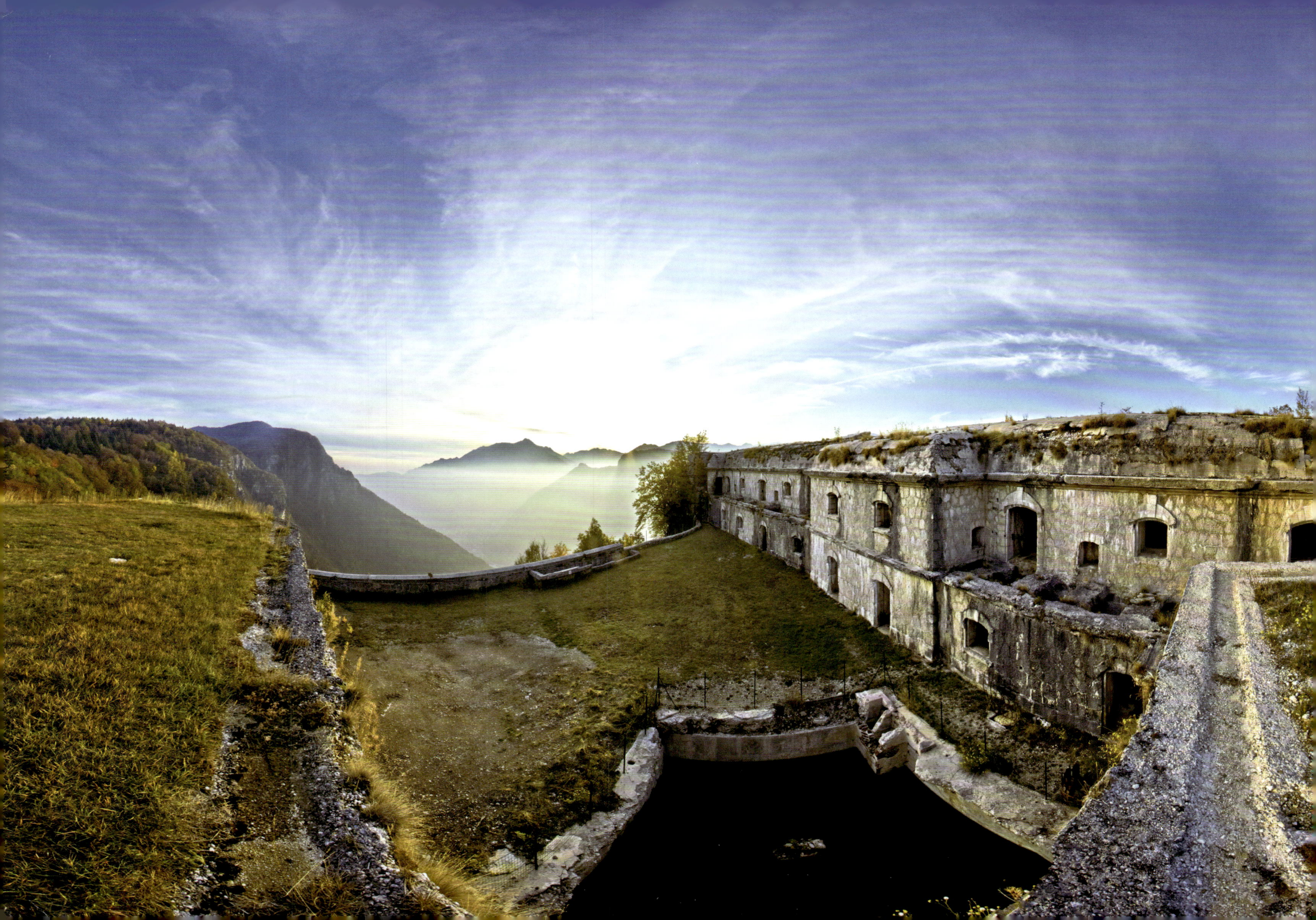

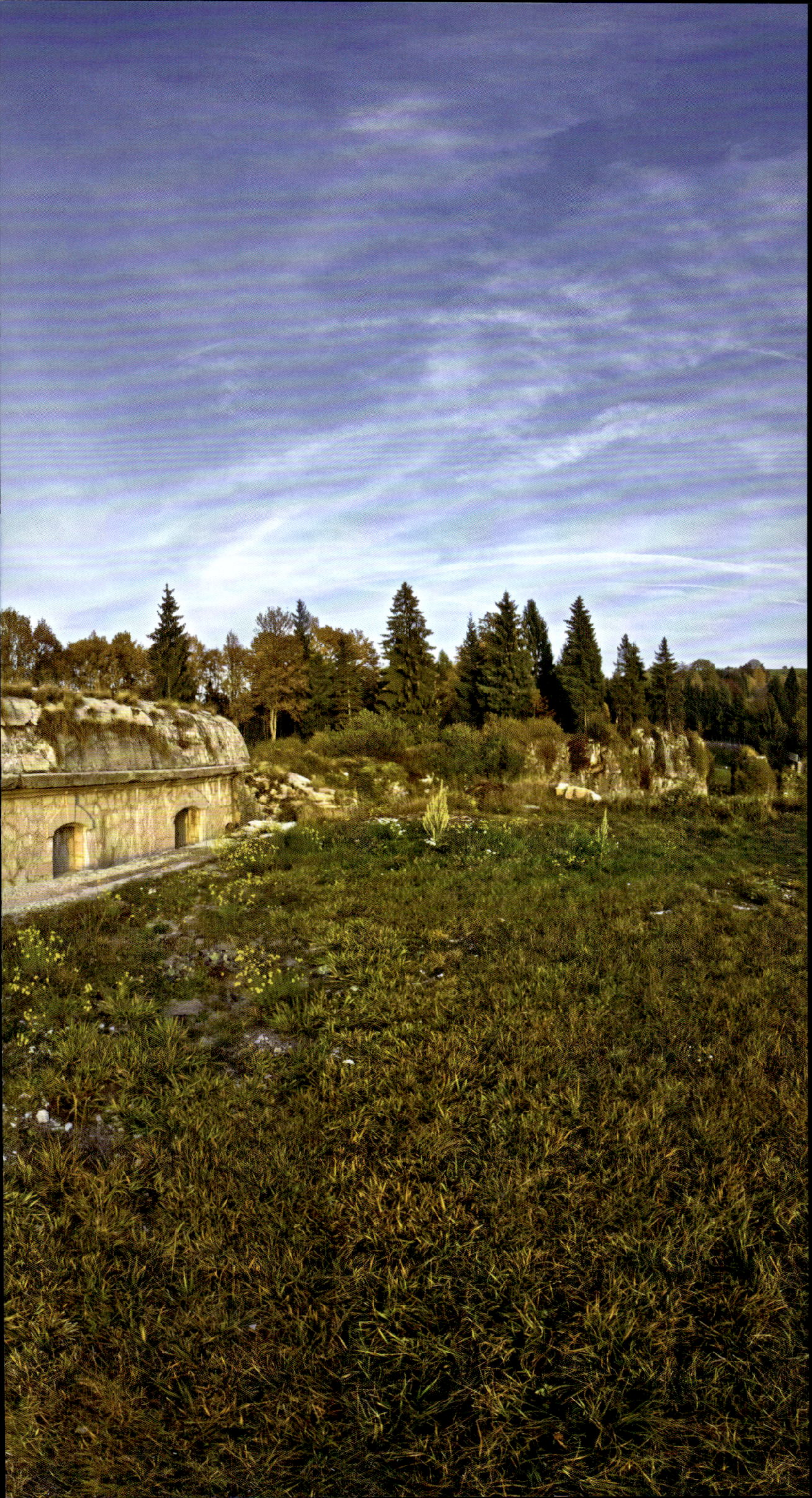

FORTE PUNTA CORBIN

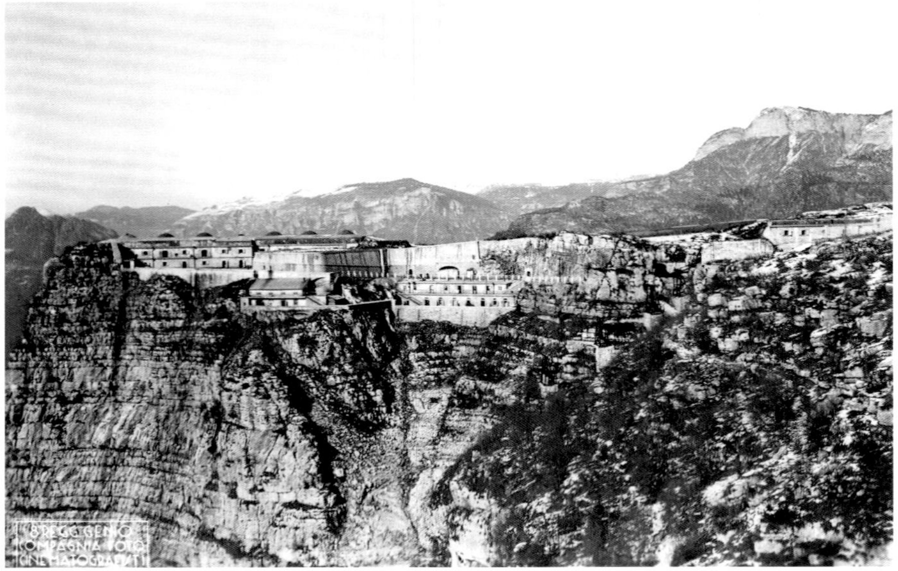

Una vera e propria macchina da guerra, verrebbe da dire. Così appare, acquattato sul ciglio della montagna, teso nei nervi e nei muscoli come un felino feroce, pronto al balzo letale. Ma il Forte Punta Corbin non ebbe da tirar fuori gli artigli: troppo lontano il fronte, inutili i sei cannoni puntati al cielo, solo i binocoli degli ufficiali a tastare l'orizzonte, a scrutare i balzi di roccia, le cime dei monti oltre i quali la battaglia che infuria sugli Altipiani giunge con echi lontani, brontolii sordi, cupi boati. E allora ecco i cannoni prelevati dalle cupole, inutili alla guerra sui contrafforti silenziosi della Val d'Astico, tra poiane, falchi e folate di vento. Poi il precipitare degli eventi, i colpi del *Barbara*, il furore degli imperiali, il nemico che avanza e la guarnigione che fugge, il forte conquistato, poi lasciato e ripreso senza combattere, ormai inutile bestia, senza più artigli.

Eine richtige und echte Kriegsmaschine, würde man sagen. Sie scheint, wie an die Seite des Berges gekauert, die Nerven und Muskeln angespannt wie eine Wildkatze, bereit für den tödlichen Sprung. Aber das Fort Punta Corbin musste nicht seine Krallen ausfahren: die Front war zu weit weg und unnötig waren auch die sechs Kanonen, die zum Himmel gerichtet waren. Nur die Feldstecher der Offiziere tasten den Horizont und die Felsvorsprünge ab, die Gipfel der Berge, über jenen die Schlacht auf den Hochebenen tobt und uns mit weit entferntem Echo erreicht, mit taubem Knurren und dumpfem Donner. Dann wurden die Kanonen von den Kuppeln genommen, zwecklos für einen Krieg gegen die stillen Festungen des Astico Tals, zwischen Bussarden, Falken und Windböen. Doch dann überstürzen sich die Ereignisse, die Treffer der *Barbara*, die blinde Wut der Kaiserlichen, der Feind, der voranschreitet und die Garnison, die flieht, das Fort erobert, zurückgelassen und ohne zu kämpfen wieder genommen. Es ist zu einem nutzloses Tier geworden, ohne Krallen.

A real war machine, one might say. So it appears, crouched by the side of the mountain, tense nerves and muscles like a fierce feline, ready to a lethal jump. But Fort Punta Corbin did not have to pull out its claws: too far off the front, useless were its six cannons pointing to the sky, with only the binoculars of the officers to scan the horizon, to pry into the leaps of rock, the mountain peaks beyond which the battle raging on the plateaus arrived with distant echoes, deaf rumblings and gloomy roars. And then the guns taken from the domes, useless to the war on the silent spurs of the Astico Valley, among buzzards, hawks and gusts of wind. Then the pressure of events, the shots of the *Barbara*, the fury of the imperialists, the advancing enemy and the running away garrison, the conquered and lost again fortress without a fight, now useless beast, without claws.

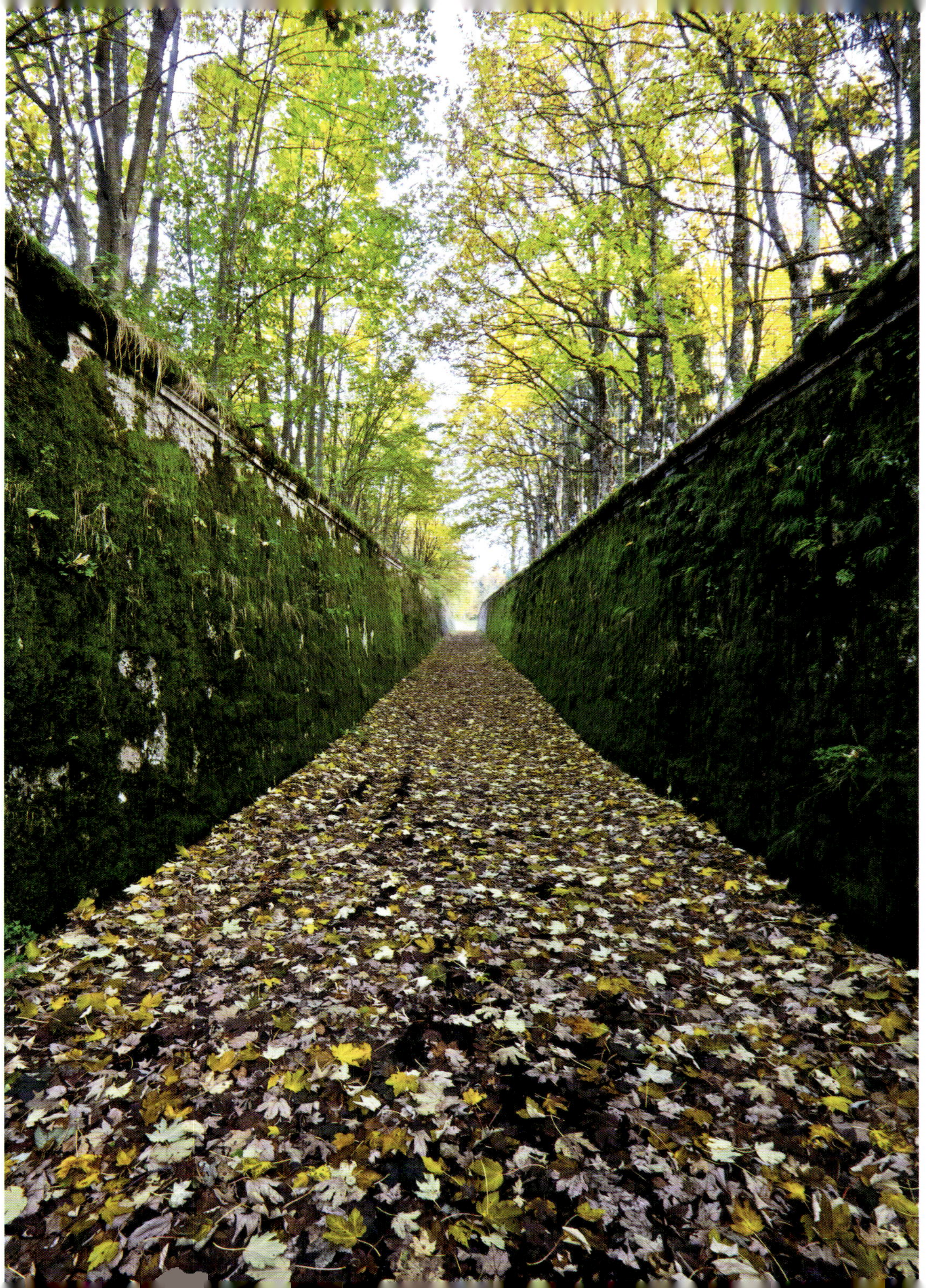

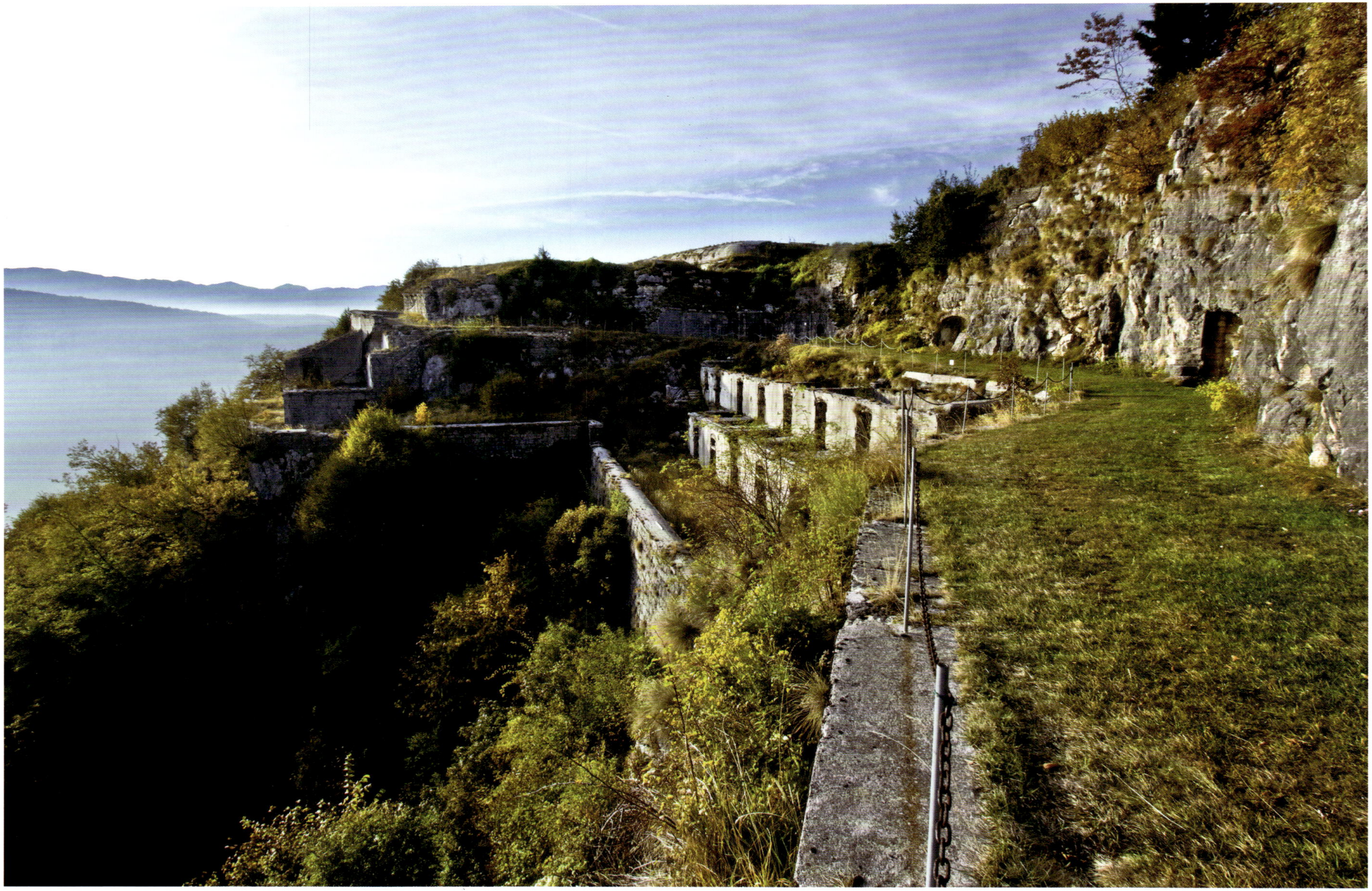

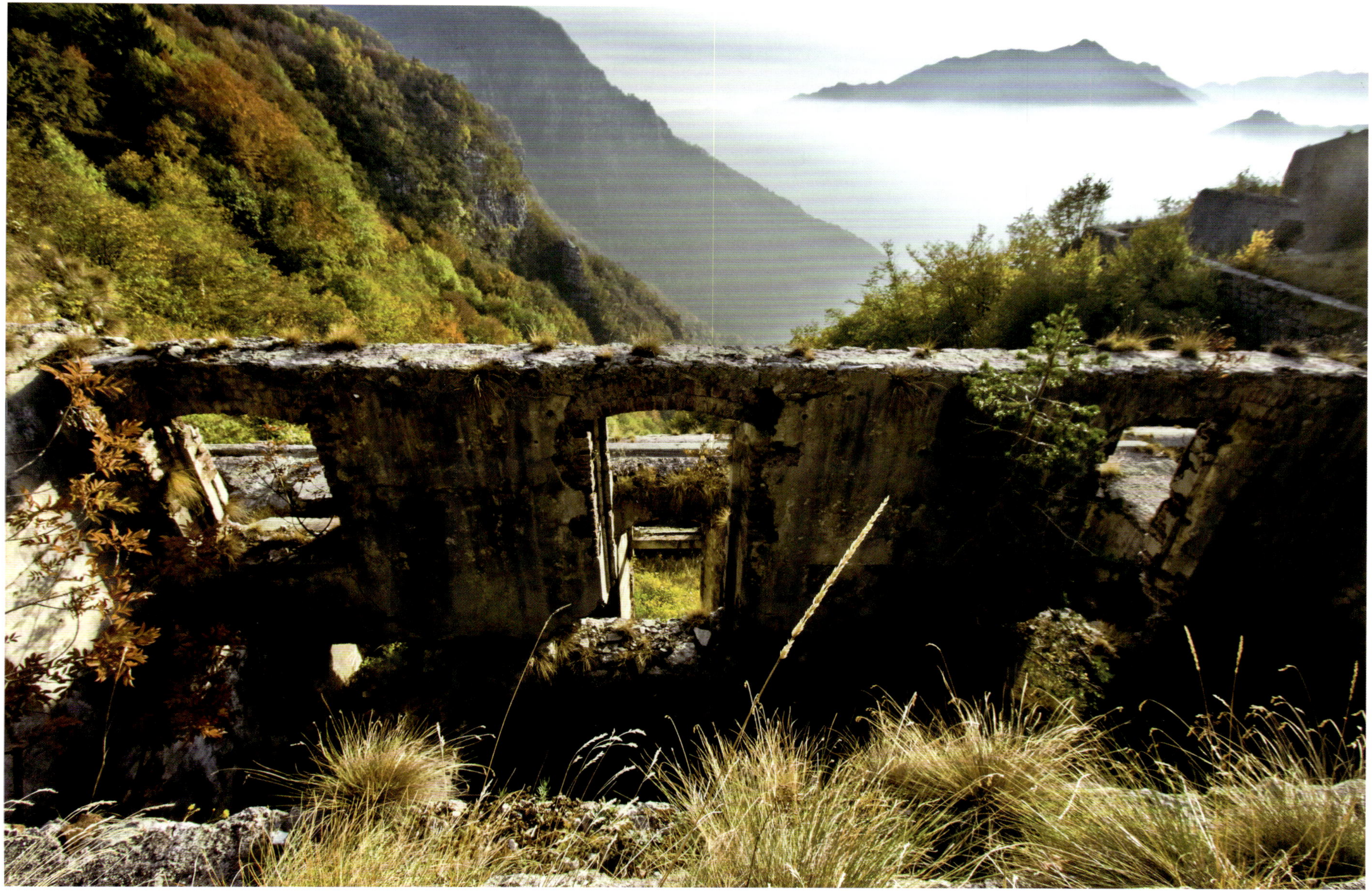

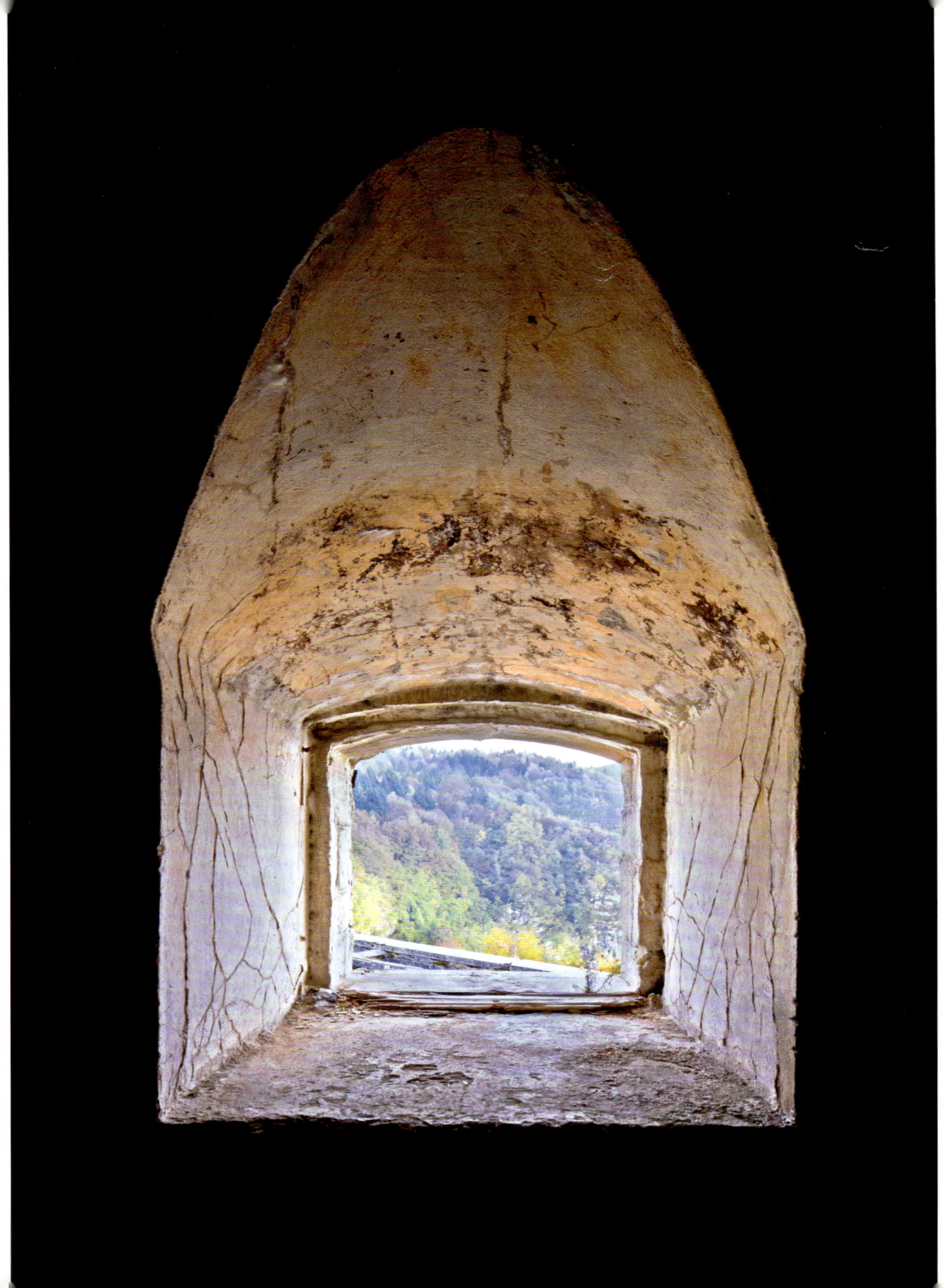

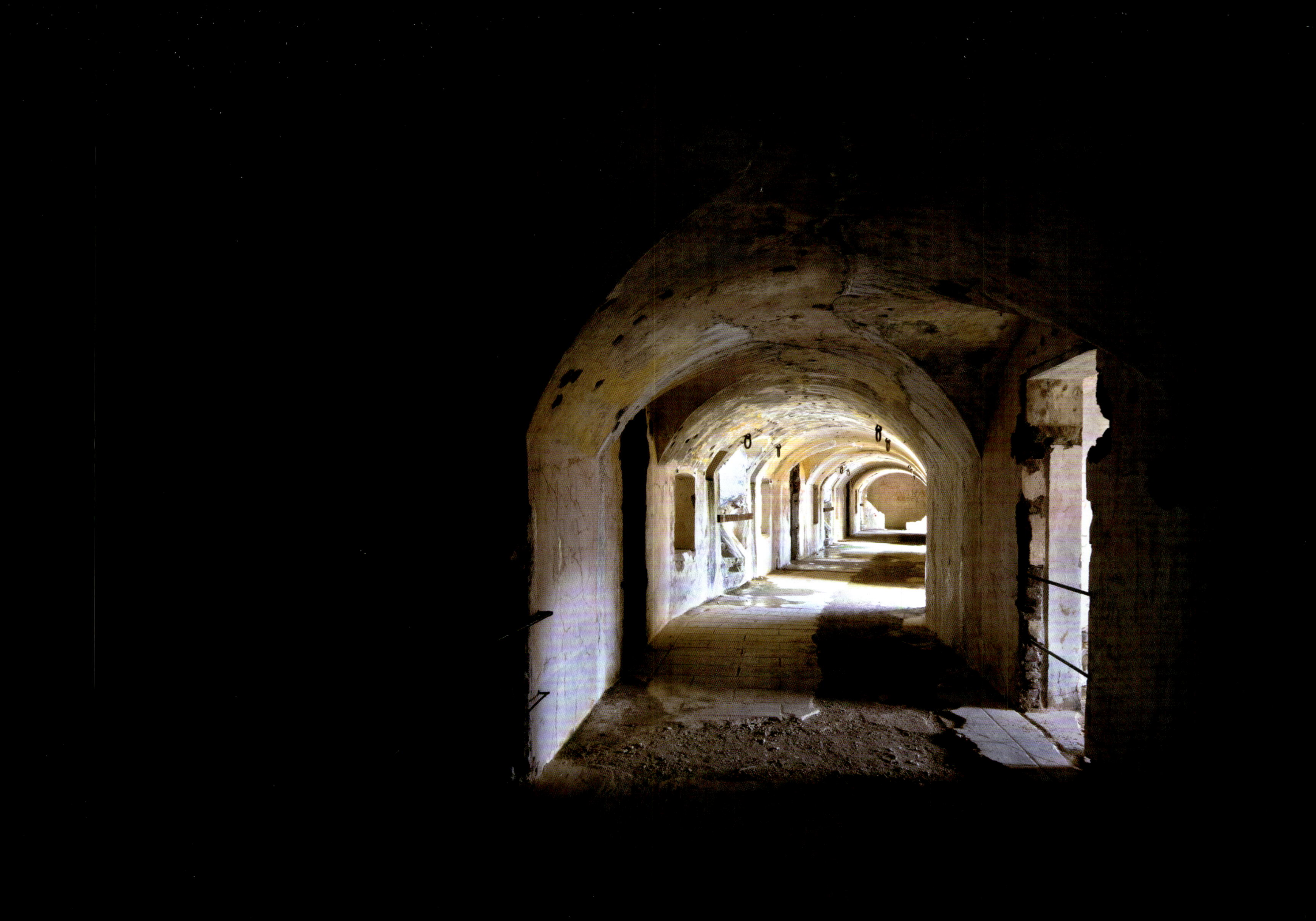

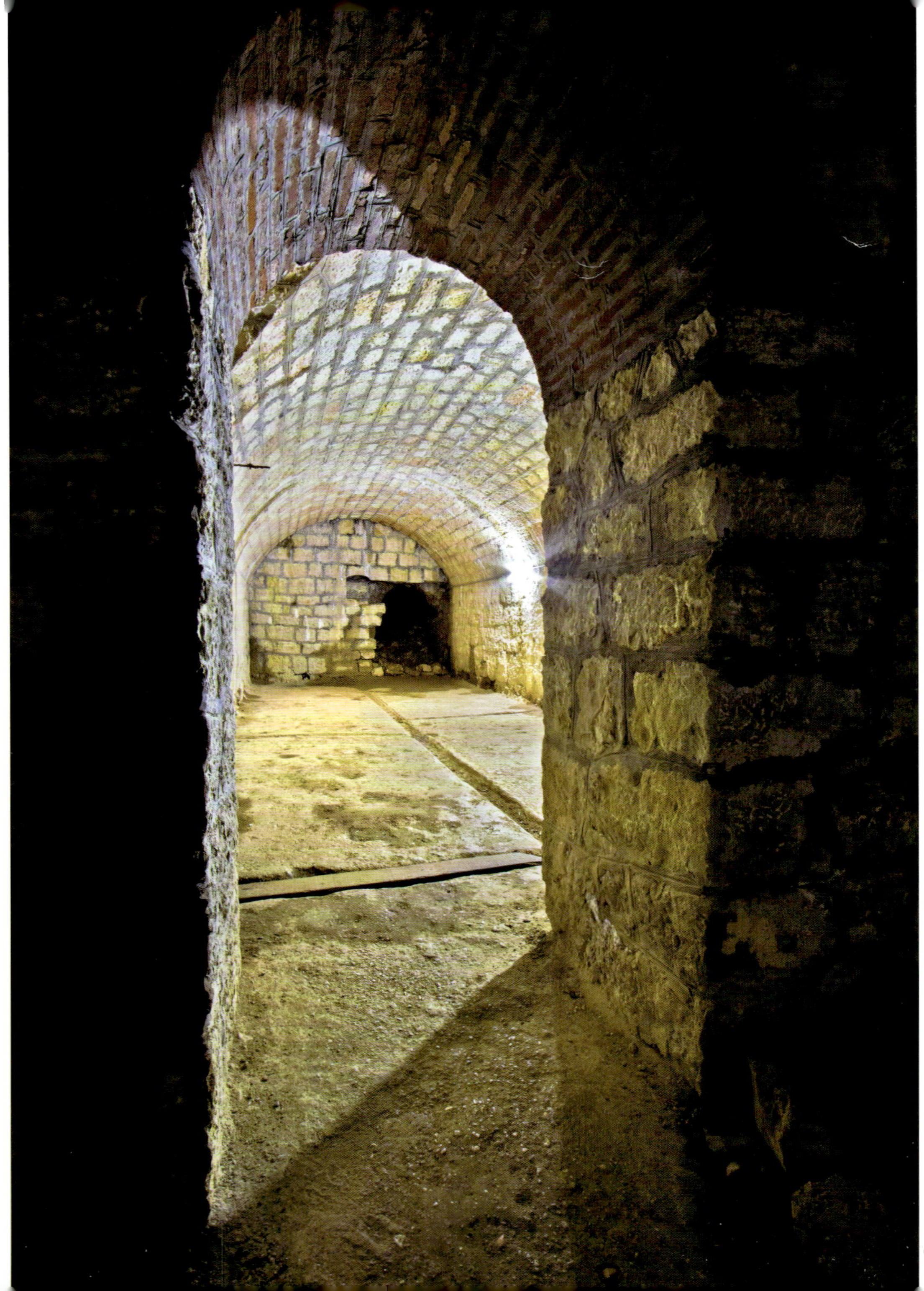

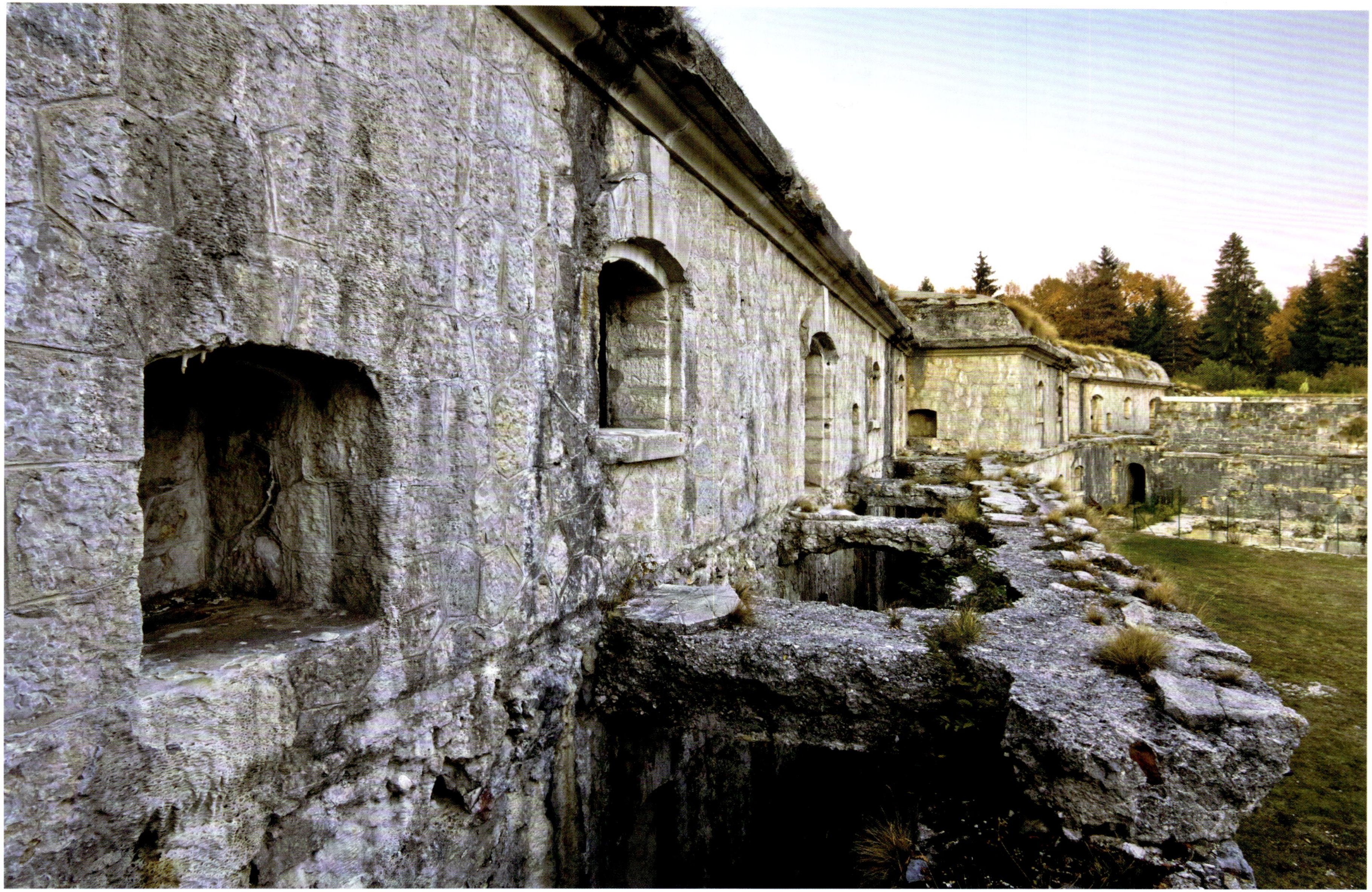

150

GIUSEPPE DE MORI

"La volta della Val d'Astico era come coperta da un nembo di fuoco; saettanti boati ne laceravano il cielo e incupivano di echi fragorosi ogni spaccatura e ogni recesso della valle...".

"Der Himmel des Astic Tals war wie eine mit einer Gewitterwolke aus Feuer bedeckt; donnernde Blitzschläge zerrissen und verdüsternden den Himmel, schallendes Echo bei jedem Einschlag und der Rückzug des Tales...".

"The vault of the Astico Valley looked as it were covered up in a cloud of fire; darting roars rent the sky, darkened every crack and every recess of the valley with thunderous echoes...".

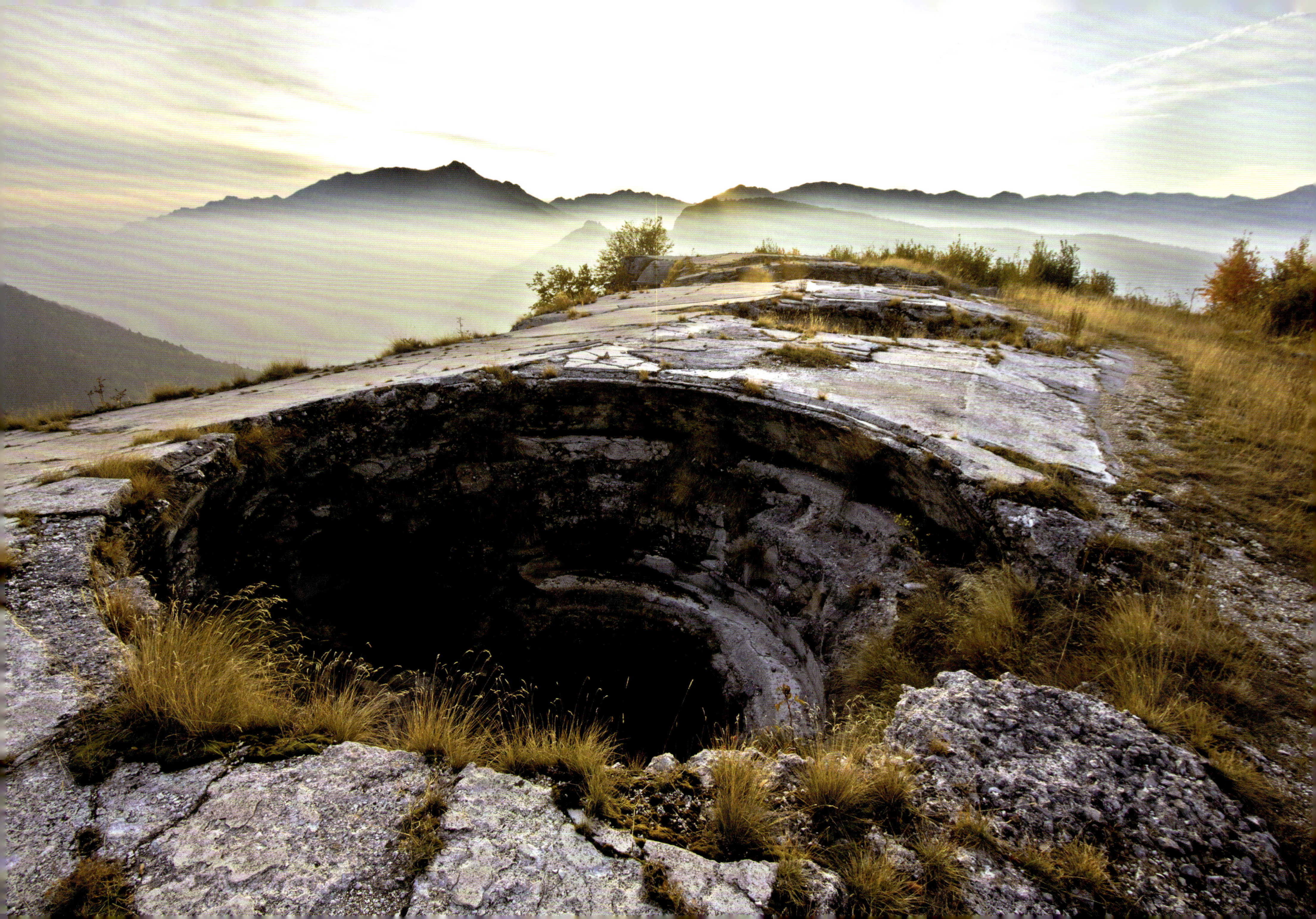

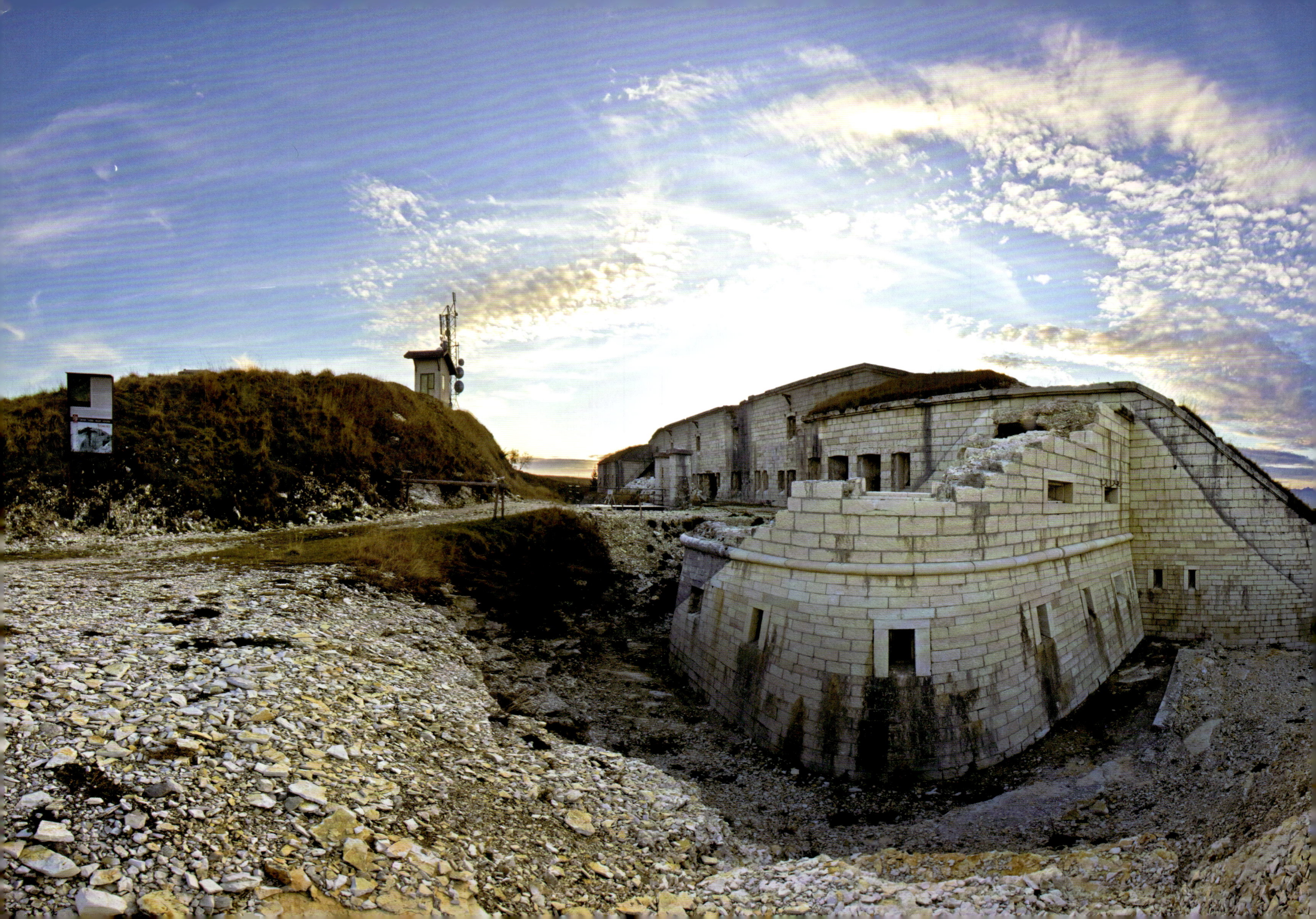

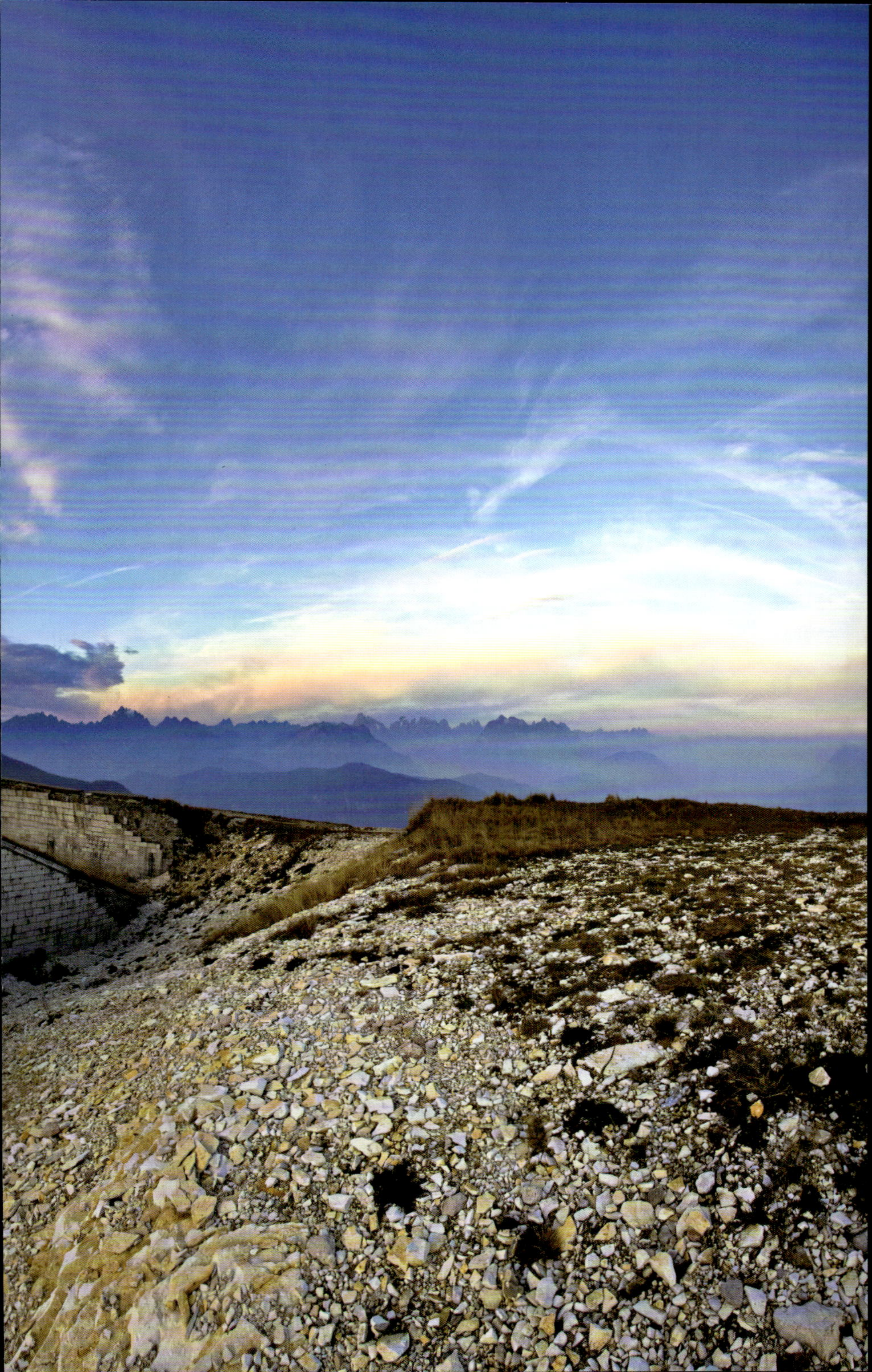

FORTE LISSER

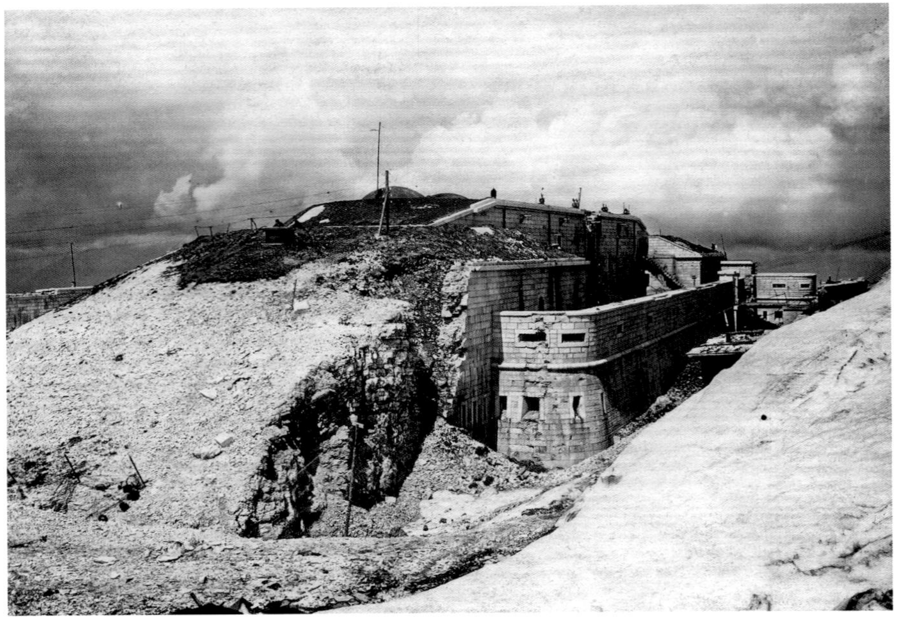

Sentinella della Valsugana sull'estremo limite orientale dell'Altopiano dei Sette Comuni, a 1633 m di quota, sulla cima erbosa che gli ha dato il nome, questo fu il Forte Lisser. Opera imponente e moderna, ampia, realizzata con cura, quasi con eleganza, punto di forza, assieme ai forti Cima Campo e Cima Lan, dello sbarramento Brenta - Cismon. Della guerra mostra ancora oggi i segni, le sbrecciature. Fu protagonista? Nel maggio 1915, allo scoppio del conflitto, era fuori zona di operazioni: i suoi cannoni rimasero muti e furono dispiegati altrove. Fu coinvolto nel conflitto nel giugno del 1916, sulla spinta della *Strafexpedition*. In quell'occasione, come raccontano delle cronache, riuscì persino a colpire con fuoco amico le truppe italiane posizionate sul Monte Fior. Fu infine conquistato senza battaglia nel novembre 1917, rimanendo in mano nemica fino alla fine del conflitto.

Es ist der Wachposten des Sugana Tals, das Fort Lisser, am äußersten östlichen Rand der Hochebenen der Sieben Gemeinden, auf 1633 m Höhe, auf dem grasbedeckten Gipfel, der ihm den Namen gegeben hat. Ein eindrucksvolles und modernes Werk, großräumig, sorgfältig realisiert, fast elegant und zusammen mit dem Fort Cima Campo und dem Fort Cima Lan Kraftpunkt der Sperre Brenta - Cismon. Vom Krieg zeigt es noch heute Spuren der Durchbrechung. War es der Hauptdarsteller? Im Mai 1915, beim Ausbruch des Krieges lag es Abseits des Kampfgebietes und seine Kanonen blieben stumm und wurden an anderen Stellen eingesetzt. Das Fort wurden im Juni 1916 in den Krieg hineingezogenen, als die *Strafexpedition* vorrückte. Zu diesem Zeitpunkt, so erzählen die Geschichtsbücher, schaffte es das Fort sogar, die eigenen italienischen Truppen unter Beschuss zu nehmen, die auf dem Monte Fior positioniert waren. Am Ende wurde es ohne Kampf im November 1917 erobert und blieb bis ans Ende des Krieges in der Hand des Feindes.

Sentinel of Sugana Valley on the extreme eastern limit of the Seven Municipalities, at 1633 a.s.l., on the grassy summit that gave it the name, this was Fort Lisser: an impressive and modern opera, wide, made with care, almost with elegance, point of strength, together with Fort Cima Campo and Cima Lan, the barrier Brenta - Cismon. It still shows the signs and breaching of the war. Was it the hero? In May 1915, at the outbreak of the conflict, it was outside the area of operations and its guns remained silent, they were also deployed elsewhere. It was involved in the conflict in June 1916, on the push of the *Strafexpedition*. On that occasion, as told in the news, it even managed to hit with friendly fire the Italian troops positioned on Mount Fior. It was finally conquered without any battle in November 1917, and remained in the enemy hands until the end of the conflict.

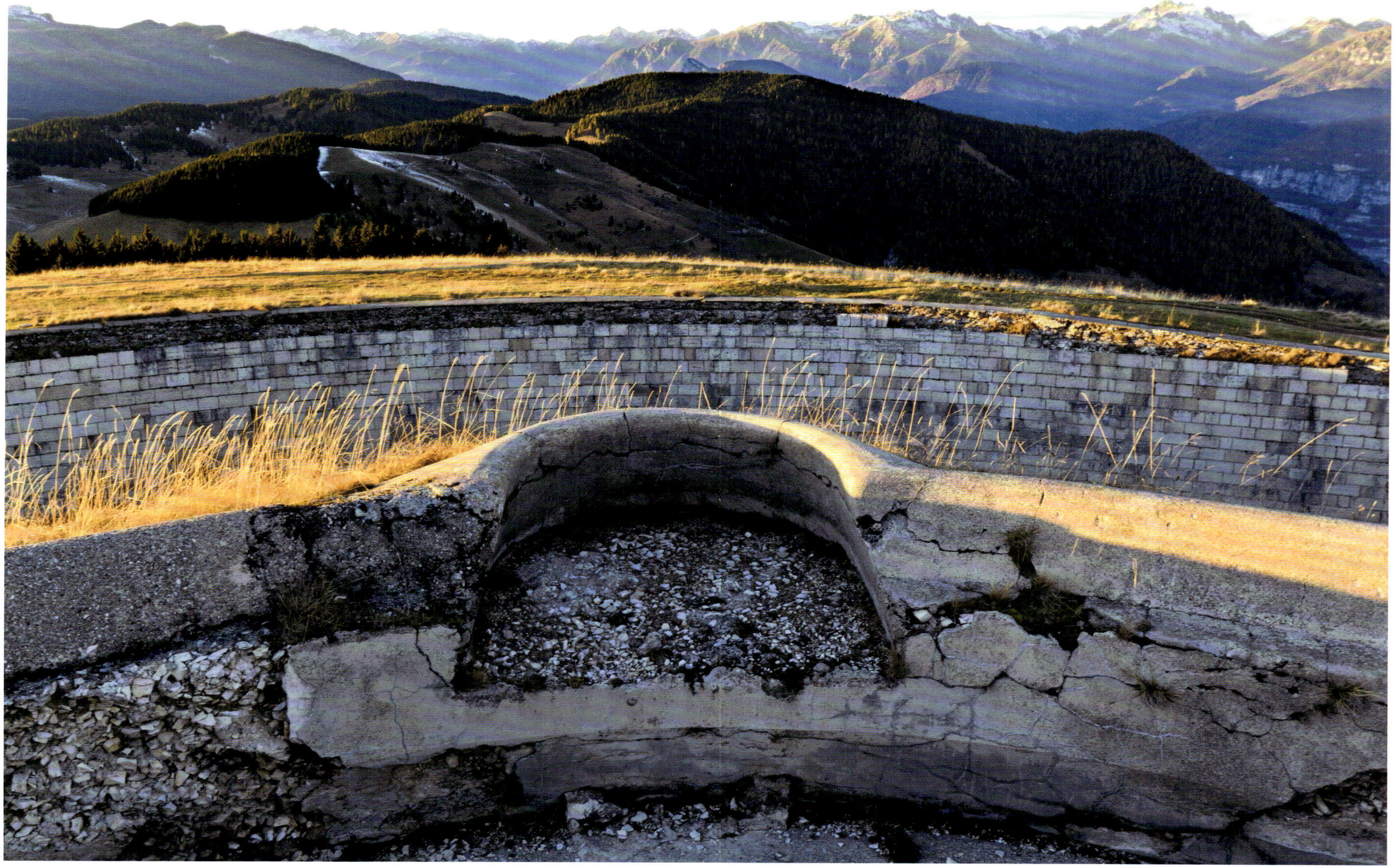

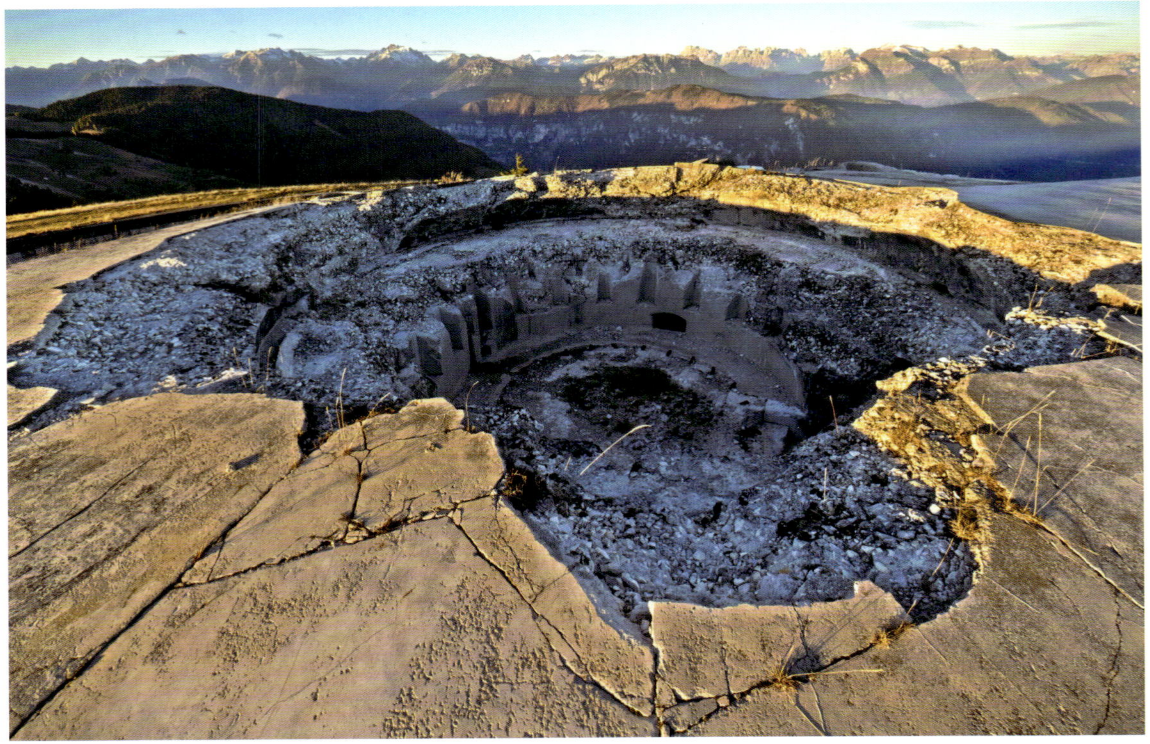

GIUSEPPE DE MORI

"Nei pressi del forte troviamo il deserto, indice che siamo in zona scoperta sotto il tiro nemico. Il ponte levatoio è sfondato, parte del cornicione rovinato. Le artiglierie sono state tolte e piazzate alle spalle del monte. Silenzio...".

"Um das Fort finden wir Wüste, Zeichen, dass wir auf offenem Feld unter feindlichem Beschuss sind. Die Zugbrücke ist durchgebrochen, das Gesims zerstört. Die Geschütze wurden weggebracht und auf dem Bergrükken positioniert. Stille...".

"Near the fort we find the desert, that means, we are in an open ground under the enemy fire. The drawbridge is broken, part of the moulding is ruined. The guns were removed and placed behind the mountain. Silence...".

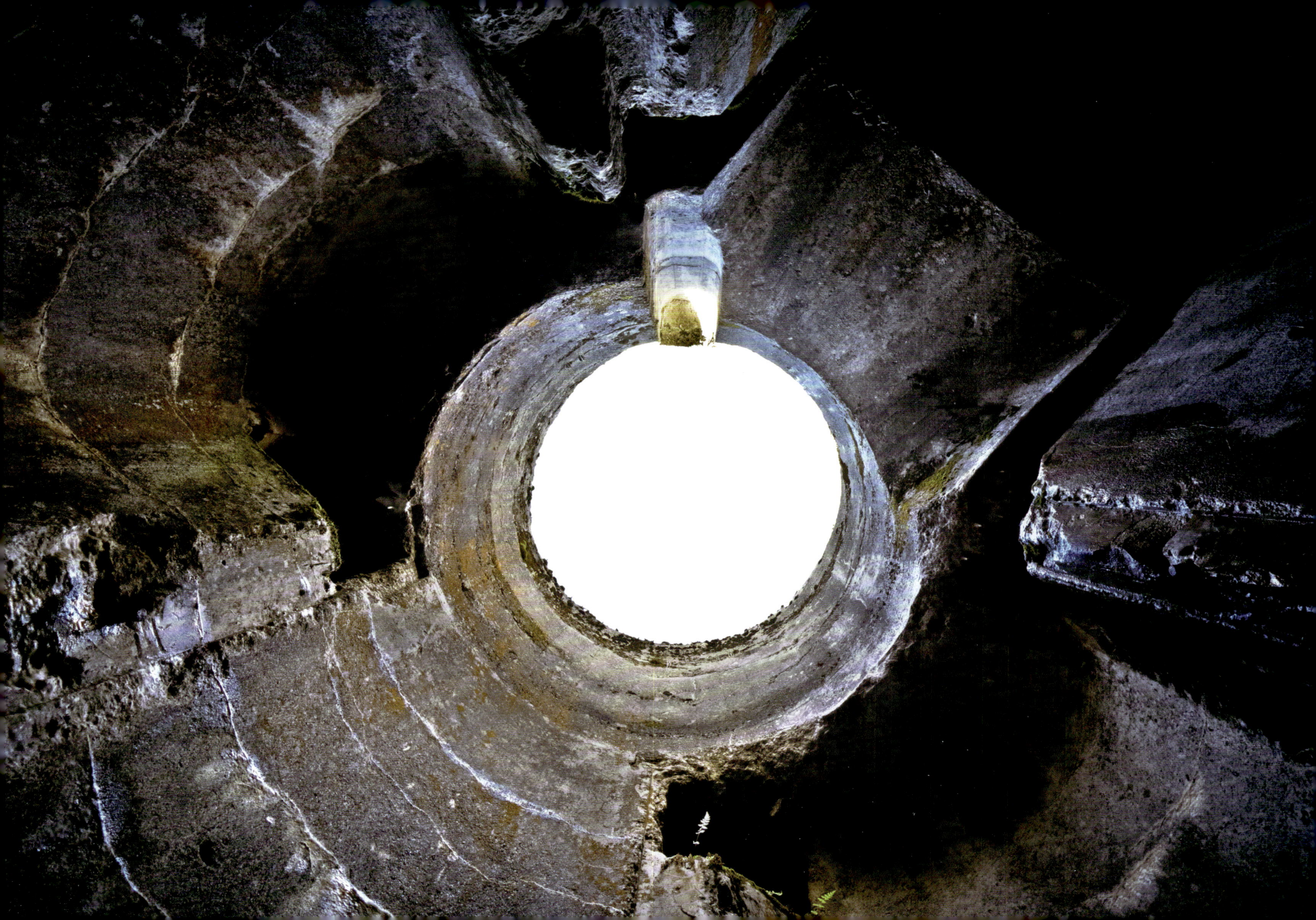

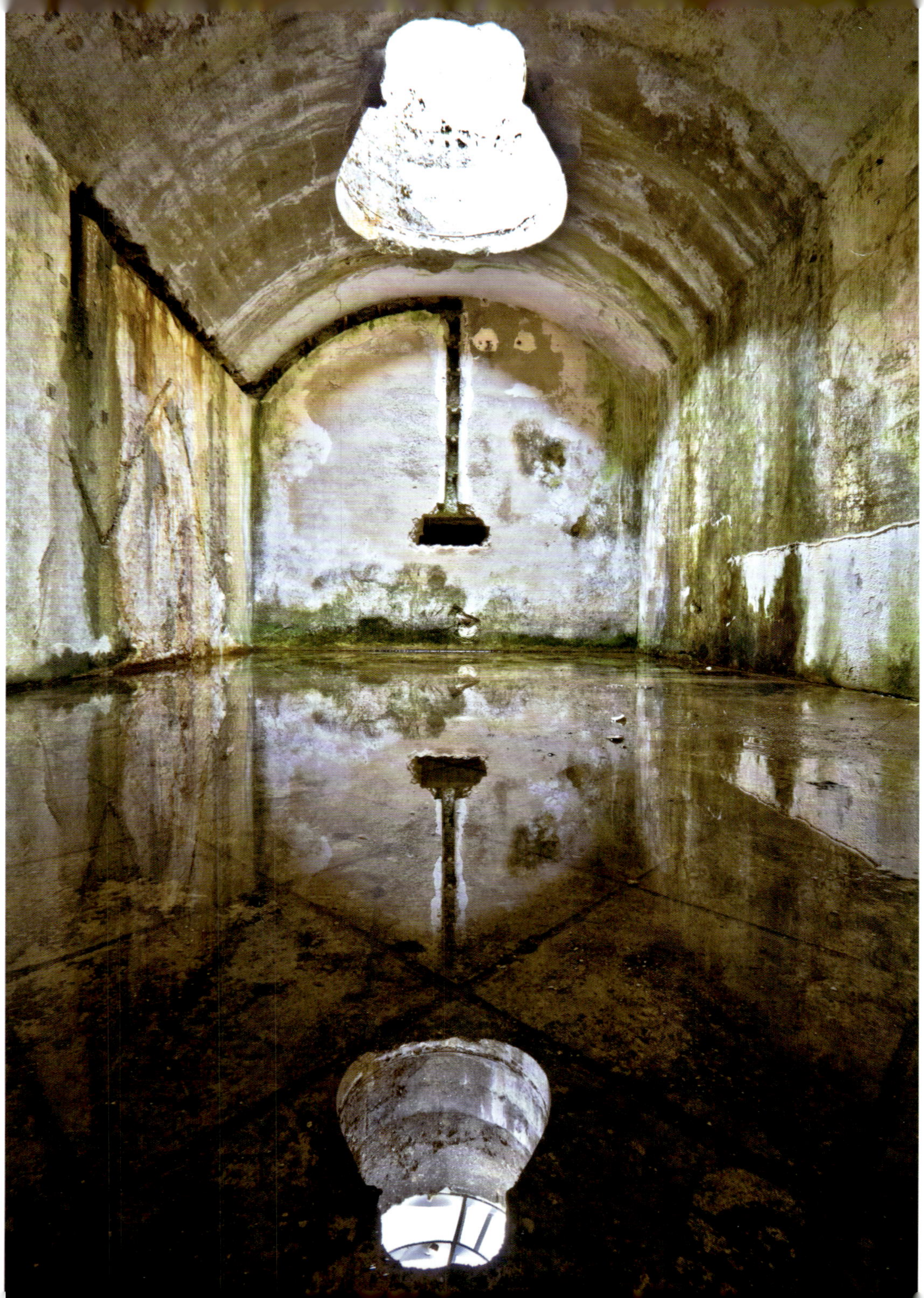

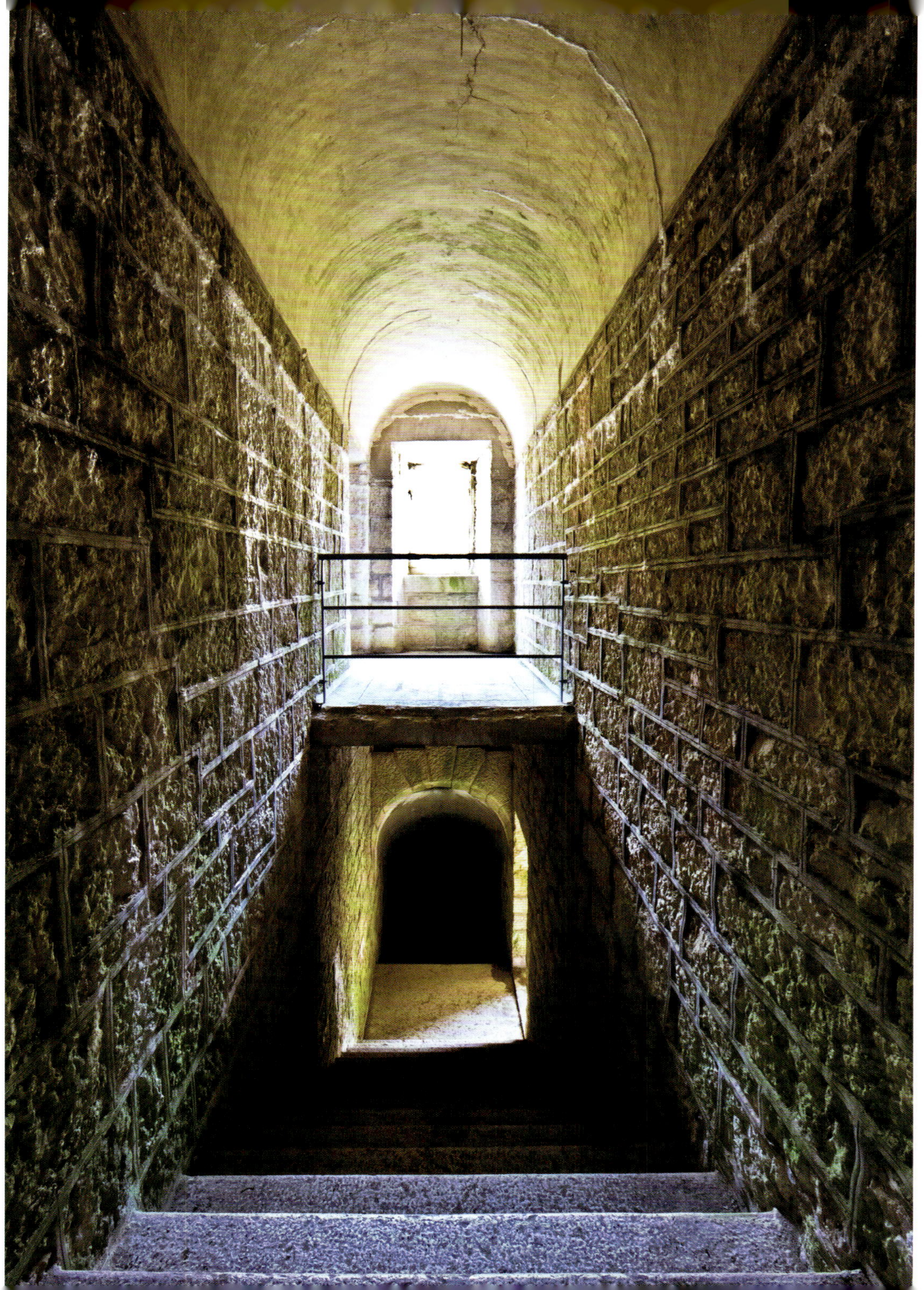

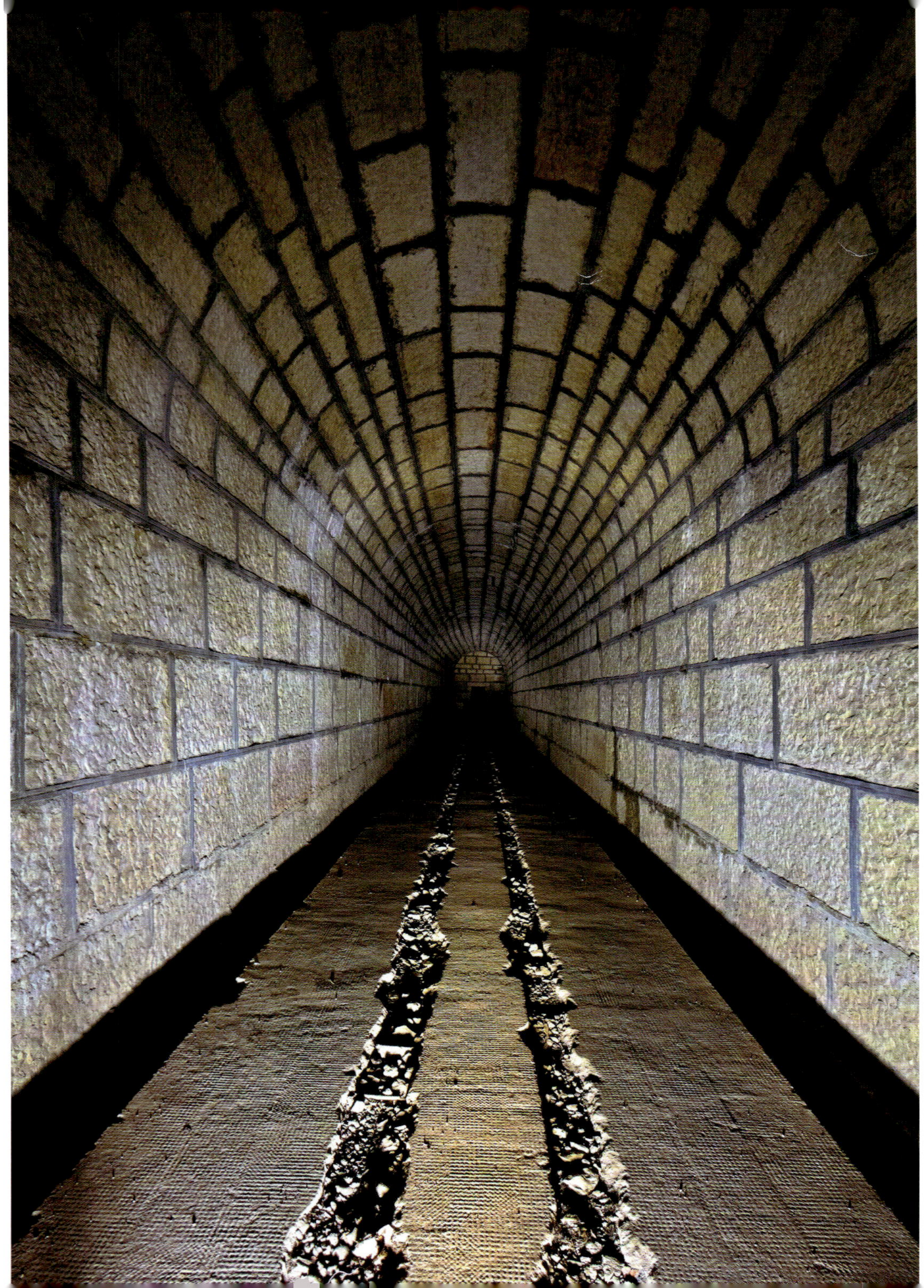

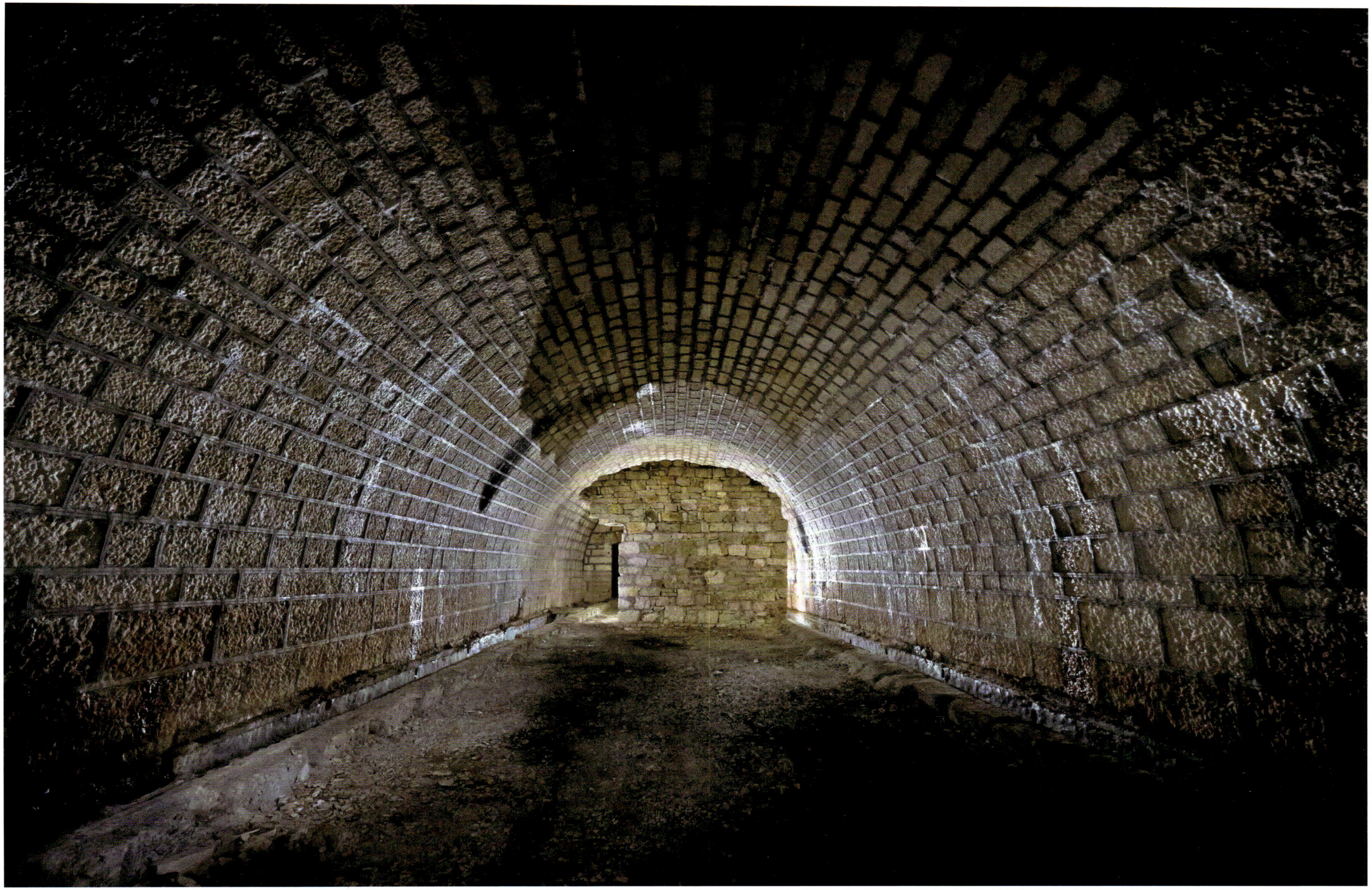

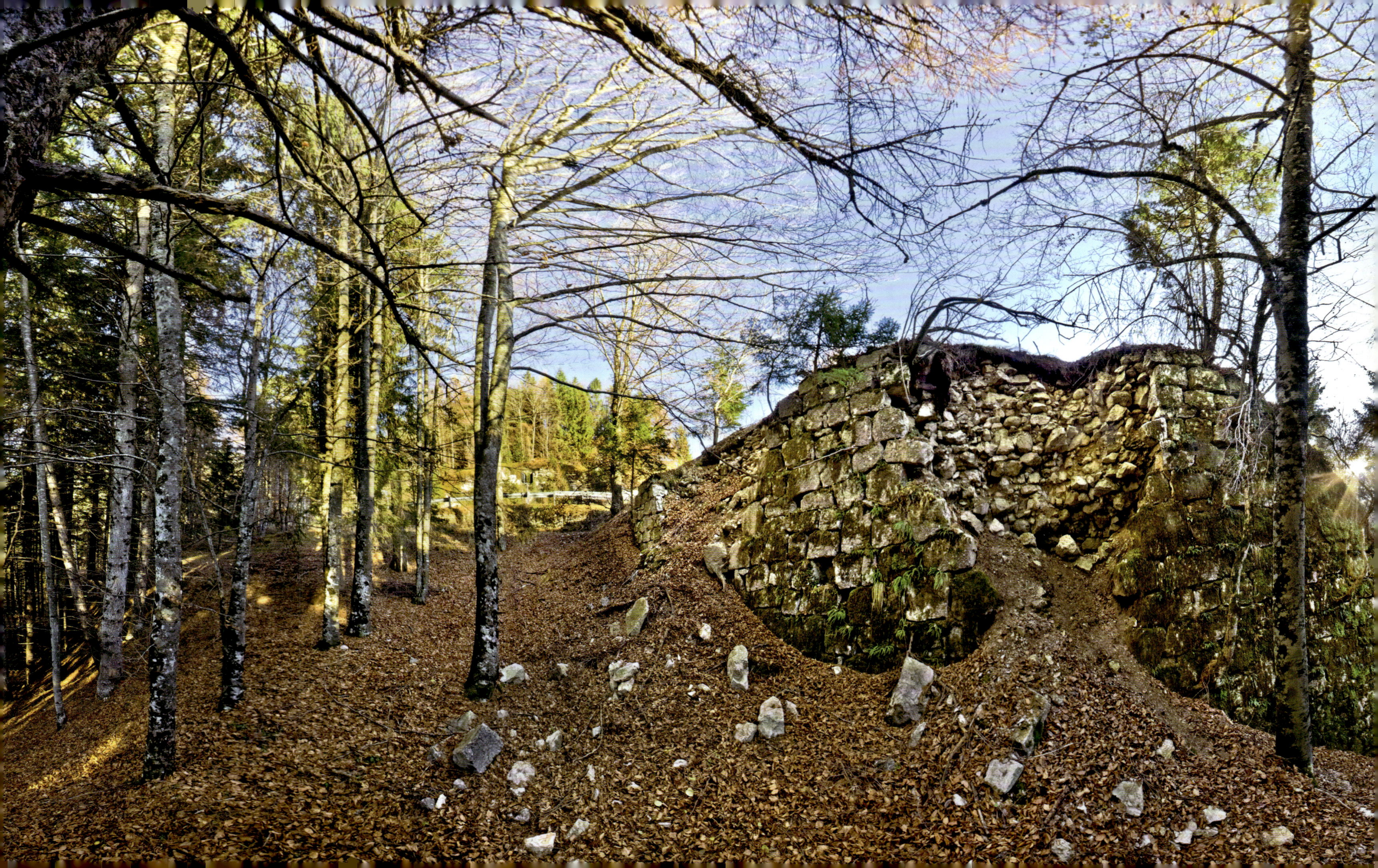

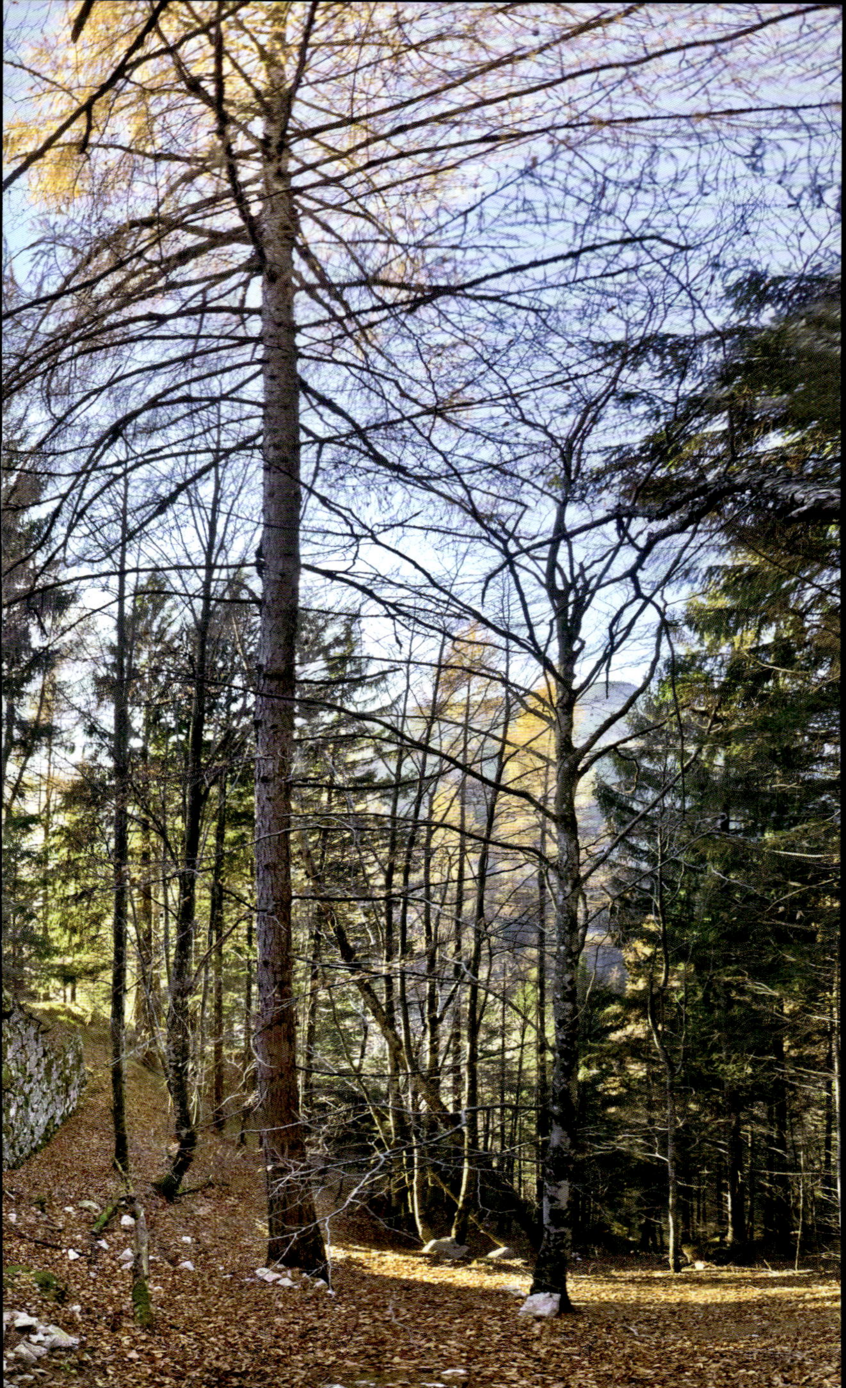

TAGLIATA VAL D’ASS

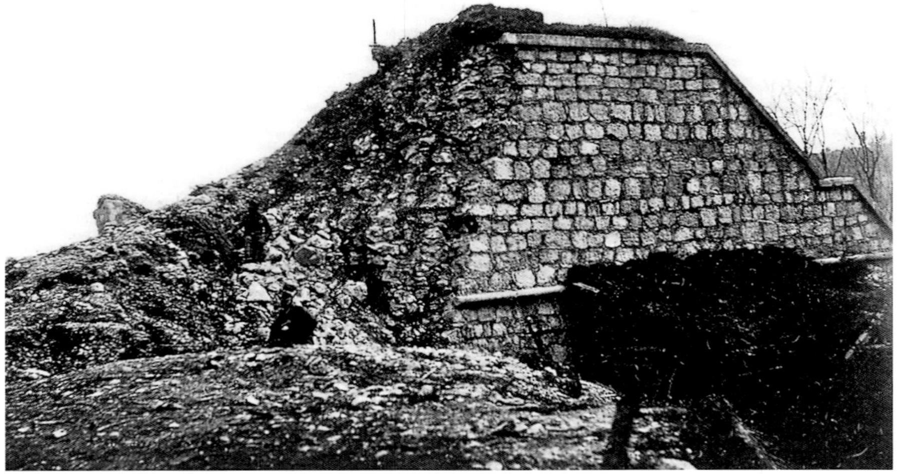

La Tagliata Val d'Assa è testimone d'altri tempi, di quando, dopo la Terza guerra d'indipendenza, il Veneto divenne terra del Regno e negli anni a seguire, da una parte e dall'altra, ci si affrettò a fortificare i confini, a presidiare i valichi, le strade. Italia e Austria-Ungheria alleate, c'è la Triplice di mezzo, ma non ci si fida: Roma e Vienna fanno buon viso e cattivo gioco, si fortifica. La Tagliata, sulla via di Asiago, è opera tardo-ottocentesca, inutile alla Grande Guerra, tanto inutile da non aver tentato nel momento della prova alcun cenno di resistenza, incapace nell'assalto dell'Offensiva di Primavera di prestar fede al suo proprio ruolo di sbarramento stradale. Tanto valse fare delle sue stesse macerie un ostacolo per il nemico, per quanto simbolo di fuga. Nulla racconta più ciò che fu. Moderne esigenze di adeguamento stradale ne hanno cancellato le tracce, quasi pure il ricordo.

"Tagliata Val d'Assa", Straßensperre im Assa Tal, ist Zeuge der Vergangenheit: als der Dritte Unabhängigkeitskrieg vorbei war und Venetien ins Königreich Italien überging, beeilte man sich, auf der einen und auf der anderen Seite, die Grenzen zu befestigen und die Bergpässe und Straßen unter Besatz zu nehmen. Das Königreich Italien, Österreich-Ungarn waren Verbündete durch den Dreibund, aber man vertraute sich nicht: Rom und Wien machen gute Miene zum bösen Spiel, aber in Wirklichkeit befestigt man die Grenzen. "La Tagliata", auf der Straße nach Asiago, ein Bauwerk aus dem späten neunzehnten Jahrhundert, nutzlos für den Großen Krieg, so sinnlos, dass es, zum Zeitpunkt der Herausforderung kein Zeichen des Widerstands von sich gab, es wurde nicht einmal versucht und war unfähig dem Angriff der Frühjahrsoffensive standzuhalten und die Straße abzusperren. Dann lieber seinen eignen Schutt als Hinderniss zu verwenden, auch wenn es ein Symbol der Flucht war. Nichts erzählt mehr davon, was geschehen war. Die neuen Straßen, die an unsere heutigen modernen Bedürfnisse angepasst sind, haben die Spuren ausgelöscht, fast auch die Erinnerung.

Witness of the past, the Tagliata Val d'Assa, was started after the Third War of Independence, when the region Veneto became part of the Kingdom and was continued in the years to follow, when both sides, Italian and Austro-Hungarian, hastened to fortify boundaries, to guard the passes and the roads. Italy and Austria-Hungary were allied, on account of the Triple Alliance, but they did not trust each other: Rome and Vienna smiled at each other, but played a bad game, and therefore they built fortifications. The fortress, on the road to Asiago, dates back to the late-nineteenth century, useless during the Great War, so much useless as not having tried any trial of resistance, unable during the Spring Offensive not having tried any attempt of resistance, unable during the Spring Offensive to perform its role as a road barrier. This is why it was decided to transform its own debris into a hindrance for the enemy. An icon of escape. Nothing shows any longer what it was. Modern needs of proportioning streets have erased the traces, nearly also its memory.

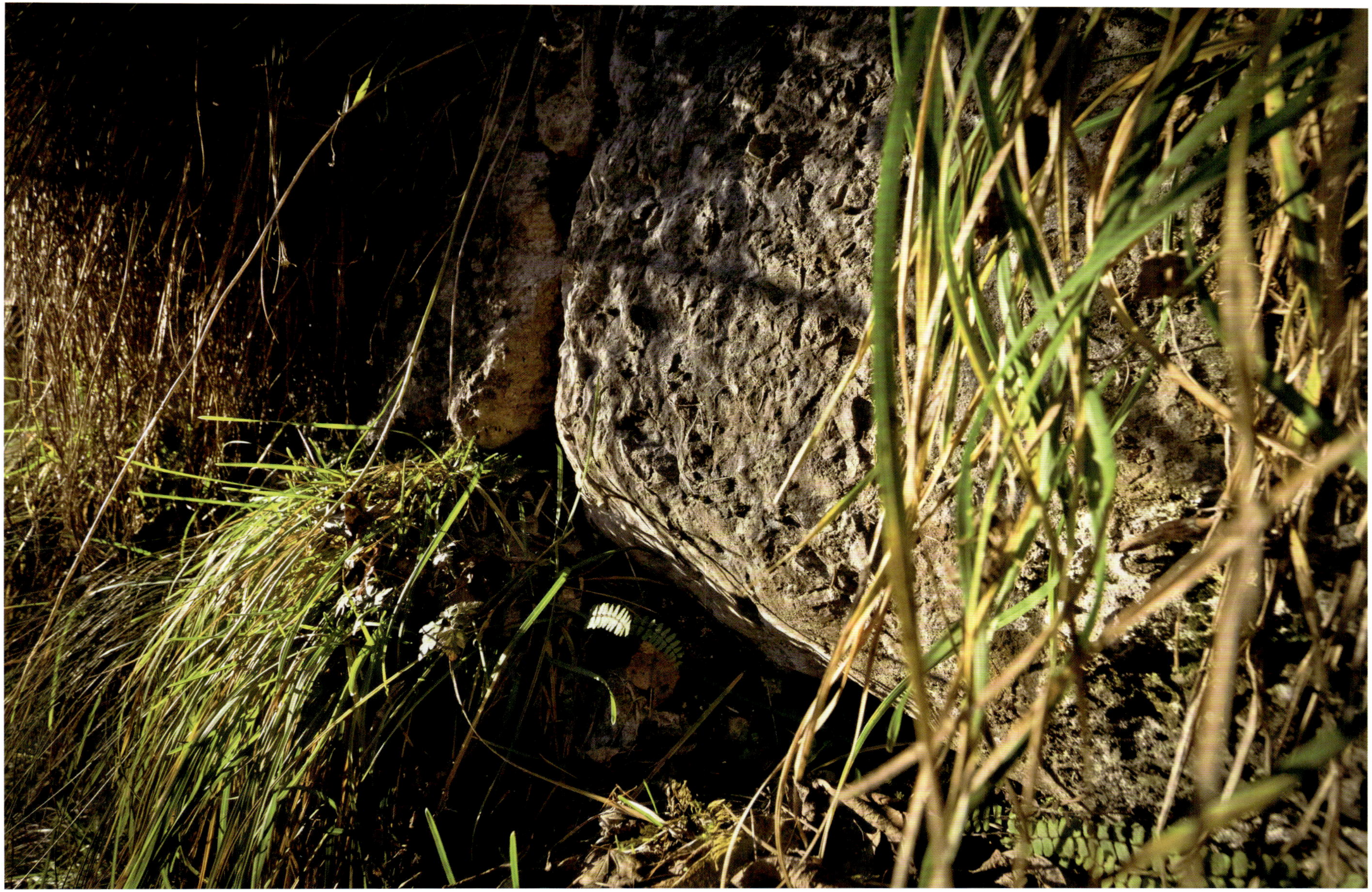

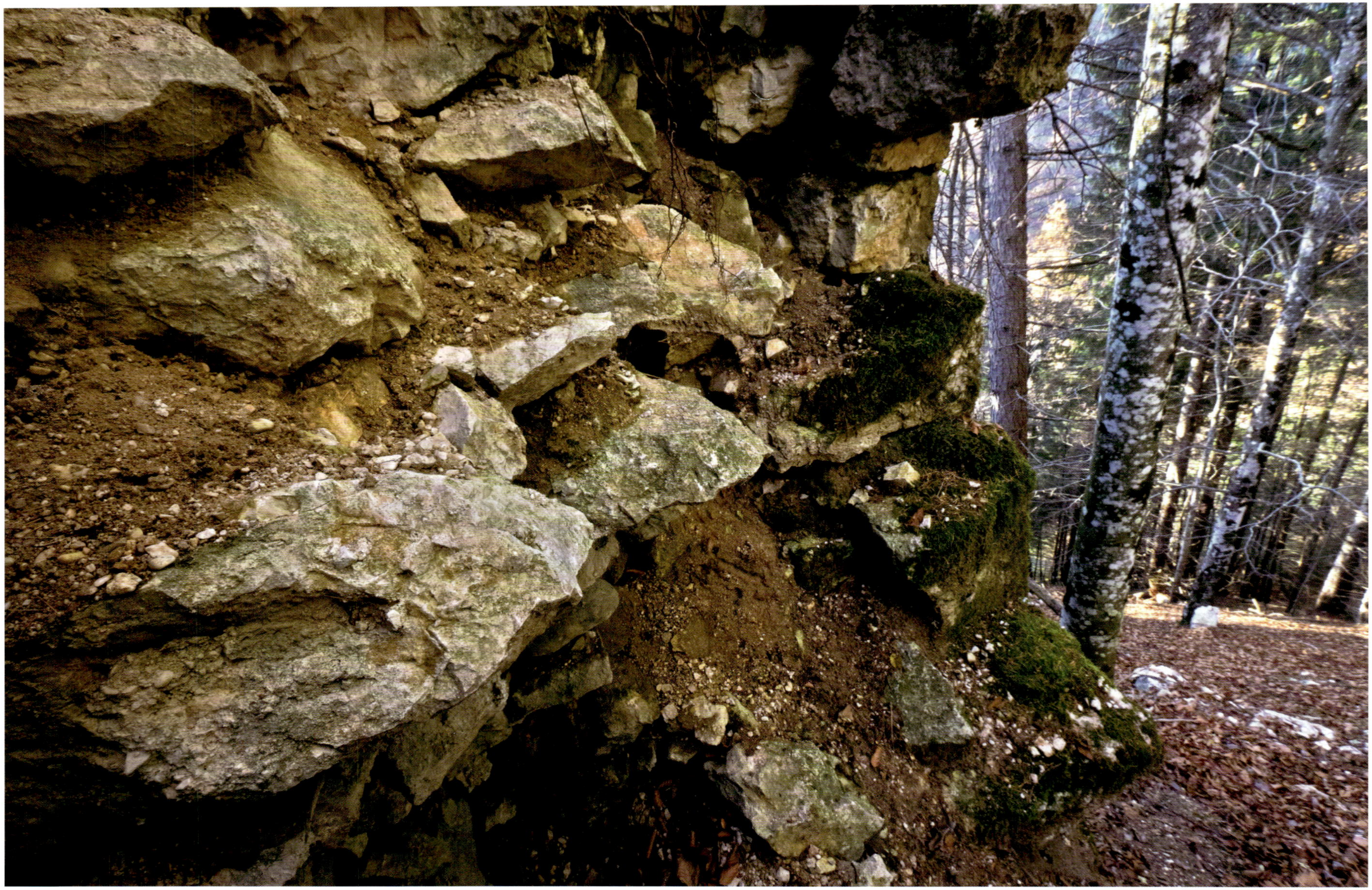

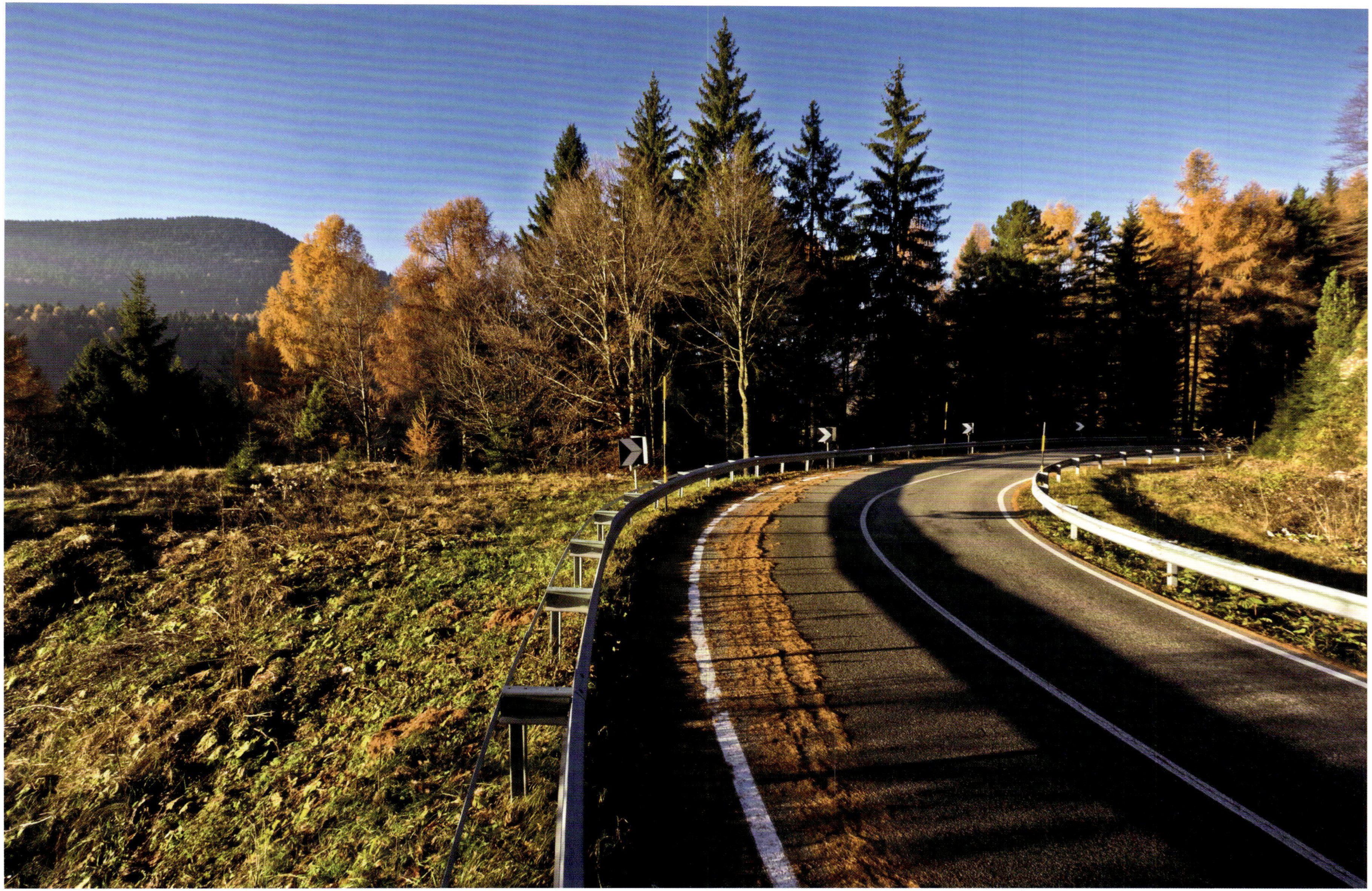

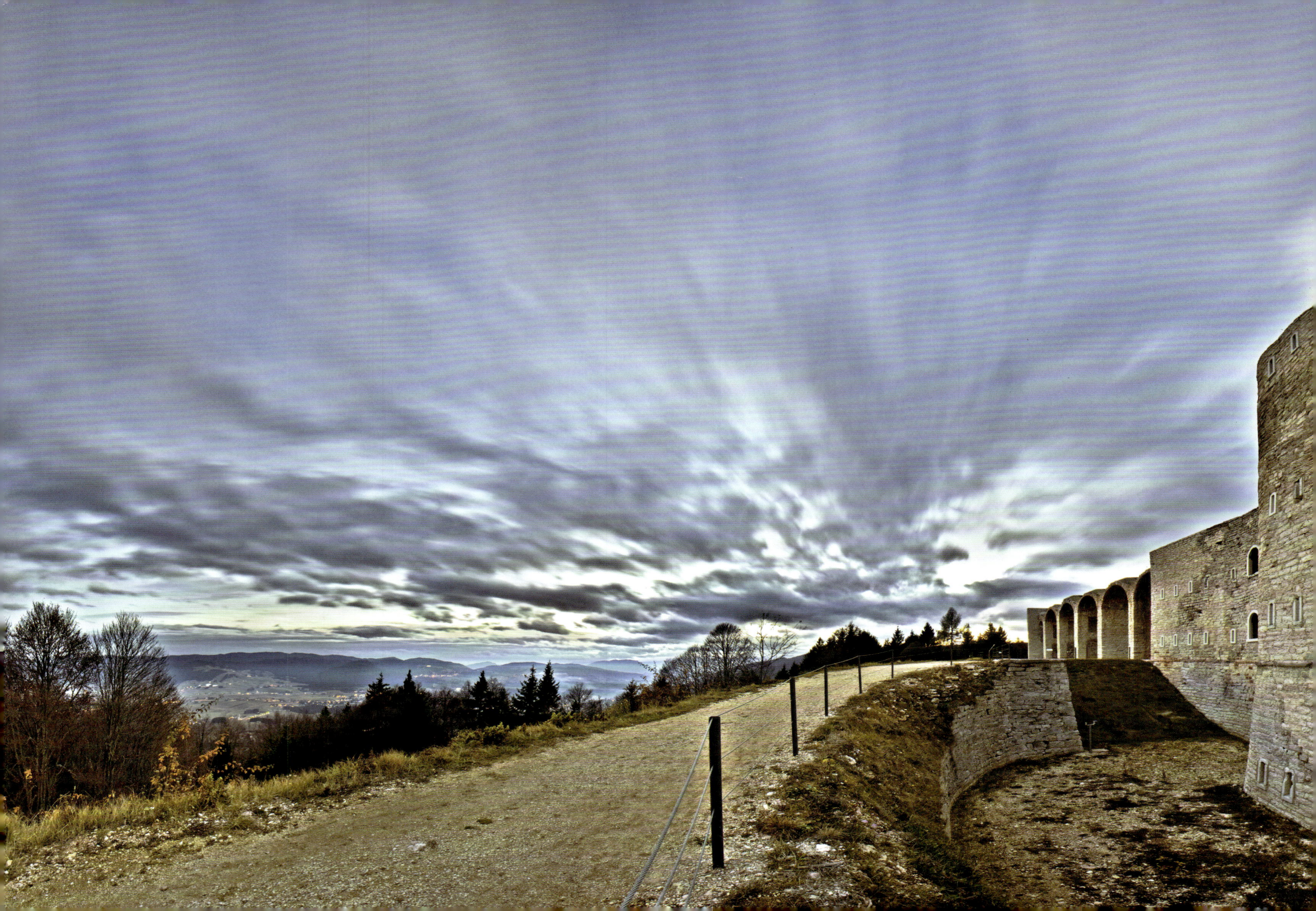

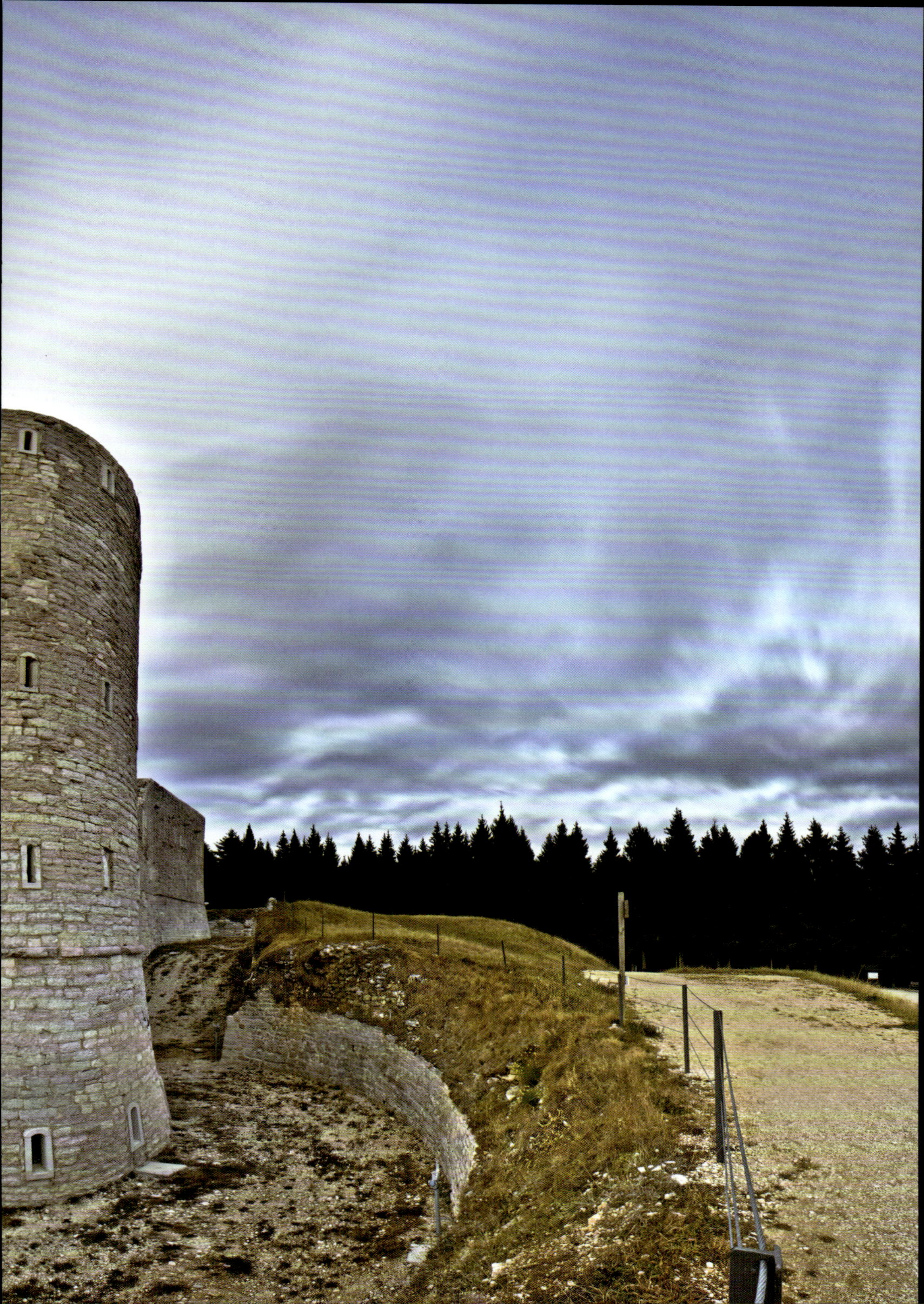

FORTE INTERROTTO

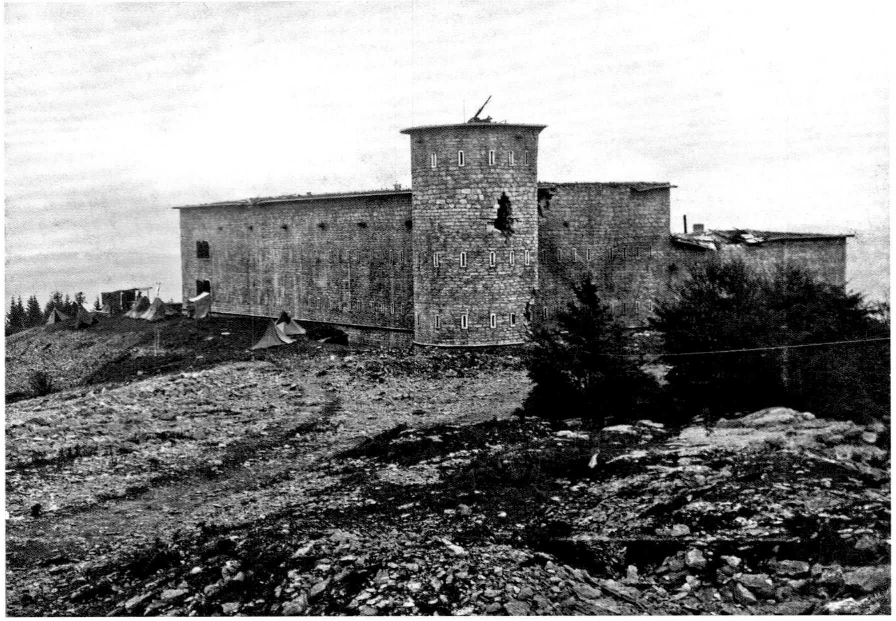

Un castello. A vederlo da lontano Forte Interrotto ti fa facilmente pensare a una sorta di castello medievale, non certo a un forte del primo grande conflitto. Del resto è opera d'altri tempi, della seconda metà dell'Ottocento, e come la Tagliata Val d'Assa è testimone di un altro capitolo di storia, di altre strategie, di altre intenzioni. Alla prova dei fatti, dominante sull'ampio Altopiano asiaghese, assistette immobile alla guerra che infuriava in montagna, oltre le cupole di acciaio dei Forti Verena e Campolongo. Troppo lontano dal fronte per svolgere un qualche ruolo, troppo inadatto ai tempi per poterci solamente pensare. Nell'Offensiva di Primavera, nel maggio del 1916, fu facilmente occupato dagli austro-ungarici. Non trovarono di meglio che farci un osservatorio d'artiglieria. E così rimase fino alla fine del conflitto, con l'umiliazione di subire i colpi dei cannoni italiani.

Eine Burg. Wenn man das Fort Interrotto aus der Ferne betrachtet, denkt man sofort an eine Art mittelalterliche Burg und sicherlich nicht an eine Festung aus dem Ersten Weltkrieg. Eigentlich ist es das Werk aus vergangenen Zeiten, aus der zweiten Hälfte des neunzehnten Jahrhunderts und wie die "Tagliata Val d'Assa" ist es Zeuge eines anderen geschichtlichen Kapitels, mit anderen Strategien und anderen Absichten. Zum Zeitpunkt der Herausforderung, die weite Hochebene von Asiago beherrschend, beobachtete es unbeweglich den Krieg, der in den Bergen und über den Stahlkuppeln des Fort Verena und des Fort Campolongo wütete. Zu weit weg von der Front und nicht geeignet für die Zeit, um eine Rolle zu spielen, daran ist auch nicht im geringsten zu denken. Bei der Frühlingsoffensive im Mai 1916 wurde es von der österreichisch-ungarischen Armee einfach besetzt. Man wusste nichts besseres als daraus eine Artilleriewarte zu machen. Und so blieb es bis zum Ende des Krieges und litt unter der Demütigung italienischer Kanonenschläge.

A castle. Seen from afar, Fort Interrotto, easily makes you think of a kind of medieval castle, certainly not of a first great conflict fort. After all, it is a work of the past, of the second half of the nineteenth century, and like the Tagliata Val d'Assa, it witnesses another chapter in history, other strategies, other objectives. The evidence shows that it witnessed motionless the war raging in the mountains while overlooking the wide Asiago Plateau, over the steel domes of the forts Verena and Campolongo. Too far from the front to play some role, too unsuited to the times. In the Spring Offensive, in May 1916, it was easily occupied by the Austro-Hungarians. They found nothing better than make an artillery observatory out of it. And so it remained until the end of the conflict, with the humiliation of suffering the blows of the Italian cannons.

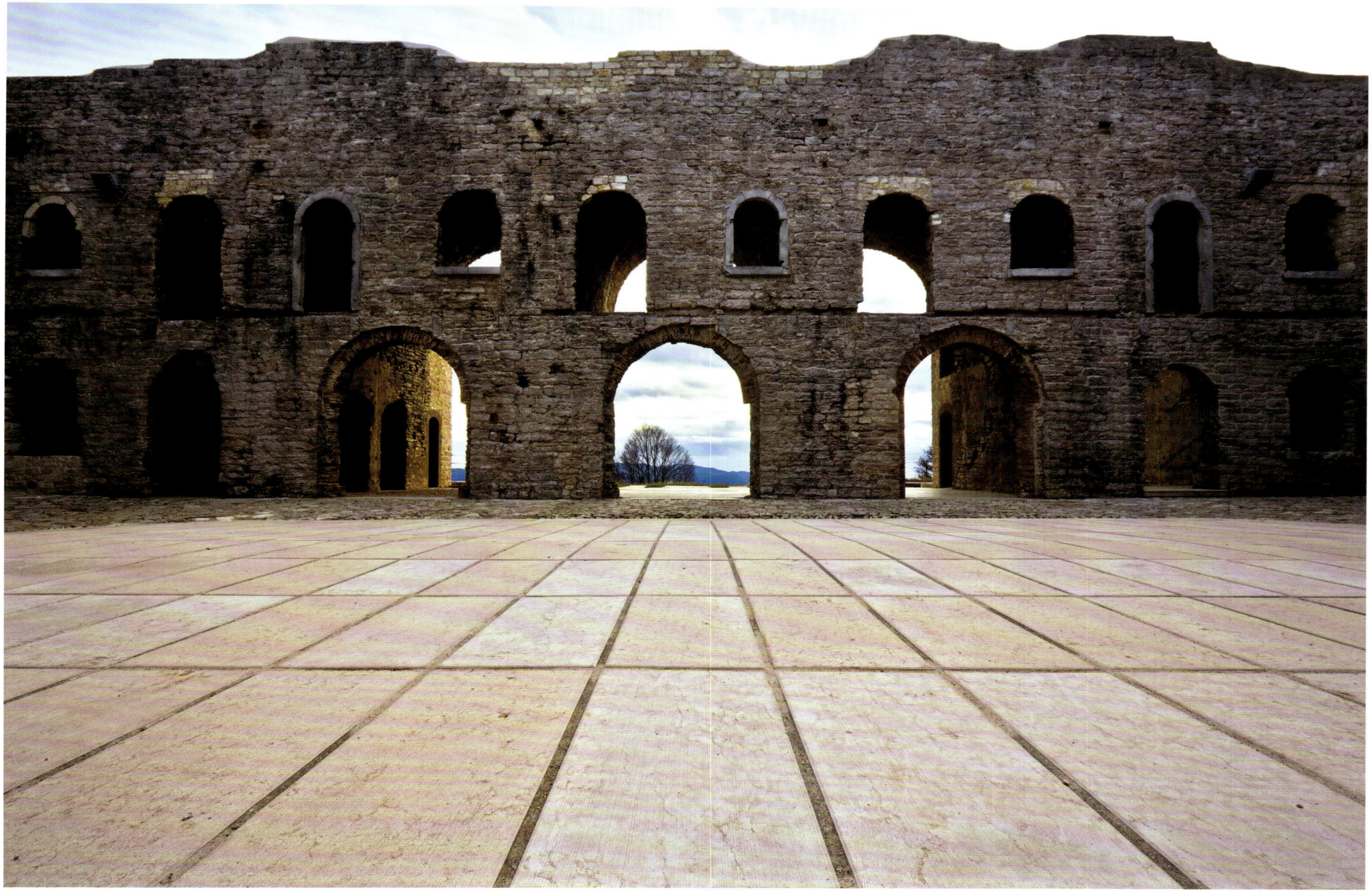

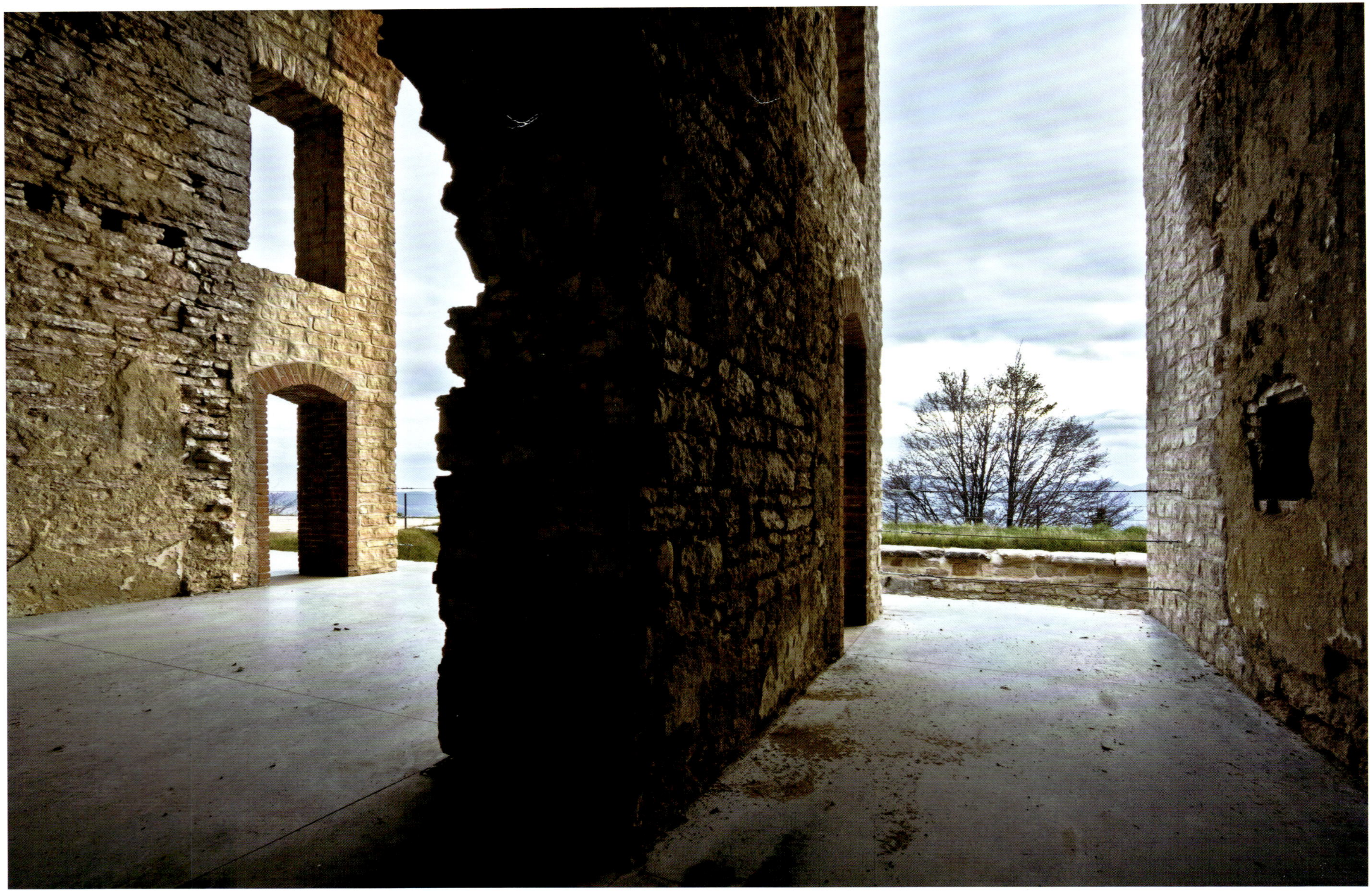

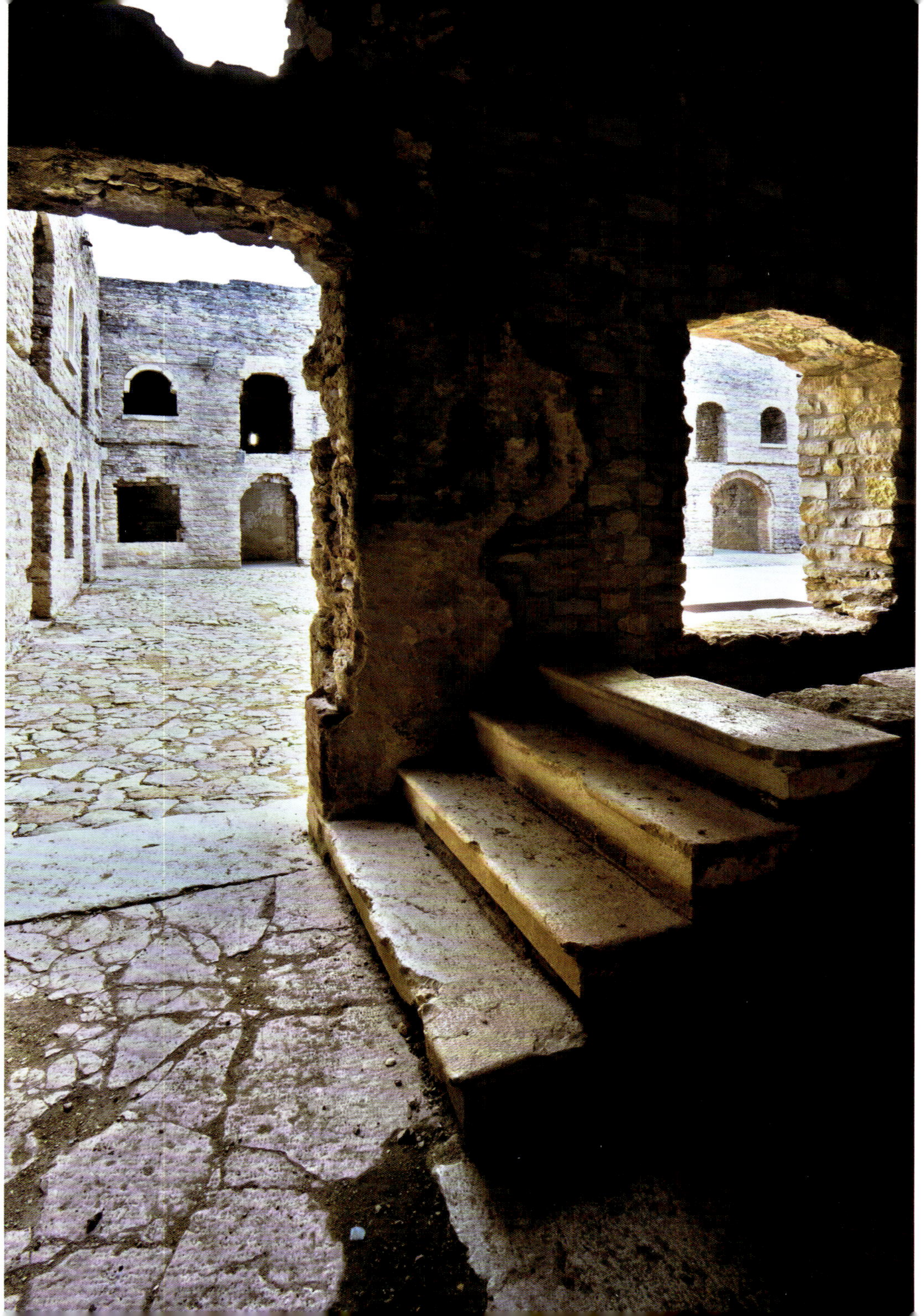

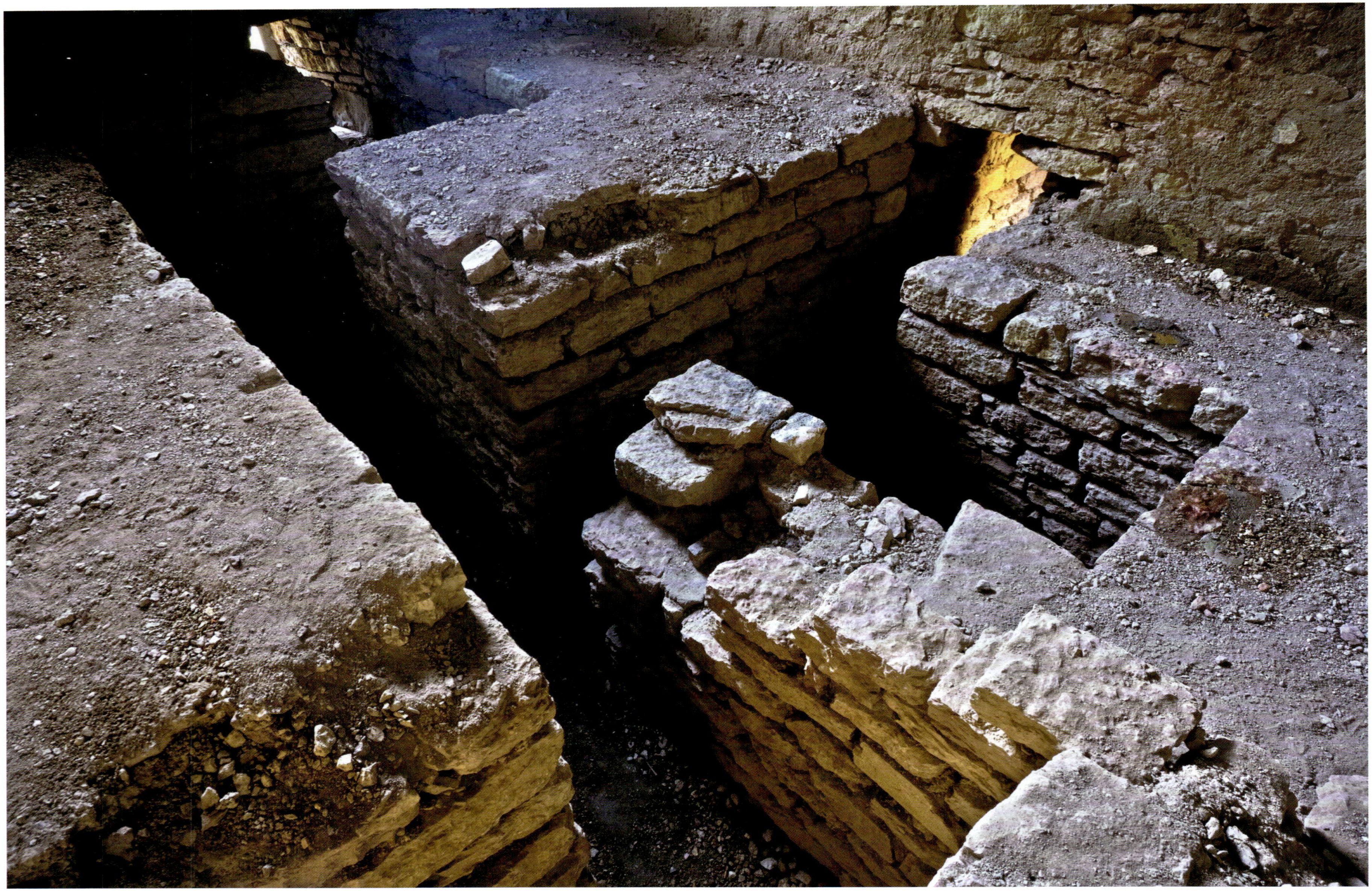

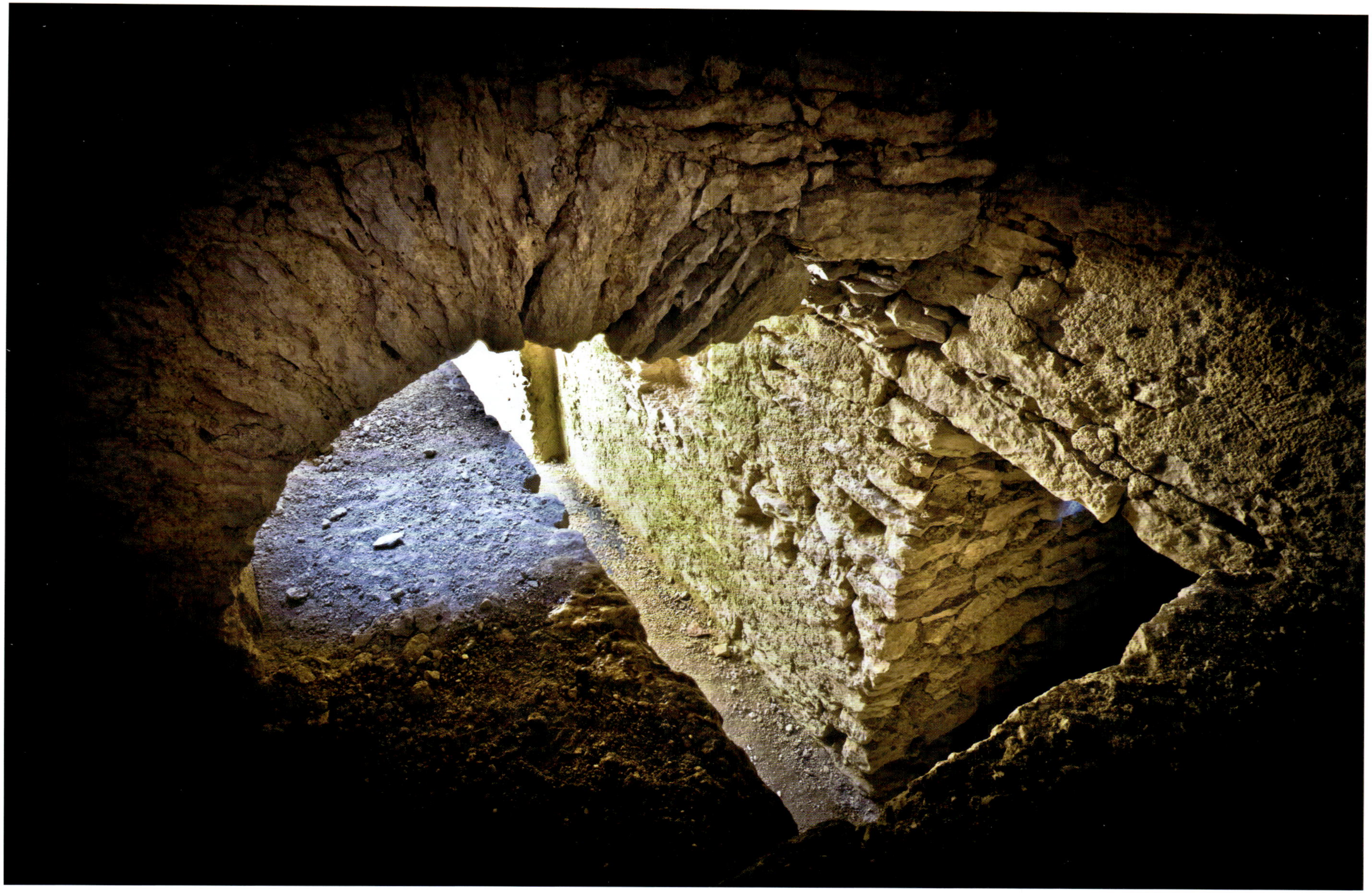

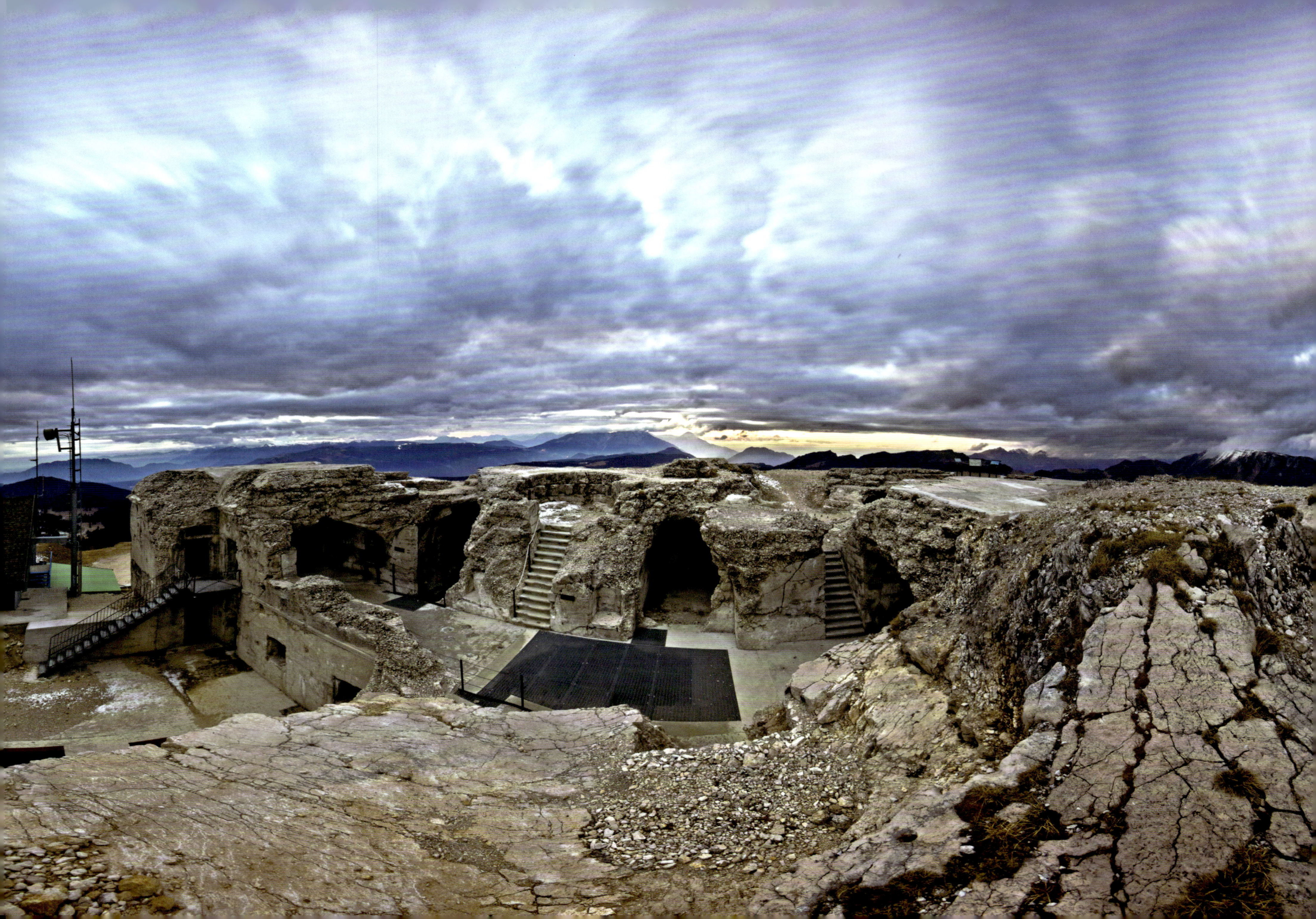

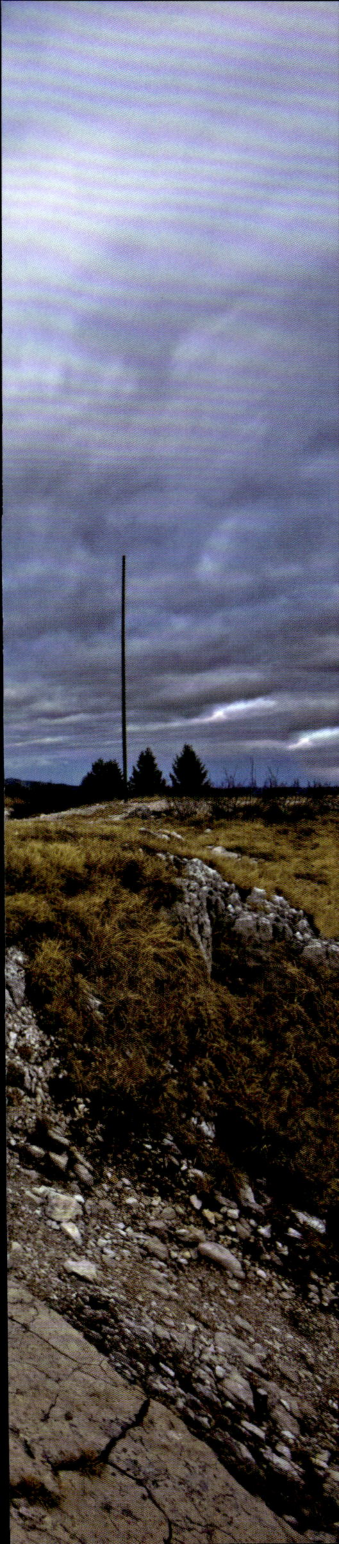

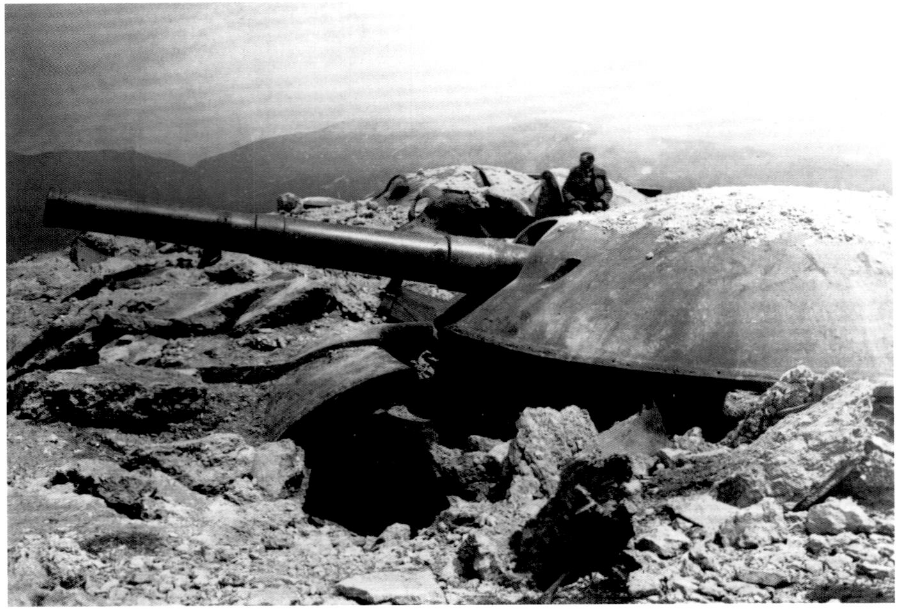

Si racconta che allorché nell'estate del 1915 riuscirono a mettere a tacere il Forte Verena, gli austro-ungarici fecero festa, riempiendo il cielo dell'Alta Val d'Assa di fuochi pirotecnici. Forse è vero o forse è leggenda, di certo devono aver provato una gran soddisfazione nel constatare il silenzio di quello che, ben armato e situato a 2015 m di quota, era considerato il "dominatore degli Altipiani". Nei primi giorni di guerra, assieme al Forte Campolongo, con i suoi cannoni e soprattutto con gli obici mobili collocati nei dintorni mise in crisi il settore orientale del sistema fortificato austriaco, portando quasi alla resa il Forte Campo di Luserna e vicino alla capitolazione il vicino Forte Busa Verle. Ma fu gloria per poco: il colpo del Mörser da 30,5 cm che il 12 giugno colpì il "dominatore", facendo strage della sua guarnigione, segnò l'inizio della fine.

Man erzählt sich, dass man im Sommer 1915, als sie es schafften, die Kanonen vom Fort Verena zum Schweigen zu bringen, die österreichisch-ungarischen ein Fest feierten und den Himmel des hohen Assa Tals mit einem Feuerwerk leuchten ließen. Vielleicht ist es wahr, vielleicht eine Legende, aber sicherlich mussten sie eine große Genugtuung verspürt haben, bei der Stille die ausging, von diesem schwer bewaffneten und auf 2015 m Höhe liegenden "Beherrscher der Hochebenen". Mit seinen Kanonen und vor allem mit den beweglichen Haubitzen, die in der Umgebung aufgestellt waren und zusammen mit dem Fort Campolongo, brachte es in den ersten Tagen des Krieges den östlichen Sektor des befestigten österreichisch-ungarischen Systems in Schwierigkeiten, als sie das Fort Campo di Luserna fast zur Übergabe, und das nahegelegene Forte Busa Verle fast zur Kapitulation brachten. Aber es war von kurzem Ruhm: der Einschlag des 30,5 cm Mörsers der am 12. Juni den "Beherrscher" traf, richtete ein Blutbad an und zeigte den Anfang des Endes auf.

It is said that the Austro-Hungarians celebrated when, during summer 1915, they succeeded in reducing to silence the guns of Fort Verena. They did it filling the sky in Higher Assa Valley with fireworks. Perhaps it is true or maybe a legend, they must have certainly felt a great satisfaction to note the silence of that fort that, well armed and located at 2015 a.s.l., was considered the "dominator of the Plateaus". With its guns and above all with its mobile howitzers placed in the surrounding area, along with Fort Campolongo, in the early days of the war, Fort Verena threw into crisis the eastern sector of the fortified Austro-Hungarian system, leading almost Fort Campo di Luserna to surrender and the nearby Fort Busa Verle close to capitulation. But it was glory for short: the Mörser 30.5 cm shot, on June 12th, hit the "dominator", decimating its garrison and marked the beginning of the end.

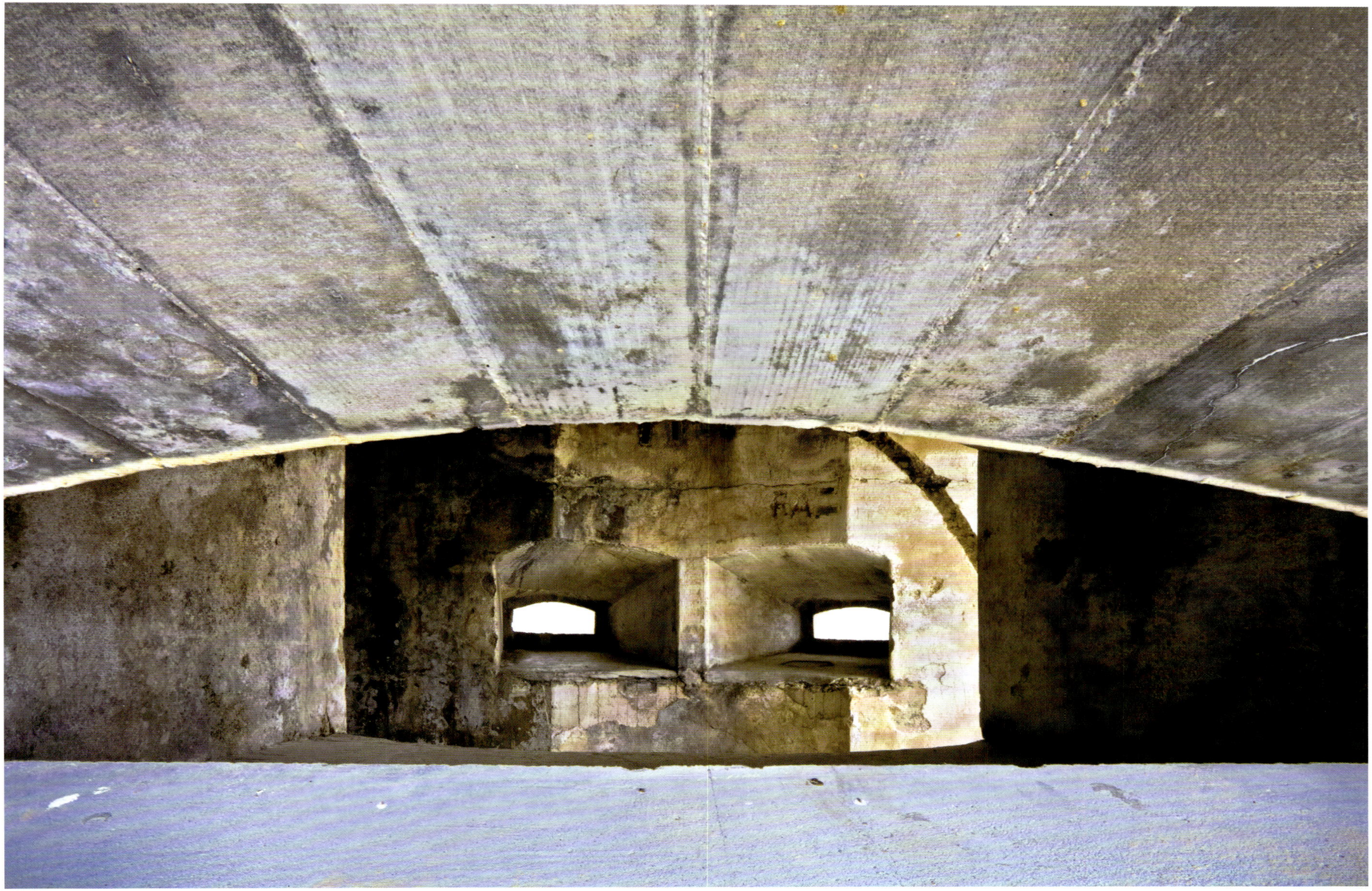

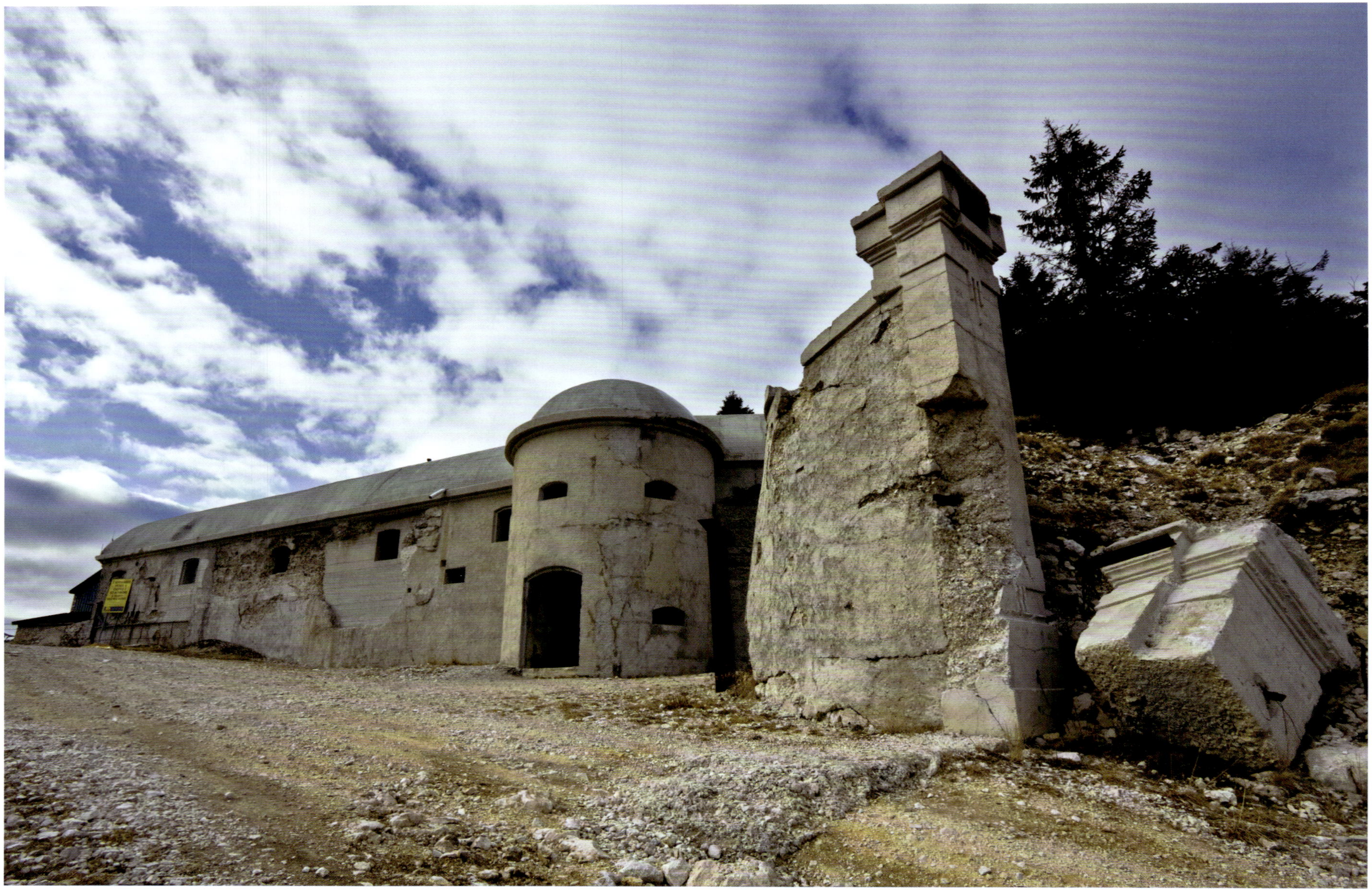

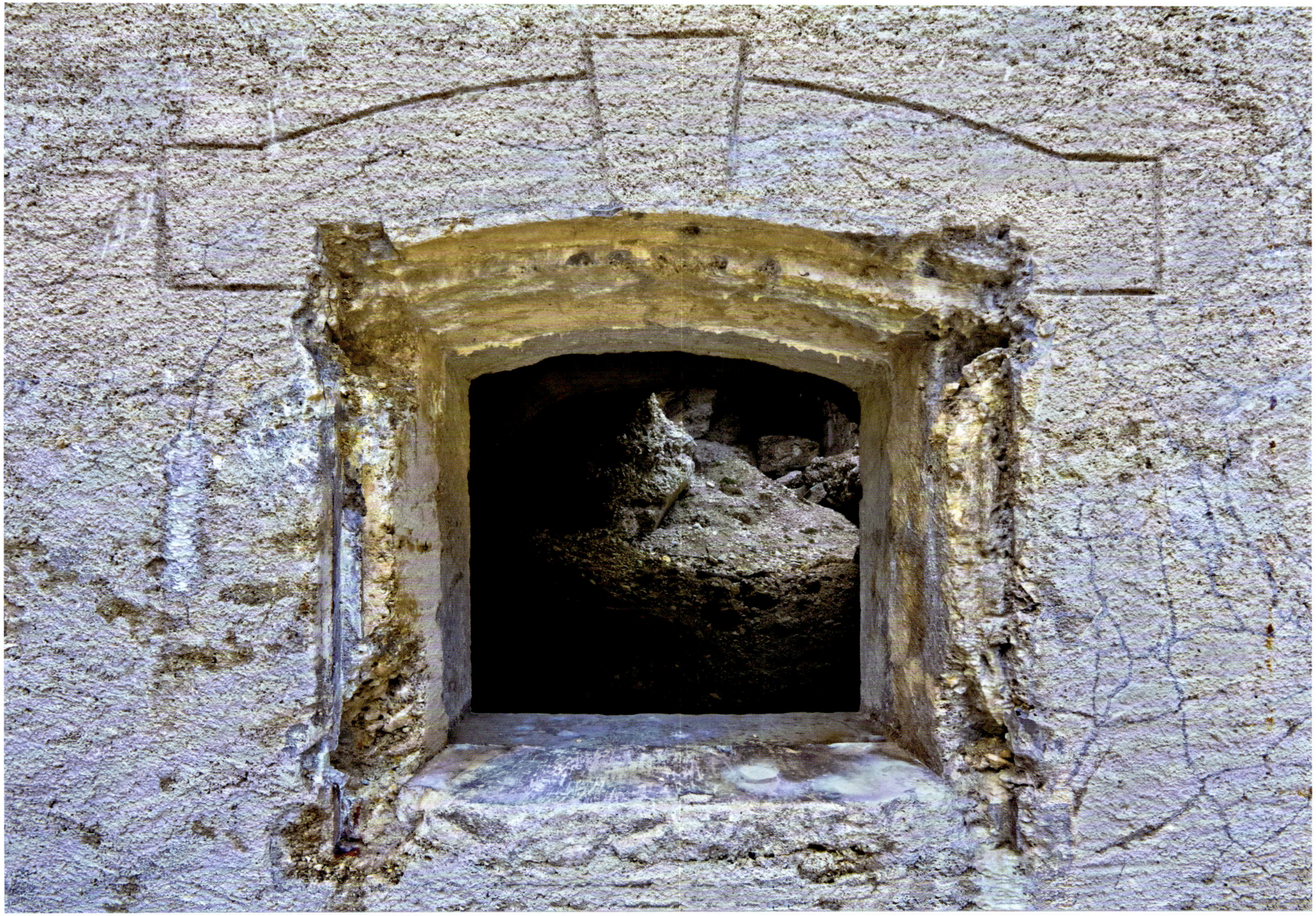

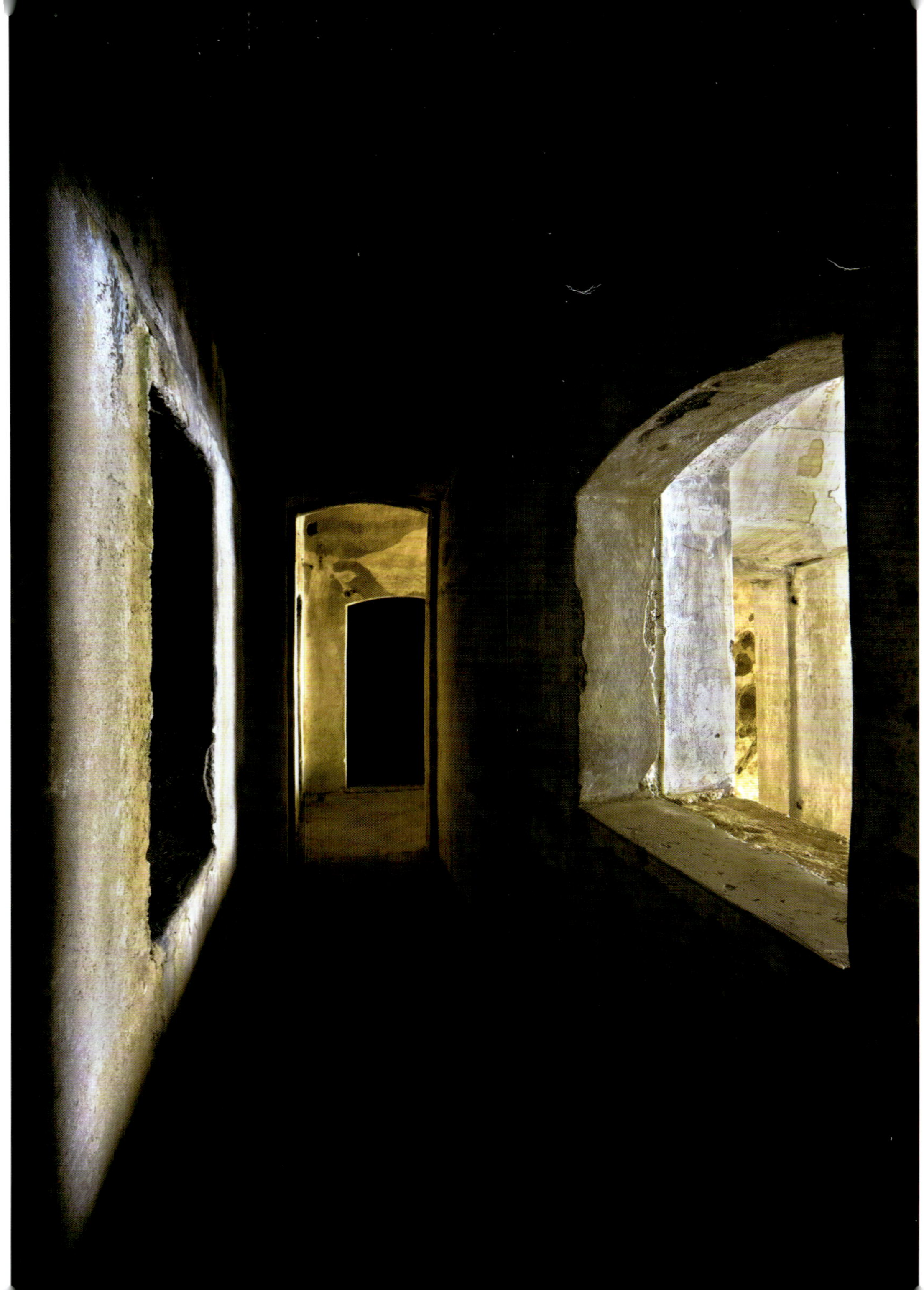

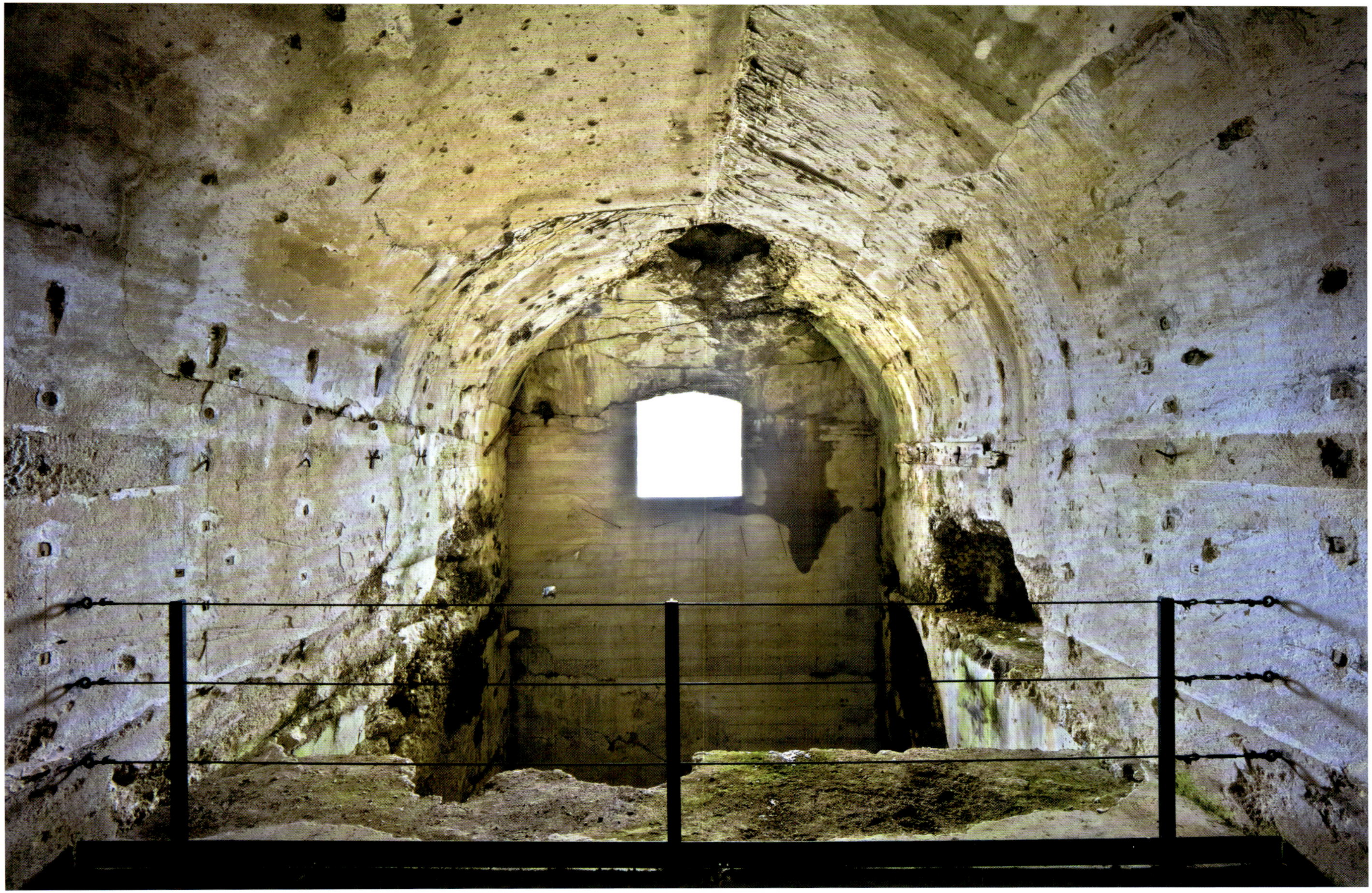

FRITZ WEBER

"All'intorno, nessun segno di vita. Solo col cannocchiale si può distinguere, sul Verena, una sentinella che cammina in su e in giù, lungo gli spalti. È l'unico essere vivente nel paesaggio".

"Weit und breit keine Spur von Leben. Wenn ich durch das Glas schaue, kann ich auf Verena einen Posten hin- und hermarschieren sehen. Er ist der einzige, dem Blick erreichbare Mensch...".

"All around, no sign of life. Only through the telescope, one can glimpse, on Fort Verena, a sentry walking up and down along the stands. And he is the only living thing in the landscape".

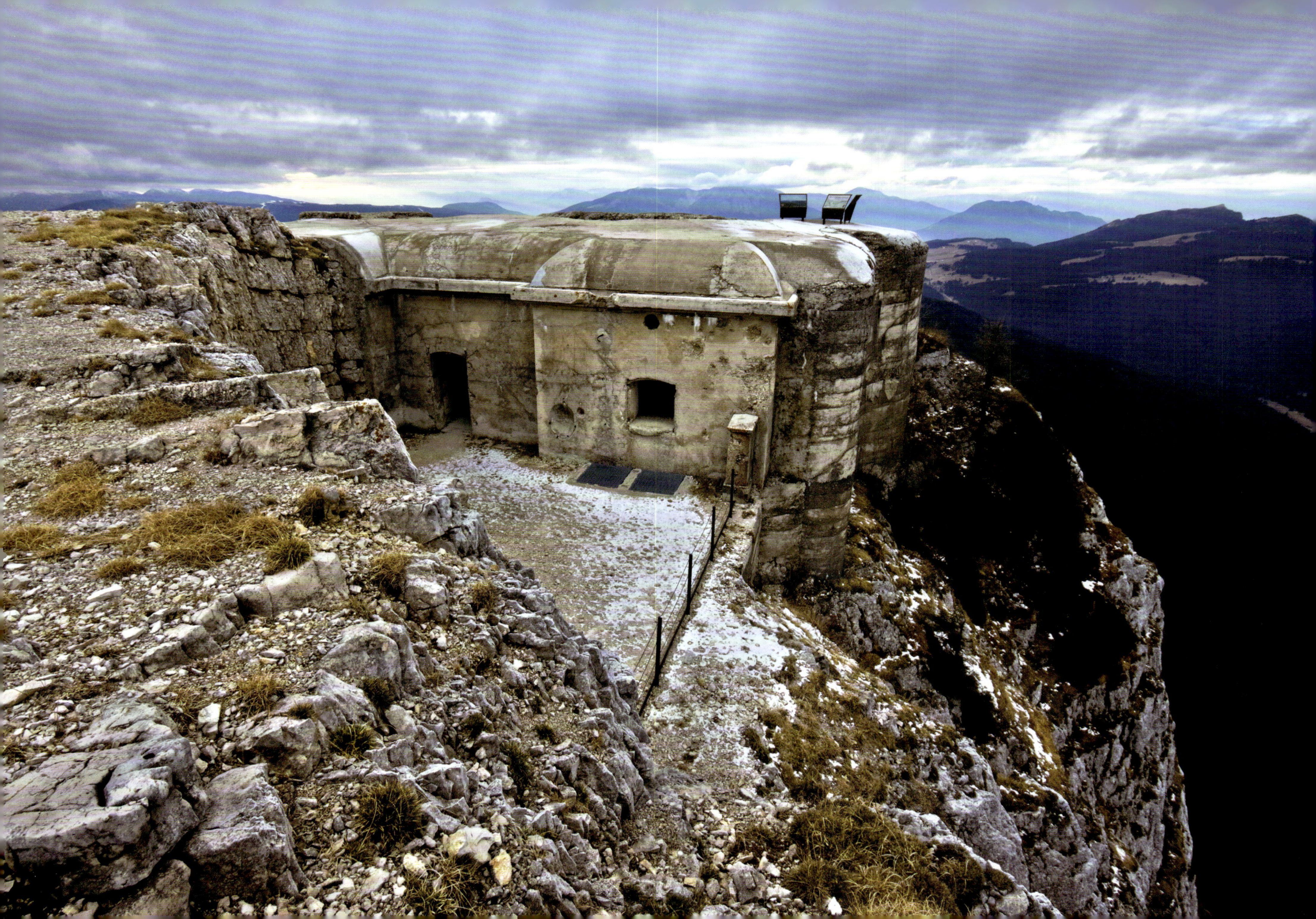

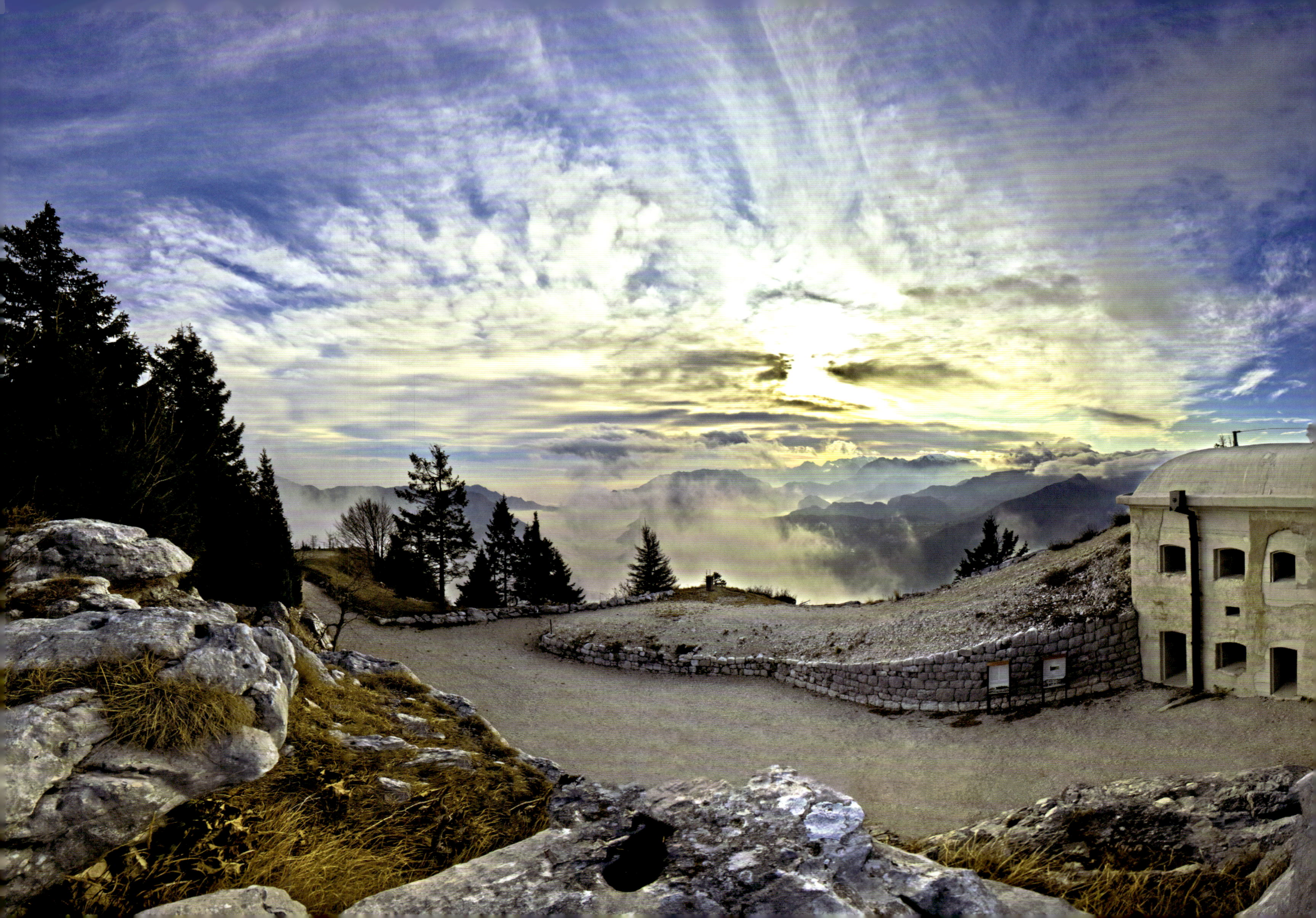

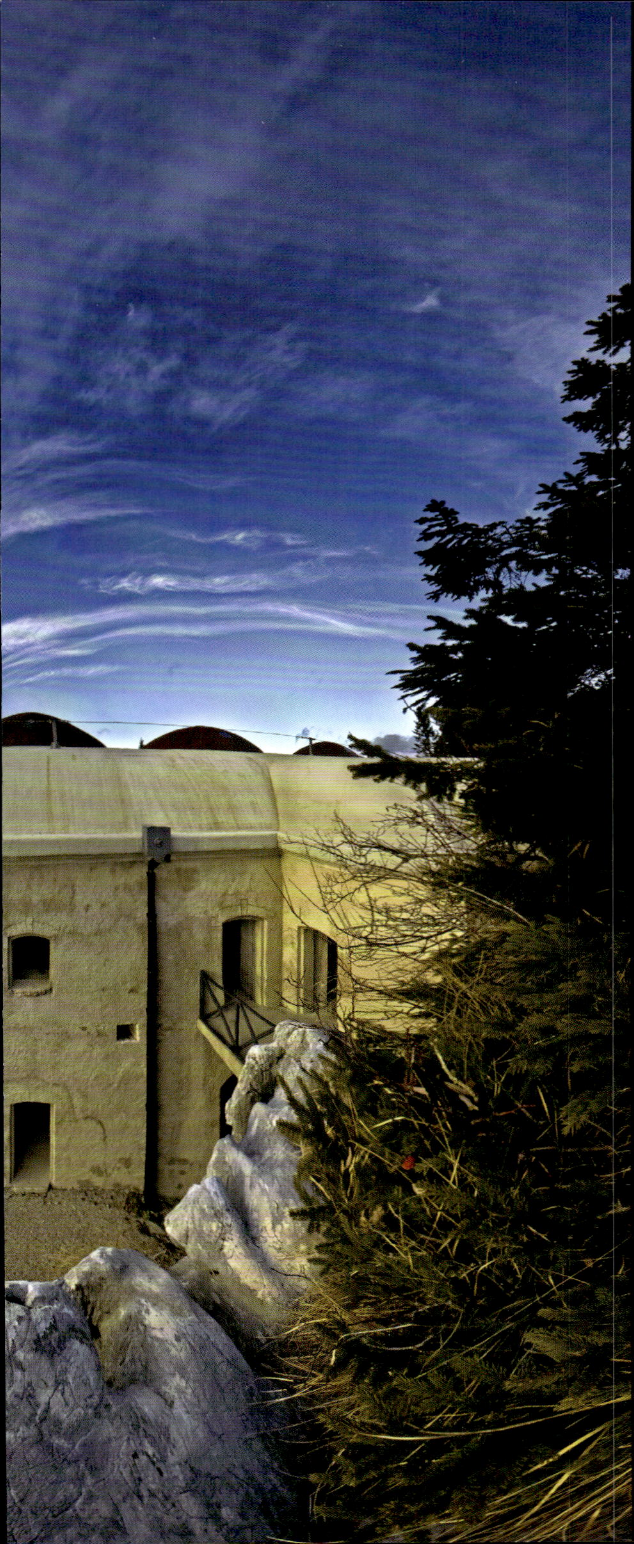

FORTE CAM

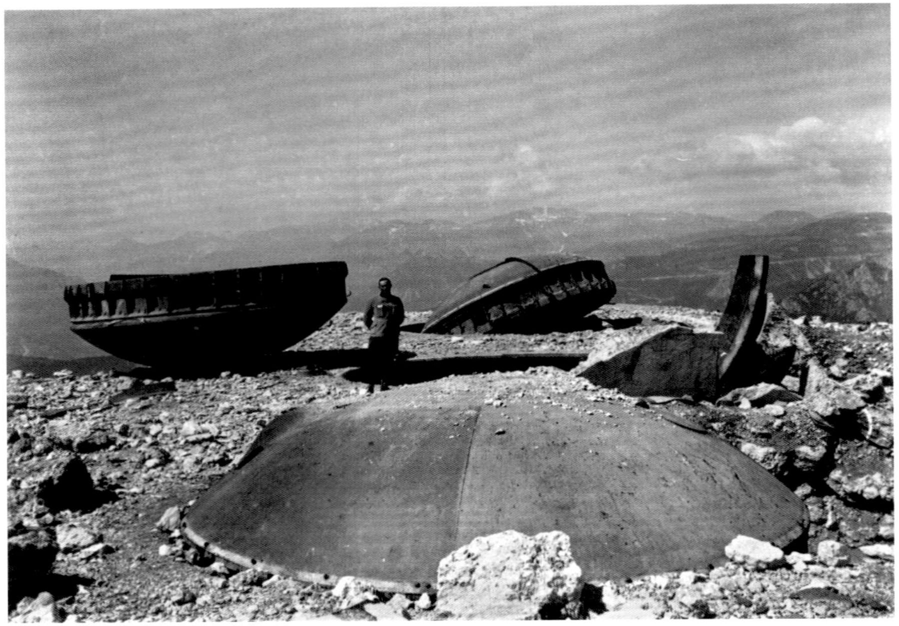

A 1720 m di quota, in combinazione con il Forte Casa Ratti e il Forte Punta Corbin, aveva il compito di presidiare la sottostante Val d'Astico e di sbarrare un'eventuale calata austro-ungarica dagli Altipiani. Di fatto il Forte Campolongo, assieme al Verena, era la punta avanzata del sistema fortificato italiano allestito nelle Prealpi vicentine, collocato in faccia al nemico. Forte di prima linea dunque. Svolse bene il suo compito, soprattutto nei primissimi giorni di guerra, quando anche i suoi cannoni presero insistentemente di mira il Forte Belvedere, il Forte Busa Verle e il Forte Campo di Luserna, costringendo quest'ultimo alla resa. Ma dopo il disastro del Verena anche per il Campolongo il destino fu segnato e nella primavera del 1916, nel corso dell'Offensiva lanciata dal generale Von Hötzendorf, fu occupato dalle truppe imperiali e tale rimase fino alla fine della guerra.

Auf 1720 m Höhe, zusammen mit dem Fort Casa Ratti und dem Fort Punta Corbin hatte es die Aufgabe, das darunter gelegene Astico Tal zu überwachen und einen eventuellen österreichisch-ungarischen Abstieg von den Hochebenen zu versperren. Das Fort Campolongo war somit zusammen mit dem Fort Verena der vorgerückte Punkt des italienischen Befestigungssystems, das in den vizentinischen Voralpen aufgebaut war, gegenüber dem Feind: eine Festung in der vordersten Linie. Es führte seine Aufgabe gut aus, vor allem in den allerersten Tagen des Krieges, in denen seine Kanonen beharrlich auf das Fort Belvedere, das Fort Busa Verle und das Forte Campo di Luserna gerichtet waren und so das letztere zur Aufgabe zwangen. Aber nach der verheerenden Schlacht beim Fort Verena wurde auch das Schicksal des Fort Campolongo gezeichnet und im Frühling 1916, bei der Offensive, befohlen vom General Von Hötzendorf, wurde es von den Kaiserlichen Truppen besetzt und so blieb es bis zum Ende des Krieges.

At 1720 a.s.l., in conjunction with Fort Casa Ratti and Fort Punta Corbin, Fort Campolongo had the task to supervise the underlying Astico Valley and to bar a possible Austro-Hungarian invasion from the Plateaus. In fact, Fort Campolongo, together with Fort Verena, was the spearhead of the Italian fortified system set up in the Prealps of Vicenza and located in front of the enemy. First-line Fort therefore. It carried out its responsibilities well, especially in the early days of the war, even when its guns targeted persistently Fort Belvedere, Fort Busa Verle and Fort Campo di Luserna, forcing the latter to surrender. But after the disaster of Fort Verena, the fate was signed also for Fort Campolongo and in Spring 1916, during the offensive launched by General Von Hötzendorf, it was occupied by the imperial troops and remained so until the end of the war.

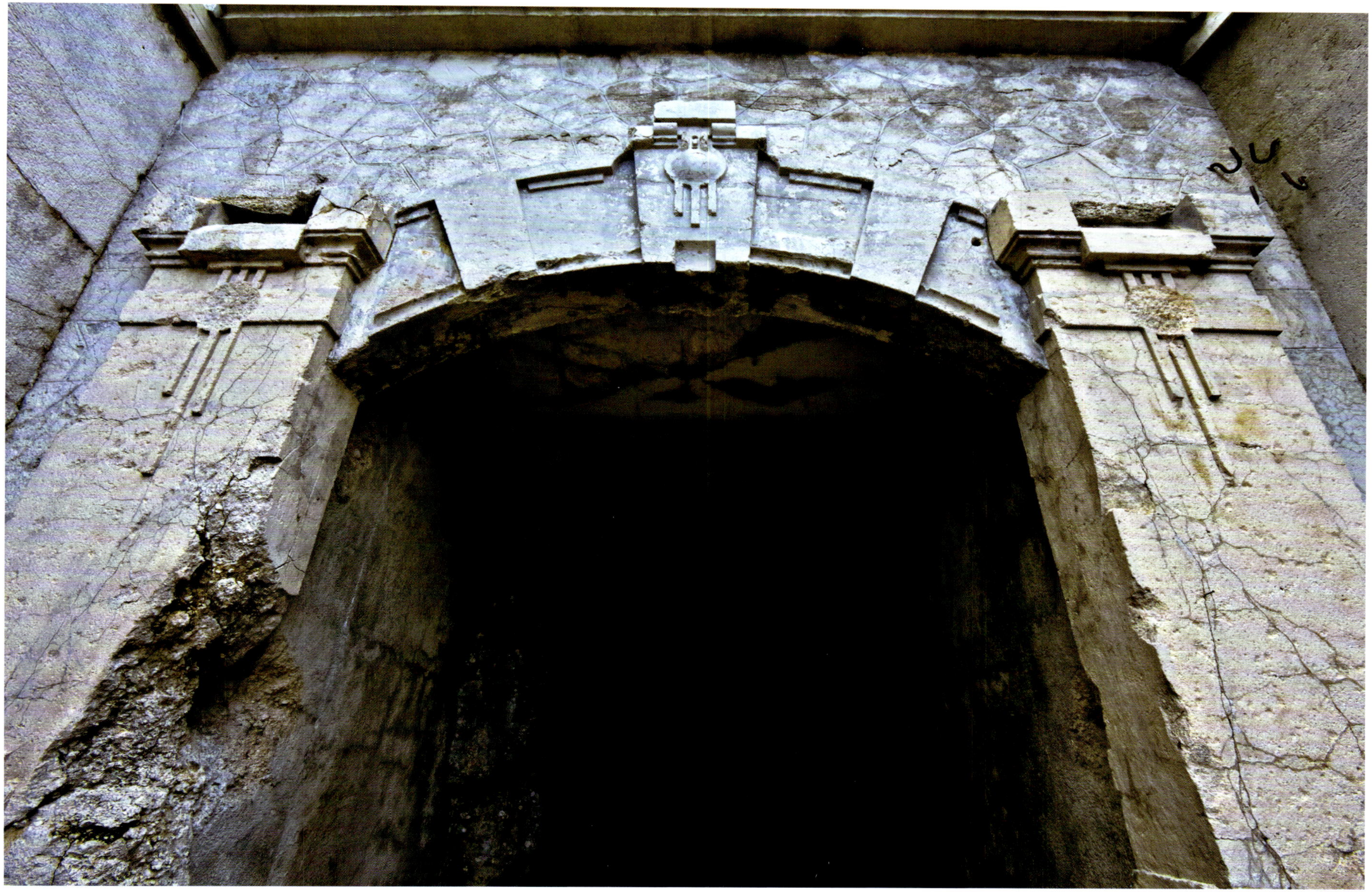

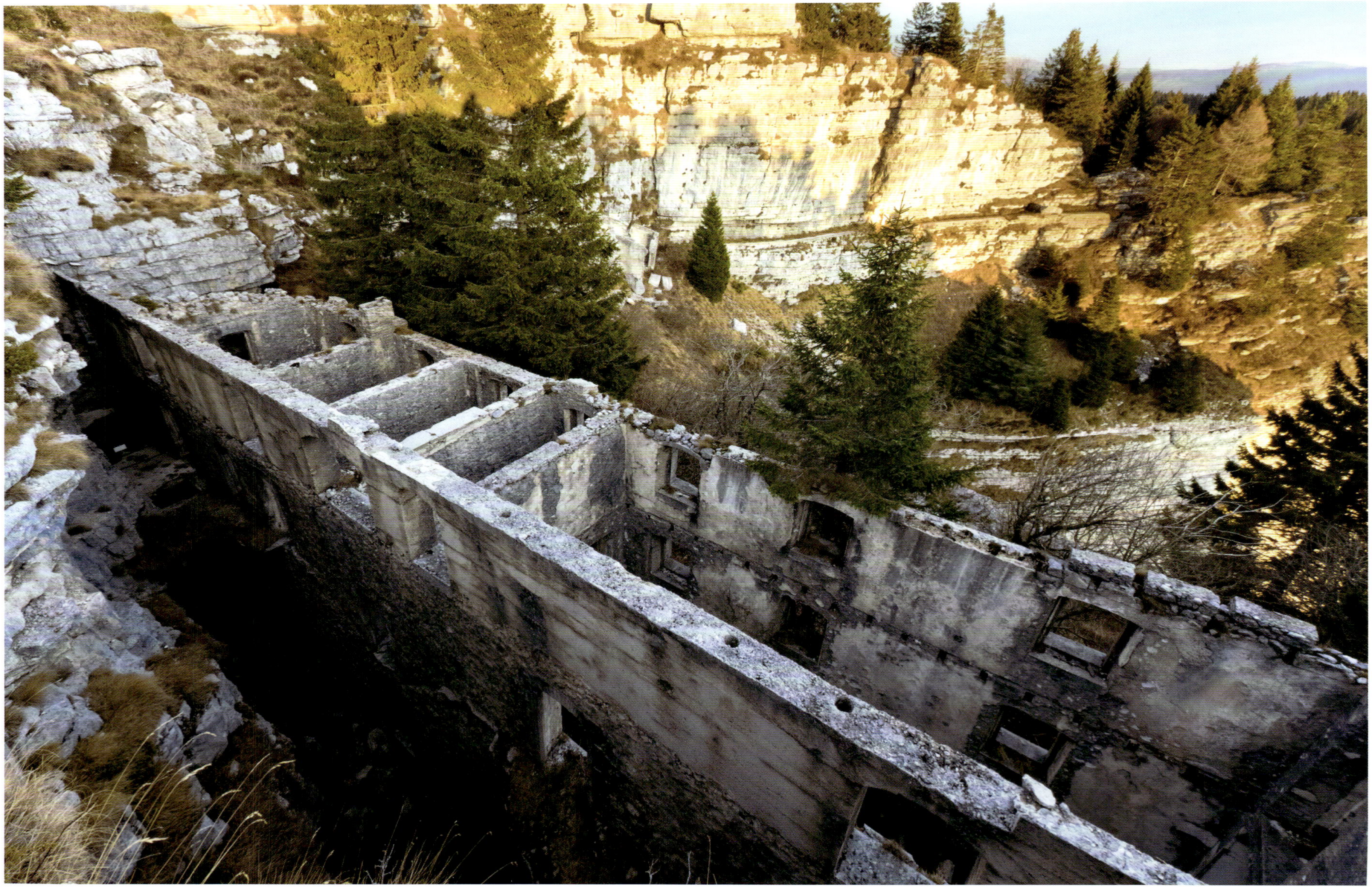

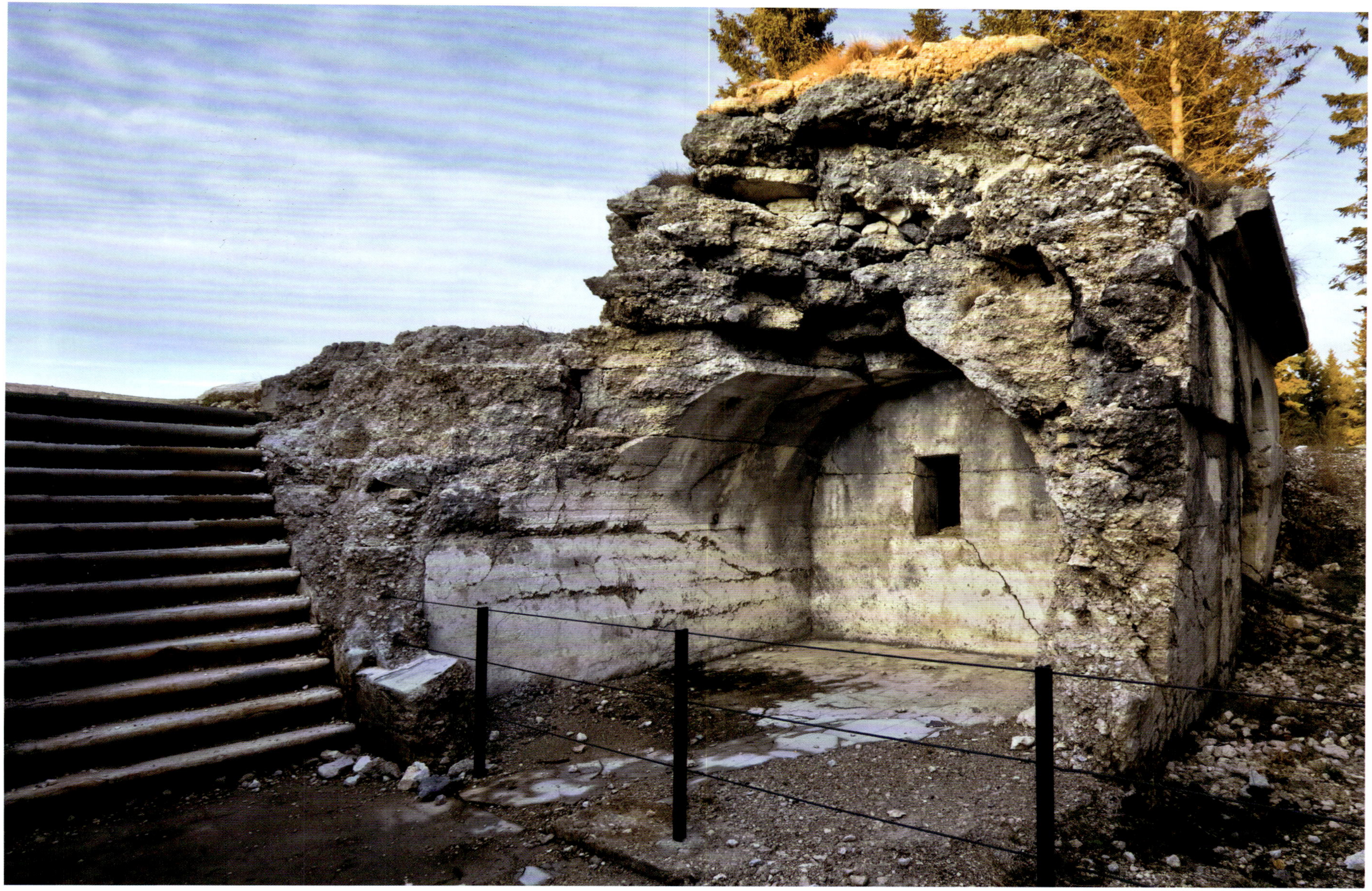

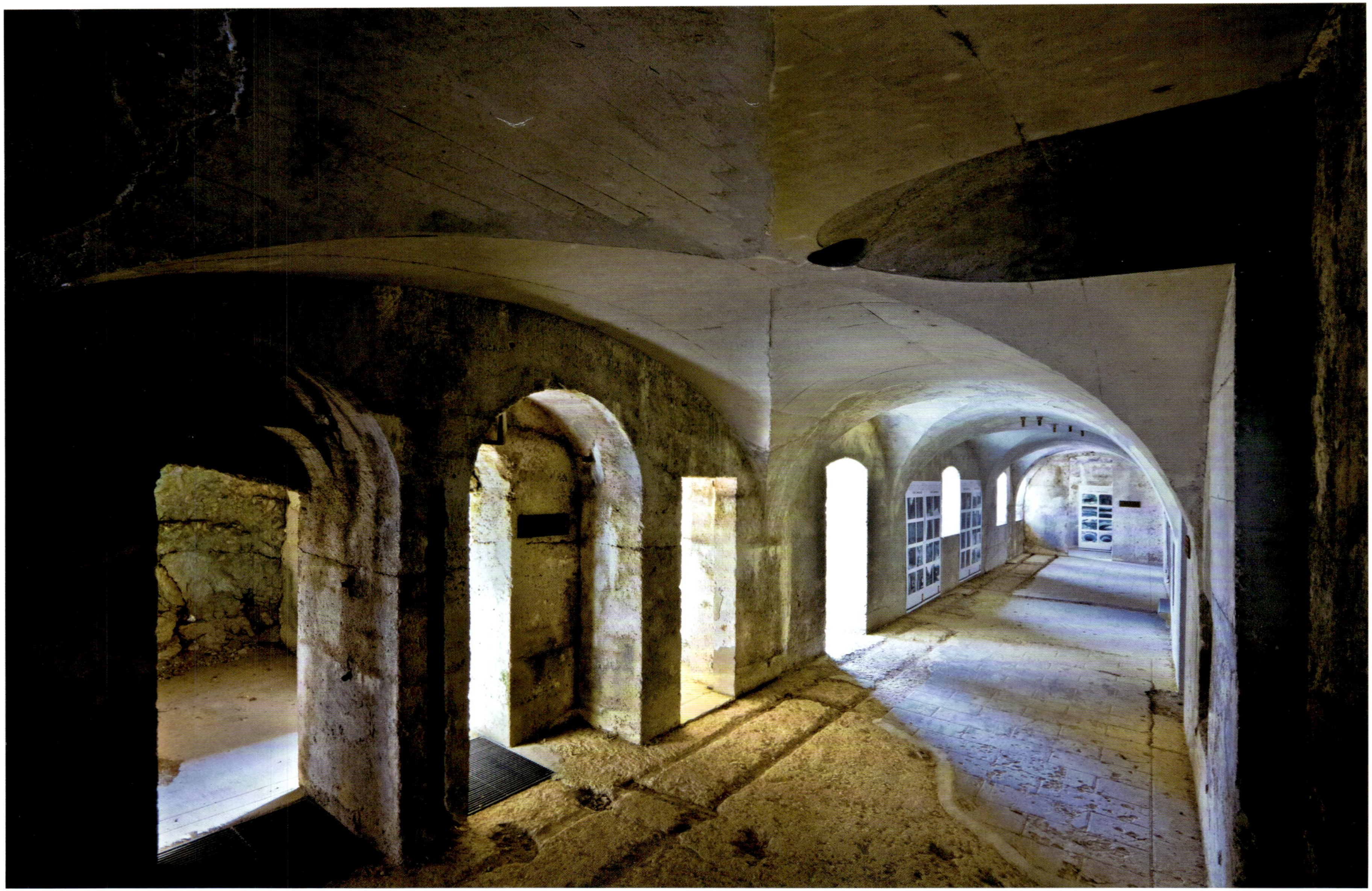

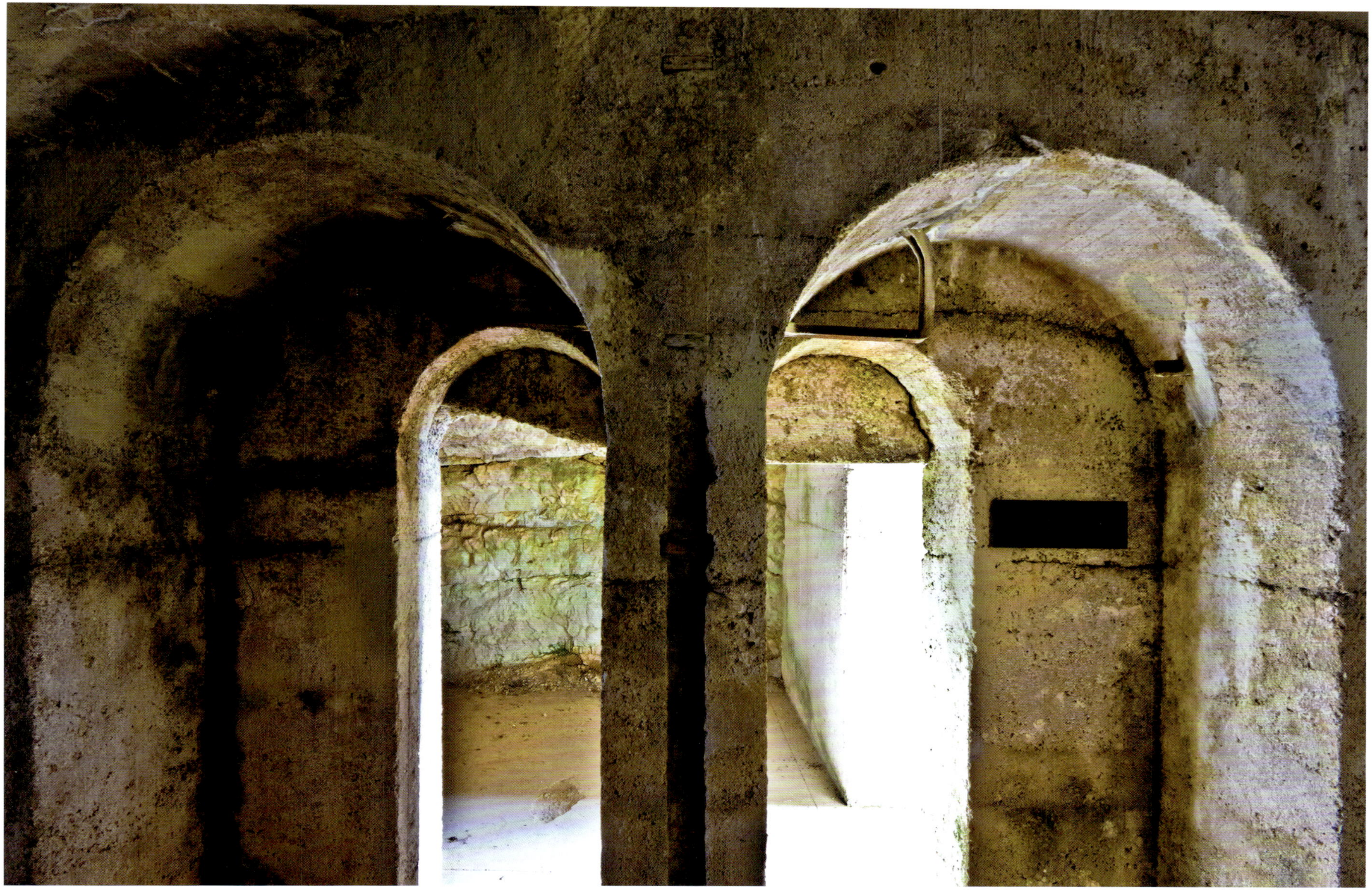

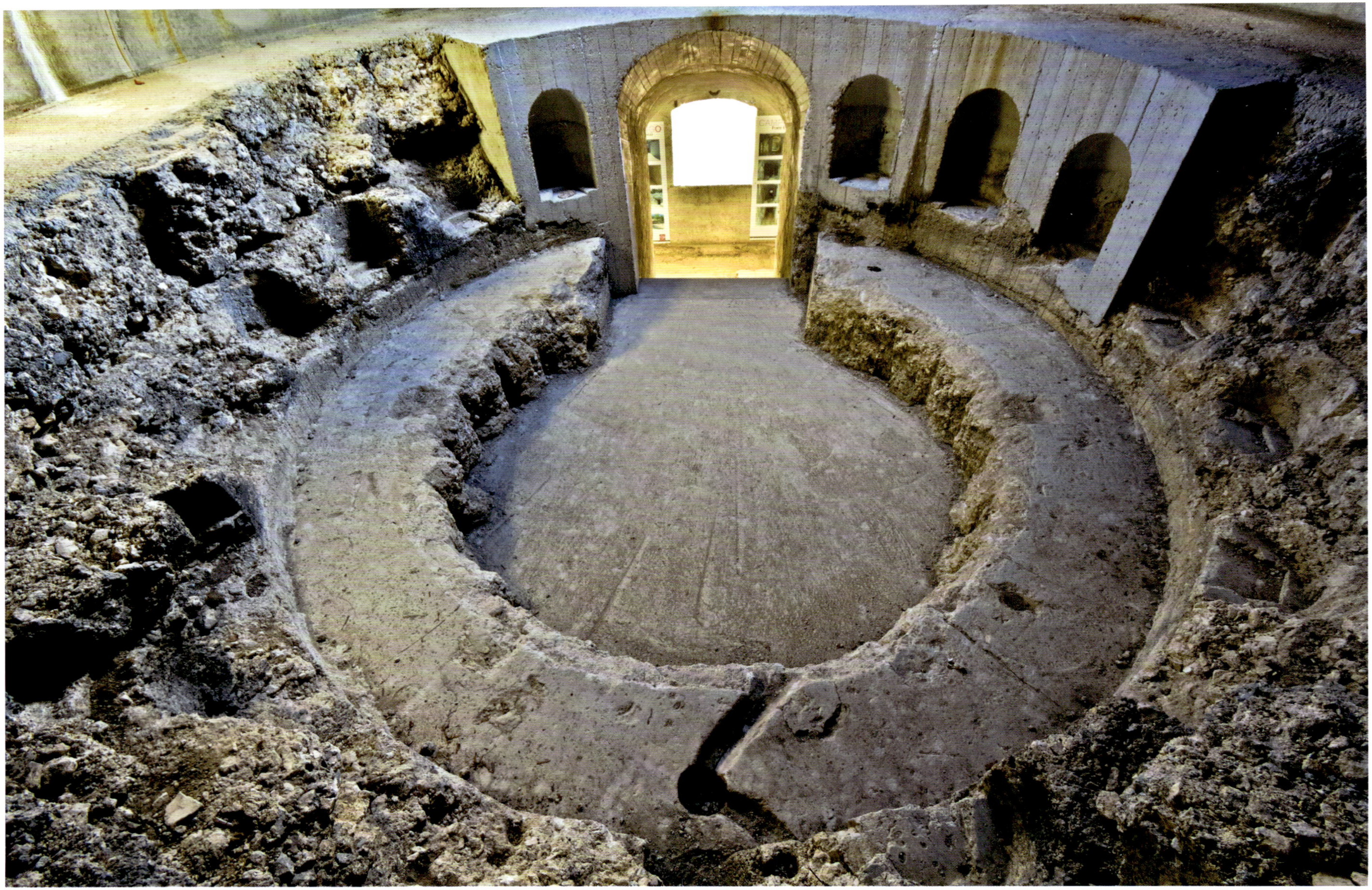

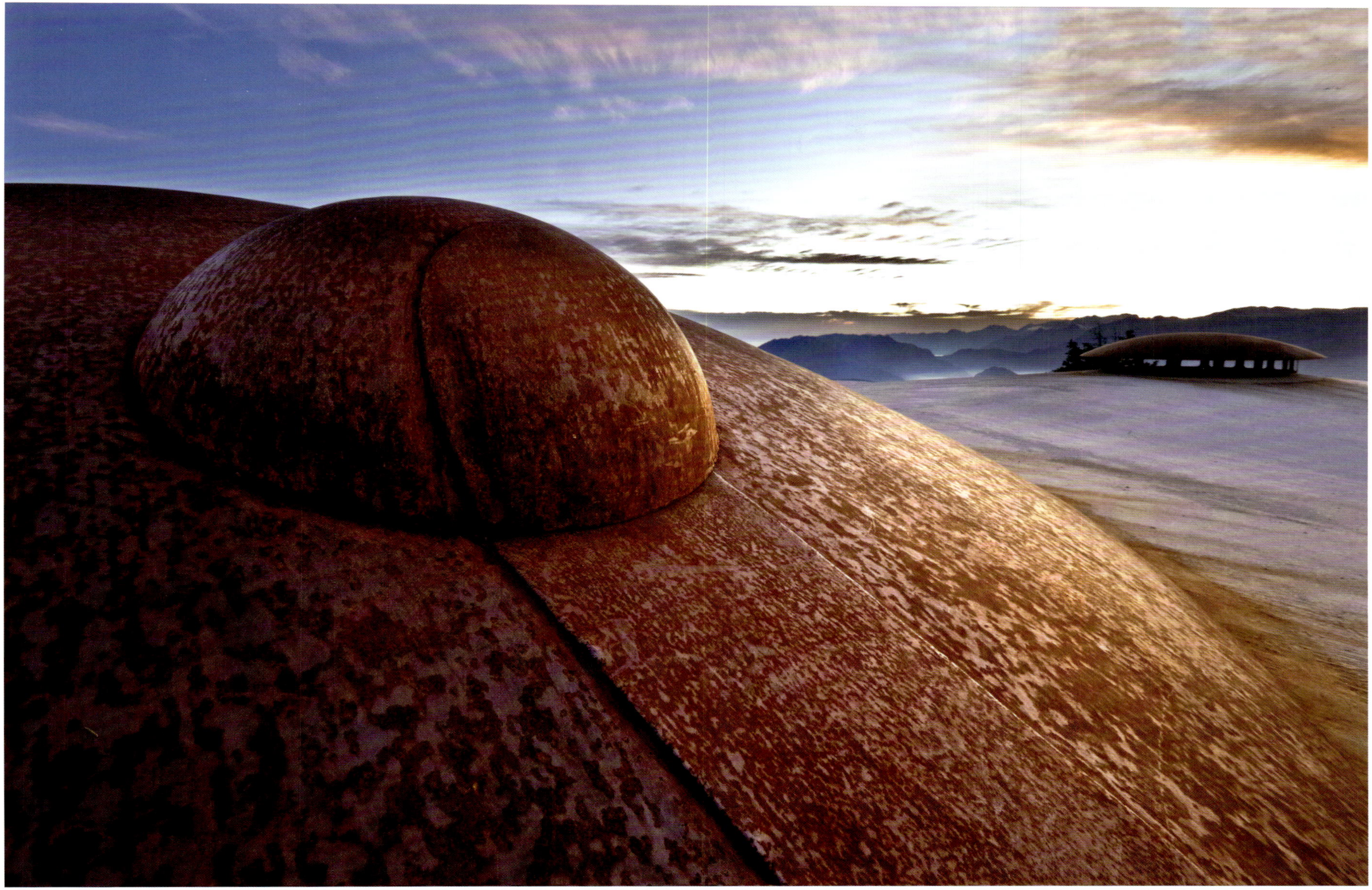

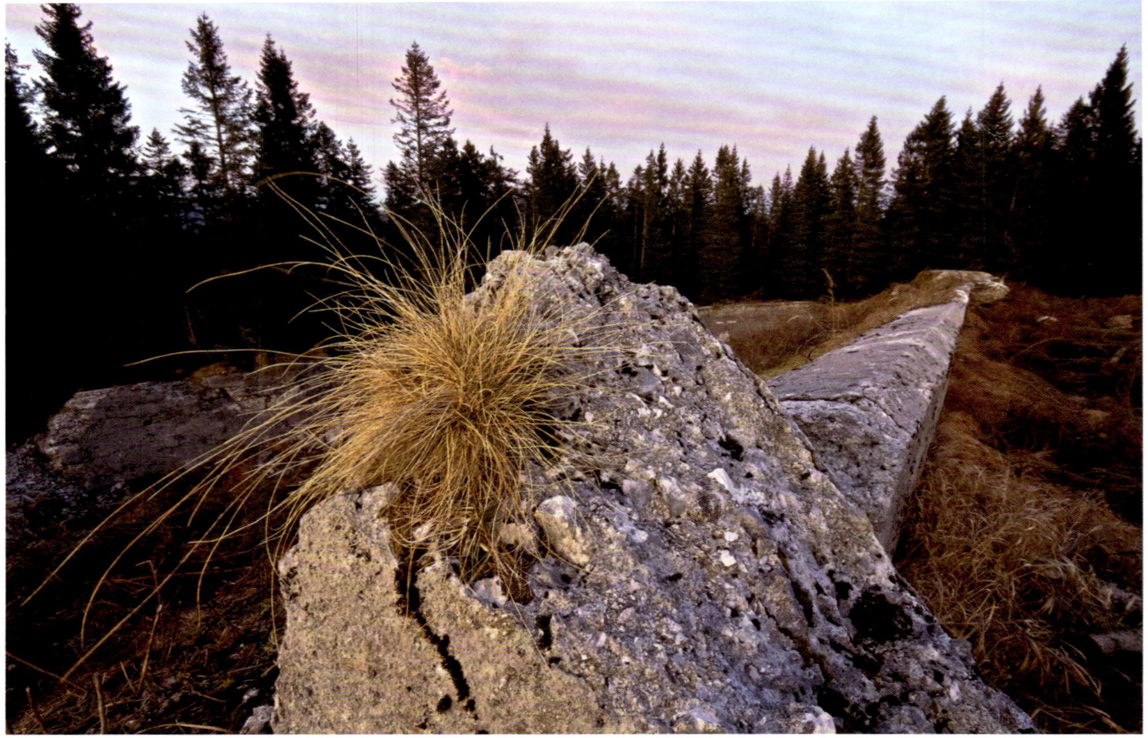

ROBERT MUSIL

"Se un poeta avesse scritto un poema utopico su come si vivrà tra 2000 anni o su come, secondo lui, si viveva 2000 anni fa, l'originalità della sua fantasia non sarebbe in grado di descrivere con altrettanta naturalezza l'incredibile vita che milioni di uomini stanno conducendo da due anni".

"Wenn ein Dichter ein utopisches Gedicht geschrieben hätte, darüber, wie man in 2000 Jahren lebt oder darüber, wie man vor 2000 Jahren gelebt hat, hätte seine Fantasie nicht gereicht, das unglaubliche Leben zu beschreiben, das Millionen von Menschen seit zwei Jahren führen".

"If a poet had written a utopian poem about how one will live in 2000 years or how, according to him, one lived 2000 years ago, the originality of his imagination would not be able to describe just as naturally, the incredible life that millions of men have been running for two years".

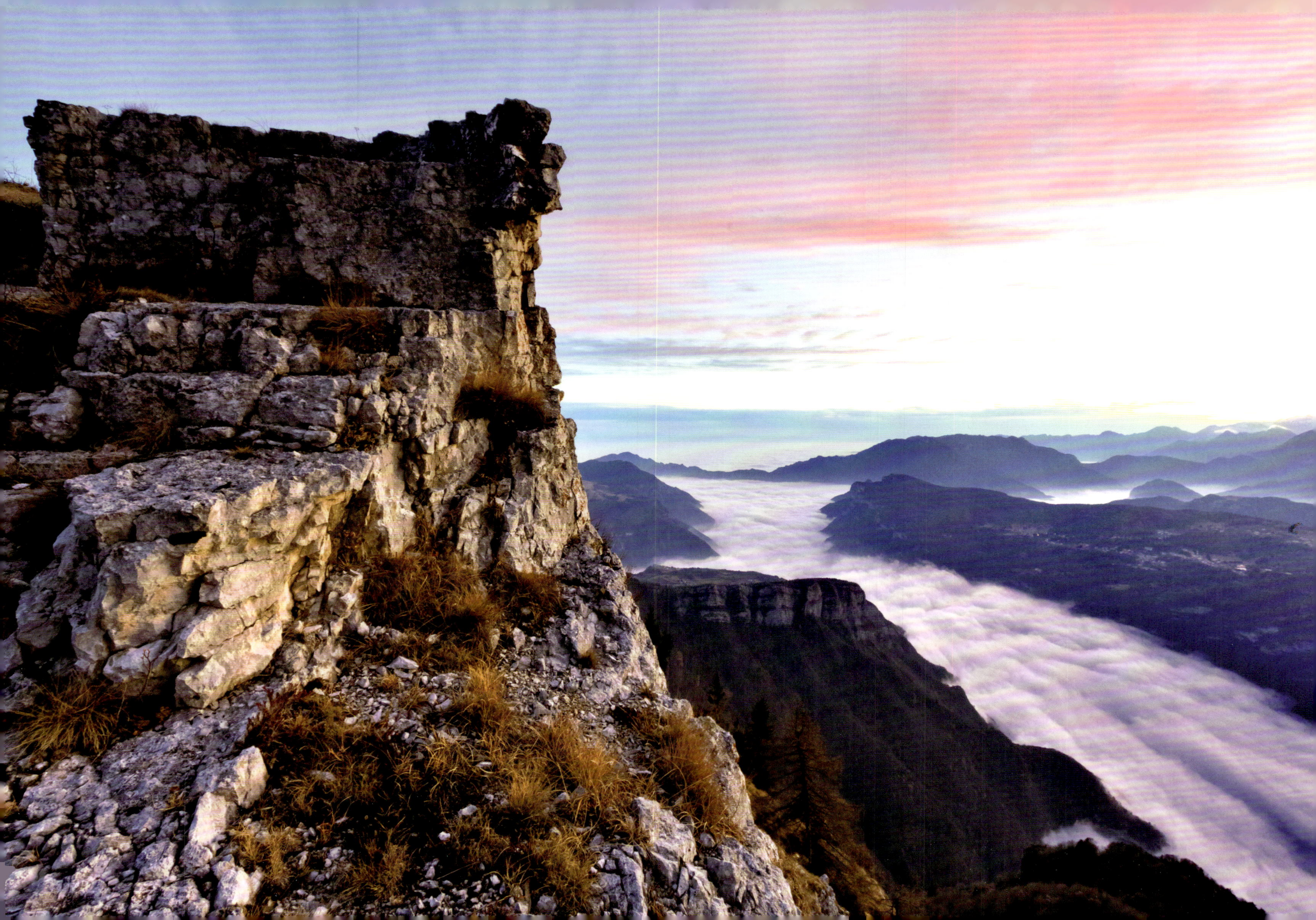

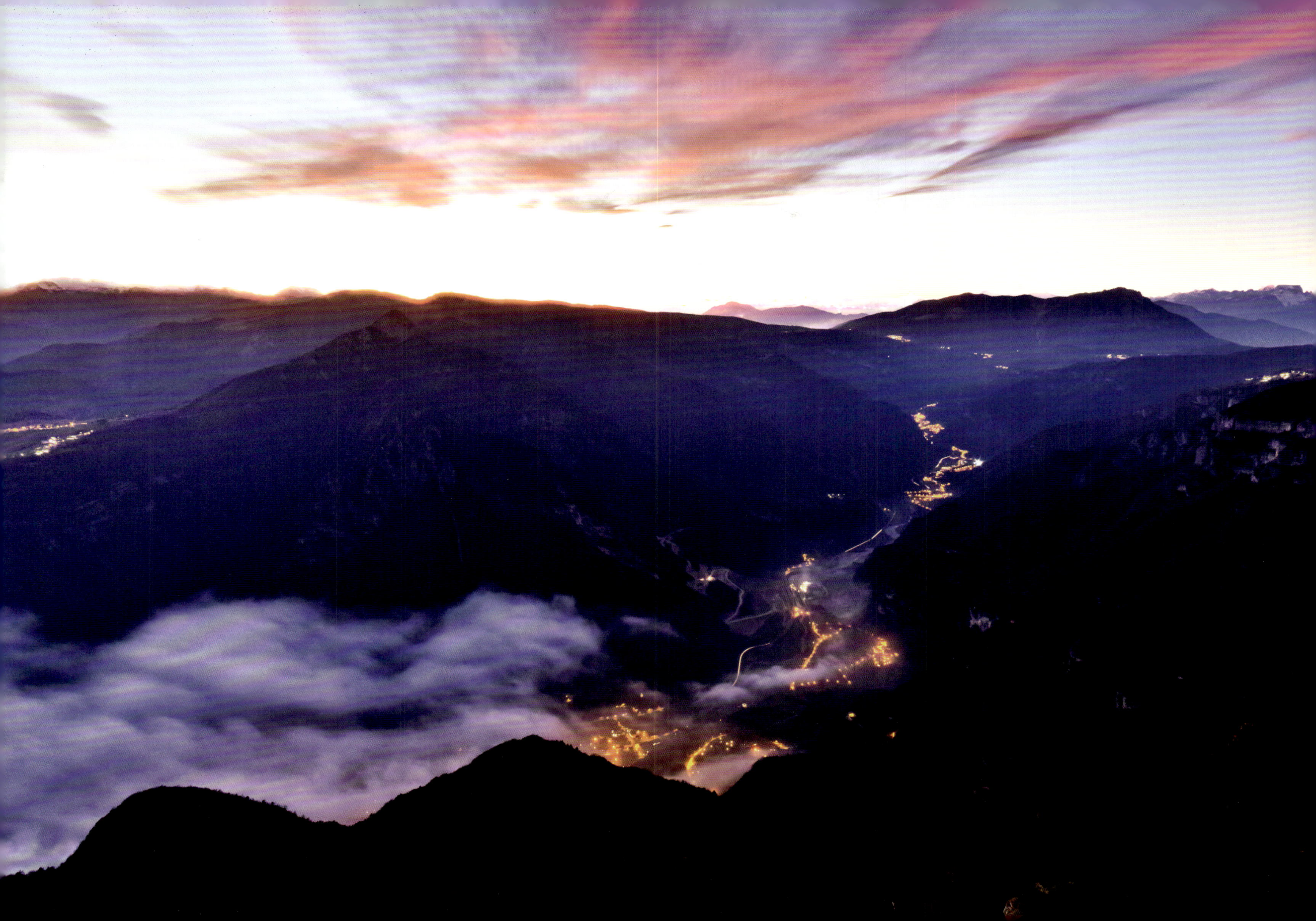

Didascalie

Bildunterschriften
Captions

FORTE DOSSO DELLE SOMME

p. 17 Dal Dosso delle Somme la vista sulla ridotta trincerata dello Smelzar (sulla sinistra). Al centro il Dosso della Martinella.
Die Aussicht vom Dosso delle Somme auf die Feldschanze des Smelzar (links). Dosso della Martinella in der Bildmitte.
View on the entrenched redoubt from Dosso delle Somme in area Smelzar (on the left). In the centre Dosso della Martinella.

p. 18 Forte Dosso delle Somme in un'immagine panoramica a 180°.
Fort Dosso delle Somme, Panoramaaufnahme von 180°.
Fort Dosso delle Somme in a 180° panoramic image.

p. 21 Ruderi degli edifici di servizio posti in prossimità del forte, lungo la via di accesso.
Ruinen der Dienstgebäude in der Nähe des Forts, entlang der Zugangsstraße.
Ruins of the service buildings situated near the fort, along the access road.

p. 22 Ala ovest della casamatta.
Westflügel der Kasematte.
Western wing of the casemate.

p. 23 Ala est della casamatta. Si notano i fori della stazione del telegrafo ottico.
Ostflügel der Kasematte. Man erkennt die Löcher der optischen Telegrafenalage.
Eastern wing of the casemate. One can notice the holes of the optical telegraph station.

p. 24 La copertura collassata nei locali della casamatta.
Die eingebrochene Decke der Kasematte.
Collapsed roof inside the casemate.

p. 25 Scale di collegamento tra i piani della casamatta.
Verbindungstreppen zwischen den Etagen der Kasematte.
Stairs connecting the floors of the casemate.

p. 26 Corridoio centrale della casamatta.
Zentraler Korridor der Kasematte.
Central corridor of the casemate.

p. 27 Scala e tunnel di collegamento tra la casamatta e il blocco delle batterie.
Treppe und Verbindungstunnel zwischen der Kasematte und dem Batterieblock.
Stairs and connecting tunnel between the casemate and the battery block.

p. 29 Corridoio di collegamento tra il blocco delle batterie e le postazioni avanzate.
Verbindungsgang zwischen dem Batterieblock und den vorderen Posten.
Corridor connecting the battery block and the advanced positions.

p. 30 Postazione in controscarpa a controllo dei fossati est e nord.
Kontreeskarpe zur Bewachung der östlichen und südlichen Festungsgraben.
Counterscarp post to watch eastern and northern ditches.

p. 31 Postazione avanzata, affacciata sulla Val di Terragnolo.
Vorgestellter Posten, ausgerichtet auf das Terragnolo Tal.
Advanced post, overlooking the Terragnolo Valley.

FORTE SOMMO ALTO

p. 32 Forte Sommo Alto in un'immagine panoramica a 360°.
Fort Sommo Alto, Panoramaaufnahme von 360°.
Fort Sommo Alto in a 360° panoramic image.

p. 35 Corridoio dell'ultimo piano della casamatta.
Gang der letzten Etage der Kasematte.
Corridor on the top floor of the casemate.

p. 36 Corridoio del piano terra della casamatta.
Gang im Erdgeschoss der Kasematte.
Corridor of the ground floor of the casemate.

p. 37 Punto di accesso al tunnel di collegamento tra la casamatta e la postazione avanzata sud.
Eingang zum Verbindungstunnel zwischen der Kasematte und des vorgestellten südlichen Posten.
Access point to the tunnel connecting the casemates and the advanced southern outpost.

p. 38 Punto mediano lungo il tunnel di collegamento tra la casamatta e il fortino avanzato di Val Orsara; in primo piano il sistema a incasso della porta di sbarramento.
Mittelpunkt im Verbindungstunnel zwischen der Kasematte und der vorgestellten kleinen Festung im Orsara Tal; im Vordergrund das Mauerwerk der Sperrtür.
Midpoint along the connecting tunnel between the casemate and the advanced outpost of Orsara Valley; in the foreground the flush system of the barrage door.

p. 39 Sede della postazione telefonica lungo il tunnel di collegamento a una delle postazioni avanzate sud.
Telefonposten im Verbindungstunnel in einer der vorgelagerten südlichen Stellungen.
Seat of the telephone station along the tunnel connecting one of the advanced southern positions.

p. 40 p. 41 Fortino-postazione avanzata di Val Orsara.
Kleines Fort-vorgelagerte Stellung ins Orsara Tal.
Redoubt-advanced outpost of Orsara Valley.

p. 42 Veduta verso il Dosso Sommo Alto; in primo piano la postazione avanzata est e sullo sfondo, a sinistra, la dorsale di Monte Maggio.

Aussicht Richtung Dosso Sommo Alto; im Vordergrund die vorgelagerte östliche Stellung. Hintergrund links, der Rücken des Monte Maggio.
View towards Dosso Sommo Alto; in the foreground the advanced eastern outpost and in the background, on the left, the ridge of Mount Maggio.

p. 43 Sede della cupola osservatorio.
Beobachtungsstation.
Seat of the observatory dome.

FORTE CHERLE

p. 44 Forte Cherle in un'immagine panoramica a 340°.
Fort Cherle, Panoramaaufnahme 340°.
Fort Cherle in a panoramic image at 340°.

p. 47 Postazione in controscarpa a controllo dei fossati sud e ovest.
Eskarpemauer zur Bewachung der südlichen und westlichen Festungsraben.
Counterscarp post to watch ditches to the South and West.

p. 48 Feritoia per fuciliere a controllo dell'ingresso.
Schießscharte zur Bewachung des Zugangs.
Rifleman louver to control access.

p. 49 Apertura di aerazione.
Lüftungsschacht.
Ventilation gap.

p. 50 Interno del blocco batterie.
Im Batterieblock.
Interior of the battery block.

p. 51 Corridoio di batteria.
Korridor im Batterieblock.
Battery corridor.

p. 52 Tunnel di collegamento tra il blocco batterie e la postazione in controscarpa a controllo dei fossati.
Verbindungstunnel zwischen dem Batterieblock und der Grabenstreiche.
Tunnel connecting the battery block and the counterscarp post designed to control ditches.

p. 53 Interno di una feritoia per fuciliere a controllo dell'ingresso.
In der Schießscharte zur Kontrolle des Eingangs.
Interior of a rifleman louver to control access.

p. 55 La copertura devastata dalla demolizione degli anni Trenta; sullo sfondo l'abitato di San Sebastiano.
Bei Abrissarbeiten der dreißiger Jahre zerstörtes Dach; im Hintergrund die Ortschaft San Sebastiano.
Roofing devastated by the demolition in the Thirties; in the background, the village of San Sebastiano.

COMANDO TATTICO DI SETTORE DI VIRTI

p. 56 Comando tattico di settore a Virti in un'immagine panoramica a 220°.
Taktisches Kommando, Abschnitt Virti in einer Panoramaaufnahme von 220°.
Tactical command sector at Virti in a 220° panoramic image.

p. 59 Struttura ad arcate della sezione operativa.
p. 60 Arkadenbau des Befehlskommandos.
Arched structure of the operating section.

p. 61 Ricoveri in roccia.
Unterschlupf im Fels.
Shelters inside rock.

STAZIONE DI COLLEGAMENTO OTTICO DI MONTE RUST

p. 62 Stazione di collegamento ottico di Monte Rust in un'immagine panoramica a 220°.
Optische Verbindungsstation des Monte Rust in einer Panoramaaufnahme von 220°.
Optical connection station on Mount Rust in a 220° panoramic image.

p. 65 Locali logistici.
Logistische Räume.
Logistics rooms.

p. 66 Stazioni di telegrafo ottico.
Optische Telegrafenanlage.
Optical telegraph stations.

p. 67 Sede del cannocchiale di rilevamento del telegrafo ottico orientato verso Forte Cherle.
Sitz des Fernrohrs zur Erfassung der optischen Signale, zum Fort Cherle ausgerichtet.
Headquarters of the detection telescope of the optical telegraph oriented to Fort Cherle.

FORTE BELVEDERE

p. 68 Forte Belvedere in un'immagine panoramica a 180°.
Fort Belvedere in einer Panoramaaufnahme von 180°.
Fort Belvedere in a 180° panoramic image.

p. 71 Fucile Steyr-Mannlicher M1895 rinvenuto durante i lavori di riallestimento del Forte.
Steyr-Mannlicher M1895 Gewehr, gefunden während der Aufbauarbeiten des Forts.
Steyr-Mannlicher M1895 rifle found when carrying out redevelopment work at the Fort.

p. 72 Locale dei telegrafi ottici.
Raum des optischen Telegrafen.
Optical telegraph room.

p. 73 Supporto con isolanti dell'impianto elettrico nel corridoio del blocco batterie.
Isolierung der elektrischen Verbindungen im Korridor des Batterieblocks.
Support with insulators of the electrical system in the corridor of the battery block.

p. 74 Interno del fortino orientale.
Im kleinen östlichen Fort.
Interior of the eastern fort.

p. 75 Interno del fortino di controscarpa a controllo del fossato sud.
Im kleinen Fort der Eskarpemauer, Kontrolle des südlichen Grabens.
Interior of the counterscarp fort due to control the southern ditch.

p. 76 Obice in cupola corazzata (ricostruzione).
Haubitze unter Panzerkuppel (Rekonstruktion).
Howitzer in armoured dome (reconstruction).

p. 77 Fortino di controscarpa.
Kleines Fort der Eskarpemauer.
Counterscarp redoubt.

p. 79 Fortino orientale posto a controllo della Val d'Astico.
Östliches kleines Fort, Posten zur Kontrolle des Astico Tals.
Eastern fort placed to control the Astico Valley.

FORTE CAMPO DI LUSERNA

p. 80 Forte Campo di Luserna in un'immagine panoramica a 180°.
Fort Campo di Luserna in einer Panoramaaufnahme von 180°.
Fort Campo di Luserna in a 180° panoramic image.

p. 83 Ammonite di grandi dimensioni estratta durante i lavori di scavo per la realizzazione del Forte e infissa nella facciata.

Großes Ammonshorn in der Fassade, hervorgekommen bei den Ausgrabungsarbeiten des Forts.
Large ammonite extracted during the excavation work for the construction of the Fort and embedded in the facade.

p. 84 Ingresso del forte.
Sul pavimento le rotaie di scorrimento delle due ante della porta corazzata.
Eingang des Forts.
Auf dem Boden die Spurrillen der zwei Flügel der gepanzerten Schiebetüren.
Fort entry. On the floor, the running rails of the two shatters of the armoured door.

p. 85 Rinforzo in cemento nel corridoio di collegamento del blocco batterie, realizzato a seguito degli intensi bombardamenti.
Betonverstärkung im Verbindungsgang des Batterieblocks, gebaut nach den starken Bombardierungen.
Concrete reinforcement in the corridor connecting the battery block, realised after the intense bombing.

p. 86 Passaggi interni.
Interne Verbindungen.
Internal passages.

p. 87 Scala di accesso ai camminamenti sotterranei.
Treppe zu den unterirdischen Wegen.
Stairs to underground walkways.

p. 88 Galleria di fuga e locali sotterranei.
Fluchttunnel und unterirdische Räume.
Escape tunnel and underground rooms.

p. 89 Resti di infrastrutture lignee nei ricoveri sotterranei.
Reste der Holzstruktur in den unterirdischen Aufnahmelagern.
Remains of wooden infrastructures in underground shelters.

p. 90 Scaletta di accesso alla postazione osservatorio.
Kleine Treppe zum Zugang des Wachpostens.
Access ladder to the observatory station.

p. 91 La copertura del Forte liberata dalle macerie. Sullo sfondo il versante meridionale di Cima Vezzena.
Das Dach der Festung, befreit vom Schutt. Im Hintergrund der südliche des Cima Vezzena.
The roofing of the Fort cleared from the rubble. In the background the southern slope of Cima Vezzena.

AVAMPOSTO OBERWIESEN

p. 92 L'avamposto Oberwiesen in un'immagine panoramica a 340°.
Nahkampfanlage Oberwiesen in einer Panoramaaufnahme von 340°.
The outpost Oberwiesen in a 340° panoramic image.

p. 95 Ambienti interni.
Von innen.
Indoors.

p. 96 Postazioni dei telegrafi ottici rivolte verso il Forte Cherle e il Forte Belvedere.
Optische Telegrafenstation, auf das Fort Cherle und Fort Belvedere gerichtet.
Optical telegraph stations facing Fort Cherle and Fort Belvedere.

p. 97 Scala di collegamento alla postazione corazzata.
Verbindungstreppen zur gepanzerten Stellung.
Staircase connecting the armoured post.

p. 98 Galleria di collegamento con l'avamposto Viatz.
Verbindungstunnel mit der Nahkampfanlage Viatz.
Gallery connection with the outpost Viatz.

p. 99 Corridoio di accesso in roccia e postazione di controllo.
Eingangskorridor im Fels und Kontrollposten.
Access corridor in the rock and control post.

FORTE BUSA VERLE

p. 100 Forte Busa Verle in un'immagine panoramica a 240°.
Fort Busa Verle in einer Panoramaaufnahme von 240°.
Fort Busa Verle in a 240° panoramic image.

p. 103 Apertura nel muro della casamatta principale.
Öffnung in der Mauer der Hauptkasematte.
Opening in the wall of the main casemate.

p. 104 Sede della postazione osservatorio.
Sullo sfondo i pascoli ancora segnati dalle granate esplose nei dintorni della fortezza.
Sitz des Überwachungsposten.
Im Hintergrund die Wiesen, die noch von Granateneinschlägen gezeichnet sind.
Headquarter of the observatory station.
In the background, the pastures still marked by grenades exploded near the fortress.

p. 105 Resti della copertura del blocco batterie.
Sullo sfondo il Monte Verena, dove si trovava l'omonimo forte italiano.
Reste der Überdachung des Batterieblocks.
Im Hintergrund der Monte Verena, wo sich das gleichnamige italienische Fort befand.
Remains of the battery block roofing.
In the background Mount Verena, where the homonymous Italian fort was situated.

p. 106 Resti del cofano di gola posto a difesa della casamatta principale.
Reste des Kehlkoffer, Verteidigungsposten der Hauptkasamatte.
Remain of gorge caponier.
It had the purpose to defend the main casamate.

p. 107 Ambienti della casamatta principale.
Räume der Hauptkasematte.
Rooms of the main casemate.

p. 108 Una delle due cisterne dell'acqua ingombra dei detriti del soprastante deposito viveri.
Eine der zwei Zisternen versperrt vom Gerölle des darüberliegenden Lebensmitteldepots.
One of the two water tanks cluttered with the debris of the above food storage.

p. 109 La seconda cisterna, ancora colma d'acqua.
Die zweite Zisterne, noch mit hohem Wasserstand.
The second tank, still full of water.

p. 111 Corridoio nel seminterrato della casamatta principale.
Korridor im Untergeschoss der Hauptkasematte.
Corridor in the basement of the main casamate.

p. 111 Galleria sotterranea.
Unterirdischen Tunnel.
Underground tunnel.

FORTE CIMA VEZZENA

p. 112 Forte Cima Vezzena in un'immagine panoramica a 360°.
Fort Cima Vezzena in einer Panoramaaufnahme von 360°.
Fort Cima Vezzena in a 360° image.

p. 115 La sommità di Cima Vezzena, dentro la quale è stato ricavato il Forte.
Der Gipfel des Cima Vezzena, in den das Fort gegraben wurde.
The top of Cima Vezzena, within which the Fort is housed.

p. 116 Ambienti interni.
Räume innen.
Interior rooms.

p. 117 Scala di raccordo tra i piani.
Anschlusstreppe zwischen den Etagen.
Connection stairs between floors.

p. 118 Ambienti interni.
Räume innen.
Interior rooms.

p. 119 Dal Forte verso sud-ovest: al centro la testata superiore della Val d'Assa (Passo Vezzena).
Vom Fort Richtung süd-west: in der Mitte der obere Kopf des Assa Tals (Passo Vezzena).
From the Fort to the southwest: at the centre, the upper head of the Assa Valley (Vezzena Pass).

FORTE CAMPOMOLON

p. 120 Forte Campomolon in un'immagine panoramica a 310°.
Fort Campomolon in einer Panoramaaufnahme von 310°.
Fort Campomolon in a 310° panoramic image.

p. 123 Dal Forte verso sud-est: al centro lo Spitz di Tonezza, l'Altopiano di Tonezza e sullo sfondo l'Altopiano di Asiago.
Vom Fort Richtung süd-ost: in der Mitte der Spitz di Tonezza, Hochebene von Tonezza und im Hintergrund die Hochebene von Asiago.
From the Fort to the southeast: at the centre, Tonezza Spitz, Tonezza Plateau and in the background the Plateau of Asiago.

p. 124 Area che ospitava la caserma di servizio lungo la strada di accesso al Forte.
Bereich der Dienstkasernen, entlang der Zugangsstraße zum Fort.
Area that housed the service barracks along the access road to the Fort.

p. 125 Resti della cisterna per l'acqua.
p. 126 Reste der Zisterne für das Wasser.
Water tank remains.

p. 127 Blocco delle batterie incompiuto.
Unfertiger Batterieblock.
Unfinished battery block.

p. 128 La "galleria tubolare" in un'immagine panoramica a 330°.
Der Röhrentunnel in einer Panoramaaufnahme von 330°.
The "tubular gallery" in a 330° panoramic image.

FORTE CASA RATTI

p. 130 Le rovine di Forte Casa Ratti in un'immagine panoramica a 280°.
Die Ruinen des Fort Casa Ratti in einer Panoramaaufnahme von 280°.
The ruins of Fort Casa Ratti in a 280° panoramic image.

p. 133 Particolare della facciata della caserma.
Besonderheiten der Fassade der Kaserne.
Detail of the barracks facade.

p. 134 Rovine della casamatta principale.
Ruinen der Hauptkasematte.
Ruins of the casamate.

p. 135 Postazione per fucilieri.
Stellung der Schützen.
Riflemen post.

p. 136 Locale della polveriera. Visibili i blocchi di sostegno del pavimento, isolato dal terreno sottostante.
Pulverturm. Sichtbar die Stützblöcke des Bodens, abgeschnitten vom Boden.
Tinderbox room. One can see the blocks supporting the floor which is isolated from the ground below

p. 137 Ambienti della caserma.
Räume in der Kaserne.
Barracks rooms.

p. 138 Postazione a controllo del fossato.
Kontrollposten des Grabens.
Workstation in charge of controlling the moat.

p. 139 Targa all'ingresso dei ricoveri in roccia lungo la strada di accesso al forte.
Eingangsschild der Felsunterkünfte der Zugangsstraße zum Fort.
Plaque set at the entrance of the rock shelters along the access road to the fort.

FORTE PUNTA CORBIN

p. 140 Forte Punta Corbin in un'immagine panoramica a 300°.
Fort Punta Corbin in einer Panoramaaufnahme von 300°.
Fort Punta Corbin in a 300° panoramic image.

p. 143 Fossato perimetrale.
Äußerer Graben.
Perimeter ditch.

p. 144 Camminamento di accesso agli alloggi degli ufficiali e alle strutture di servizio.
Eingangsweg zu den Unterkünften der Offiziere und zu den Dienstgebäuden.
Walkway access to officers' quarters and service facilities.

p. 145 Resti degli alloggi degli ufficiali.
Reste der Offiziersunterkünfte.
Remains of the officers' quarters.

p. 146 Particolare interno.
Innenansicht.
Interior detail.

p. 147 Corridoio del blocco batterie.
Korridor des Batterieblocks.
Batteries block corridor.

p. 148 Locale della polveriera.
Munitionslager.
Tinderbox room.

p. 149 Terrazza addossata alla facciata della casamatta principale.
Terrasse an der Fassade der Hauptkasematte.
Terrace adjoining the main facade of the casemate.

p. 151 Sede di una delle sei cupole lenticolari poste sulla copertura del Forte.
Sitz einer der linsenförmigen Kuppeln auf der Bedeckung des Forts.
Home tc one of the six lenticular domes placed on the cover of the Fort.

FORTE LISSER

p. 152 Forte Lisser in un'immagine panoramica a 280°.
Fort Lisser in einer Panoramaaufnahme von 280°.
Fort Lisser in a 280° panoramic image.

p. 155 Postazione a controllo del fossato. Sullo sfondo Cima d'Asta.
Stellung zur Kontrolle des Grabens. Im Hintergrund der Cima d'Asta.
Station in charge of supervising the moat. In the background Cima d'Asta.

p. 156 Sede di una delle quattro cupole lenticolari poste sulla copertura del Forte.
Sitz einer der vier linsenförmigen Kuppeln auf dem Dach des Forts.
Home to one of the four lenticular domes placed on the cover of the Fort.

p. 157 Pozzo per postazione di mitragliatrice a scomparsa.
Brunnen für versenkbare Geschützttürme.
Well for retractable machine gun turret.

p. 158 Sala comando con accesso diretto alla torre osservatorio.
Kommandoraum mit direktem Zugang zum Observierungsturm
Command room with direct access to the observatory tower.

p. 159 Ambienti della casamatta principale.
Gang in der Hauptkasematte.
Main casemate rooms.

p. 160 Corridoio di collegamento alla polveriera.
Sono visibili le tracce dei binari
sui quali scorrevano i carrelli adibiti
al trasferimento delle munizioni.
Verbindungsgang zum Pulverturm. Die Rillen,
auf welchen die Gleise verliefen, auf denen
Munitionswagen geschoben wurden.
Connecting corridor to the powder magazine.
You can see traces of the rails on which
the carts used to transfer the ammunition.

p. 161 Il locale della polveriera.
Munitionslager.
Powder magazine.

TAGLIATA VAL D'ASSA

p. 162 Ciò che resta della Tagliata Val d'Assa
in un'immagine panoramica a 260°.
Überreste der Straßensperre
(Tagliata) im Assa Tal übrig ist,
in einer Panoramaaufnahme von 260°.
Remains of the Tagliata Val d'Assa
in a 260° panoramic image.

p. 165
p. 166 Resti del muro di sostegno.
Reste der Stützmauer.
Remains of the retaining wall.

p. 167 Il punto in cui sorgeva
lo sbarramento stradale fortificato.
Der Platz an dem sich die befestigte
Straßensperre befand.
The spot where once stood
the fortification.

FORTE INTERROTTO

p. 168 Forte Interrotto
in un'immagine panoramica a 260°.
Fort Interrotto
in einer Panoramaansicht von 260°.
Fort Interrotto in a 260° panoramic image.

p. 171 La piazza d'armi.
Exerzierplatz.
The parade ground.

p. 172
p. 173 Scorcio interno.
Innenansicht.
Interior glimpse.

p. 174
p. 175 Passaggi interni.
Interne Wege.
Internal passages.

FORTE VERENA

p. 176 Forte Verena
in un'immagine panoramica a 200°.
Forte Verena
in einer Panoramaaufnahme von 200°.
Fort Verena in a 200° panoramic image.

p. 179 Feritoia per fuciliere
a controllo dell'ingresso.
Schießscharte zur Bewachung des Zugangs.
Rifleman louver to control access.

p. 180 Casamatta principale.
Hauptkasematte.
Main casemate.

p. 181 Particolare del blocco batterie
Besonderheiten des Batterieblocks.
Detail of the battery block.

p. 182
p. 183 Ambienti interni.
Räume.
Interiors.

p. 185 Il blocco della casamatta che ospitava
la sala comando. Sullo sfondo
la testata superiore della Val d'Assa.
Kasematteblock, der den Kommandosaal
beherbergte. Im Hintergrund der hohe
Kopf des Assa Tals.
The block of the casemate that housed
the command room. In the background
the upper head of the Assa Valley.

FORTE CAMPOLONGO

p. 186 Forte Campolongo
in un'immagine panoramica a 280°.
Fort Campolongo
in einer Panoramaaufnahme von 280°.
Fort Campolongo in a 280° panoramic image.

p. 189 Portale di ingresso
della galleria di accesso al forte.
Eingangsportal.
Entrance gate of the access tunnel to the fort.

p. 190 Resti delle caserme.
Reste der Kaserne.
Remains of the barracks.

p. 191 Resti di riservetta nel blocco
delle batterie.
Reste des Munitionslagers
im Batterieblock.
Remains of ammunition depot
in the battery block.

p. 192 Corridoio del blocco batterie.
Korridor im Batterieblock.
The hallway of the battery hold.

p. 193 Vano del montacarichi.
Öffnung für den Lastenaufzug.
Elevator space.

p. 194 Sede di una delle quattro torri corazzate.
Sitz einer der vier gepanzerten Türme.
Home to one of the four armoured towers.

p. 195 Particolare del simulacro di una delle torri
corazzate ricollocate sulla copertura.
Sullo sfondo il simulacro della torre
osservatorio.
Bilddetail: einer der gepanzerten Türme,
wieder aufgestellt auf der Abdeckung.
Im Hintergrund ein Observationsturm.
Detail of the statue of one of the armoured
towers relocated on the roofing.
In the background the statue
of the observatory tower.

p. 196 Muro perimetrale lungo il fossato.
Mauer entlang des Grabens.
Perimeter wall along the moat.

p. 197 Il muro perimetrale,
affacciato sulla Val d'Astico
e sull'Altopiano di Tonezza.
Die Festungsmauer zum Astico Tal
und den Hochebenen von Tonezza zugewandt.
The perimeter wall, overlooking both
Astico Valley and Tonezza Plateaus.

p. 199 Vista serale sulla Val d'Astico. A sinistra
l'Altopiano di Tonezza. Al centro verso l'alto
il Monte Cornetto di Folgaria e il Becco
di Filadonna. Sulla destra in alto Luserna.
Abendlicher Ausblick auf das Astico Tal.
Links die Hochebene von Tonezza.
In der Mitte oben der Monte Cornetto
von Folgaria und der Becco di Filadonna.
Rechts oben Luserna.
Night view of Astico Valley. To the left
Tonezza Plateau. At the top centre, Mount
Cornetto of Folgaria and Becco di Filadonna.
On the top right Luserna.

ANDREA CONTRINI

Nato a Rovereto (TN) nel 1982, ha dedicato numerosi progetti fotografici all'esplorazione del territorio e alla sua storia attraverso i quali, spaziando dall'architettura al paesaggio, il passato torna alla luce attraverso le sfumature del presente.

Geboren 1982 in Rovereto (Trentino), hat Andrea Contrini viele fotografische Projekte der Erkundung des Territoriums und seiner Geschichte gewidmet. Von der Architektur zur Landschaft schweifend, kommt die Vergangenheit durch die Nuancen der Gegenwart wieder ans Licht.

Born in Rovereto (TN) in 1982, Andrea Contrini has devoted several photographic projects to the exploration of the territory and its history. The photos, ranging from architecture to landscape, bring the past back to light through the shades of the present.

www.andreacontrini.com

Indice

Inhaltsverzeichnis
index

Prefazione 5
ANTONIO GIBELLI

Vorwort
Preface

La linea fortificata degli Altipiani tra Trentino e Veneto 8
FERNANDO LARCHER

Die Festungslinie auf den Hochebenen zwischen dem Trentino und dem Veneto
The fortified line of the Plateaus between Trentino and Veneto

FORTE DOSSO DELLE SOMME 18

FORTE SOMMO ALTO 32

FORTE CHERLE 44

COMANDO TATTICO DI SETTORE DI VIRTI 56

STAZIONE DI COLLEGAMENTO OTTICO DI MONTE RUST 62

FORTE BELVEDERE 68

FORTE CAMPO DI LUSERNA 80

AVAMPOSTO OBERWIESEN 92

FORTE BUSA VERLE 100

FORTE CIMA VEZZENA 112

FORTE CAMPOMOLON 120

FORTE CASA RATTI 130

FORTE PUNTA CORBIN 140

FORTE LISSER 152

TAGLIATA VAL D'ASSA 162

FORTE INTERROTTO 168

FORTE VERENA 176

FORTE CAMPOLONGO 186

Finito di stampare
per i tipi delle Edizioni Osiride
il 24 maggio 2015

Printed in Italy